AF568686

Die Utopie des Sozialismus

Klaus Dörre

Die Utopie des Sozialismus

Kompass für eine Nachhaltigkeitsrevolution

Matthes & Seitz Berlin

Anlässlich des 200. Geburtstags von Friedrich Engels
und für die Aktiven in der Klimabewegung
unserer Zeit

Gliederung

Zur Einführung, Selbstverortung eingeschlossen

Das Auditorium Maximum der Leipziger Universität im Mai 2019. Vor dem zum Bersten gefüllten Saal drängen sich hunderte Studierende, um an der Gründung von Students for Future teilzunehmen. Mein Part ist es, in die Debatte um die Erderhitzung und deren gesellschaftliche Folgen einzuführen. Auf die an das Publikum gerichtete Frage, ob die klimapolitisch gebotene Nachhaltigkeitsrevolution innerhalb kapitalistischer Verhältnisse möglich sei, antwortet ein vielstimmiges »Nein!« Der Vorschlag, große Konzerne wegen ihrer Blockadehaltung gegenüber Klimazielen zu sozialisieren, erhält tosenden Applaus. Einigen Veranstalter:innen steht deshalb der Schrecken ins Gesicht geschrieben. Angesichts der gerade erst im Entstehen begriffenen Bewegung wären ihnen weniger radikale Statements lieber gewesen. Doch solche Befürchtungen erweisen sich als unbegründet. Die Vollversammlung wird zu einem grandiosen politischen Erfolg, denn sie wirkt nach. Den Leipziger Ereignissen folgt ein bundesweiter Klimaratschlag in Jena. Er wird zu einem der Ausgangspunkte für neue politische Allianzen, die einen *labour turn* der Klimabewegung und zugleich einen *climate turn* von Gewerkschaften und anderen arbeitsorientierten Akteuren anstreben.[1]

Ich hebe dieses Ereignis hervor, weil es mich für einen lebensverlängernden Augenblick spüren ließ, dass ein ökologisch inspirierter Sozialismus zu einer höchst lebendigen Praxis werden kann. In Bewegungen mit großer Mobilisierungsfähigkeit verfügt er über eine riesige soziale und politische Basis. Dass die etablierte Linke diesen Kraftquell kaum zu nutzen weiß und er allenfalls Parteien zugutekommt, die ihre ökosozialistische Vergangenheit lange hinter sich gelassen haben, steht auf einem anderen Blatt. Dieses Problem ist in erster Linie hausgemacht. Gleich ob Migrationsregime, Haltung zur Europäischen Union, Umgang mit Rassismus und der radikalen Rechten oder das Management der Coronapandemie – es findet sich kaum ein Thema, das ungeeignet wäre, der gesellschaftlichen Linken Rohstoff für ihre Lieblingsbeschäftigung zu liefern. Gemeint ist der Hang zu vermeintlich absoluten Wahrheiten, zu Sektierertum und Selbstzerfleischung. Von einem linken Mosaik, wie es der Gewerkschaftsintellektuelle Hans-Jürgen Urban als idealtypischen Entwurf konzipiert hat[2], sind wir, inmitten einer epochalen Krise des globalen Kapitalismus, meilenweit entfernt.

Schlimmer noch, innerhalb der Linken regiert die Hermeneutik des Verdachts. Wer auch nur andeutet, die imaginäre Revolte der radikalen Rechten habe etwas mit sozialen Verwerfungen zu tun, sieht sich sogleich mit dem Vorwurf der Rassismusverharmlosung konfrontiert. Umgekehrt heißt es, Plädoyers für ein offenes Migrationsregime ignorierten Alltagssorgen, mit denen sich »einfache Leute«[3] auch in reichen Gesellschaften herumzuplagen hätten. Bei den Auseinandersetzungen um den ökologischen Gesellschaftskonflikt verhält es sich ähnlich. Üben sich die einen in der Kritik einer imperialen Lebensweise, die Herrschende und Beherrschte reicher Gesellschaften Beutegemeinschaften zur Ausplünderung ärmerer Länder zurechnet, verschanzen sich die anderen hinter den Grenzen nationaler Wohlfahrtsstaaten, weil sie annehmen, dass Politik zugunsten der Benachteiligten nur innerhalb dieser Arena möglich sei. Zwischentöne sind da nur Krampf im gegenseitigen Abwertungskampf.

Doch so unterschiedlich die jeweiligen Lager in ihren politischen Positionierungen auch sein mögen, in einem Punkt finden sie zumindest an ihrer Spitze und trotz wechselseitiger Ablehnung, ja Abschottung gerne zusammen. Das S-Wort schreckt sie ab. Mit Visionen einer sozialistischen Gesellschaft möchten sich Wortführer:innen der streitenden Lager eher nicht belasten.[4] Dafür gibt es gute Gründe. Die Erinnerung an die Implosion des staatsbürokratischen Sozialismus ist zumindest bei den Älteren noch frisch. Aber auch die Begrenztheiten sowohl klassischer sozialdemokratischer Wohlfahrtsstaatspolitik als auch deren Revision in Gestalt eines Dritten Weges, wie ihn Tony Blair, Gerhard Schröder oder Bill Clinton verkörperten, haben das politische Bewusstsein geprägt. Ergibt es in einer derartigen Konstellation wirklich Sinn, den Sozialismus, nunmehr als ökologischen oder besser: als demokratisch-nachhaltigen, wieder zu beleben?

Meine Antwort ist ein klares Ja. Dabei bin ich mir bewusst, dass es sich um ein Ja handelt, das in der hier vorgestellten Version gegenwärtig wohl nur eine kleine Minderheit teilt. Den Mitgliedern des Bundes der Kommunisten, für den Karl Marx und Friedrich Engels einst ihr

Manifest der Kommunistischen Partei schrieben, dürfte es in persönlich ungleich schwierigerer Situation kaum anders ergangen sein. Im Unterschied zu ihnen formuliere ich meine Gedanken als Beamter auf Lebenszeit, ausgestattet mit einem Professorengehalt, aus einer privilegierten Position heraus und deshalb mit geringem Risiko. Ein wenig passt das zu Jena, der kleinen, idyllischen Stadt im Saaletal, in der ich mit meiner Familie seit vielen Jahren gerne lebe. Hier besitzt der Kathedersozialismus, über den schon Marx und Engels spotteten, durchaus eine Tradition.[5] Ein Kathedersozialist bin ich dennoch nicht. Dabei hilft mir, wenn man so will, die Gnade der frühen Geburt. Ich gehöre zur politischen Generation der Postachtundsechziger, für deren engagierten Teil die Organisierung in einem sozialistischen oder kommunistischen Verband geradezu selbstverständlich war. Altersbedingt blicke ich deshalb mit anderen Augen auf den verblichenen Sozial- und den nun ebenfalls vergehenden Finanzkapitalismus als Angehörige von Jahrgangskohorten, deren politische Sozialisation mit dem Aufstieg neuer sozialer Bewegungen und grün-alternativer Parteien in den 1980er Jahren zusammenfiel.

Wie Ähnlichgesinnte meiner Generation lebte ich schon als Schüler, später dann als Student, in dem Bewusstsein, der Kapitalismus werde sich eher früher als später aus den Angeln heben lassen – in Westdeutschland und weltweit. Dafür sprach das politische Tagesgeschehen der 1970er Jahre. In Frankreich drängte ein linkes Volksfrontbündnis an die Macht. Die italienischen Kommunisten, damals eine Massenpartei mit zeitweilig bis zu zwei Millionen Mitgliedern, hatten sich vom sowjetischen Modell emanzipiert und drängten auf einen historischen Kompromiss mit der Christdemokratie. Der Reihe nach fielen Diktaturen in Griechenland, Portugal und Spanien. Für einen historischen Moment eröffnete die portugiesische Aprilrevolution Aussichten auf eine nichtkapitalistische Entwicklung. In Chile, wo die Regierung des Sozialisten Salvador Allende einen solchen Weg eingeschlagen hatte, wurde die Transformation durch einen blutigen Militärputsch gestoppt. Dafür gelangten in zahlreichen anderen Ländern antikoloniale Befreiungsbewegungen an die Macht, oder sie standen zumindest kurz davor. Angola, Mosambik, Guinea-Bissau, später Nicaragua und El Salvador boten Beispiele, um nur einige zu nennen. Der Geist, der uns beseelte, war deshalb geradezu fraglos internationalistisch. Solidarität, etwa mit den Befreiungsbewegungen im südlichen Afrika, dem ANC oder der SWAPO of Namibia, gehörte zum Standardrepertoire linker Politik.

In welches Land wir auch reisten, wir begegneten Gleichgesinnten. Sozialismus war eine Lebensform. Sie blieb nicht auf politische Orientierungen und Weltsicht begrenzt, sondern erstreckte sich auf die gesamte Art des Zusammenlebens. In einer Wohngemeinschaft konnte man damals auch mit wenig Geld gut leben. Die Wohn- war keineswegs nur Zweckgemeinschaft, sondern im besten Falle Experimentierfeld für soziale Beziehungen. Veränderungen erfassten den sozialen Nahbereich und die Partnerschaften. Für mich begann die Politisierung noch vor der Wohngemeinschaftsphase mit einer Veranstaltung zu Klaus Theweleits *Männerphantasien*[6], durchgeführt von einer Roten Basisgruppe an der Gesamtschule, die ich damals besuchte. Sozialismus hieß zunächst Auflehnung gegen die verlogene Spießermoral der Elterngeneration. Gleich ob lange Haare, Mädchenbesuche, Ferien auf Kreta, Nächte in Diskotheken oder der Beat Club im TV – alles und jedes wurde zum Gegenstand heftiger Alltagskonflikte. Bewegungen für die, je nach politischer Ausrichtung, Reform oder Streichung des Paragrafen 218 zu unterstützen, war eine Selbstverständlichkeit.

Stets gehörte für uns zusammen, was heute in einer unseligen Frontstellung zwischen Identitäts- und Klassenpolitik auseinanderdriftet. Als Sozialist:innen oder Kommunist:innen traten wir für Gleichheit ein, unsere kulturelle Ausrichtung war hingegen anarchisch-libertär. Wer, um nur einige der Besten zu nennen, mit Jimi Hendrix und Aretha Franklin, Janis Joplin, Eric Burdon, Nina Simone, Bob Dylan, John Coltrane, Miles Davis, Volker Kriegel, Chic Corea, Barbara Thompson oder Carla Bley aufwuchs, hatte mit einem kleinbürgerlichen Spießerleben nichts am Hut. Dieser Sound der Revolte war es, der uns über alle Sektenkämpfe hinweg in der alltäglichen Lebensführung verband. Wer sich als Revolutionär verstand, hörte die Rolling Stones, oder besser noch: die Pretty Things, Ornette Coleman, Gil Scott-Heron und die MC 5. Den Reformisten blieben immerhin die Beatles, wobei deren Genius John Lennon sich später als der eigentliche Revolutionär erweisen sollte.

In dieser Zeit des Aufbruchs hatte das Wort Reform noch einen positiven Klang, und sei es nur, weil sich mit ihm sozialdemokratischer Integrationismus als systemkonforme Politik kritisieren ließ. Mehr Demokratie zu wagen, wie es der damalige Bundeskanzler Willy Brandt formulierte, entsprach dem Lebensgefühl einer politischen Generation. Der Zug in Richtung Sozialismus rollte. Dass die Gesellschaft der Gleichen kommen würde, schien gewiss. Wohl ließ sich die Zugfahrt bremsen, mit Berufsverboten gegen Andersdenkende oder auch mit Bomben auf Hanoi. Doch in der Gesamtbilanz wiesen die Veränderungen in die richtige, die sozialistische Richtung:

> Freiheit und Recht sind nach unseren geschichtlichen Erfahrungen bedroht durch die Tendenz zur Akkumulation von Besitz und Geld, die die Reichen immer reicher werden läßt, und die Tendenz zur Konzentration des privaten Eigentums an den Produktionsmitteln in wenigen Händen. [...] Dem freien Selbstlauf überlassen müssen eben diese negativen Tendenzen, bei aller ungebrochenen Leistungsfähigkeit, dessen Menschlichkeit [die des Kapitalismus, KD] am Ende zerstören: durch permanente Überprivilegierung der Besitzenden gegenüber den Besitzlosen, der Reichen gegenüber den Armen, der Produzenten gegenüber den Konsumenten, des Faktors Kapital gegenüber dem Faktor Arbeit[7],

so hieß es, man glaubt es kaum, in den Freiburger Thesen, damals das Grundsatzprogramm der FDP.

Die Sozialliberalen wollten den Kapitalismus vor seinen schlimmsten Auswüchsen retten. Wir Sozialist:innen waren sicher, dass diese Gesellschaftsformation nicht überleben würde. Je näher das Ende rückte, desto größer würden die Freiheitsspielräume auch in den bereits existierenden sozialistischen Gesellschaften werden. Wer so empfinden konnte, verfügt trotz aller zerplatzten Träume noch heute über einen besonderen Erfahrungsschatz. Wie bei vielen Angehörigen dieser politischen Generation speist sich dieser Schatz auch in meinem Fall aus einer besonderen Bildungsgeschichte. In dem nordhessischen 900-Seelen-Dorf Külte als Sohn eines Eisenbahners und einer Bäckereigehilfin geboren, war mir der Aufstieg durch Bildung vergönnt. Bildung umfasste allerdings mehr als Schule und Studium, etwas anderes kam hinzu. Vieles von dem, was ich heute zu können glaube, verdanke ich der damaligen politischen Arbeit. Im Allgemeinen Studenten-Ausschuss (AStA) der Philipps-Universität Marburg über mehrere Semester hinweg als Fachschaftsreferent tätig und in einem marxistischen Studentenverband aktiv, lernte ich, was ich im Elternhaus nicht mitbekommen hatte. Ich sprach auf Vollversammlungen vor mehr als tausend Kommiliton:innen – frei, nur mit Stichworten versehen und im rhetorischen Schlagabtausch mit Anhänger:innen konkurrierender politischer Positionen. Im Alltagsleben ein Chaot, plante ich Großaktionen mit Tausenden Beteiligten. Stärken und Schwächen von Menschen zu beurteilen, ohne dies mit Herabsetzung zu verbinden, gehörte damals zum politischen Alltagsgeschäft. Im Hauptberuf war ich Revolutionär, das Studium nahm ich ernst, absolvierte es jedoch eher nebenbei. Der Aktivismus ließ sich nur durchhalten, weil mir ein Geflecht solidarischer Sozialbeziehungen half, wie ich es in dieser Intensität nie wieder erlebt habe. Ich bewegte mich in einem Umfeld, in welchem alle bereit waren, Dinge zu tun, ohne sich davon persönliche Vorteile zu versprechen. Dies geschah, obwohl ein Großteil der Aktivitäten wie auch die Aktiven selbst in der bürgerlichen Öffentlichkeit eher selten, und wenn, dann hauptsächlich negativ wahrgenommen wurden. Individuelle und kollektive Selbstwirksamkeit waren dennoch gegeben, denn die Erfahrung solidarischer Sozialbeziehungen stiftete auch subjektiv Lebenssinn.

Hinzugefügt sei, dass ich diese Zeilen im Bewusstsein bedrückender Gegenerfahrungen zu Papier bringe. Die dunkle Seite real existierender Sozialismen war jederzeit präsent. Gleich ob sowjetische Panzer in Prag 1968 oder die Brutalität der maoistischen Kulturrevolution, die Ausbürgerung Wolf Biermanns, staatliche Repression gegen die polnische Gewerkschaft Solidarność, Unterdrückung der Charta 77 in der ČSSR, Verfolgung von Homosexuellen auf der Karibikinsel Kuba oder die Massenmorde der Khmer Rouge, die von einigen Linken verteidigt wurden – die Liste von Ereignissen, die auf Systemfehler der staatsbürokratischen Sozialismen und ihrer Satelliten im globalen Süden verwiesen, war bereits in den 1970er Jahren lang. Auf dem linken

Auge blind gewesen zu sein, ist eine schuldhafte Verstrickung, die sich nicht einfach wegwischen lässt. Und auch die eigene politische Praxis darf keinesfalls in rosaroten Farben gemalt werden. Infolge der Dauermobilisierung, wie sie viele linksoppositionelle Organisationen der 1970er Jahre praktizierten, wurde manche Persönlichkeit verschlissen, ja regelrecht zerstört. Das, was in einigen K-Gruppen, deren Binnenleben ich nur vom Hörensagen kenne, an Unterordnung der Individuen unter ein hierarchisches Kollektiv praktiziert wurde, entsprach dem Gegenteil von Emanzipation. Doch auch in meinem Umfeld gab es die Ausgrenzung von konkurrierenden Linken. Ein bisschen Auflehnung gegen den verbreiteten Machismo konnte wahre Organisationskrisen auslösen. Dass die politischen Gegner:innen keineswegs mit Samthandschuhen angefasst wurden, kommt hinzu.

Dennoch, verkrustete Verhältnisse zum Tanzen zu bringen und Herrschaftsmechanismen aufbrechen zu können, ist eine Erfahrung, die ich nicht missen möchte. Deshalb betrachte ich mich heute als den Angehörigen einer privilegierten Generation. Ich habe den revolutionären Aufbruch erlebt und bin zugleich ein Kind der größtmöglichen Niederlage – des Niedergangs sozialistischer und kommunistischer Arbeiterbewegungen ebenso wie der Implosion von Gesellschaftsmodellen, die für eine kurze historische Zeitspanne beanspruchten, erstrebenswerte Alternativen zum Kapitalismus zu sein. Das Bewusstsein der Niederlage bewahrt mich hoffentlich davor, Irrtümer und Fehler nur bei anderen zu suchen. Vor allem aber lässt es Illusionen über die vermeintlich schwindenden Lebensgeister kapitalistischer Vergesellschaftung nicht zu. Selbst epochale Krisen, die das gesamte Gesellschaftsmodell erschüttern, führen nicht im Selbstlauf aus der Verwertungslogik heraus. »Der Kapitalismus […] kann nicht durch einen ›endogenen‹ Verfall zugrunde gehen; nur ein äußerer Stoß von extremer Heftigkeit im Verein mit einer glaubwürdigen Alternative könnte seinen Zusammenbruch bewirken«, prognostizierte bereits der Historiker Fernand Braudel in seiner großartigen Sozialgeschichte des 15. bis 18. Jahrhunderts.[8] Dass die Coronapandemie einen Stoß von extremer Heftigkeit ausgelöst hat, dürfte, von querdenkenden Verwirrten abgesehen, kaum jemand bezweifeln. Es ist die glaubwürdige Alternative, an der es fehlt.

Diesen Mangel gilt es zu überwinden. Mein kleines Buch soll dazu einen bescheidenen Beitrag liefern. Sein Hauptargument lautet: Der Anspruch, von der Utopie zur Wissenschaft geworden zu sein, hat zur Verknöcherung des Sozialismus, zu falschen Versprechungen, herrschaftlichen Totalitätsansprüchen und dort, wo er zum System erstarrt war, letztendlich zu dessen Zusammenbruch geführt. Heute muss der Sozialismus sich wieder als attraktive Utopie bewähren, um überhaupt gesellschaftlich und politisch Wirkung erzielen zu können. Die Begründung dieser Sichtweise erfolgt in der Form eines Essays, das heißt ohne den Anspruch einer systematischen Aufarbeitung der mittlerweile wieder reichlich sprudelnden Literaturquellen. Es geht um eine Begründung der Koordinaten für eine ökologisch-sozialistische Transformation, nicht um die Beschreibung fertiger Gesellschaftsmodelle. Dabei arbeite ich mich an einigen Schlüsselthesen ab, wie sie Friedrich Engels in seiner populären Schrift zum wissenschaftlichen Verständnis des Sozialismus am Ende des 19. Jahrhunderts formulierte.

Engels hat in der Spätphase seines Schaffens ein Verhältnis von Sozialismus und parlamentarischer Demokratie begründet, hinter das ein Sozialismus des 21. Jahrhunderts nicht zurückfallen darf. »Wir, die ›Revolutionäre‹, die ›Umstürzler‹«, schrieb er angesichts großer sozialdemokratischer Erfolge bei Reichstagswahlen, »wir gedeihen weit besser bei den gesetzlichen Mitteln als bei den ungesetzlichen und dem Umsturz. Die Ordnungsparteien […] gehen zugrunde an dem von ihnen selbst geschaffenen, gesetzlichen Zustand.«[9] Das war zu optimistisch. Bemerkenswert ist aber, dass Engels diese Zeilen trotz der selbst nach bürgerlichen Maßstäben mehr als unvollständigen Demokratie des wilhelminischen Reichs formulierte. Bei allem, was an dieser Bemerkung auch taktischem Kalkül entsprungen sein mag, zeugt sie doch von einem Geist, der Sozialismus als Erweiterung bürgerlich-parlamentarischer Demokratie, nicht aber als deren Liquidierung versteht.[10]

Heute müssen wir, so meine ich, noch einige Schritte über Engels hinausgehen. Ohne Freiheitsgarantien auch für Nichtsozialist:innen büßt jede Alternative zum Kapitalismus ihre Glaubwürdigkeit ein. Unverändert gilt, was Rosa Luxemburg in ihrer Kritik an der russischen Oktoberrevolution und den Bolschewiki ebenso unmissverständlich wie hellsichtig formuliert hat. Für Luxemburg zeigt sich,

> daß der ›schwerfällige Mechanismus der demokratischen [Institutionen – Einfügung aus der Fußnote zum Text – KD]‹ ein kräftiges Korrektiv hat – eben in der lebendigen Bewegung der Masse, in ihrem unausgesetzten Druck. Und je demokratischer die Institution, je lebendiger und kräftiger der Pulsschlag des politischen Lebens der Masse, um so unmittelbarer und genauer ist die Wirkung – trotz starrer Parteischilder, veralteter Wahllisten etc. Gewiß, jede demokratische Institution hat ihre Schranken und Mängel, was sie wohl mit sämtlichen menschlichen Institutionen teilt. Nur ist das Heilmittel, das Trotzki und Lenin gefunden: die Beseitigung der Demokratie überhaupt, noch schlimmer als das Übel, dem es steuern soll: Es verschüttet nämlich den lebendigen Quell selbst, aus dem heraus alle angeborenen Unzulänglichkeiten der sozialen Institutionen allein korrigiert werden können. Das aktive, ungehemmte, energische politische Leben der breitesten Volksmassen.[11]

Dem ist nichts hinzuzufügen. Dass Freiheit immer auch die Freiheit Andersdenkender zu sein hat, sei diesem Essay als normative Prämisse vorangestellt. Schließlich ist es eine demokratisch verfasste Gesellschaft, die es mir erlaubt, auf den Ruinen des untergegangenen Realsozialismus für eine nachkapitalistische Zukunft zu plädieren. Modischen Abgesängen auf die parlamentarische Demokratie, gleich, ob sie von rechts oder von links[12] kommen, begegne ich daher kritisch, ja ablehnend. Ich erwähne dies, weil mein Essay, neben vielem anderen, was fehlt, weder eine Analyse des Scheiterns staatsbürokratischer Sozialismen noch eine Ursachensuche für den Niedergang sozialdemokratischer Gegenentwürfe enthält.[13] Die Suche nach einer ökologisch-sozialistischen Utopie kann man nicht mit Auflösungsszenarien vergangener Sozialismen beginnen.

Deshalb startet der Essay mit der Vision einer klimagerechten Gesellschaft, die nach einem Szenenwechsel erneut zur Leipziger Gründungsveranstaltung von Students for Future führt (Kapitel I). Es folgen eine Begründung für das Festhalten am Sozialismusbegriff sowie einige Bemerkungen zur Methodik eines *democratic marxism*, die bei der Reformulierung sozialistischer Ideen hilfreich sein können (Kapitel II). In Auseinandersetzung mit Friedrich Engels wird sodann die tragende

Idee für einen ökologisch nachhaltigen Sozialismus des 21. Jahrhunderts herausgearbeitet (Kapitel III), um anschließend zeigen zu können, wie diese Grundidee mit dem in kapitalistischen Landnahmen angelegten Expansionsparadoxon korrespondiert und konfligiert (Kapitel IV). Aus der Beschreibung einer epochalen ökonomisch-ökologischen Zangenkrise ergeben sich die wichtigsten Gründe, die für eine neue sozialistische Utopie sprechen (Kapitel V). Als deren normative Grundlage können die *Sustainable Development Goals* (SDGs) der Vereinten Nationen dienen, die es möglich machen, das Handeln herrschender Klassen und Eliten an Nachhaltigkeitszielen zu messen (VI). Eine Skizze des Fundaments ökologisch-sozialistischer Gesellschaften schließt an (Kapitel VII). In einem Exkurs geht es um Ansatzpunkte für eine Transformation des Kapitalismus, die sich aus der Digitalisierung ergeben (Kapitel VIII) und zu neuen Kombinationen von intelligenter Produktion, humaner Arbeit und nachhaltigem Konsum führen (IX). Es folgen Überlegungen zu den Auswirkungen der Coronapandemie (X) sowie zu Übergangsstrategien, die den Weg zu nachhaltigen Gesellschaften öffnen können (Kapitel XI). Der Essay endet mit einigen Anregungen für Sozialist:innen, die das politische Handgemenge nicht scheuen.

All dies vorausgeschickt, bleibt mir, Danke zu sagen! Steffen Richter motivierte mich dazu, aus einem Artikel für die Zeitschrift *Dritte Natur. Technik – Kapital – Umwelt* ein kleines Buch zu machen. Er hat den Text sorgfältig lektoriert und den Kontakt zum Verlag hergestellt, der sich rasch bereitfand, den Essay zu veröffentlichen. Mareike Biesel hat gewohnt akribisch zusätzlich Korrektur gelesen. Johanna Sittel und Lena Haubner waren mir bei den Grafiken behilflich. Dem Schreiben ging eine Debatte mit Raul Zelik voraus, der als Fellow des Kollegs »Postwachstumsgesellschaften« ein eigenes Sozialismus-Buch verfasste.[14] Angeregt hat mich eine herausragende Qualifizierungsarbeit von Jakob Heyer[15], der mir auch bei der Sichtung wichtiger Literatur zuarbeitete. Kritische Bemerkungen meines Freundes und Doktorvaters Frank Deppe zu ersten Neosozialismus-Thesen haben mich ebenfalls angespornt. Hätte Frank mich nach dem Studium nicht davor bewahrt, als bezahlter Kader für die Revolution zu arbeiten, wäre mir eine wissenschaftliche Laufbahn wohl verwehrt geblieben. Ich müsste jetzt in anderen Arenen für einen nachhaltigen Sozialismus streiten. Wie immer hat mich Rebecca Sequeira bei allen Arbeiten ebenso umsichtig wie weitblickend begleitet. Ohne ihre großartige Arbeit würden Essays wie der vorliegende im akademischen Alltag wohl kaum zustande kommen.

Besonders bedanken möchte ich mich bei allen, die in zahlreichen Veranstaltungen mit Anregungen, Anmerkungen, aber auch mit ihrer Ablehnung des S-Wortes und der hinter ihm verborgenen Inhalte dazu beigetragen haben, dass ich einen nachhaltigen Sozialismus nunmehr als Gegenbegriff zur Dynamik kapitalistischer Landnahmen verwende. Beflügelt haben mich die Diskussionen mit Brigitte Aulenbacher, Ulrich Brand, Michael Brie, Michael Burawoy, Guilherme Leite Gonçalves, Elísio Estanque, Nancy Fraser, Bob Jessop, Stephan Lessenich, Birgit Mahnkopf, Hartmut Rosa, Christine Schickert, Franz Schultheis, Ngai-Ling Sum, Esteban Torres, Hans-Jürgen Urban, Michelle Williams, Erik Olin Wright und vielen anderen aus dem Postwachstums-Kolleg. Debatten mit den Herausgeber:innen und der Redaktion des *Berliner Journals für Soziologie* boten mir ebenfalls Inspiration. Obwohl mir die direkte Kommunikation von Angesicht zu Angesicht fehlte, konnte ich auch von Diskussionen mit den Studierenden enorm profitieren.

Alle, die an den Sozialismus-Debatten aktiv beteiligt waren, haben, so hoffe ich, zur Schärfung meiner Argumente beigetragen. Ich schreibe in gendersensibler Sprache, das heißt, wo angebracht, wird ein [:] in Worte eingefügt. Um bessere Lesbarkeit zu gewährleisten, geschieht dergleichen weder bei zusammengesetzten Begriffen, Fachwörtern und Gruppenbezeichnungen noch in Fällen, in denen die Geschlechterzuordnung eindeutig ist. Hinzufügen möchte ich, dass Veränderungen der sprachlichen Form herrschaftliche Verhältnisse nicht verschleiern dürfen, die trotz [:] fortbestehen.

Mit *Die Utopie des Sozialismus* endet meine Tätigkeit als Sprecher der Jenaer DFG-Kollegforschungsgruppe »Postwachstumsgesellschaften«. Dass der im Forschungsantrag versprochene Transformations-Kompass einen nachhaltigen Sozialismus als Gegenbegriff zur kapitalistischen Landnahme empfehlen würde, wäre mir zu Beginn der Kollegsarbeiten nicht einmal im Traum eingefallen. Ohne die Unterstützung der Deutschen Forschungsgemeinschaft hätte es den Freiraum für ein solches Denkexperiment wohl kaum gegeben. Dafür schulde ich dem wichtigsten deutschen Forschungsförderer aufrichtigen Dank! Ob sich meine Ausführungen als Kompass für den Weg zu einer besseren Gesellschaft eignen, können nur die Leser:innen beurteilen. Mich freut bereits, dass die Debatte um einen nachhaltigen Sozialismus Fahrt aufnimmt.

Klaus Dörre, Jena, Mai 2021

I Visionen: »Pandemie stoppt Klimawandel!«

…, so schallt es zum Ende des Schicksalsjahres 2021 aus allem Medien. Völlig überraschend hatten die Vereinten Nationen einen weitreichenden Durchbruch in der Klimapolitik erzielt. Von den Erfolgen bei der Bekämpfung der Coronapandemie angespornt, einigten sich die Mitgliedsstaaten darauf, die klimaschädlichen Emissionen binnen zehn Jahren auf null zu senken. Ein Sofortprogramm, das erneuerbare Energien, Biolandwirtschaft, nachhaltige Mobilität und klimagerechtes Bauen großzügig fördert, wurde im Hochgeschwindigkeitstempo umgesetzt. Dafür sorgte ein Klimanotstand, den alle Mitgliedsstaaten der United Nations (UN) akzeptierten. Vom UN-Generalsekretär António Guterres ausgerufen, stattete er die Regierungen mit weitreichenden Sondervollmachten aus, die allerdings vor ihrer Anwendung einer demokratischen Legitimation durch Parlamente und Transformationsräte bedurften. In der Europäischen Union, Vorreiterin bei der Nachhaltigkeitsrevolution, griffen erste Maßnahmen. Nach einer kurzen Übergangszeit hatten die zuständigen Behörden sämtliche Autobahnen für den individuellen PKW-Verkehr gesperrt. Zeitgleich wurden Autos aus den Stadtzentren und Ortskernen verbannt. Wer den Highway trotz eines Tempolimits von 110 Stundenkilometern benutzen will, fährt mit Elektrobussen, die, ebenso wie Züge, mit grünem Wasserstoff angetrieben werden. Flugreisen sind kontingentiert und müssen ab sofort mit individuellen CO_2-Budgets abgeglichen werden. Die Ticketpreise verzeichnen allerdings einen drastischen Anstieg, weil es keine Subventionen für Flugbenzin gibt.

In Klimawerkstätten, die sich auf Recycling, Müllvermeidung und die Reparatur beschädigter Geräte konzentrieren, sind großflächig neue Beschäftigungsfelder entstanden. Unternehmen haben auf die Produktion langlebiger Güter umgestellt. Es gibt noch immer Autos, aber ausschließlich solche, die, etwa auf dem Lande, wirklich sozialen Mobilitätsbedürfnissen dienen. Sofern sie überhaupt noch im Privatbesitz sind, werden PKWs von Einzelpersonen nur einmal gekauft, denn sie laufen über eine Lebensspanne hinweg weitgehend störungsfrei oder sind zumindest jederzeit reparabel. Das Auto ist aber nur eines von zahlreichen Beispielen für den Übergang zu nachhaltigen Produkten und Produktionsformen. Dieser Übergang hat auch zu einer Umwälzung der Eigentumsverhältnisse in großen Unternehmen geführt. Konzerne, die sich der Produktion für das Gemeinwohl verweigerten, wurden sozialisiert und gehören nun denen, die die Arbeit leisten. Öffentliche Infrastrukturinvestitionen, der Ausbau sozialer Dienstleistungen und großzügig angelegte Weiterbildungsprogramme haben einen wirtschaftlichen Take-off eingeleitet. Dessen Nutzen wird allerdings nicht mehr anhand der Kriterien des Bruttoinlandsprodukts (BIP), sondern mithilfe von Entwicklungsindikatoren gemessen, die unbezahlte Sorgetätigkeiten, informelle Arbeit, aber auch ökologische Belastungen wirtschaftlicher Aktivitäten (»destruktives Wachstum«) einbeziehen.

Eine großzügige Rückverteilung von den alten und neuen Zentren der Weltwirtschaft in die Peripherie und von den einkommensstärksten zehn Prozent hin zur unteren Hälfte der Weltbevölkerung hat dafür gesorgt, dass die Lasten der sozial-ökologischen Transformation einigermaßen gerecht verteilt werden. In einem ersten Schritt hatte die Staatengemeinschaft Coronaimpfstoffe zu einem öffentlichen Gut erklärt. So wurde mit dem Impfstoffnationalismus auch die Pandemie besiegt. Im nächsten Schritt konnten Hunger und extreme Armut weltweit beseitigt werden. Alle Geberländer haben sich bereit erklärt, die dazu nötigen Mittel aus ihren Haushalten aufzubringen. Zwecks Finanzierung verzichteten sie auf die Produktion zusätzlicher Rüstungsgüter. Große Vermögen werden seither, so sie denn überhaupt noch entstehen, progressiv besteuert. Ein strenges Erbschaftsrecht sorgt dafür, dass angesammelter privater Reichtum sich in Eigentum auf Zeit verwandelt. Auf allen administrativen Ebenen überwachen Nachhaltigkeitsräte die Transformation.

Die Erfolge der 2021 eingeleiteten Nachhaltigkeitsrevolution sind durchschlagend. Schon im ersten Jahr wurden die Klimaziele übererfüllt. Allerdings waren Folgeschäden der Erderhitzung nicht mehr in allen Erdregionen umzukehren. Wo Wetterextreme und der Anstieg des Meeresspiegels ganze Landstriche unbewohnbar gemacht haben, sorgen nun großangelegte Migrationsprogramme für Entlastung. Die

Einwanderung von Klimaflüchtlingen in bewohnbare Weltgegenden regelt ein Nansen-Pass[1], der die Hauptverantwortung der reichen Länder für die Erderhitzung anerkennt. Über die genaue Ausgestaltung des globalen Migrationsregimes wird politisch noch immer heftig gestritten, doch die Möglichkeit, Regionen mit hohem Katastrophenpotenzial zu verlassen, ist nun ein unhintergehbares Menschenrecht. Saubere Luft, nutzbare Böden, die Versorgung mit Wasser, Elektrizität und existenznotwendigen Lebensmitteln sind, ebenso wie Mobilität, der Zugang zu Bildung und zu digitaler Kommunikation, zu öffentlichen Gütern geworden. Eine weltweit vorhandene soziale Infrastruktur wird durch gesellschaftliche Fonds garantiert, in die alle Erwachsenen der Weltbevölkerung einzahlen. Als Gegenleistung haben sie Anrechte auf eine bedingungslose Grundzeit, die ihnen für finanzierte Tätigkeiten ihrer Wahl zur Verfügung steht. Im Verhältnis von Erwerbsarbeit und arbeitsfreier Zeit kommen die neuen Gesellschaften dem nahe, was Thomas Morus einst auf seiner Insel Utopia vorfinden wollte. Weil die Erwachsenen

> nur sechs Stunden bei der Arbeit sind, könnte man vielleicht der Meinung sein, es müsse daraus ein Mangel an lebensnotwendigen Arbeitsprodukten entstehen. Weit gefehlt! Im Gegenteil genügt diese Arbeitszeit nicht nur zur Herstellung des nötigen Vorrats an allen Erzeugnissen, die zu den Bedürfnissen oder Annehmlichkeiten des Lebens gehören, sondern es bleibt sogar noch davon übrig.[2]

Mit größeren, frei verfügbaren Zeitbudgets ausgestattet machen sich die wichtigsten Veränderungen bei der politischen Partizipation bemerkbar. In allen Gesellschaften ist es zu einem Engagement gekommen, wie es die Welt noch nie erlebt hat. Druck durch soziale Bewegungen, Klimastreiks in großen Unternehmen, staatliche Reformen, aber auch nachhaltige Produktions- und Lebensformen, die sich zunächst in Nischen entwickeln konnten und sich dann ausbreiteten, haben dafür gesorgt, dass tatsächlich eingetreten ist, was weitblickende Kapitalismuskritiker vorausgesagt hatten. Die Profitwirtschaft und ihre herrschenden Klassen haben abgedankt. Vielen Akten »kollektiver

Selbstermächtigung«[3] ist zu verdanken, dass der Kapitalismus aufgehört hat, uns als »schicksalsvollste Macht des modernen Lebens«[4] zu beherrschen.

Welchen Namen die neuen Gesellschaften tragen sollen, die sich mit dem Niedergang der kapitalistischen Moderne als nächste herausgebildet haben, ist, wie so vieles, umstritten. Von den 31 ihrem Selbstverständnis nach postkapitalistischen Formationen, die im Parlament der Vereinigten Staaten von Europa vertreten sind, verstehen sich nur einige explizit als sozialistisch. Andere lehnen das S-Wort als Bezeichnung für die neu entstandenen Gesellschaften ab. Doch das ist bei weitem nicht der einzige Konflikt. Von den Prioritätensetzungen in öffentlichen Haushalten über Verteilungsrelationen bis hin zur Zusammensetzung der Nachhaltigkeitsräte wird über fast alles gestritten, diskutiert, verhandelt. Was den nichtkapitalistischen Block zusammenhält, ist allein seine prinzipielle Gegnerschaft zu den Parteien der prokapitalistischen Wende. Die Bürgerfront zur Wiedereinführung der freien Marktwirtschaft stagniert bei Wahlen zum Europäischen Parlament seit Jahren bei einem Drittel der Stimmen. Ihre Konkurrenz auf der äußersten Rechten kämpft mittlerweile um die Überwindung der Sperrklausel von drei Prozent. Gelegentlich hat die Bürgerfront in einzelnen Ländern triumphieren können, doch die Ergebnisse ihrer Regierungszeit waren für die Wählerschaft des prokapitalistischen Bündnisses frustrierend. Kaum hatten sie marktwirtschaftliche Reformen auf den Weg gebracht, waren die Front-Parteien in der Regel schon wieder abgewählt. Auch wegen der regulativen Funktion der Nachhaltigkeitsräte war und ist ihre politische Durchsetzungskraft vergleichsweise gering, wenngleich sie bei der Ausgestaltung des Verhältnisses von Staat und Markt immer wieder konstruktive Vorschläge unterbreiten und durchsetzen konnten.

Trotz hoher Integrationskraft bieten die neuen, nachhaltig sozialistischen Gesellschaften das Gegenteil eines harmonistischen Stelldicheins. Heftige Konflikte prägen selbst den sozialen Nahbereich. An Vermögen, Einkommen und Bildungschancen gemessen sind die Menschen so gleich wie nie zuvor; und gerade aus diesem Grund treten ihre individuellen Besonderheiten umso stärker hervor. Das führt zu einer Vielfalt an Lebensformen und Lebensstilen, die alles andere als harmonisierend wirkt. Nachhaltigkeit beispielsweise ist ein dehnbarer Begriff, der Zielkonflikte beinhaltet. Wofür soll das gesellschaftlich erzeugte Mehrprodukt eingesetzt werden? Sollen die Einkommen für große Bevölkerungsgruppen steigen, oder steht das im Widerspruch zu ökologischer Nachhaltigkeit? Welche Stimme ist legitimiert, in politischen Entscheidungsprozessen für die Natur zu sprechen? Wie hoch darf der Preis sein, um bedrohte Tierarten zu retten? Sucht man Problemlösungen für ökologische Belastungen im technologischen Wandel, oder ist es sinnvoller, sich natürlichen Kreisläufen ohne zusätzliche technische Hilfsmittel anzupassen? Welche Vorstellungen vom »guten Leben« sind legitim, welche sind es nicht? Müssen an den Hochschulen in den sozial- und geisteswissenschaftlichen Fächern demnächst Männerquoten eingeführt werden, um auf längere Sicht annähernd Geschlechtergerechtigkeit herzustellen, oder ist die Frauendominanz der legitime Preis, den Männer für den Verlust jahrtausendealter Privilegien zu zahlen haben? Macht die Vielfalt sexueller Orientierungen und geschlechtlicher Identitäten derart polarisierende Fragestellungen gar gänzlich überflüssig? Das sind nur einige der Themen, an denen sich die Geister scheiden. Das Leben ist für alle, jede und jeden ständige Herausforderung, permanenter Kampf. Es ist anstrengend und eben deshalb schön. Denn eines ist sicher – trotz des Streits kann man sich darauf verlassen, dass allen, die in Not geraten, von anderen geholfen wird.

Mit groben Pinselstrichen gemalt, sind das die Konturen einer möglichen nächsten Gesellschaft. Sie zeigen uns kein Paradies. Dennoch enthält das Bild einen utopischen Überschuss, der dazu anspornen kann, aus der wünschbaren eine erreichbare Zukunft zu machen. Es ist dies die ins Bild gesetzte nachhaltig sozialistische Zukunft. Wollen wir sie erreichen? Haben wir die Chance dazu?

Szenenwechsel. Blicken wir noch einmal auf das Auditorium Maximum der Leipziger Universität im Mai 2019. Haben diejenigen, die sich dort zu einer Bewegung formieren wollen, tatsächlich das Zeug, den Kapitalismus aus den Angeln zu heben? Wollen sie das überhaupt? Gegenargumente lassen sich leicht finden, denn die Mehrzahl der bei Fridays for Future Aktiven agiert keineswegs mit antikapitalistischem Selbstverständnis. Ein erheblicher Teil der Anwesenden hat sich überhaupt zum ersten Mal für ein politisches Engagement entschieden. Andere Aktive verorten sich im rot-grünen Parteienspektrum und handeln eher pragmatisch-lösungsorientiert als radikal und mit systemkritischer Grundhaltung.[5] Auch die Forderungen, die auf der Vollversammlung beschlossen werden, klingen keineswegs sonderlich radikal. Ohne zu zögern, votiert eine überwältigende Mehrheit zugunsten einer CO_2-Steuer – ein Instrument, das ohne soziales Korrektiv unweigerlich diejenigen mit den geringsten Einkommen am stärksten belasten würde. Sofern man überhaupt von einer ökologisch-sozialistischen Strömung sprechen kann, repräsentiert sie selbst innerhalb des linken Flügels der Klimabewegung allenfalls eine Minderheit. Und dennoch sind es diese jungen Leute, die eine zukunftsträchtige sozialistische Option in der Gegenwart am glaubwürdigsten verkörpern. Es ist die Grundidee, die überzeugt. Wie selbstverständlich werden die ökologische und die soziale Frage zusammengedacht. Deshalb kommt auch ein Betriebsratsvorsitzender aus dem Öffentlichen Personennahverkehr (ÖPNV) Leipzigs zu Wort, der als heimlicher Star der Veranstaltung zu Bündnissen von Klimabewegungen und Gewerkschaften aufruft.

Zu den Kräften progressiver Veränderung zähle ich ausdrücklich auch jene Teile der Klimabewegungen, die sich im De- oder Post-Growth-Spektrum verorten und ihre Wurzeln bevorzugt im Kosmos anarchistisch-libertärer Ideen suchen. Aktive aus dieser Strömung arbeiten sehr bewusst, fantasievoll und kreativ an Alternativen zu kapitalistischen Produktions- und Lebensformen.[6] Sozialismuskonzepten, die auf Marx und Engels zurückgreifen, begegnen diese libertären Strömungen freilich mit Skepsis. Es mangelt denn auch nicht an Versuchen, den noch jungen Bewegungen altbekannte Feindbilder zu liefern. Manch neuere Bemühung um eine Wiederbelebung anarchistischer Utopien präsentiert sich in recht altbackener Manier als »kritisches Korrektiv gegenüber rechts- und linksautoritären Versuchungen«.[7] Attackiert wird eine vermeintliche bürgerlich-marxistische »Fortschrittsideologie und Utopiefeindlichkeit«[8], die sich als Kontrastfolie für eine positive Akzentuierung des eigenen Freiheitsverständnisses nutzen lässt.

Tatsächlich, das sei hinzugefügt, gibt es für Warnungen vor autoritären Versuchungen von links immer wieder neue Anlässe. Andreas Malms Plädoyer für einen »Ökoleninismus« bietet ein Beispiel, das in Teilen der Klimabewegungen auf Widerhall stößt.[9] Lange vor Malm zeigten sich Ökosozialisten wie Wolfgang Harich und Rudolf Bahro[10], die gegen den SED-Staat opponierten, ebenfalls für Autoritarismus anfällig. Doch einmal davon abgesehen, dass sich die ökosozialistische Traditionslinie nicht auf autoritäre Entgleisungen einiger Vordenker reduzieren lässt, wurzelt eine unbewältigte Schwierigkeit des Anarchismus darin, dass die Realisierungsversuche libertärer Visionen in der Regel über einen – mitunter durchaus innovativen – Nischensozialismus nicht hinausgekommen sind.[11]

Einen wunden Punkt trifft die libertäre Kritik dort, wo sie offenlegt, dass alle bekannten Sozialismen immer wieder zu einer Klassenherrschaft ihrer Eliten tendierten. Bei der Ursachenanalyse springt anarchistische Staats- und Bürokratiekritik jedoch dann zu kurz, wenn sie den Eigenwert parlamentarischer Demokratien unterschätzt oder völlig ignoriert. Ein zentraler systemimmanenter Fehler der verblichenen Staatssozialismen wurzelte darin, dass deren politische Systeme ohne entwickelte demokratische Institutionen und Prozesse über kein wirksames Korrektiv verfügten, welches der diesen Gesellschaften inhärenten Tendenz zur Akkumulation politischer Macht hätte Grenzen setzen können. Hannah Arendt hat die Mechanismen des Vorauseilens politischer Machtakkumulation vor der Kapitalakkumulation am Beispiel expansionistischer Ideologien des historischen Imperialismus in brillanter Weise analysiert:

»Durch eine unbegrenzte Akkumulation von Macht, das heißt von Gewalt, die kein Gesetz begrenzt, konnte eine unbegrenzte oder jedenfalls erst einmal unbegrenzt scheinende Akkumulation von Kapital vonstatten gehen«, konstatiert sie[12] und macht deutlich, dass sich in stalinistischen Systemen ähnliche Mechanismen finden. Wie die Kapitalakkumulation benötigt auch das unersättliche Streben nach immer größerer Machtfülle, das diesen Systemen eigen ist, permanent neues Material. Sofern nicht erfolgreich, das heißt mithilfe demokratischer Institutionen und Verfahren, gegengesteuert wird, mündet totales Machtstreben unweigerlich in Repression, Terror oder gar in Krieg.

Alle staatssozialistischen Regime sind auch an dem Problem gescheitert, dass sie starke Institutionen für eine Kontrolle und Begrenzung zentralisierter politischer Macht nicht zu entwickeln vermochten. Dies begünstigt ein monistisches Bestreben, das von der Fiktion einer von oben hergestellten Klasseneinheit über die erzwungene Einheit der Partei bis hin zu Führerverehrung und Personenkult führen kann. In verschiedensten Variationen finden sich derartige systemische Mängel nicht nur in den implodierten staatssozialistischen Gesellschaften oder bei den nominalsozialistischen Regimen Chinas oder Nordkoreas. Auch politische Formationen, die aus nationalen, postkolonialen Befreiungsbewegungen hervorgegangen sind, bilden früher oder später Formen bürokratischer Klassenherrschaft aus. Neben Vietnam und Kuba stellen Südafrika, Nicaragua, Venezuela und selbst das Bolivien eines Evo Morales, der die Verfassung seines Landes zwecks Wiederwahl beugen wollte, prominente Beispiele aus der jüngeren Vergangenheit und Gegenwart dar.

II Begriffe: Radikaler Humanismus, Postwachstum, Neosozialismus?

Systemische Mängel und Zusammenbrüche real gewordener Sozialismen vor Augen, erscheinen alternative Bezeichnungen für bessere Gesellschaften manchen heute attraktiver als das belastete S-Wort. Für den Journalisten und einflussreichen Kapitalismuskritiker Paul Mason ist das der Grund, einem radikalen Humanismus das Wort zu reden.[1] Doch Mason ergeht es wie manch anderen, die ähnlich vorgehen. Seine Argumentation wirkt gelegentlich so, als sollten sozialistische Zielsetzungen in einer begrifflichen Hülle verfolgt werden, die sie vor einer Kontamination durch geschichtliche Belastungen bewahrt. Das klingt an, wenn der radikale Humanismus mit einem kritischen Rückgriff auf Marx begründet wird. Zwar benennt Mason »wesentliche Konstruktionsfehler« der Marx'schen Theorie, stellt aber sogleich klar, »dass der Marxismus, wenn er von seinen autoritären Impulsen gereinigt wird, weiterhin eine wichtige Grundlage für eine radikale Strategie des Widerstands sein kann«.[2] Das klingt ein wenig nach Mogelpackung, denn Marx sah die Alternative zum Kapitalismus zweifelsohne in einer sozialistisch-kommunistischen Gesellschaft. Diese Zielsetzung begriffsstrategisch auszublenden, halte ich für einen Fehler. Denn jede Suche nach einer besseren Gesellschaft muss in Erinnerung behalten, was im »Zeitalter der Extreme«[3] im Namen revolutionärer Absichten geschehen ist. Deshalb ergibt es Sinn, die höchst widersprüchliche Geschichte des Sozialismus nicht zu verdrängen, sondern sie zu reflektieren, wenn es um die Bezeichnung für postkapitalistische Gesellschaften geht. Das kann nur gelingen, indem der Sozialismusbegriff, statt ihn voreilig ad acta zu legen, mit neuem Inhalt gefüllt wird.

Neo-Soul und Neosozialismus

So vorzugehen, besitzt noch einen weiteren Vorteil. Zum wiederholten Mal für eine andere Moderne zu plädieren oder es beim vagen Begriff einer demokratischen Postwachstumsgesellschaft zu belassen, bedeutet im Grunde, sich hinsichtlich der Konturen einer nächsten Gesellschaft bedeckt zu halten. Sofern man möglichst wenig Reibungsverluste erzeugen möchte, ist das sicher eine gute Taktik. Die Abgrenzung zu autoritären, produktivistischen Praktiken früherer Staatssozialismen kann so durchaus gelingen.[4] Doch sobald die Degrowth-/Postwachstumsperspektive in einem progressiven Sinne konkretisiert wird, landet man in gewisser Weise wieder beim Mason-Problem. Das, was über die Strömungsdifferenzen hinweg als »gemeinsamer Kern«[5] der Veränderungen hin zu Postwachstumsgesellschaften präsentiert wird, ist problemlos in eine neosozialistische Agenda zu integrieren. Eine Schwierigkeit bei den Kernforderungen der Degrowth-/Postwachstumsbewegungen wurzelt indes darin, dass unklar bleibt, wie das, was in der postkapitalistischen Gesellschaft verteilt werden soll – etwa die Arbeitszeit mittels Arbeitszeitverkürzung für alle und bei Einkommensverlusten nur für die oberen 10 Prozent –, durch eine effiziente Produktion materiell abgesichert werden soll. Anders gesagt, die Kernforderungen der Degrowth-Bewegungen sind gut, wenn es um das Verteilen geht, doch sie blenden das Produktionsproblem aus. Belässt man es dabei, Postwachstumsgesellschaften mithilfe eines nicht näher spezifizierten bedingungslosen Grundeinkommens bestimmen zu wollen, dem, ebenso unverbindlich, ein wenig Umverteilung und ein bisschen Wirtschaftsdemokratie hinzufügt wird[6], kann man diese Schwierigkeit vielleicht verdecken. Sobald die gesellschaftliche Transformation nach Konkretion verlangt, dürfte sich beim Publikum aber rasch Desillusionierung einstellen. Ohne genauere inhaltliche Festlegungen bleibt die Postwachstumsperspektive derart diffus, dass sie für nahezu alles und jedes benutzt werden kann. Eine Abkehr von Wachstumszwängen fordern Linke wie Rechte, Konservative ebenso wie Progressive, ja, selbst Faschisten und Antifaschisten.[7] Deshalb ist es wichtig, in der Auseinandersetzung mit dem Expansionszwang und Wachstumsdrang kapitalistischer Gesellschaften genauer zu argumentieren.

Größere Präzision ist insbesondere deshalb angebracht, weil, wie sich zeigen wird, kapitalistische Postwachstumsgesellschaften in gewisser Weise bereits existieren. In den alten industriellen Zentren haben wir es überwiegend mit nur noch schwach wachsenden Ökonomien zu tun. Diesem Phänomen mit Formeln wie der von Wachstumsgesellschaften ohne Wachstum beikommen zu wollen, ist wenig hilfreich. Wer die Abkehr von systemischen Wachstumszwängen einfordert, muss die Wachstumstreiber, aber auch die Mittel und Wege zu ihrer Überwindung so genau wie möglich beschreiben und die Vorschläge zu ihrer Überwindung im Spektrum konkurrierender politischer Philosophien verorten. Die von vielen Wissenschaftler:innen gern behauptete Abkehr von gängigen Links-rechts-Schemata trägt hier wenig zur Klarheit bei.[8]

›Postwachstumsgesellschaft‹ eignet sich als Bezeichnung für alle zeitgenössischen sozialen Ordnungen, die ohne rasches und permanentes Wirtschaftswachstum auskommen müssen. Mein Vorschlag lautet, den Begriff analytisch und ohne normative Aufladung zu verwenden.[9] Geht es jedoch um Weichenstellungen zugunsten einer besseren, weil ökologisch angepassten, egalitär-demokratischen und deshalb nachhaltigen Gesellschaft, spreche ich lieber von und schreibe über ›Sozialismus‹. Für erste Überlegungen hatte ich die Bezeichnung *Neo*sozialismus gewählt. Neosozialismus, so schien mir, funktioniert wie Neo-Soul. Die Grundelemente bleiben gleich, sie wiederholen sich, werden aber anders interpretiert, rekombiniert, variiert, auseinanderdividiert und wieder zusammengesetzt, bis etwas völlig Neues entsteht. Wer würde bestreiten wollen, dass Sault, *die* Band des Jahres 2020, aufregende Musik macht. Mit Alben wie *Rise* und *Black is* hat das Musikkollektiv unbekannter Zusammensetzung den Soundtrack zu den Black-Lives-Matter-Protesten geliefert. Im Internet ist zu lesen, die Gruppe kombiniere Rhythm and Blues, House und Disco auf höchst originelle Weise und forme daraus etwas Innovatives, Aufregendes, Neuartiges. Für mich ist das Neo-Soul – großartige Klänge, noch dazu verbunden mit einer klaren politischen Botschaft.

Die Neoliberalen haben vorgemacht, dass es politischen Philosophien ähnlich ergehen kann wie dem Neo-Soul. Nach dem Ende des Zweiten Weltkriegs völlig am Boden, hatte sich der Wirtschaftsliberalismus in neuem Gewand zu Beginn des 21. Jahrhunderts in einigen Teilen der Welt de facto als eine Art Staatsreligion etabliert. Weder die Parteien mitte-rechts noch diejenigen mitte-links stellten die grundlegenden Koordinaten eines ansonsten variantenreichen Paradigmas –

Primat der Marktkoordination, angebotsorientierte Wirtschaftspolitik, Freihandel, Privatisierung, Steuersenkungen, Haushaltsdisziplin und Flexibilisierung der Arbeitswelt – grundsätzlich infrage. Der Aufstieg des neuen Marktradikalismus hatte in kleinen Zirkeln begonnen, die sich untereinander durchaus bekämpften. Mit dem Ordoliberalismus, der Wiener Schule eines Friedrich von Hayek oder den sogenannten Chicago-Boys um Milton Friedman sind Netzwerke entstanden, die in der Ökonomik Paradigmen setzten und die Politikberatung dominierten.

Warum sollte dem Sozialismus nicht Vergleichbares gelingen? Ausgerechnet in einem Land, dessen bürgerliche Öffentlichkeit Sozialismus in all seinen Schattierung lange Zeit mit dem Vorhof zur Hölle assoziierte, haben die *Democratic Socialists* um Bernie Sanders und Alexandria Ocasio-Cortez vorgemacht, wie sich mit dem S-Wort erfolgreich Politik gestalten lässt. Offenbar ist die Praxis diesbezüglich weiter als die Theorie. Gleichwohl, ›Neosozialismus‹ klingt sperrig, für das politische Handgemenge ist der Begriff untauglich.[10] Erik Olin Wright nennt ein weiteres Argument, das gegen eine Verbindung von *Neo* und Sozialismus spricht und eine andere Wortkombination an deren Stelle setzt. In den USA ist es die äußerst populäre Beifügung *democratic*, die dem S-Wort gerade bei jungen Leuten den Schrecken nimmt.[11] In Kontinentaleuropa und Deutschland liegen die Dinge anders. Hier ist die distinktive Kraft eines demokratischen Sozialismus gering. Die Bezeichnung klingt zu sehr nach ausgelaugter Sozialdemokratie, als dass sie zum Attraktionspunkt innovativer Debatten werden könnte. Bob Jessop schlägt deshalb den Begriff ›demokratischer Ökosozialismus‹ als Alternative vor.[12] Doch dessen Verwendung beinhaltet ein ähnliches Problem, wie es dem demokratischen Sozialismus innewohnt. In Deutschland erinnert Ökosozialismus an politische Positionen, die von den siegreichen Mehrheitsströmungen in der grünen Partei als Fundamentalismus bekämpft und erfolgreich marginalisiert wurden.

Schon zu Zeiten der Auseinandersetzung zwischen grünen »Fundis« und »Realos« war die ökosozialistische Strömung allerdings plural, und ihr Scheitern bedeutet nicht zwangsläufig, dass tragende Ideen überholt wären. Deshalb werde ich die Beifügung ›ökologisch‹ gelegentlich verwenden, um zu präzisieren, was mit einem neuen Sozialismus gemeint sein kann. ›Nachhaltiger Sozialismus‹ ist nach meiner Auffassung aber besser geeignet, um zu konkretisieren, worum es in Zukunft geht. Nachhaltigkeit beinhaltet Antworten auf den ökologischen Gesellschaftskonflikt, sie schließt aber auch soziale Zielsetzungen ein und ist von ihrer Begriffsgeschichte[13] her betrachtet sowohl global ausgerichtet als auch universalistisch angelegt. Nachhaltiger Sozialismus existiert, wie etwa auf der Leipziger Studierendenvollversammlung, in der Gegenwart nur in den Vorstellungen und Praktiken von Aktiven in sozialen Bewegungen. Eine demokratische und zugleich nachhaltige sozialistische Gesellschaft ist hingegen nirgendwo verwirklicht.

Vom Sozialismus als Bewegung oder gesellschaftlicher Ordnung muss Sozialismus als Gegenstand wissenschaftlicher Beobachtung unterschieden werden. Für die letztgenannte Bedeutung wird eine Heuristik benötigt, die es erlaubt, einen Gegenstand in ständiger Veränderung mit wissenschaftlichen Methoden zu erfassen und für Forschungszwecke zu operationalisieren.

Exkurs: democratic marxism, Soziologie und Sozialismus

Dabei kann eine Methodik helfen, wie sie im angelsächsischen Sprachraum mit den Ideen eines *sociological* oder *democratic marxism* verbunden wird.[14] Forschende, die mit diesem paradigmatisch angelegten Konzept arbeiten, verstehen sich als »marxian«, nicht als »marxist«. Zu parteioffiziellen Marxismen verhalten sie sich kritisch.[15] Die Beifügung *democratic* signalisiert eine Sensibilisierung für den Eigenwert pluralistisch-demokratischer Institutionen und Prozesse. Das ist kein Zugeständnis an hegemonial-bürgerliches Denken, wie manche Kritiker:innen meinen. Vielmehr entspricht die Aufgeschlossenheit einer emanzipatorischen Praxis, wie sie etwa während des südafrikanischen Anti-Apartheid-Kampfs selbstverständlich war. Aus den Erfahrungen solcher Freiheitsbewegungen heraus gelten plurale parlamentarische Demokratien als unverzichtbare Basis aller Versuche, Alternativen zum Kapitalismus überhaupt zu diskutieren.[16] Zum Selbstverständnis eines *democratic marxism* gehört eine prinzipielle

Offenheit für andere – etwa feministische, ökologische oder indigene – Strömungen kapitalismuskritischen Denkens. Das heißt in der Konsequenz: Es gibt nicht *den* Marxismus, sondern nur eine gewisse Pluralität an Konzeptionen, die sich in unterschiedlicher Weise auf Marx beziehen.[17] Diese Pluralität ist im Fragment gebliebenen Werk selbst angelegt. Anregend sind aus der heutigen Perspektive gerade die Brüche und Ungereimtheiten in den theoretischen Arbeiten des Karl Marx und seiner zahlreichen Interpret:innen. Solche Inkohärenzen zu ignorieren hieße deshalb, einem »faulen Marxismus«[18] das Wort zu reden.

Jenseits dogmatischer Erstarrung beinhaltet die Marx'sche Theorie in ihren zahlreichen Weiterentwicklungen und Verästelungen noch immer eine herausfordernde Kapitalismuskritik – »die gründlichste, kompromissloseste, umfassendste jemals vorgebrachte Kritik dieser Art«.[19] Sie ist eine Theorie, in deren Namen »große Regionen der Erde umgestaltet« wurden.[20] Damit hat sie jedoch zugleich ihre Unschuld verloren. Jede Spielart des Marxismus muss heute selbstreflexiv sein und sich um ein kritisches Verhältnis zu ihrer eigenen Geschichte und der durch sie legitimierten Praxis bemühen. Wer sich der Methodik eines soziologischen Marxismus verpflichtet fühlt, steht deshalb für eine niemals abgeschlossene Reinterpretation klassischer Texte unter Berücksichtigung des zeitgenössischen sozialwissenschaftlichen Wissens. Zum »pragmatischen Realismus«[21] so verstandener Theoriebildung gehört es, Begriffe wiederzuentdecken oder Bedeutungen zu reanimieren, die seitens der marxistischen Orthodoxie längst ad acta gelegt waren. Sozialismus ist ein solcher Begriff, den zu reinterpretieren eine wissenschaftliche und damit auch eine soziologische Aufgabe darstellt.

Eine Methodik, die entsprechend verfährt, muss einigen Anforderungen genügen, die hier kurz genannt seien. Die erste dieser Anforderungen kann als *Reinterpretation, Thesenbildung und Prüfung* bezeichnet werden. Eine kritische Reinterpretation klassischer Sozialismus-Texte zu betreiben, ist unabdingbar. Dabei gewonnene Thesen müssen aber zumindest ausschnitthaft und exemplarisch einer empirischen Prüfung unterzogen werden, mit deren Hilfe sich theoretische Vorannahmen korrigieren lassen. Daraus folgt für soziologische Erkundungen einer nächsten sozialistischen Gesellschaft, dass sie experimentell und ergebnisoffen angelegt sein müssen. So hat Erik Olin

Wright akribisch untersucht, welche Alternativen zur kapitalistischen Produktionsweise sich bereits in bestehenden Gesellschaften herausbilden, ob und unter welchen Umständen sie Bestand haben und auf welche Weise sie tatsächlich zu einem besseren Leben beitragen können. Prozesse des Scheiterns zu dokumentieren, ist in dieser Methodik ebenso angelegt wie eine Wertschätzung von Projekten einer solidarischen Ökonomie oder genossenschaftlicher Selbstorganisation, die sich zuerst in Nischen der kapitalistischen Produktionsweise durchsetzen.[22]

Eine zweite Anforderung resultiert aus der *Mehrebenenproblematik* moderner Gesellschaften. Zu bedenken ist, dass Herrschafts- und Ausbeutungsverhältnisse in ausdifferenzierte soziale Felder[23] und gesellschaftliche Bewährungsproben[24] eingebettet sind, deren eigensinnige Machtkonflikte und Wertigkeitsprüfungen empirisch erforscht werden müssen. Von Kapitalismus als sozialer Formation zu sprechen, bedeutet daher keineswegs, soziale Differenzierung, Vielfalt, Kontingenz, die Schwerkraft von Institutionen und daraus erwachsende Pfadabhängigkeiten in Abrede zu stellen. Im Gegenteil. Statt von einer determinierenden ökonomischen Basis auszugehen, die den gesellschaftlichen Überbau strukturiert, ist es sinnvoll, die kapitalistische Ökonomie und ihre Märkte als tiefgestaffelte soziale Felder[25] zu betrachten, die mit zahllosen Variationen eines ökonomischen Habitus korrespondieren, der als verinnerlichtes Äußeres zu rationalem Handeln unter kapitalistischen Bedingungen überhaupt erst befähigt.[26] Die methodologische Anforderung, die sich daraus ergibt, lautet: unbedingt das Mehrebenenproblem und die Ausdifferenzierung sozialer Felder beachten und dennoch nach feldübergreifenden Strukturähnlichkeiten suchen, um Aussagen über größere Zusammenhänge und Ereignisketten überhaupt erst zu ermöglichen. Ohne Vorstellungen von gesellschaftlichen Ordnungen, die dabei helfen können, empirische Einzelbefunde zu gewichten und in einen Zusammenhang zu bringen, sind weder Aussagen über die kapitalistische Gegenwart noch über eine sozialistische Zukunft möglich.

In keinem Fall dürfen gesellschaftliche Dynamiken auf einen einzelnen Kausalmechanismus zurückgeführt werden. Die Eigentumsfrage ist für die Grundlegungen eines ökologischen Sozialismus noch immer zentral, aber neue kollektive Eigentumsformen garantieren für sich genommen noch nicht, dass sich die mit ihnen verbundenen

Wirtschaftsweisen tatsächlich als nachhaltig erweisen. Deshalb müssen ökologisch-sozialistische Praktiken ebenso wie neu entstehende gesellschaftliche Institutionen feldspezifisch begründet und evaluiert werden. Wie das politische System einer künftigen sozialistischen Gesellschaft aussieht, kann und darf keinesfalls aus deren ökonomischer Verfasstheit »abgeleitet« werden. Gleiches gilt für Kultur, Lebensweisen, Öffentlichkeit, Subjektivitäten, kurzum für sämtliche gesellschaftliche Sphären jenseits der Ökonomie. Aus dieser Komplexität ergibt sich als zusätzliche Anforderung, die Möglichkeit zu Selbstkorrekturen von Gesellschaftssystemen zu beachten. Der Kapitalismus besitzt die Fähigkeit, sich immer wieder zu häuten, um seine Kernstruktur zu bewahren. Staatssozialistische Gesellschaften haben die dazu erforderlichen Selbststabilisierungsmechanismen nicht im gleichen Maße ausbilden können, doch auch ihre Entwicklung war nicht mit der Geburtsstunde vorgezeichnet. Es gab immer wieder Wegscheiden, an denen eine radikale Selbstkorrektur möglich gewesen wäre, denn auch die staatssozialistischen Ordnungen waren und sind keine monolithischen Blöcke.[27] Daraus folgt, dass auch aus dem Scheitern gelernt werden kann. So können beispielsweise die wirtschaftsdemokratischen Überlegungen der Prager Reformer[28], die Plattform der bewegungsorientierten Strömung in der italienischen Kommunistischen Partei (PCI)[29] oder die Thesen der ökosozialistischen Strömung bei den Grünen der 1980er und frühen 1990er Jahre[30] als unabgegoltene Programmatiken betrachtet werden, die noch immer ein großes Anregungspotenzial besitzen, obwohl, vielleicht auch weil ihre Realisierungsversuche gescheitert sind.

Aus den genannten methodologischen Regeln ergibt sich als eine dritte Anforderung, dass die Verbindung von *wissenschaftlicher Analyse und normativ begründeter Gesellschaftskritik* unbedingt zu beachten ist. Ein demokratischer Marxismus unterscheidet sich auch methodologisch von sozialtheoretischen Versuchen, die auf eine normative Letztbegründung von Gesellschaftskritik zielen. Kritik des Marx'schen Typus entsteht aus der möglichst präzisen Beschreibung sozialer Verhältnisse, gefolgt von Analysen, die immanente Bewegungsformen dieser Verhältnisse und der durch sie hervorgerufenen Verwerfungen und Krisen aufdecken. So enthält die genaue Beschreibung der Lage arbeitender Klassen in England, die Friedrich Engels seinerzeit geleistet hat, bereits eine radikale Gesellschaftskritik. Für die normative Begründung dieser Kritik muss allerdings etwas anderes hinzukommen. Die ideologischen Selbstlegitimationen kapitalistischer Dynamik produzieren beständig Ansprüche, Erwartungen und auch Gerechtigkeitsvorstellungen, die in der sozialen Realität nicht erfüllt werden. Solche Diskrepanzen zwischen Sein und Sollen sind ebenfalls eine wichtige, wenngleich nicht die einzige Quelle von Gesellschaftskritik, wie sie ein *democratic marxism* anstrebt. Die normativen Maßstäbe dieser Kritik können aus dem hegemonialen »Geist des Kapitalismus«[31], den Rechtfertigungsordnungen kapitalistischer Gesellschaften, herausgefiltert werden. Wie sich noch zeigen wird, stellen die *Sustainable Development Goals* (SDGs) der Vereinten Nationen[32] eine normative Grundlage sowohl von Kapitalismus- als auch von Sozialismuskritik dar, denn sie eignen sich, um Bestehendes und Erreichtes mit dem Nötigen und Wünschbaren abzugleichen.

Als weitere methodologische Regel folgt daraus: Die Maßstäbe, an denen sich eine nächste sozialistische Gesellschaft messen lassen muss, dürfen nicht hinter das normative Fundament zurückfallen, das zuvor den Maßstab für Kapitalismuskritik lieferte. Rosa Luxemburg hat das in ihrer bereits angesprochenen Auseinandersetzung mit den Bolschewiki sehr deutlich gemacht. Die autoritäre Versuchung, vor der sozialistische Revolutionen nicht gefeit seien, stelle sich bereits ein, wenn das, was von außen, von politischen Gegnern als Notmaßnahme aufgezwungen werde und zeitweilig kaum vermeidbar sei, zur Normalität erhoben und als emanzipatorische Praxis verklärt werde.[33] Um dergleichen zu vermeiden, benötigen sozialistische Gesellschaften einen institutionalisierten Zweifel, also öffentliche, wissenschaftlich fundierte Gesellschaftskritik, die – wie im Kapitalismus – ihre normativen Maßstäbe offenzulegen hat.

Halten wir fest: Die Suche nach einer Neudefinition von Sozialismus kann methodologisch auf eine Reinterpretation klassischer Sozialismustexte und -konzepte zurückgreifen, sie hat analytischen Reduktionismus zu vermeiden und muss sich ihrer normativen Grundlage bewusst sein. Diesen methodologischen Anforderungen kann hier nur annäherungsweise entsprochen werden, denn sie klagen eine Systematik ein, die ein Essay nur sehr bedingt einzulösen vermag. Bei dem Bemühen um eine Redefinition von Sozialismus gilt es außerdem zu bedenken, dass marxistische Begründungen sozialistisch-kommunistischer Gesellschaften nur eine Option unter anderen möglichen darstellen. Protagonist:innen der neuen Sozialismus-Debatte kommen häufig ohne umfassenden Rückgriff auf Marx' Kritik der politischen Ökonomie aus. Die Autorinnen des Manifests *Feminismus für die 99 %* berufen sich vorzugsweise auf kapitalismuskritische Strömungen in der Frauenbewegung.[34] Thomas Piketty grenzt seinen partizipativen Sozialismus ausdrücklich von marxistischen Konzeptionen ab.[35] Michael Brie und Claus Thomasberger beziehen sich in ihrem Plädoyer für einen freiheitlichen Sozialismus stärker auf Karl Polanyi als auf Karl Marx und Friedrich Engels.[36] Brigitte Aulenbacher verknüpft Polanyis Ideen mit Debatten um eine Care-Revolution[37] und Evgeny Morozovs digitaler Sozialismus nimmt, wie Thomas Piketty, eher auf sozialdemokratischen Reformismus als auf revolutionäre Sozialismuskonzeptionen Bezug.[38] Der Sozialismus eines John Stuart Mill findet ebenfalls wieder Anerkennung[39] und manifestiert sich in zeitgenössischen Entwürfen als Spielart eines neuen Sozialliberalismus.[40] Die Liste mit Referenzen für eine zukunftsträchtige Sozialismus-Diskussion ließe sich erheblich erweitern, und die Vielfalt der Interventionen kann, so sie denn zu konstruktiver Kontroverse anregt, zweifellos eine Stärke sein. Schon wegen der konzeptuellen Vielfalt müssen sich Sozialismus-Begründungen, die der Methodik eines *democratic marxism* entsprechen wollen, ihrem theoretischen Erbe behutsam und kreativ nähern, ohne es als einen Steinbruch zu betrachten, der nahezu jede beliebige Interpretation erlaubt. Blicken wir daher auf die Ursprünge des marxistischen Sozialismus zurück.

III Heuristik: Sozialismus – von der Wissenschaft zur Utopie

Nun kann es an dieser Stelle nicht um eine strenge Werkexegese gehen, die systematisch rekonstruiert, was Marx, Engels und ihre zahlreichen Interpret:innen zu Sozialismus und Kommunismus geschrieben haben. Ich beschränke mich darauf, Kriterien für eine Heuristik zu entwickeln, mit deren Hilfe sich tradierte von zeitgemäßen Sozialismen unterscheiden lassen. Als historischer Ausgangspunkt für dieses Vorhaben eignen sich Überlegungen, die Friedrich Engels in der Spätphase seines Lebens anstellte, als sozialistische und sozialdemokratische Parteien ebenso wie die Gewerkschaften sich anschickten, Massenorganisationen zu werden.

Die These

Beginnen wir unsere Entdeckungsreise in Sachen Sozialismus deshalb im späten 19. Jahrhundert. 1880 erschien, zunächst in französischer Sprache, eine Broschüre mit dem anspruchsvollen Titel *Die Entwicklung des Sozialismus von der Utopie zur Wissenschaft.*[1] Als Grundlage dienten drei Kapitel aus dem sogenannten *Anti-Dühring*[2] – einer von Friedrich Engels verfassten Streitschrift, die sich gegen den Privatgelehrten und Verfechter eines antimarxistischen »Sozialismus des arischen Volkes«, Herrn Eugen Dühring, richtete. Die Intervention überlebte den Gegenstand ihrer Kritik und trug erheblich zur Popularisierung von Marx' Theorie bei. Heute gilt das Bemühen, die von Hegel entliehene Dialektik nicht nur auf die Geschichte, sondern auch auf Mathematik und Naturwissenschaften zu übertragen, vielen als besonders dogmatischer Versuch, die Welt nach abstrakten Bewegungsgesetzen modellieren zu wollen. Sozialismus, so ein verbreiteter Vorwurf, werde zum Resultat eines vorprogrammierten geschichtlichen Verlaufs erklärt, den zu vollenden ausschließlich das revolutionäre Proletariat berufen sei.

Ohne Zweifel finden sich in Engels Schrift Formulierungen, die als Belege für ein teleologisches Geschichtsverständnis interpretiert werden können. Es sind aber auch völlig andere Lesarten jener Artikelserie möglich, die in der zitierten Broschüre als zusammenhängendes Ganzes präsentiert wird. Schon die ersten Zeilen stellen klar, dass der moderne Sozialismus »seinem Inhalt nach zunächst das Erzeugnis der Anschauung, einerseits der in der heutigen Gesellschaft herrschenden Klassengegensätze von Besitzenden und Besitzlosen, Kapitalisten und Lohnarbeitern, andrerseits der in der Produktion herrschenden Anarchie« ist.[3] Die enge Koppelung von gesellschaftlichen Widersprüchen und sozialistischer Vision dient der Abgrenzung von einem utopischen Denken, dessen Anhänger den Sozialismus als »Ausdruck der absoluten Wahrheit, Vernunft und Gerechtigkeit« betrachten. Diese Wahrheit, so Engels süffisant, brauche »nur entdeckt zu werden, um durch eigene Kraft die Welt zu erobern«. Sie sei »unabhängig von Zeit, Raum und menschlicher geschichtlicher Entwicklung«; »bloßer Zufall« entscheide, wann und wo sie entstehe.[4] Ewige Wahrheiten, die noch dazu bei »jedem Schulstifter verschieden«[5] ausfallen, konfrontiert Engels deshalb mit einem wissenschaftlichen Anspruch, der den Sozialismus aus realen Bewegungen der Gesellschaft heraus zu begreifen beabsichtigt.[6]

So verstanden, ist Sozialismus eben kein unabänderliches Endziel, das im Gang der Geschichte bereits angelegt wäre. Weder handelt es sich um ein geschlossenes, unabänderliches Theoriegebäude noch um ein starres Gesellschaftsmodell. Was Sozialismus sein kann oder sein soll, ändert sich mit der Entwicklung der kapitalistischen Formation und den Gegenbewegungen, die sie hervorbringt. Das ist der Grund, weshalb Engels sich, auch hierin seinem kongenialen Partner Marx eng verbunden, bei der genauen Beschreibung sozialistischer Gesellschaften zurückhält. Weil der Kapitalismus »nichts« ist, wenn er nicht in Bewegung ist[7], wäre auch der Sozialismus missverstanden, würde er als fertiges Rezept begriffen, das soziale Bewegungen nur noch zuzubereiten hätten. Eher trifft das Gegenteil zu. So wie die Gesellschaft stetem Wandel unterliegt, muss sich auch die Rezeptur, müssen sich Ziele, Organisationsformen und Wege des Sozialismus verändern, um systemische Herrschafts- und Ausbeutungsmechanismen erfolgreich zu überwinden.

Deshalb kann es, wie Engels immerhin andeutet, nicht bei dem *einen* Sozialismus bleiben. Sofern es wissenschaftlichen Ansprüchen genügen soll, muss, das sei hinzugefügt, auch das S-Wort zwingend im Plural buchstabiert werden. Den Variationen des Kapitalismus entsprechen diverse Sozialismen. Das galt bereits für das Industriezeitalter und gilt für sozialistische Visionen am Beginn des 21. Jahrhunderts in besonderer Weise. Die Erstarrung und mitunter auch Pervertierung marxistischer Sozialismusvorstellungen in repressiven staatsbürokratischen Systemen hat, ebenso wie der Zusammenbruch dieser Herrschaftsvarianten und der Verschleiß konkurrierender sozialdemokratischer Konzeptionen, dazu geführt, dass Sozialismus heute wieder zur Utopie werden muss, um politisch wirken zu können.

Gänzlich falsch wäre es indes, das als bloßen Rückschritt deuten zu wollen.[8] Die Sozialismen des späten 19. und frühen 20. Jahrhunderts waren Kinder der ersten industriellen Revolution. Die Sozialismen des 21. Jahrhunderts werden ebenfalls Kinder einer Produktivkräfte-Revolution sein, die sich nun aber unter völlig anderen Vorzeichen vollzieht als ihre historischen Vorläufer. *Sozialistische Ideen des 21. Jahrhunderts müssen, so die hier vertretene These, ihre Überzeugungskraft aus der Notwendigkeit einer Nachhaltigkeitsrevolution beziehen.* Sie entstehen zumindest in den frühindustrialisierten Ländern, künftig mehr und mehr aber auch in großen und kleinen Schwellenländern, aus der Kritik an wirtschaftlich-technischer *Über*produktivität. Zwar rebellieren auch sie gegen die Herrschaft des Kapitals, doch das nicht allein wegen der Ausbeutung von Lohnarbeit. Die Sozialismen des 21. Jahrhunderts präsentieren sich als Alternative zu einem »Imperialismus gegen die Natur«[9], wie ihn Karl Marx in seinen mittlerweile veröffentlichten Exzerptheften brandmarkte. Sie attackieren die Ökonomie der billigen Güter[10] und mit ihr die Abwertung reproduktiver Tätigkeiten, und sie beanspruchen, gleichgewichtig mit der Beseitigung von Klassenherrschaft, eine Überwindung aller patriarchalisch, rassistisch oder nationalistisch legitimierten Herrschaftsmechanismen anzustreben. Aus der Perspektive gesellschaftlicher Naturverhältnisse beinhalten sie vor allem die Suche nach einem Notausgang, nach Auswegen aus einer epochalen ökonomisch-ökologischen Zangenkrise, die das Überleben menschlicher Zivilisation berührt.[11]

Gründe für einen *Neo*sozialismus gibt es viele. Doch welche gesellschaftlichen Verwerfungen verlangen nach einer *ökologisch*-sozialistischen Vision? Die Beantwortung dieser Frage führt erst einmal zum ursprünglichen marxistischen Sozialismus-Verständnis zurück. In der zitierten Broschüre begründet Friedrich Engels die Notwendigkeit einer sozialistischen Transformation hauptsächlich mit dem Konflikt zwischen »*gesellschaftlicher Produktion und kapitalistischer Aneignung*«.[12] Es herrsche »Anarchie in der gesellschaftlichen Produktion«, und dennoch folge die wirtschaftliche Entwicklung den Zwängen der Konkurrenz, die sich als »blindwirkende Naturgesetze«[13] hinter dem Rücken der Produzenten durchgesetzt hätten. Diese Zwänge bewirkten, dass die Produkte jene beherrschten, die sie herstellten. Erst die Aufhebung privatkapitalistischer Aneignung könne den gesellschaftlichen Reichtum, den die Produktivkraftentwicklung ermögliche, für die Entfaltung der Fähigkeiten aller Menschen erschließen.

Bis es so weit ist, hemmt die Aneignungslogik der kapitalistischen Eigentumsverhältnisse laut Engels die Vergesellschaftungslogik der Produktivkraftentwicklung. Sozialismus ist demnach die gesellschaftliche Formel, mit deren Hilfe sich die Aufhebung des Dauerkonflikts zwischen kollektiver Produktion und privater Aneignungen politisch zuspitzen lässt. Aus Engels' Kapitalismusanalyse ergibt sich, was als elementares Dreieck des Sozialismus bezeichnet werden kann. Das Privateigentum an Produktionsmitteln muss überwunden und durch kollektiv-gesellschaftliches ersetzt werden, um die Fesseln zu beseitigen, die die Produktivkraftentwicklung hemmen. Nur diese Umwälzung der Eigentumsverhältnisse erlaubt es, die gesellschaftliche Kontrolle über den Produktionsprozess zurückzugewinnen, indem er von den Arbeitenden selbst organisiert und an gemeinschaftliche Bedürfnisse rückgebunden wird. Hauptziel der Koordinaten im elementaren Dreieck des Sozialismus ist »substanzielle Gleichheit«.[14]

Dieses Ziel darf nicht mit Gleichmacherei verwechselt werden. Es geht zunächst nur darum, mit dem Privateigentum an Produktionsmitteln die bestimmende strukturelle Ungleichheit aufzuheben, die den Kapitalismus konstituiert. Die damit verbundene Hypothese lautet,

Abb. 1: Elementares Dreieck des Sozialismus

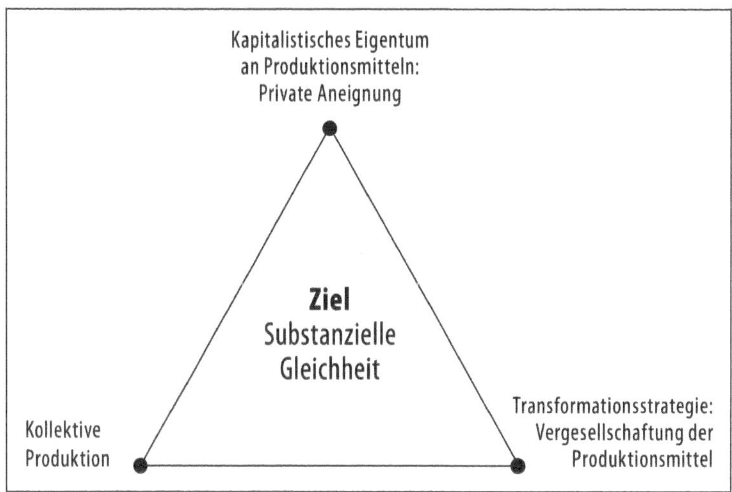

Quelle: eigene Darstellung.

dass die Aufhebung des kapitalistischen Privateigentums an Produktionsmitteln auch die Überwindung anderer Ungleichheiten begünstigt, weil auf diese Weise Krisen zu verhindern oder abzumildern sind und egalitäre Verteilung als Produktivkraft genutzt werden kann.

Diese marxistische Begründung sozialistischer Transformation ist auch heute nicht völlig falsch, aber sie reicht bei weitem nicht aus. Das elementare Dreieck des Sozialismus ist derart abstrakt und allgemein, dass es in konkurrierende Transformationsstrategien integriert werden kann. Engels hatte, als er seine Artikelserie anfertigte, bereits Ansätze eines oligopolitischen, finanzialisierten Kapitalismus vor Augen, dessen Herausbildung zum Gegenstand heftiger theoretischer wie auch politisch-strategischer Kontroversen innerhalb der Arbeiterbewegungen geworden ist. »Wenn die Krisen«, so Engels, »die Unfähigkeit der Bourgeoisie zur fernern Verwaltung der modernen Produktivkräfte aufdeckten«, so zeige »die Verwandlung der großen Produktions- und Verkehrsanstalten in Aktiengesellschaften und Staatseigentum die Entbehrlichkeit der Bourgeoisie für jenen Zweck.«[15] Weiter heißt es: »Alle gesellschaftlichen Funktionen des Kapitalisten werden von besoldeten Angestellten versehen. Der Kapitalist hat keine gesellschaftliche

Tätigkeit mehr, außer Revenuen-Einstreichen, Kupon-Abschneiden und Spielen an der Börse, wo die verschiedenen Kapitalisten untereinander sich ihr Kapital abnehmen.«[16]

Engels argumentiert hier mit einer Tendenz zur Vergesellschaftung der Produktionsmittel, die sich noch innerhalb der kapitalistischen Hülle vollzieht. Die Herausbildung von Aktiengesellschaften und Staatseigentum interpretiert er als materielle Vorbereitung einer sozialistischen Gesellschaft. Aus dieser Deutung lassen sich jedoch höchst unterschiedliche strategische Schlussfolgerungen ziehen. Grob vereinfacht können im frühen 20. Jahrhundert zwei Hauptströmungen der Kapitalismusanalyse sowie darauf aufbauender Vorstellungen einer sozialistischen Transformation unterschieden werden. Das eine Lager betont die in der kapitalistischen Dynamik bereits angelegte Tendenz zur impliziten Vergesellschaftung der Produktivkräfte. Eduard Bernstein und später die russischen legalen Marxisten machen die Konzentration und Zentralisation von Kapital zum Ausgangspunkt für ihre, wie Rosa Luxemburg sie nennt, neoharmonistische Marx-Rezeption. Auch die Theoretiker des marxistischen Zentrums entwickeln sich in eine solche Richtung. Zunächst Begründung für einen revolutionären Sozialismus, mündet die Analyse einer sich selbst negierenden kapitalistischen Marktwirtschaft bei Karl Kautsky und Rudolf Hilferding in die Vorstellung von der allmählichen Herausbildung eines steuerungsfähigen »Generalkartells«.[17] Früher oder später, so die Prognose, müsse die Konzentration des Kapitals in den Händen weniger und seine Zentralisation in Großunternehmen einen Punkt erreichen, an welchem die kapitalistische Wirtschaft von einer Instanz bewusst geregelt werde, die »das Ausmaß der Produktion in allen ihren Sphären« bestimme.[18] Im Finanzkapital, verstanden als industrielles Kapital in der Verfügung der Banken, erlischt demnach der besondere Charakter des Kapitals.[19]

Diese Tendenz zur Vergesellschaftung der Produktivkräfte wird von reformorientierten Kapitalismustheoretikern in die Richtung eines sich weitgehend störungsfrei reproduzierenden Kapitalismus weitergetrieben. Für Otto Bauer sind, in seinem Reproduktionsmodell der Neoklassik ähnlich, Krisen der kapitalistischen Ökonomie temporäre Ereignisse, die früher oder später wieder zu Gleichgewichtsmärkten führen. Die Überzeichnung der Tendenz zu Rationalität und Planmäßigkeit im Kapitalismus schlägt sich in der problematischen Auffassung nieder, dass es nur noch einer schrittweisen Eroberung der Kommandohöhen wirtschaftlicher und politischer Macht bedarf, um den Übergang in eine Gesellschaft zu gestalten, die mit dem Kollektiveigentum an Produktionsmitteln zugleich die Anarchie kapitalistischer Märkte überwindet.

Solchen Auffassungen widersprechen Analysen der konkurrierenden Hauptströmung innerhalb des tief gespaltenen sozialistischen Lagers, deren führende Köpfe an einer revolutionären, disruptiven Überwindung des Kapitalismus festhalten. Die gleichen Phänomene der Konzentration, Zentralisation und Finanzialisierung von Kapital vor Augen, erklären sie diese zu Ursachen von zunehmender Krisenanfälligkeit, verschärfter imperialer Konkurrenz und erhöhter Kriegsgefahr. Für Wladimir I. Lenin ist der Imperialismus seiner Zeit denn auch nicht nur das »höchste Stadium des Kapitalismus«[20], sondern zugleich Indiz für dessen parasitäre, in Fäulnis begriffene Verfassung. Fäulnis schließt ein »Wachstum des Kapitalismus nicht aus«[21], im Gegenteil, im Großen und Ganzen wächst »der Kapitalismus bedeutend schneller als früher«, aber dieses Wachstum wird »immer ungleichmäßiger« und äußert sich »im besonderen in der Fäulnis der kapitalkräftigsten Länder«.[22]

Anders als neoharmonistische Kapitalismusanalysen haben die Vordenker:innen eines revolutionären Marxismus ein Sensorium für die Ungleichzeitigkeit kapitalistischer Entwicklung, die den großen Rest der Welt von einem kapitalistischen Zentrum abhängig macht. Aus diesem Grund brechen sie mit der Vorstellung, sozialistische Revolutionen seien nur in den industriell weit entwickelten Ländern möglich. Doch ein Grundproblem ihrer Analysen wurzelt darin, dass auch sie Strukturmerkmale des Kapitalismus verabsolutierten, die sich im historischen Verlauf als reversibel oder zumindest als veränderbar erwiesen haben. Folgt man Lenins Fäulnisthese, so hätte es den wohlfahrtsstaatlich regulierten fordistischen Kapitalismus, der sich nach 1945 in den kapitalistischen Metropolen durchsetzte, niemals geben dürfen. Der Imperialismus des frühen 20. Jahrhunderts war eben nicht das höchste und letzte Stadium des Kapitalismus, sondern nur eine, zweifelsohne höchst bedeutsame, Zwischenetappe kapitalistischer Entwicklung. Die Gründe für eine dynamische Kapitalismusanalyse, die einer Beschwörung von Endzielen und letzten Stadien kritisch gegenübersteht, hatte Friedrich Engels in einem Interview mit *Le Figaro* treffend auf den Punkt gebracht:

> [...] wir haben kein Endziel. Wir sind *Evolutionisten*, wir haben nicht die Absicht, der Menschheit endgültige Gesetze zu diktieren. Vorgefasste Meinungen in Bezug auf die Organisation der zukünftigen Gesellschaft im einzelnen? Davon werden Sie bei uns keine Spur finden. Wir sind schon zufrieden, wenn wir die Produktionsmittel in die Hände der ganzen Gesellschaft gebracht haben [...].[23]

Der weberianische Marxismus

An dieser Stelle sollen historische Kontroversen über Kapitalismus und Sozialismus nicht erneut ausgetragen werden. Im Rückblick wird aber überdeutlich, dass es hochgradig problematisch ist, besondere Strukturmerkmale, die kapitalistische Gesellschaften für eine bestimmte Periode auszeichnen, zu überhöhen, um sie sodann zu allgemeinen Voraussetzungen für sozialistische Gesellschaften und entsprechende Transformationsstrategien zu erklären. Gleich ob reformistisch oder revolutionär, es genügt eben nicht, die Kommandohöhen der Wirtschaft und des Staates zu übernehmen, um von dort aus die Gesellschaft umzugestalten. Strategisches sozialistisches Handeln, das so verfährt, unterschätzt die Komplexität moderner kapitalistischer Gesellschaften. Dieses Problem spricht ein »weberianischer« Marxismus an, der sich in seinen Ursprüngen mit den Namen Georg Lukács und Antonio Gramsci verbindet.[24]

Lukács hat als einer der ersten Marxisten hellsichtig die Ausdifferenzierung bürgerlich-kapitalistischer Gesellschaften analysiert. In Anlehnung an Max Weber begreift er die Durchrationalisierung aller gesellschaftlichen Sphären als fortschreitende Verdinglichung. Damit ist gemeint, dass mit der Ausbreitung der kapitalistischen Warenform »dem Menschen seine eigene Tätigkeit, seine eigene Arbeit als etwas

Objektives, von ihm Unabhängiges, ihn durch menschenfremde Eigengesetzlichkeit Beherrschendes gegenübergestellt wird«, und »dies sowohl in objektiver wie in subjektiver Hinsicht«.[25] Strukturell zerfällt die Gesellschaft in Teilsysteme, deren Zusammenwirken subjektiv nicht mehr nachvollzogen werden kann:

> Das Aufeinanderbezogensein der Teilsysteme ist auch bei normalstem Funktionieren etwas Zufälliges. Die wahre Struktur der Gesellschaft erscheint vielmehr in den unabhängigen, rationalisierten, formellen Teilgesetzlichkeiten, die miteinander nur formell notwendig zusammenhängen. [...] Denn es ist ja klar, daß der ganze Aufbau der kapitalistischen Produktion auf dieser Wechselwirkung von streng gesetzlicher Notwendigkeit in allen Einzelerscheinungen und von relativer Irrationalität des Gesamtprozesses beruht.[26]

Antonio Gramsci antwortet mit seiner Hegemonietheorie auf das aus sozialer Differenzierung und Komplexitätssteigerung resultierende Strategieproblem sozialistischer Transformation. Für Gramsci beruht demokratische Herrschaft im integralen Staat auf Hegemonie, auf einem basalen Konsens zwischen Herrschenden und Beherrschten[27], der aus den sozialen und symbolisch-kulturellen Konflikten der Zivilgesellschaft erwächst. Jeder Konsens ist mit Zwang gepanzert und in einen historischen Block eingebettet, der Klasseninteressen in die Sphäre der Politik übersetzt, transformiert und sie so weitgehend unsichtbar macht.[28] Zwang meint hier nicht in erster Linie offene Gewalt, wenngleich auch diese keineswegs verschwindet. Solange die kapitalistische Eigentumsordnung fraglos vorausgesetzt wird, bedarf der stille ökonomische Zwang zum Verkauf der Arbeitskraft keiner besonderen Legitimation. Deshalb können »außerökonomische Güter« wie soziale Bürger- und Freiheitsrechte oder die Gleichstellung von Geschlechtern, Ethnien und Nationalitäten relativ egalitär verteilt werden, denn sie lassen den Kern kapitalistischer Herrschaft unberührt.[29] Im integralen Staat eines halbwegs rationalen Kapitalismus wird das Recht zu einer Regulationsform, die auch Interessen beherrschter Klassen berücksichtigen kann. Der Kompromisscharakter des Rechts ermöglicht es, wie Wolfgang Abendroth am Beispiel des (west)deutschen Grundgesetzes gezeigt hat, Demokratie als eine transformative zu denken. Basale Rechtsnormen sind demnach, mit der Institutionalisierung des Rechts variierend, für antikapitalistisch-sozialistische Transformationsstrategien durchaus offen[30], was nichts daran ändert, dass sich die Herrschenden und Mächtigen solchen Veränderungen höchstwahrscheinlich mit aller Macht, das heißt immer auch mit und ohne geeignete Rechtsmittel widersetzen werden.

Das elementare Dreieck sozialistischer Handlungsfähigkeit

Mögliche repressive Reaktionen kapitalistischer Eliten einmal beiseitegelassen, ergeben sich aus der im weberianischen Marxismus geleisteten Kritik am elementaren Dreieck sozialistischer Vergesellschaftung Kriterien für eine Heuristik, die Erik Olin Wright zur Neubegründung eines utopischen Sozialismus entworfen hat. Trennt man den Staat von der Zivilgesellschaft und lässt ferner außer Acht, dass Gramsci administrative und repressive Staatsapparate (Kernstaat) einerseits und die Netzwerke reicher Zivilgesellschaften andererseits im integralen Staat zusammenfügt, erhält man in der Verbindung mit ökonomischer Macht ein weiteres Dreieck, das die elementare Heuristik sozialistischer Vergesellschaftung keinesfalls ersetzt, aber doch erheblich modifiziert und erweitert. Das zuvor eingeführte elementare Dreieck des Sozialismus lässt offen, *wie* die rationale gesellschaftliche Kontrolle über den Produktionsprozess hergestellt und substanzielle Gleichheit in einer modernen, ausdifferenzierten kapitalistischen Gesellschaft erreicht werden soll. Jeder Konkretionsversuch führt zum Problem strategischer sozialistischer Handlungsfähigkeit, das Erik Olin Wright zum Angelpunkt seines Dreiecks macht, für das ökonomische, staatliche und zivilgesellschaftliche Machtressourcen konstitutiv sind (siehe Abb. 2).

Zur Begründung dieser Heuristik schlägt Wright eine Definition vor, die den Sozialismus sowohl dem Kapitalismus als auch dem Etatismus entgegensetzt: »Kapitalismus, Etatismus und Sozialismus können als alternative Wege gedacht werden, die Machtbeziehungen, durch welche ökonomische Ressourcen alloziert, kontrolliert und genutzt werden, zu organisieren.«[31] Sozialismus ist für Wright eine ökonomische Struktur,

Abb. 2: Elementares Dreieck sozialistischer Handlungsfähigkeit

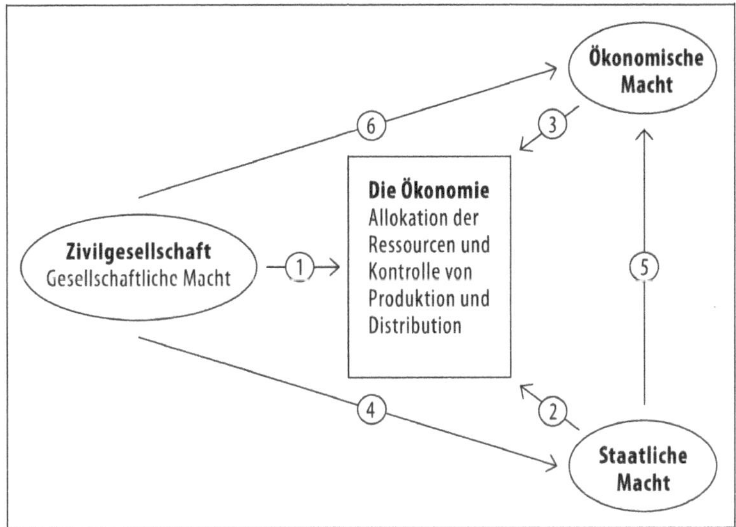

Quelle: Wright, Erik Olin (2012): Transformation des Kapitalismus, in: Dörre, Klaus/Sauer, Dieter/Wittke, Volker (Hg.): Kapitalismustheorie und Arbeit. Neue Ansätze soziologischer Kritik. Frankfurt a. M./New York, S. 462–487, hier: S. 471. Eigene Darstellung.

> in der die Produktionsmittel sich im gesellschaftlichen Besitz befinden und Allokationen wie der Gebrauch der Ressourcen für verschiedene gesellschaftliche Zwecke von der Ausübung ›gesellschaftlicher‹ Macht beeinflusst werden können. ›Gesellschaftliche Macht‹ ist eine Macht, die in der Fähigkeit gründet, Menschen für kooperative, freiwillige kollektive Aktionen verschiedener Art zu mobilisieren. Dies impliziert, dass die Zivilgesellschaft nicht nur als Arena von Aktivität, Geselligkeit und Kommunikation angesehen werden sollte, sondern auch als reale Macht.[32]

So verstanden, wird Sozialismus zu einem graduellen Konzept, dem eine Vielfalt möglicher Konfigurationen zur Ausübung gesellschaftlicher Macht bei der Allokation von Ressourcen, der Kontrolle über die Produktion und der Distribution der erzeugten Güter entspricht. Wright unterscheidet sieben Wege zu gesellschaftlicher Handlungsfähigkeit – den etatistischen Sozialismus, die sozialdemokratisch etatistische Regulation, eine assoziative Demokratie, den sozialen Kapitalismus, die kooperative Marktwirtschaft, eine soziale Ökonomie und den partizipatorischen Sozialismus.[33]

Ob diese Konfigurationen wirklich in jeder Hinsicht trennscharf sind, kann bezweifelt werden. Bemerkbar macht sich auch, dass Wright aus einer berechtigten Aversion gegen den etatistischen Sozialismus zu einer gewissen Überhöhung der Zivilgesellschaft jenseits des Kernstaates neigt. Für ihn ersetzt die demokratische Zivilgesellschaft im Grunde das revolutionäre Proletariat des klassischen Marxismus. Daran ist zunächst etwas Richtiges, denn es wäre fahrlässig, die sozialen Träger sozialistischer Handlungsfähigkeit auf Arbeiterbewegungen zu beschränken. Aber längst nicht alle in der Zivilgesellschaft präsenten Strömungen sind demokratisch und progressiv. Bewegungen Polanyi'schen Typs, die sich gegen kapitalistische Marktmacht auflehnen, können ausgesprochen reaktionäre, ja faschistische Züge annehmen.[34]

Diese Problematik wird nicht nur von Wright, sondern im *sociological marxism* insgesamt unterschätzt. Allerdings, das stellt Wright klar, sind Kapitalismus, Etatismus und Zivilgesellschaft keine Idealtypen, die einander ausschließen. Vielmehr überlappen sie einander und bilden gemischte Ökonomien, in denen sich positive Externalitäten wie Non-Profit-Organisationen, Genossenschaften oder eine Wissensallmende finden, die auf unterschiedliche Weise zu Ausgangspunkten sozialistischer Transformation werden können. Für Wright folgt daraus, und ich stimme ihm hier ausdrücklich zu, dass keiner der genannten sieben Wege für sich genommen zu einer stabilen ökonomischen Demokratisierung führen kann.[35] Exakt dies, die umfassende Demokratisierung ökonomischer Entscheidungen, ist der zentrale Inhalt eines Sozialismusverständnisses, das nach maximaler zivilgesellschaftlicher Kontrolle über Produktion, Ressourcenallokation und Güterverteilung strebt.

Die Implikationen einer solchen Sozialismus-Konzeption sind ebenso originell wie aufregend. Sozialistische Handlungsfähigkeit kann in marktwirtschaftlich-kapitalistischen Gesellschaften auf höchst unterschiedliche Weise entstehen. Etatistische sozialdemokratische Regulation und Reform von oben sind unter Umständen ebenso zielführend wie eine kooperative Unternehmensorganisation, die genossenschaftliche Produktion in der Energiewirtschaft oder ein Journalistenkollektiv in Nischen der digitalen Ökonomie. Solche Wege zu gesellschaftlicher Handlungsfähigkeit können durchaus mit Strategien korrespondieren, die den offensiven Bruch mit dem Kapitalismus, die Enteignung und Sozialisierung von Großkonzernen und die Entmachtung des gewinnorientierten Topmanagements anstreben. Das eine schließt das andere nicht aus. Im Gegenteil, nur eine substanzielle Entwicklung auf allen diesen Wegen zusammen würde »eine fundamentale Transformation der kapitalistischen Klassenbeziehungen und ihrer Machtstrukturen bedeuten«.[36]

Wie beim elementaren Dreieck des Sozialismus geht es auch bei der Heuristik sozialistischer Handlungsfähigkeit um Gleichheit. Wright verschiebt den Fokus jedoch von materiell-substanzieller Gleichheit stärker in Richtung von Entscheidungsmacht und demokratischer Partizipation. Zudem trägt das Dreieck gesellschaftlicher Handlungsfähigkeit sozialistischem Pluralismus besser Rechnung als die ursprüngliche Heuristik. Zieht man unterschiedliche Wege zur Herstellung zivilgesellschaftlicher Handlungsfähigkeit in Betracht, gibt es keinen Grund, dass sich Sozialist:innen zu Beginn des 21. Jahrhunderts einsam fühlen müssten. Sie finden Verbündete in verschiedensten sozialen Bewegungen, in unterschiedlichen Parteien und auch in politischen Spektren, die das S-Wort bewusst ablehnen. In einem Cäsarismus, wie ihn Max Weber am Beispiel von Bismarcks Sozialreformen beschrieben hat, vermögen sie das zu erkennen, was an Überschüssigem über bloße Integrationsabsicht hinausweist. Reformen von oben, die von oppositionellen oder gar revolutionären Bewegungen erzwungen werden, können noch immer eine erfolgversprechende Strategie sozialistischer Handlungsfähigkeit sein. Wahrscheinlich sind sie in nächster Zukunft zumindest für Europa der einzige Weg, der mit einigen Erfolgsaussichten überhaupt beschritten werden kann. Doch um einen Reformpfad wirklich ansatzweise ausloten zu können, genügt auch Wrights Kompass sozialistischer Handlungsfähigkeit nicht. Wollte man allen politischen Kräften, die sich in Deutschland zumindest nominell und in positiver Weise auf kooperative Marktwirtschaft und sozialen Kapitalismus beziehen, sozialistische Handlungsfähigkeit bescheinigen, reichte das Spektrum von Teilen der Linkspartei bis zur AfD.[37]

Der entscheidende Grund, über die bereits diskutierten Heuristiken hinauszugehen, ist allerdings ein anderer. Sowohl das elementare Dreieck des Sozialismus als auch das Dreieck sozialistischer Handlungsfähigkeit gehören aus meiner Sicht zwingend zu einem Kompass sozialistischer Transformation. Doch sie lassen systemische Störungen der Gesellschafts-Natur-Beziehungen als Kriterium sozialistischer Transformation weitgehend außer Acht. Deshalb sind sie nicht in der Lage, das Epochale des im Gange befindlichen Umbruchs zu erfassen. Zur Begründung dieser Sichtweise werden – in kritischer Auseinandersetzung mit dem tradierten marxistischen Produktivkraftoptimismus – das Landnahmetheorem und die These einer ökonomisch-ökologischen Zangenkrise eingeführt und mit der Diskussion um ein neues Erdzeitalter verbunden, um so Koordinaten für einen nachhaltigen Sozialismus gewinnen zu können.

Engels und der marxistische Produktivkraftoptimismus

Nicht allein die etatistische Ausrichtung, auch ihr Produktivkraftoptimismus hat die verschiedensten Sozialismen des 20. Jahrhunderts ökologisch in die Sackgasse geführt. Indizien für einen aus der heutigen Sicht fahrlässigen, historisch aber nachvollziehbaren Produktivkraftoptimismus finden sich sowohl bei Karl Marx als auch beim Erfinder des Marxismus, bei Friedrich Engels. Doch wie so häufig ist das Werk der beiden auch im Falle der Gesellschafts-Natur-Beziehungen widersprüchlich; es umfasst verschiedene Erkenntnisebenen, enthält Brüche und Revisionen.

Anders als oft suggeriert und kritisiert, hat das ursprüngliche Marx'sche Produktivkraftverständnis mit naiver Technikgläubigkeit wenig gemein. Vielmehr wird die Entfaltung der industriellen Produktivkräfte, deren wichtigste die in freier Lohnarbeit genutzte Arbeitskraft ist, als materielle Voraussetzung der sozialistischen Revolution gedeutet. Nicht Technik und Organisation, sondern die mit der Industrialisierung wachsenden proletarischen Massen sind demnach die entscheidende Triebkraft sozialistischer Transformation. Hören wir wieder Friedrich Engels:

> Die Besitzergreifung der sämtlichen Produktionsmittel durch die Gesellschaft hat, seit dem geschichtlichen Auftreten der kapitalistischen Produktionsweise, einzelnen wie ganzen Sekten öfters mehr oder weniger unklar als Zukunftsideal vorgeschwebt. Aber sie konnte erst möglich, erst geschichtliche Notwendigkeit werden, als die materiellen Bedingungen ihrer Durchführung vorhanden waren. Sie, wie jeder andere gesellschaftliche Fortschritt, wird ausführbar nicht durch die gewonnene Einsicht, daß das Dasein der Klassen der Gerechtigkeit, der Gleichheit etc. widerspricht, nicht durch den bloßen Willen, diese Klasse abzuschaffen, sondern durch gewisse ökonomische Bedingungen.[1]

Nicht die Entwicklung technisch-organisatorischer Produktivkräfte als solche, sondern die mit der industriellen Revolution einhergehende Entwicklung einer proletarischen Klasse, die aufgrund ihrer Stellung im Produktionsprozess als erste überhaupt in der Lage ist, die Besitzergreifung der Produktionsmittel durch die Gesellschaft zu realisieren, gilt Engels als Gradmesser sozialen Fortschritts. Die Arbeit der von Löhnen abhängigen Klassen ist somit wichtigste Produktivkraft. Engels' Redewendung von der »geschichtlichen Notwendigkeit« impliziert allerdings eine Zwangsläufigkeit und Ausschließlichkeit, die sicherlich kritisch hinterfragt werden muss. Im Werk der beiden Urväter des Marxismus finden sich aber auch Textpassagen, die eine deutlich andere, zeitgemäßere Interpretation kapitalistischer Dynamik nahelegen: »Die kapitalistische Produktion kann *nicht stabil* werden, sie muß wachsen und sich ausdehnen oder sie muß sterben [...] Hier ist die verwundbare Achillesferse der kapitalistischen Produktion. Ihre Lebensbedingung ist die Notwendigkeit fortgesetzter Ausdehnung ...«, notiert Engels in einem Vorwort, das er der deutschen Neuausgabe seines frühen Klassikers *Die Lage der arbeitenden Klasse in England* voranstellte.[2] Präzise wird hier ein Grundverständnis von Kapitalismus in Bewegung benannt, das große Schnittmengen mit jenem Ansatz aufweist, den Stephan Lessenich, Hartmut Rosa und ich selbst zum analytischen Ausgangspunkt der Kollegforschungsgruppe »Postwachstumsgesellschaften« gemacht haben.[3] Der Kapitalismus muss expandieren, um zu existieren, und es ist seine erfolgreiche Ausdehnung, die seine Bestandsvoraussetzungen untergräbt.

Kapitalistische Landnahme und das Expansionsparadoxon

Aus der von mir gewählten Landnahme-Perspektive ereignet sich kapitalistische Entwicklung als komplexe Innen-Außen-Bewegung. Ein »reiner Kapitalismus«, wie ihn Karl Marx mit seinen Reproduktionsschemata als logische Möglichkeit durchgespielt hat[4], ist nicht überlebensfähig, zumindest ist er empirisch nirgendwo existent. Die der kapitalistischen Formation eingeschriebene expansive Dynamik beinhaltet daher stets die Internalisierung von Externem, die Okkupation eines nicht oder nicht vollständig kommodifizierten Außen. Sofern es kein funktional Anderes zu entdecken gibt, das in Besitz genommen, in Wert gesetzt, kommodifiziert und profitabel genutzt werden kann, geraten Gesellschaften mit eingebautem Expansionszwang an ihre Grenzen. Sie stagnieren und zerfallen. Kapitalistische Landnahmen beruhen somit auf einem *Expansionsparadoxon*. Der Kapitalismus *muss* sich ausdehnen, um zu existieren und seine Funktionsmechanismen zu reproduzieren. Dabei zerstört er im Zuge der Ausdehnung von Marktbeziehungen allmählich, was er für seine eigene Reproduktion benötigt. Je erfolgreicher die Akkumulations-, Wachstums- und Kommodifizierungsmaschine arbeitet, desto wirkungsvoller untergräbt sie die Selbstreproduktionsfähigkeit sozialer und natürlicher Ressourcen, ohne die moderne kapitalistische Gesellschaften nicht überlebensfähig sind.

Allerdings darf das kapitalistische Expansionsparadoxon weder mit einem Zusammenbruchsautomatismus noch mit einer überhistorischen Steigerungslogik verwechselt werden, die das System aus sich heraus an eindeutig fixierbare absolute Grenzen seiner Entwicklungsfähigkeit treiben würde. Der Zeitpunkt für einen möglichen Systemkollaps lässt sich, das belegt die Geschichte des Kapitalismus, immer wieder aufschieben und mithilfe von Selbststabilisierungsmechanismen über lange Zeiträume hinweg in die Zukunft verlagern. Das Finanz- und Kreditsystem, der Unternehmens-Innovationsnexus, Wohlfahrtsstaat und organisierte Arbeitsbeziehungen, Institutionen der Lebensproduktion sowie nicht zuletzt die Regulationen von Naturverhältnissen stellen solche Selbststabilisierungsmechanismen dar. Sie lassen gesellschaftliche Regulationsweisen entstehen, die unterschiedliche Spielarten des Kapitalismus möglich machen. Jede evolutionäre Weiterentwicklung von Selbststabilisierungsmechanismen fordert jedoch ihren Preis. Stets wird sie von einer neuerlichen Stimulierung expansiver Kräfte und einer Verschiebung des damit verbundenen Krisen- und Destruktionspotenzials begleitet. Selbstverständlich kann der Kapitalismus sterben. Sein Ende tritt aber nicht infolge eines plötzlichen Herzstillstandes mit nachfolgendem Systemkollaps ein. Die Überwindung dieser Gesellschaftsformation muss aktiv, in ausdifferenzierten Feldern und damit sozial, kulturell und politisch herbeigeführt werden. Sie benötigt die erfolgreiche Ausbildung und Ausübung sozialistischer Handlungsfähigkeit oder vergleichbarer antikapitalistischer Impulse, andernfalls kann selbst ein Kapitalismus mit akutem Katastrophenpotenzial sehr lange überleben.

Historisch betrachtet, thematisiert der Landnahmebegriff eine Entwicklung, die während des letzten Drittels des 19. Jahrhunderts, dem imperialen Zeitalter, einsetzte. Seit dieser Zeit werden Tempo und Wachstumsdynamik der Weltwirtschaft von kapitalistischen Kernstaaten vorgegeben, die den großen »Rest« der Welt beherrschen. Erst der Aufstieg von Schwellenländern, allen voran der Chinas, hat eine gewisse Trendumkehr eingeleitet. Das aus der ungleichen Entwicklung resultierende Privileg, in einem reichen Land geboren zu sein, hat über Jahrzehnte hinweg und in wachsendem Maße die Komposition globaler Ungleichheit bestimmt, und es ist eine, wenngleich nicht die einzige Ursache für weltweite Migrationsströme und zwischenstaatliche Konflikte.[5]

Rosa Luxemburg war eine der ersten marxistischen Theoretiker:innen, die diese Gleichzeitigkeit ungleicher Entwicklungen systematisch analysiert haben. Das strukturelle Problem der erweiterten Reproduktion des Kapitals besteht nach ihrer Auffassung darin, dass es für den zusätzlich erzeugten und sodann zumindest teilweise kapitalisierten Mehrwert der jeweils vorausgegangenen Produktionsperiode keine zahlungsfähige Nachfrage innerhalb interner kapitalistischer Märkte der Nachfolgeperiode geben kann. Der Sozialgeograf David Harvey hat das treffend als »Kapitalüberschuss-Absorptionsproblem«[6] bezeichnet. Gemeint ist ein Komplex basaler Ursachen, der das Expansionsstreben des Kapitals antreibt. Das strukturelle Missverhältnis von anlagesuchendem Kapital und aufnahmefähigen Märkten erzeugt einen systemischen Wachstumsdrang, aber eben auch eine gegenläufige Tendenz in Gestalt periodisch auftretender und teilweise auch länger anhaltender Krisen.[7]

Dieses strukturelle Ungleichgewicht zwingt nach Auffassung von Rosa Luxemburg zur Ausdehnung von Absatzmärkten auf nichtkapitalistische Milieus: Die Akkumulation des Kapitals bleibe jederzeit an »nichtkapitalistische Kreise gebunden«[8] und erst durch Einverleibung von nichtkapitalisierter Arbeitskraft und Erde erwerbe das Kapital »eine Expansionskraft«, die es ihm erlaube, »die Elemente seiner Akkumulation auszudehnen jenseits der scheinbar durch seine eigene Größe gesteckten Grenzen«.[9] Der Kapitalismus, so die Zuspitzung Luxemburgs, sei die erste Wirtschaftsform mit der Tendenz, »sich auf dem Erdrund auszubreiten und alle anderen Wirtschaftsformen zu verdrängen«.[10] Er sei aber auch die erste Gesellschaftsformation, die »allein, ohne andere Wirtschaftsformen als ihr Milieu und ihren Nährboden, nicht zu existieren« vermag.[11] Je erfolgreicher sie expandiere, desto näher rücke der Zeitpunkt, an dem sie an ihrer inneren Unfähigkeit zerschellen müsse, eine »Weltform der Produktion«[12] zu sein.

Luxemburg hat diese Überlegung zu einer Theorie externer Mehrwertrealisierung ausgebaut und versucht, damit den Imperialismus ihrer Zeit zu erklären. Dieser Ansatz ist aufgrund seiner immanenten Schwächen und logischen Fehlschlüsse nicht zu halten.[13] Löst man sich jedoch von der engen politökonomischen Interpretation, öffnet sich der Blick für »eine völlig eigenständige Betrachtungsweise von Gesellschaftsformationen«, die »im Gegensatz zu den linearen und evolutionistischen Auffassungen von ›Fortschritt‹« steht, wie sie bei Engels anklingt.[14] Diese eigenständige Betrachtungsweise impliziert, eine begrenzte Pluralität an sozialen Antagonismen und Ausbeutungsverhältnissen als gleichgewichtig anzuerkennen. Mit der systematischen Berücksichtigung nichtkapitalistischer Milieus nimmt Rosa Luxemburg eine Kapitalismusdefinition vorweg, wie sie später von Fernand Braudel und der Weltsystemtheorie formuliert worden ist. Das »Raster der Weltwirtschaft« zeigt »sozial gesehen das Nebeneinander der verschiedenen ›Produktionsweisen‹ von der Sklavenhaltung bis zum Kapitalismus auf, der nur im Kreise der anderen, auf Kosten der anderen« existieren kann.[15] Verschiedene »Methoden der gesellschaftlichen Ausbeutung lösen einander ab, ergänzen sich letztlich gegenseitig«.[16] Diese Gleichzeitigkeit des Ungleichzeitigen prägt auch die internen Austauschbeziehungen nationaler Kapitalismen; innere, das heißt sich in den Grenzen nationaler Gesellschaften vollziehende Landnahmen nichtkapitalistischer Produktionsweisen und Lebensformen sind jederzeit möglich. Im Grunde, so der Nestor der deutschen Arbeitssoziologe, Burkart Lutz, lässt sich jeder Wachstumsschub kapitalistischer Ökonomien als Landnahme verstehen, die mit der erfolgreichen Durchsetzung zugleich ihre sozioökonomischen und kulturellen Voraussetzungen unterminiert.[17]

Den basalen Modus Operandi kapitalistischer Landnahmen hat Thomas Morus in *Utopia* mithilfe des einprägsamen Bildes von menschenfressenden Schafen eindrucksvoll beschrieben. Gemeint ist eine Enteignungspraxis, bei der die Herrschenden den Pächtern das Weideland nehmen, um es für die profitablere Viehzucht zu nutzen:

> […] da lassen sich die Edelleute und Standespersonen und manchmal sogar die Äbte, heilige Männer, nicht mehr genügen an den Erträgnissen und Renten, die ihren Vorgängern herkömmlich aus ihren Besitzungen zuwuchsen; nicht genug damit, dass sie faul und üppig dahinleben, der Allgemeinheit nichts nützen, eher schaden, so nehmen sie auch noch das schönste Ackerland weg, zäunen alles als Weiden ein, reißen die Häuser nieder, zerstören die Dörfer, lassen nur die Kirche als Schafstall stehen und – gerade als ob die Wildgehege und Parkanlagen nicht schon genug Schaden stifteten – verwandeln diese trefflichen Leute alle Siedlungen und alles angebaute Land in Einöden. Damit also ein einziger Prasser, unersättlich und wie ein wahrer Fluch seines Landes, ein paar tausend Morgen zusammenhängendes Ackerland mit einem einzigen Zaun umgeben kann, werden Pächter von Haus und Hof vertrieben: durch listige Ränke oder gewaltsame Unterdrückung macht man sie wehrlos oder bringt sie durch ermüdende Plackereien zum Verkauf […].[18]

Thomas Morus beschreibt das Bauernlegen, die Einfriedung und private Inbesitznahme von Ackerland, die Marx später als ursprüngliche Akkumulation des Kapitals analysiert. Dabei handelt es sich um die historische Grundform kapitalistischer Landnahmen. Offene Gewaltanwendung zum Zwecke der Enteignung ist keineswegs das bestimmende Kriterium. Der entscheidende Punkt ist vielmehr die künstliche Verknappung von etwas, das zuvor, wenn nicht im Überfluss, so doch reichlich vorhanden war. Im Beispiel des Thomas Morus ist das Grund und Boden, der sich als Ackerland nutzen lässt. Dessen Verknappung erfolgt durch Anwendung eines Verfahrens, das Hannah Arendt hellsichtig vom »Besitz als einem dynamischen Prinzip«[19] sprechen lässt. Die kapitalistische Aneignung eines nichtkapitalistischen Anderen ist von ihrer inneren Logik her betrachtet unendlich. Stets verlangt sie nach immer mehr Boden, Arbeitskraft, Geld und – wie wir noch sehen werden – nach Wissen und persönlicher Erfahrung. Denn Kapital, das sich, um Kapital sein zu können, permanent vermehren muss, sucht beständig nach neuen Anlagesphären.

Im Vollzug dieser expansiven Bewegung entstünden, so Luxemburg, die »seltsamsten Mischformen zwischen modernem Lohnsystem und primitiven Herrschaftsverhältnissen«[20], wie das »Zerbröckeln« traditioneller Natural- und Bauernwirtschaften zeige. Als Beispiele nennt Luxemburg die »planmäßige, bewusste Vernichtung und Aufteilung des Gemeineigentums«, die die französische Kolonialpolitik in ihren arabischen Kolonien vornahm[21], oder die »Zwangslohnarbeit«, welche spanische Eroberer zur Ausbeutung der indigenen Bevölkerung Lateinamerikas einführten.[22] Ein aus heutiger Sicht besonders eindrucksvoller Fall ist die Zwangsarbeit ägyptischer Fellachen, die zur Finanzierung von Staatsanleihen beim internationalen Finanzkapital genutzt wurde.[23] Landnahme bedeutet in den genannten Beispielen, dass unterschiedliche Formen unfreier, prekärer und nur teilweise kommodifizierter Arbeit über längere historische Perioden hinweg konserviert, neu kombiniert und so als Arbeit für das Kapital genutzt werden. Es bilden sich hybride Verbindungen aus Lohnarbeit und vorkapitalistischen Arbeitsformen in unterschiedlich strukturierten Märkten heraus, deren »Stoffwechsel« dominanten Akteuren Extragewinne verspricht.

Wichtig für den hier interessierenden Zusammenhang ist die Feststellung, dass die kapitalistische Dynamik eine Doppelgestalt besitzt. Die eine Bewegung setzt sich in den Produktionsstätten des Mehrwerts, in den Fabriken, der durchkapitalisierten Landwirtschaft und auf den Warenmärkten durch. Hier reproduziert sich der Kapitalismus weitgehend auf seinen eigenen Grundlagen. Ausbeutung – ich bezeichne sie als primäre, weil formationsspezifisch kapitalistische – beruht in der Sphäre des Warentauschs auf dem Äquivalenzprinzip. Es handelt sich keineswegs um bewusste Übervorteilung, denn beim Tausch von Lohn gegen Arbeitskraft werden annähernd gleiche Wertgrößen gehandelt. Das heißt, die Lohnabhängigen bekommen, vermittelt über soziale Kämpfe und eine von ihnen beeinflusste historisch-moralische Dimension des Lohns, ein monetäres Äquivalent, das in etwa dem gesellschaftlich konstituierten Wert ihrer Arbeitskraft entspricht. Die korrespondierende Bewegung setzt sich in Märkten durch, in denen Austauschbeziehungen mit nichtkapitalistischen Produktionsweisen, Schichten und Territorien bestehen.[24] In diesen äußeren, nichtkapitalistischen Märkten, die es auch innerhalb nationaler Gesellschaften gibt, gilt das Prinzip des Äquivalententauschs allenfalls eingeschränkt. Hier herrschen Disziplinierung, rassistische und sexistische Abwertung, Willkür und zum Teil offene Gewalt. Ausbeutung beruht in diesen Märkten auf diversen Formen eines ungleichen Tauschs. Das heißt, die durchschnittlichen Standards für die Reproduktion der Arbeitskraft werden mittels außerökonomischer Disziplinierung systematisch unterboten. Weil solche Aneignungsformen auch schon vor dem Kapitalismus existierten, können sie als Varianten sekundärer Ausbeutung bezeichnet werden.

Mit dieser Unterscheidung ist keineswegs gesagt, dass sekundäre Ausbeutungsmechanismen lediglich Nebenformen darstellen, die weniger bedeutsam wären als die primäre kapitalistische Ausbeutung. Das Gegenteil ist richtig, weil die kapitalistische Dynamik jederzeit beide Bewegungs- und Ausbeutungsformen umfasst. Außerökonomischer Zwang kann nach Rosa Luxemburg auch mit dem Ziel ausgeübt werden, soziale Gruppen, Territorien oder ganze Staaten zumindest zeitweilig in einem vorkapitalistischen oder weniger entwickelten Stadium zu halten. Landnahmen verschieben die Grenzen zwischen inneren kapitalistischen und äußeren nichtkapitalistischen Märkten. Es handelt sich aber nicht um eine lineare Inwertsetzung von »neuem Land«. Vielmehr tragen Landnahmen stets die Möglichkeit zu gesellschaftlicher Regression durch Überausbeutung, Prekarisierung und ungleichen Tausch, aber auch zur Stimulierung progressiver Gegenbewegungen in sich.

Bei dieser Erkenntnis darf eine Landnahmetheorie, die sich mit dem modernen Kapitalismus des 21. Jahrhunderts befasst, aber nicht stehen bleiben. Rosa Luxemburgs Reproduktionsmodell zielt trotz aller Differenzierungen in erster Linie auf bezahlte Erwerbsarbeit. Ausbeutung erstreckt sich heute aber auf alle menschlichen Arbeitsvermögen. Dazu gehören verschiedenste Tätigkeiten jenseits der bezahlten Lohnarbeit – etwa die Eigenarbeit, die zweckfreie Tätigkeit in der Freizeit, die unbezahlten Sorgearbeiten, die Arbeit von Konsument:innen sowie die Koordinationsarbeit, die nötig ist, um die verschiedenen Lebensbereiche auszubalancieren. Ausbeutung bezieht sich heutzutage auf Arbeit in einem weiten Sinne, es geht um *Arbeit als lebenspendenden Prozess*. Ausbeutung erstreckt sich nicht allein auf Lohn- oder andere Formen bezahlter Erwerbsarbeit. In der Tendenz werden sämtliche Tätigkeitsformen zum Ausbeutungsobjekt. Wer eine Suchmaschine im Internet bedient oder ein Smartphone benutzt, hinterlässt in der Regel eine Datenspur, die von High-Tech-Unternehmen für kommerzielle Zwecke genutzt werden kann. Die unbezahlte Arbeit Ehrenamtlicher, die dazu beiträgt, Pflegeeinrichtungen am Leben zu halten, zugleich aber auch niedrige Pflegesätze ermöglicht, ist ebenfalls Gegenstand von Ausbeutung. Und selbst das Freizeitvergnügen mit einem Videospiel kann den Internetkonzernen zu wertvollen Innovationen verhelfen, ist mithin ausbeutbar. All diese Tätigkeiten sind, weil direkt oder indirekt profitabel, vom Standpunkt des Kapitals oder des aneignenden Staates aus betrachtet, produktive Arbeit.

Nicht allein bezahlte Lohn- und Erwerbsarbeit, sondern Arbeit als lebenspendender Prozess bestimmt auch den Stoffwechsel mit der außermenschlichen Natur. In ihrer kapitalistischen Anwendungsform haben sich verschiedene Bereiche eigentlich lebenspendender Arbeit jedoch mehr und mehr in eine ökologische Destruktivkraft transformiert. Neben der Erwerbsarbeit sind zunehmend auch die Freizeittätigkeiten, die Konsum- und Statusarbeiten an Störungen der Gesellschafts-Natur-Beziehungen beteiligt. Bei der Metamorphose dieser Tätigkeiten handelt es sich über längere Zeiträume hinweg um einen graduellen Prozess, der mit dem Übergang zum industriellen Kapitalismus einsetzt. Permanente und beschleunigte Interventionen in den arbeitsvermittelten Metabolismus von Mensch und Erde, die dem schrankenlosen Bedürfnis des Kapitals nach Aneignung von Mehrarbeit entspringen, setzen erst mit der Industrialisierung ein. Die Entstehung des Industriekapitalismus fällt mit dem Übergang zu raschem, permanentem Wirtschaftswachstum zusammen. Anfangs überwiegen die Vorteile der industriell-kapitalistischen Produktionsweise. Über Verteilungskonflikte vermittelt, können auch erhebliche Teile der beherrschten Klassen in den industriellen Zentren vom Produktivitätswachstum profitieren.

Doch die kapitalistische Nutzungsform deformiert die Produktivkraftentwicklung. Technologie und Technik werden in einer Weise entwickelt, die lineare und vor allem beschleunigte Eingriffe in ökologische Kreisläufe erfordert. End-of-Pipe-Technologie sorgt dafür, dass Naturzerstörung nicht schon bei ihrer Entstehung und ihren Ursachen, sondern erst mit Eintreten ihrer schädigenden Wirkungen bekämpft wird. Solche Fehlentwicklungen sind Ausdruck eines ökologischen Bruchs, den Marx und Engels in seiner Ursprungsform durchaus gesehen haben. Um diesen Bruch zu analysieren, nutzt Marx den Metabolismusbegriff, den er von dem Chemiker Justus von Liebig übernommen hat. Metabolismus »erfasst den komplexen biochemischen Austauschprozess, durch den ein Organismus (oder eine bestimmte Zelle) Material und Energie aus seiner Umgebung bezieht und diese durch verschiedene metabolische Reaktionen in Bausteine des Wachstums verwandelt«.[25] Marx verwendet diesen Begriff, um Arbeit als lebenspendenden Prozess zu begreifen, der die Reproduktion natürlicher Ressourcen einschließt.

In diesem Zusammenhang sei erwähnt, dass der häufig als großer Vereinfacher kritisierte Friedrich Engels Marx in der Analyse eines zulasten der Natur gehenden ökologischen Expansionismus in nichts nachsteht. In *Die Lage der arbeitenden Klasse in England* beschreibt Engels detailliert Luftverpestung, Wasserverschmutzung und die daraus resultierenden gesundheitlichen Probleme als Teil der Lebensbedingungen des Industrieproletariats.[26] Unter Berufung auf Schriften Liebigs beleuchtet er in der »Wohnungsfrage« das ökologische Destruktionspotenzial großer Städte.[27] Sein Plädoyer für eine Aufhebung des Stadt-Land-Gegensatzes kann mit ein wenig Fantasie durchaus als frühe Vision einer ökologischen Kreislaufwirtschaft gelesen werden. Dementsprechend hat Engels lineares Fortschrittsdenken, das allzu oft als Charakteristikum Marx'scher Theorie attackiert wird, mit harscher Kritik bedacht:

> Schmeicheln wir uns indes nicht zu sehr mit unsern menschlichen Siegen über die Natur. Für jeden solchen Sieg rächt sie sich an uns. Jeder hat in erster Linie zwar die Folgen, auf die wir gerechnet, aber in zweiter und dritter Linie hat er ganz andre, unvorhergesehene Wirkungen, die nur zu oft jene ersten Folgen wieder aufheben. Die Leute, die in Mesopotamien, Griechenland, Kleinasien und anderswo die Wälder ausrotteten, um urbares Land zu gewinnen, träumten nicht, daß sie damit den Grund zur jetzigen Verödung jener Länder legten, indem sie ihnen mit den Wäldern die Ansammlungszentren und Behälter der Feuchtigkeit entzogen. […] Und so werden wir bei jedem Schritt daran erinnert, daß wir keineswegs die Natur beherrschen, wie ein Eroberer ein fremdes Volk beherrscht, wie jemand, der außer der Natur steht – sondern daß wir mit Fleisch und Blut und Hirn ihr angehören und mitten in ihr stehn, und daß unsre ganze Herrschaft über sie darin besteht, im Vorzug vor allen andern Geschöpfen ihre Gesetze erkennen und richtig anwenden zu können.[28]

In ihrer *Dialektik der Aufklärung* argumentieren Horkheimer und Adorno mit kaum größerer Präzision, wenn sie feststellen, dass jeder »Versuch, den Naturzwang zu brechen, indem Natur gebrochen wird«, »nur um so tiefer in den Naturzwang hinein« gerät.[29] Allerdings, darauf weisen die beiden Vordenker der Frankfurter Schule mit Recht hin, ist das, was Engels als Vorzug der menschlichen Gattung betrachtet, im entwickelten Industriekapitalismus allenfalls noch eine vage Möglichkeit. Denn trotz und teilweise auch wegen sprunghafter naturwissenschaftlicher Erkenntnisfortschritte befinden wir uns inmitten eines gesellschaftlichen Umbruchs, der als *ökonomisch-ökologische Zangenkrise mit lebensbedrohlichem Gefahrenpotenzial* bezeichnet werden kann. Dieser Begriff, der dem ökosozialistischen Diskurs entlehnt ist[30], hebt hervor, dass sich in der globalen Finanz- und Wirtschaftskrise zwei langfristige Entwicklungslinien kreuzen, die beide mit der industriellen Revolution eingesetzt haben: rasches und permanentes Wirtschaftswachstum einerseits und beschleunigter Energie- und Ressourcenverbrauch sowie steigende Emissionen andererseits. Sofern Wirtschaftswachstum überhaupt noch generiert werden kann, zehren die mit ihm verbundenen ökologischen und sozialen Destruktionskräfte den äußert ungleich verteilten Wohlfahrtsgewinn nicht nur auf, sondern – und das ist historisch neu – sie kumulieren sich bis hin zu Schwellenwerten, an denen eine irreversible Destabilisierung globaler Ökosysteme einsetzt.

Zangenkrise besagt somit, dass das wichtigste Mittel zur Überwindung ökonomischer Stagnation und zur Pazifizierung interner Konflikte im Kapitalismus, die Generierung von Wirtschaftswachstum nach den Kriterien des Bruttoinlandsprodukts, unter Status-quo-Bedingungen (hoher Emissionsausstoß, hohe Ressourcen- und Energieintensität auf fossiler Grundlage) ökologisch zunehmend destruktiv und deshalb gesellschaftszerstörend wirkt.[31] Diese Zäsur ist keine Krise wie jede andere. Sie erfasst alle sozialen Felder und gesellschaftlichen Teilsysteme. Das wird in Begriffen wie dem der multiplen Krise zu Recht thematisiert.[32] Die regulationstheoretische Kategorie der großen Krisen kapitalistischer Akkumulation[33] bezieht sich freilich auf das gleiche Phänomen und ist zudem historisch präziser, weil sie qualitative Veränderungen kapitalistischer Vergesellschaftung thematisiert.

In der Entwicklungsgeschichte des Kapitalismus stellen, aus der Perspektive der industriellen Zentren betrachtet, die Große Depression (1873–1895), die Große Weltwirtschaftskrise (1929–1932) sowie die Neue Depression (1973–1974) große Krisen kapitalistischer Akkumulation dar.[34] Derartige Krisen können, wie die Große Depression, lange Zeit andauern, weil die genannten Akteurs-Institutionen-Netzwerke ihre Regulationsfunktion nicht mehr erfüllen, ohne dass neue institutionelle Konfigurationen an ihre Stelle treten. In jedem Fall resultieren solch große Krisen aus der zunehmenden Inkompatibilität von Akkumulationsregimen und Regulationsweisen. Sie sind daher immer Krisen von (Re-)Produktionsmodellen, Staatsapparaten, Ideologien, sozialen Regeln und, soweit vorhanden, von demokratischen Institutionen. Es handelt sich, wenn man so will, stets um »multiple« Krisen, denn kein Funktionssystem, kein soziales Feld bleibt unberührt. Auch sind große Krisen kapitalistischer Akkumulation immer Wegscheiden. Sie können dazu führen, dass ein in die Krise geratener alter durch einen neuen Modus Operandi kapitalistischer Landnahmen abgelöst wird. Es kommt, mit Antonio Gramsci gesprochen, zu einer passiven Revolution, zur Revolutionierung des Kapitalismus in den Grenzen kapitalistischer Vergesellschaftung, um auf diese Weise gesellschaftliche Bedingungen für eine neue Prosperität zu erzeugen.

Doch weder das Konzept der multiplen Krise noch das einer großen Krise kapitalistischer Akkumulation genügt, um das Besondere des Umbruchs einzufangen, den wir gegenwärtig erleben. Dies zunächst aus methodologischen Gründen. Krisen sind überwindbare Zustände. Wenn alles andauernd und irgendwie in der Krise ist, wie das Konzept der multiplen Krise nahelegt, macht das den Krisenbegriff eigentlich überflüssig.[35] Deshalb ziehe ich eine Begrifflichkeit vor, die eine klare Hierarchie der Krisenursachen beinhaltet. Gegenwärtig sehen wir uns mit einer epochalen Krise der Gesellschafts-Natur-Beziehungen konfrontiert, die mit dem Übergang zu einem neuen Erdzeitalter, dem Anthropozän[36], verbunden ist. Diese Krise kann dann als überwunden betrachtet werden, wenn es gelungen ist, einen Natur-Gesellschafts-Metabolismus zu etablieren, der die Reproduktionsfähigkeit der Netzwerke menschlichen und außermenschlichen Lebens sicherstellt.

Misslingt dies, steht das Überleben der Gattung Mensch in ihren uns bekannten Formen auf dem Spiel.

Anthropozän oder Kapitalozän?

Anthropozän ist eine in den Erdsystemwissenschaften äußerst kontrovers diskutierte Bezeichnung für eine erdgeschichtliche Entwicklung, die dazu geführt hat, dass die Menschheit zum wichtigsten Faktor bei der Reproduktion auch von außermenschlicher Natur geworden ist.[37] Erd- und Menschheitsgeschichte können nicht mehr separat gedacht werden, denn die Menschheit selbst ist zu einem »geologischen Faktor« geworden. Insofern darf die Natur nicht als bloßes »Opfer« eines gewinngetriebenen, menschengemachten Imperialismus betrachtet werden; sie ist selbst Agens, verrichtet »Arbeit« und beeinflusst so die Gesellschaft. Die Gesellschaft kann ihrerseits auf unterschiedliche Weise intervenieren. Anthropozän heißt zwar, dass die Menschheit ihre eigenen Lebensgrundlagen zerstören kann. Sie hat es aber auch in der Hand, einen Gesellschafts-Natur-Metabolismus zu etablieren, der das instrumentelle Verhältnis zu Naturressourcen und nichtmenschlichen Lebewesen überwindet.

Weil die Störungen des Erdmetabolismus in der Gegenwart nahezu ausschließlich von kapitalistischen Gesellschaften ausgehen, halten Sozialwissenschaftler wie Jason Moore die Bezeichnung Kapitalozän für angemessener. Der Kapitalismus selbst müsse als weltökologisches System begriffen werden. Nicht trotz, sondern wegen des hohen Vergesellschaftungsniveaus der Arbeit träten die Naturschranken der Akkumulation wieder stärker hervor. Moore wertet dies als »ein Indiz dafür, dass wir wohl nicht nur einen Übergang von einer Phase des Kapitalismus zu einer anderen erleben, sondern etwas Epochaleres: den Zusammenbruch jener Strategien und Verhältnisse, die in den letzten fünf Jahrhunderten die Kapitalakkumulation aufrecht erhalten haben«.[38]

Wir haben es demnach nicht nur mit einer weiteren »großen Krise« der Kapitalakkumulation, sondern mit einem Bruch in der Geschichte menschlicher Zivilisation zu tun – ein Verständnis des Umbruchs, das ich uneingeschränkt teile. Der Begründung, die Jason Moore liefert, folge ich jedoch nur teilweise. Das geringste Problem ist noch, dass Moore seinen ehemaligen Referenzgrößen Marx und Engels ein dualistisch-cartesianisches Gesellschafts-Natur-Verständnis zuschreibt, das beide in einer solch schematischen Modellierung schon deshalb nicht geteilt haben, weil sie Menschen als vergängliche Naturwesen begreifen. Den Übergang zu einem neuen Erdzeitalter haben Marx und Engels gleichwohl nicht voraussehen können. Moores Suche nach angemessenen Begriffen und Erklärungen für den epochalen Umbruch ist daher ein sinnvolles Unterfangen. Problematisch wird es jedoch, wenn Moore behauptet, mit dem Anthropozän verfügten wir über »eine bequeme Erzählung«, weil sie »die für natürlich erklärten Ungleichheiten, Entfremdungen und Gewaltformen, die in den strategischen Macht- und Produktionsverhältnissen eingeschrieben sind, nicht in Frage stellt«[39] und »uns *nicht im Geringsten* dazu auffordert, über diese Verhältnisse nachzudenken«.[40]

Ich halte das für eine kühne, ja eine falsche Behauptung. Moore lässt außer Acht, dass die Debatte über ein neues Erdzeitalter in Gesellschaft und Politik überhaupt erst *wegen* neuer naturwissenschaftlicher Erkenntnisse geführt wird. Auch die gesellschaftswissenschaftliche Theoriedebatte hat durch naturwissenschaftliche Erkenntnisse entscheidende Impulse erhalten.[41] Höchst fahrlässig übersieht Moores Kritik an der Konzeption des Anthropozäns, wie Naturwissenschaftler vom Format eines Paul J. Crutzen oder eines Hans J. Schellnhuber mit der Begrenztheit ihres Fachwissens hadern, was sie wie selbstverständlich zur Frage nach der gesellschaftlichen Organisation von Nachhaltigkeit drängt. Schellnhuber ist bei Aussagen zu gesellschaftlichen Verhältnissen, die den menschengemachten Klimawandel stoppen, bewusst vorsichtig. Ob »eine ›soziale Marktwirtschaft‹ oder ein ›demokratischer Sozialismus‹ das beste ›Gesellschaftsmodell‹ für die mittelfristige Zukunft« sei, »ja, ob man überhaupt ein Gesellschaftsmodell« benötige, wage er »nicht zu beurteilen«.[42] Doch die Frage ist immerhin gestellt.

Mit dem Atmosphärenchemiker Paul J. Crutzen verhält es sich ähnlich. »Es wäre gut«, so Crutzen,

> wenn die Wissenschaft, auch die Max-Planck-Gesellschaft, ihr großes wissenschaftliches Potenzial dafür nutzt zu klären, wie eine ökologisch verträgliche Wirtschaft und Gesellschaft ausse-

hen können. Das Anthropozän erfordert einen kognitiven Wandel, damit wir uns der Bedeutung einer globalen Zivilisation bewusst werden. Für viele Wissenschaftler ist es schwer, über die reine Wissenschaft hinauszudenken. Wir Wissenschaftler müssen aber zu einer engeren Verbindung von Natur- und Sozialwissenschaft kommen.[43]

Noch deutlicher wird der populäre Astrophysiker Harald Lesch. »Wir können dem Anthropozän einen ethischen Platz einräumen«[44], schreibt er in einem gemeinsam mit Klaus Kamphausen verfassten Buch. Weiter heißt es:

> Bei einem ethischen Thema geht es darum abzuwägen. Wie können wir in der Weltgemeinschaft, innerhalb einer Gesellschaft, Gerechtigkeit verhandeln? Die einen haben noch gar nicht am Wohlstand teilgenommen, die anderen haben viel zu viel, Einzelne haben Milliarden von Dollars. Viele Milliarden Menschen haben nicht mal ein paar Dollar. Diese Gerechtigkeitsunterschiede innerhalb der Weltgemeinschaft, innerhalb von Nationen, bergen Konfliktpotenzial. Denn was passiert, wenn auf einem Kontinent der Wohlstand überquillt und auf dem anderen Dürren und Hungersnöte herrschen? Was passiert denn dann? Genau, die Not setzt sich in Bewegung.[45]

Die Not setzt sich in Bewegung – das schreit geradezu nach radikalen gesellschaftlichen Veränderungen. Gegenüber freundlichen Kooperationsangeboten aus den gesellschaftlich interessierten Naturwissenschaften an die Adresse kritischer Sozialwissenschaften wirkt Moores Abgrenzungsversuch wie die Errichtung einer künstlichen Mauer. Moores Gegenentwurf des Kapitalozäns übersieht, dass es Naturzerstörung in großem Ausmaß auch in staatssozialistischen Ländern gegeben hat. Das CO_2-Budget der Sowjetunion war beispielsweise doppelt so groß wie das der wirtschaftlich ungleich leistungsfähigeren Bundesrepublik.[46] Zuspitzungen wie die – von Moore allerdings nicht zu verantwortende – Behauptung, »Wer Anthropozän sagt, lügt«[47], bewegen sich deshalb allenfalls auf dem Niveau von Talkshow-Gerede.

Geradezu fahrlässig wird es jedoch, wenn Interpretationen des Kapitalozäns in die Überspitzung münden, dass eine außermenschliche Natur nicht mehr existiere. Träfe tatsächlich zu, dass es »in der Weltgesellschaft, im globalisierten Kapitalismus schlicht kein ›Außen‹ mehr« geben könne, sondern »nur noch globale Binnenverhältnisse«[48], wäre die außermenschliche Natur ein Binnenverhältnis. Betrachtete man alles als gesellschaftlich konstruiert und konstituiert, könnte man auf die Naturwissenschaften und ihren Erkenntnisanspruch getrost verzichten. Das Ergebnis wäre ein naturvergessener Soziologismus, ein gleichsam naturloses Primat der Sozialwissenschaften, das sich der Lächerlichkeit preisgäbe. Übersähe eine soziologistische Interpretation doch, dass der Apfel auch dann vom Ast nach unten fällt, wenn Soziologie oder die Sozialwissenschaften insgesamt das Gesetz der Schwerkraft bestreiten wollten. Man kann und darf, wiederum auf der Grundlage naturwissenschaftlicher Erkenntnisse, die Linearität und Einheitlichkeit von Zeit infrage stellen. Doch am Ende bleibt, dass der Apfel, der vom Baum gefallen ist, eine Druckstelle hat, die nicht zurückgebildet werden kann. Es handelt sich um ein Ereignis mit einem irreversiblen Resultat. Ein Ereignis wäre es auch, wenn die Menschheit mit all ihren Konstruktionen infolge einer Pandemie oder eines Ökozids ausgelöscht würde – der Planet und seine Natur könnten in anderer Gestalt dennoch weiter existieren.

Moore sucht nach Begriffen, die es ihm ermöglichen, das Unerhörte eines neuen Erdzeitalters in eine kritische Kapitalismusanalyse einzubauen. Eine vollständige Ausblendung des Außermenschlichen in Naturverhältnissen ist ihm allerdings kaum anzulasten. Zwar tendiert auch er dazu, der Unterscheidung von menschlichen und außermenschlichen Naturen die Präzision zu nehmen. Doch das geschieht in klarer Absetzung von Konstruktionen, die Natur in toto zu etwas Gesellschaftlichem erklären. Moore argumentiert geradezu mit umgekehrten Vorzeichen. Seine Kernthese lautet, dass von einer doppelten Bewegung, einer doppelten Internalisierung ausgegangen werden müsse. Den *Kapitalismus im Lebensnetz* zu betrachten, bedeute, festzustellen, »wie das Mosaik der Verhältnisse, das wir Kapitalismus nennen, *durch* die Natur arbeitet und wie Natur *durch* den enger gefassten, Kapitalismus genannten Bereich arbeitet«.[49]

Natur beinhaltet, wie Moore anklingen lässt, eben mehr als Gesellschaft und Kapitalismus. Nicht nur, dass eine außermenschliche Natur existiert, diese Natur und ihre nichtmenschlichen Lebewesen sind aktiv, sie arbeiten im und am Netzwerk des Lebens. Die Biosphäre ist demnach nichts anderes als das Zusammenwirken einer Vielzahl kommunizierender Netzwerke, in welche die Netzwerke menschlicher Gesellschaften eingebettet sind. Störungen des Naturmetabolismus durch die Gesellschaft wirken letztendlich auch störend auf die Gesellschaft zurück. Aber nicht jedes natürliche Netzwerk ist deshalb ein in seiner Totalität ausschließlich gesellschaftlich gemachtes. Kein Zweifel, der anthropogene Klimawandel beeinflusst, wenngleich er sich noch immer innerhalb natürlicher Schwankungsbreiten bewegt, nach Auffassung der noch jungen Attributionsforschung zunehmend das Wetter. So konnten Modellsimulationen zeigen, dass die Dürre von 2018 wegen des Klimawandels etwa mit doppelt hoher Wahrscheinlichkeit eingetreten ist.[50] Einmal mehr findet sich ein Anhaltspunkt dafür, dass der Klimawandel für das verstärkte Auftreten von Wetterextremen wie Hitzewellen, Überschwemmungen, Trockenperioden und heftigen Stürmen mit verantwortlich zeichnet. Er verursacht Gletscherschmelzen, Wassermangel, Hungersnöte, Kriege und steigende Fluchtmigration – alles Phänomene, die Gesellschaften und deren Entwicklung prägen können.

Und dennoch: Am menschengemachten Klimawandel ist alles gesellschaftlich bis auf die Erderhitzung selbst. An den Ursachen eines Orkans kann vieles gesellschaftlich sein, der Orkan selbst ist es nicht. Er bleibt eine Naturkatastrophe mit gesellschaftszerstörender Kraft. Erst im Moment des Zusammentreffens mit der menschlichen Zivilisation wird die exogene Kraft des Sturms endogenisiert, das heißt, sie wird zu einem gesellschaftlichen Phänomen. Die zerstörerische Wirkung eines Orkans ist bereits eine soziale Destruktivkraft, und die soziale Ordnung, in welcher Sturmschäden zu überwinden sind, reproduziert den Sturm dann als ein gesellschaftliches Phänomen.

Für Viren und die Virenmutation gilt Ähnliches. Viren entstehen in der außermenschlichen Natur, und die Virenmutation ist ein natürlicher Vorgang. Sobald Viren menschliche Zellen infizieren und Krankheiten verursachen, werden sie zu einem gesellschaftlichen Problem. Menschliche Wirte können sich an die Krankheitserreger anpassen und Antikörper entwickeln, doch dazu benötigen sie Zeit: »Der Krankheitserreger braucht nur aus seiner ›biologischen Nische‹ auszubrechen und eine bis dahin von ihm unberührte und damit abwehrlose Population zu befallen, und die Explosion, die Katastrophe der großen Seuchen ist da.«[51] Virenerkrankungen breiten sich dann im »web of life« aus. Das exogen erzeugte Virus wird endogenisiert. Gesellschaft reproduziert sich in einem solchen Fall mit der Viruserkrankung, gegebenenfalls mit der Pandemie und schließlich durch die Seuche hindurch. Medizinische Versorgung, staatliche Hygiene- und Gesundheitspolitiken sind, wie auch manche Ursachen von Virenübertragungen, immer schon gesellschaftlich geprägt.

Was nach Wortklauberei klingen mag, ist theoretisch wie politisch gleichermaßen bedeutsam. Die Naturvergessenheit der Sozialwissenschaften lässt sich nicht dadurch korrigieren, dass die Netzwerke des Lebens allesamt zu sozialen Konstrukten erklärt werden. Etwas anderes ist es, den Kapitalismus als »*Weltökologie* des Kapitals, der Macht und der Re/Produktion im Lebensnetz zu begreifen«.[52] Nach dieser Auffassung reproduziert sich der Kapitalismus als organischer Bestandteil von etwas Umfassenderem. Er ist seit dem 16. Jahrhundert »im Lebensnetz von menschlichen und außermenschlichen Naturen koproduziert« – zusammengehalten durch ein »›Wertgesetz‹«, »das als ›Gesetz‹ der billigen Natur zu verstehen ist«.[53] Wohlgemerkt: Menschliche und *außer*menschliche Naturen koproduzieren den Kapitalismus und sein »Wertgesetz«. Der Kern dieses »Gesetzes« ist »das unentwegte, radikal expansive und schonungslos innovative Bemühen, die Arbeit/Energie der Biosphäre in Kapital (Wert-in-Bewegung) umzuwandeln«.[54] Für die nichtkapitalistische, die staatssozialistische Moderne ließe sich das allerdings nicht in gleicher Weise sagen, denn dort ist bürokratiegetriebener Expansionismus die Hauptursache für Naturzerstörung.

Auch deshalb erscheint mir Moores Grenzziehung zum Begriff des Anthropozäns wenig trennscharf. Statt diese Bezeichnung für ein neues Erdzeitalter pauschal abzulehnen, wäre es besser, sie, wie Michael Müller vorschlägt, mit sozialen Inhalten zu füllen. Zu den unverzichtbaren Erkenntnissen gehört, dass *die* Menschheit als Spezies nur innerhalb selbst geschaffener gesellschaftlicher Ordnungen und in deren Arbeitsteilungen existieren kann. Diese sozialen Ordnungen strukturieren ihrerseits menschliches Handeln und dessen Hervorbringungen. Anders gesagt, *die* Menschheit – das immerhin macht die Kategorie des Kapitalozäns zu Recht deutlich – ist nichts als eine Abstraktion, die von den wirklichen Daseinsbedingungen der Menschen, von Klassen, Schichten, Geschlechterverhältnissen, Nationen, Ethnien, Zentrum und Peripherie, asymmetrischen Machtverteilungen und Herrschaftsmechanismen absieht. Die Konstruktion der Weltgesellschaft oder, eher noch problematischer, der Weltgemeinschaft, steht ihr diesbezüglich in nichts nach. Auch diese Kategorie beinhaltet kaum mehr als Abstraktionen, denen es, um mehr sein zu können, nicht nur an einem Weltstaat, sondern vor allem an einer handlungsmächtigen globalen Zivilgesellschaft fehlt.

Das elementare Dreieck gesellschaftlicher Nachhaltigkeit

Am besonderen Charakter der ökonomisch-ökologischen Zangenkrise ändern solche Überlegungen nichts. Das Spezifische dieser Krise wurzelt darin, dass ein »›Aufschließen‹ aller nationalen Ökonomien zu den Produktions- und Konsumptionsweisen der am stärksten entwickelten Industriegesellschaften [...] den Planeten unbewohnbar machen« würde.[55] Die dadurch heraufbeschworene Krise muss jedoch, was Nachhaltigkeitsziele wie das einer vollständigen Dekarbonisierung der europäischen Wirtschaft bis spätestens 2050 einklagen, ein Ende finden, wenn die Störungen des Erdmetabolismus nicht außer Kontrolle geraten sollen.

Das formationsprägend Kapitalistische dieser Krise wird durch einen besonderen Modus Operandi bewirkt, der den Stoffwechsel zwischen menschlicher und außermenschlicher Natur im Netzwerk des Lebens organisiert. Wie gezeigt, beinhaltet das dem Kapital eigene rastlose Streben nach Aneignung von Mehrarbeit ein expansives Verhältnis zu Naturressourcen, das die letztendlich absoluten, innerhalb unterschiedlich großer Handlungskorridore aber äußerst variablen Grenzen missachtet, die jeder metabolischen Ordnung eigen sind. Immanente kapitalistische Bearbeitungen des Widerspruchs zwischen planetarischen Grenzen und unendlichem Expansionsdrang bewegen sich im

Abb. 3: Elementares Dreieck gesellschaftlicher Nachhaltigkeit

Quelle: eigene Darstellung.

Rahmen des sogenannten Lauderdale-Paradoxons, das einen Spezialfall kapitalistischer Landnahmen darstellt. Demnach kann privates Vermögen an Boden und Naturschätzen nur durch die Zerstörung öffentlichen Vermögens ausgeweitet werden. Auf diese Weise wird Mangel an etwas erzeugt, das, wie Wasser, Boden und saubere Luft, als Gemeingut zuvor reichlich vorhanden war. Genau so funktioniert der soziale Mechanismus, mit dessen Hilfe der Klimawandel im Kapitalismus bearbeitet wird. Die Biosphäre, zuvor Gemeingut, wird eingepreist, Emissionsrechte werden zu mehr oder minder knappen, in jedem Fall aber handelbaren Gütern, und die Erderhitzung erweist sich im optimalen Fall als lukratives Anlagenfeld. Das jedenfalls besagen marktaffine Theorien, die sich in der Praxis hingegen zumeist als Versuche erweisen, den Pudding an die Wand zu nageln.

Das Kapitalozän, so lässt sich resümieren, taugt nicht als Gegenbegriff zum Anthropozän, angemessener lässt es sich als formationsspezifische Konkretion der allgemeineren Definition eines neuen Erdzeitalters verstehen. Aus den Besonderheiten der ökonomisch-ökologischen Zangenkrise und dem Übergang zum Anthropozän-Kapitalozän ergeben sich die elementaren Koordinaten gesellschaftlicher Nachhaltigkeit, die den Eckpunkten der beiden zuvor skizzierten Dreiecke übergeordnet sind. Das *elementare Dreieck gesellschaftlicher Nachhaltigkeit* umfasst (a) eine gemeinsame Nutzung der Natur, was private Inbesitznahmen natürlicher Ressourcen ausschließt; (b) eine rationale Regulierung des Erdmetabolismus durch frei assoziierte Produzent:innen, die sich an sozialen und ökologischen Nachhaltigkeitskriterien orientieren, sowie (c) eine Befriedigung gemeinschaftlicher Bedürfnisse, die auch den Bedarfen künftiger Generationen Rechnung trägt.

Dieses Dreieck entspricht im Wesentlichen der Nachhaltigkeits-Formel, wie sie Ulrich Grober pointiert formuliert hat. Danach muss sich jede Politik künftig an zwei Kriterien »messen lassen«[56]; erstens: Reduziert sie den ökologischen Fußabdruck, und sinken die Emissionen? Zweitens: Steigt – für jede und jeden frei zugänglich und auch für künftige Generationen – die Lebensqualität? Das im Anschluss an John Bellamy Foster[57] entwickelte Dreieck gesellschaftlicher Nachhaltigkeit, das ich vorschlage, geht noch einen Schritt über Grobers Formel hinaus. Es signalisiert, dass der Zwang zu permanenten Landnahmen gebrochen werden muss, um eine Wende zugunsten sozialer wie ökologischer Nachhaltigkeit einleiten und verstetigen zu können. Doch ist der in dem von mir vorgeschlagenen Dreieck angedeutete Zusammenhang von Zangenkrise, Nachhaltigkeit und ökologischem Sozialismus wirklich zwingend?

V Gründe: Warum nachhaltiger Sozialismus?

Um herauszuarbeiten, weshalb die Zangenkrise nach einer sozialistischen Transformation verlangt, ist es sinnvoll, einige strukturelle Konfliktlinien des Umbruchs genauer zu betrachten: die Tendenz zu ökonomischer Stagnation, die zunehmenden vertikalen Ungleichheiten sowie das Aufschaukeln ökonomischer Großgefahren. Diese Konfliktachsen prägen zumindest in den alten Zentren einen finanzialisierten Kapitalismus im Endstadium, einen Postwachstumskapitalismus, der jede Wende zu sozialer und ökologischer Nachhaltigkeit behindert. Nur eine Nachhaltigkeitsrevolution vermag diese Blockade zu überwinden. Die Zukunft des Kapitalismus, aber auch die des Sozialismus hängt maßgeblich davon ab, ob und auf welche Weise es deren dominanten Akteuren gelingt, eine solche Nachhaltigkeitsrevolution in Gang zu setzen. Betrachten wir zunächst die wichtigsten Konfliktfelder des Übergangs.

Wachstum und Stagnation

Bis zur Jahrtausendwende war die (finanz)marktgetriebene Landnahme eines der erfolgreichsten Wachstumsprojekte in der Geschichte des Kapitalismus. Allerdings ließ die Wachstumsdynamik schon vor Beginn der großen Finanzkrise von 2007–2009 nach. Zwar ist die Weltwirtschaft ab 2010 rasch auf einen Wachstumspfad zurückgekehrt, doch in den alten kapitalistischen Zentren sind die Wachstumsraten trotz eines Jahrzehnts der Prosperität vergleichsweise niedrig geblieben. Das gilt insbesondere für die Staaten der Europäischen Union (EU). In wichtigen Ländern wie Italien stagniert die Wirtschaft seit langem. Griechenland, dessen Ökonomie im Jahrzehnt nach Krisenbeginn um ein Drittel schrumpfte, hätte selbst ohne Coronarezession noch bis in die 2030er Jahre benötigt, um die Folgen des brutalen Austeritätsdiktats nur annähernd hinter sich zu lassen. Doch auch im Durchschnitt der EU-Staaten hat der Finanzcrash tiefe Spuren hinterlassen.

So lagen die Infrastrukturinvestitionen in den Ländern der EU-27 plus Großbritannien 2018 noch immer unter dem Vorkrisenniveau.[1] Dieses Phänomen verweist auf strukturelle Wachstumsblockaden. Tatsächlich war die außergewöhnlich lange Prosperitätsphase, die sich bereits vor der Coronapandemie Anfang 2019 ihrem Ende zuneigte, in den alten kapitalistischen Zentren eine ohne Hochkonjunktur und Inflation. In Hochwachstumsgesellschaften wie der Chinas sind die Wachstumsraten zurückgegangen. Die Zinssätze sind niedrig geblieben, und der Investitionsmotor ist nie richtig in Gang gekommen. Über die Gründe wird innerhalb der Ökonomik gerätselt.

Angebotsseitig zählen Bevölkerungsentwicklung bzw. Arbeitskräftepotenzial und Arbeitsproduktivität zu den entscheidenden Wachstumstreibern. In alternden Gesellschaften, in denen das Volumen bezahlter Arbeitsstunden trotz Einwanderung nicht wächst oder im Verhältnis zur Erwerbstätigkeit sogar abnimmt, fällt die Bevölkerungsentwicklung als Wachstumsmotor aus. Deshalb bleibt auf der Angebotsseite als Wachstumstreiber hauptsächlich die Arbeitsproduktivität. Doch trotz des hohen Technikeinsatzes sind die Steigerungsraten bei der Arbeitsproduktivität seit geraumer Zeit rückläufig. Das ist der Grund, weshalb Ökonomen wie Richard J. Gordon für die alten kapitalistischen Zentren eine säkulare Stagnation mit vergleichsweise niedrigen Wachstumsraten diagnostiziert haben.[2] Einiges spricht dafür, dass die Zeit der Billigressourcen – billige Natur, billiges Geld, billige Arbeit, Fürsorge, Nahrung und Energie – sich insgesamt ihrem Ende zuneigt.[3] Der Ökonom James Galbraith prognostiziert für die Zukunft gar einen »Würgehalsband-Effekt«. Damit ist gemeint, dass sich die Effizienz einer ressourcen- und energieintensiven Wirtschaft nur steigern lässt, solange »die Ressourcen billig bleiben«.[4] Ressourcenintensität bedeutet aber auch hohe Fixkosten, die sich allenfalls langfristig amortisieren und daher nur zu rechtfertigen sind, wenn »das System voraussichtlich profitabel bleibt und über längere Zeit einen Gewinn erzielt«.[5] In einer zunehmend unsicheren Welt sind private Investitionen, die sich nur langfristig rechnen, jedoch mit hohen Risiken behaftet und deshalb mit niedrigen Gewinnerwartungen verbunden. Politische und gesellschaftliche Stabilität ist daher eine zentrale Funktionsbedingung ressourcenintensiven Wirtschaftens.

Kostenintensive Infrastrukturinvestitionen können von privaten, gewinnorientierten Unternehmen offenbar immer weniger garantiert, geschweige denn getätigt werden. Deshalb stoßen marktradikale Regime an ihre Grenzen. Sie werden sukzessive von einem neuen Staatsinterventionismus abgelöst, der jedoch keine Rückkehr zum keynesianisch-sozialdemokratischen Staat des 20. Jahrhunderts bedeutet. Durch die Coronapandemie forciert, interveniert der Staat nunmehr als Ressourcenbeschaffer, Planer und Finanzier von Infrastruktur, Garant von Eigentumsrechten, Seuchenmanager und – im besten Falle – als Beschleuniger sozial-ökologischer Innovation. Nicht *ob*, sondern *wie* Staatsinterventionen künftig aussehen, wird zu einer entscheidenden Frage für die Überlebensfähigkeit des kapitalistischen Systems. Ungeachtet dessen bleibt als wichtige Erkenntnis, dass es auf der Angebotsseite strukturelle Gründe gibt, die den Kapitalismus in seinen alten industriellen Zentren in einen Kapitalismus mit schwachen Wachstumsraten, einen Postwachstumskapitalismus, verwandeln.

Ungleichheit als Wachstumsbremse

Systemische Ursachen für eine nachlassende Wachstumsdynamik finden sich nicht nur auf der Angebots-, sondern auch auf der Nachfrageseite. Zwar ist eine Anpassung an schwaches Wachstum auch in kapitalistischen Ökonomien prinzipiell möglich; die vorindustriellen Kapitalismen beruhten durchweg auf relativ geringen Wachstumsraten. Politisch erweisen sich solche Anpassungen in den entwickelten Kapitalismen jedoch als äußerst schwierig, weil Armut, Prekarität und Verteilungsungerechtigkeit auch bei Niedrigwachstum zunehmen. Dergleichen ließe sich nur vermeiden, wenn systemstabilisierende Umverteilungsmaßnahmen greifen würden. Das ist aber in den kapitalistischen Zentren über lange Zeiträume hinweg nicht der Fall gewesen. Da dauerhaft sinkende Wachstumsraten nur zeitverzögert auf die Renditen der Unternehmen durchschlagen, wirken sie bei ausbleibender Umverteilung als Ungleichheitsverstärker. Die Vermögens- und Einkommenskonzentration nimmt zu, klassenspezifische, aber auch mit ethnischen und geschlechterspezifischen Abwertungen oder sozialräumlichen

Benachteiligungen verbundene Ungleichheiten prägen sich noch stärker aus, die Marktmacht der Vermögensbesitzer wächst, und die Wahrscheinlichkeit, solche Machtressourcen in politische Lobbymacht zu transformieren, erhöht sich deutlich.[6] Die Wirkungen dieses sozialen Mechanismus sind empirisch mittlerweile in zahlreichen Untersuchungen nachgewiesen worden. So entwickelten sich die Profite der Top 2000 unter den transnationalen Unternehmen und die Anteile der Arbeitseinkommen am weltweiten Bruttoinlandsprodukt zwischen 1995 und 2015 der Tendenz nach umgekehrt proportional. Immer dann, wenn die Gewinne der größten transnationalen Unternehmen gestiegen sind, hat der Anteil der Lohneinkommen am BIP tendenziell abgenommen. Zwar haben die Lohnquoten in den OECD-Staaten seit 2013 wieder zugelegt, sie verharrten jedoch vor der Coronarezession auf relativ niedrigem Niveau.[7]

Im Klartext bedeutet dies, dass die Früchte des Wirtschaftswachstums, sofern sich Wachstum überhaupt noch einstellt, höchst ungleich verteilt werden. Eine winzige Minderheit der erwachsenen Weltbevölkerung hat vom Wachstumskuchen ein besonders großes Stück abbekommen, während die untersten 50 Prozent der Einkommensbezieher stark unterdurchschnittlich partizipieren oder gar verlieren. Das einkommensstärkste Prozent der erwachsenen Weltbevölkerung, das auf allen Erdteilen, vorzugsweise aber noch immer in den alten kapitalistischen Zentren lebt, konnte zwischen 1980 und 2016 immerhin 27 Prozent der Wohlstandszuwächse für sich verbuchen, den unteren 50 Prozent flossen nur gut zwölf Prozent der Wachstumsanteile zu. Hauptverlierer dieser asymmetrischen Entwicklung sind die industriellen Lohnarbeiterklassen der USA und Westeuropas, deren Anteile am erzeugten Mehrprodukt erheblich geschrumpft sind.

Die Hauptgründe für wachsende Ungleichheit hat der Internationale Währungsfonds mit technologischem Wandel, daraus resultierender Ersetzbarkeit von Beschäftigten, der Marktmacht großer Unternehmen und anhaltender Schwäche von Gewerkschaften einigermaßen präzise benannt.[8] Man könnte von einem Klassenkampf von oben sprechen, der überaus erfolgreich gegen die von Löhnen abhängigen Klassen geführt worden ist. Die zunehmende Vermögens- und Einkommensungleichheit *innerhalb* der meisten nationalen Gesellschaften fällt seit etwa drei

Jahrzehnten allerdings mit einer leichten Abnahme der Ungleichheiten *zwischen* Staaten zusammen. Die Zeiten, in denen die Ärmsten in den reichen Ländern noch immer wohlhabender waren als die Bevölkerungen der sich entwickelnden Länder, sind vorbei. Auch die Welt der reichen Länder teilt sich mehr und mehr in Zentrum und (Semi-)Peripherie. Hinsichtlich der Einkommen und Vermögen, aber auch beim Wohnen, der Gesundheit, bei Bildung und sozialer Distinktion ist das wohlhabende Deutschland mittlerweile zu einer der ungleichsten Gesellschaften Europas und der OECD-Welt geworden.[9]

Klassenspezifische Ungleichheiten haben ein solches Ausmaß erreicht, dass sie zu einer ernsthaften Wachstumsbremse geworden sind.[10] Für die kapitalistische Dynamik dysfunktional, erinnert das Niveau der Einkommens- und Vermögensungleichheit an vorrevolutionäre Zeiten. Allerdings – und das ist die eigentliche Krux – hat die finanzkapitalistische Landnahme des Sozialen wohlfahrtsstaatliche Institutionen, Gewerkschaften, die politische Linke und damit entscheidende Selbststabilisierungsmechanismen kapitalistischer Dynamik derart geschwächt, dass eine halbwegs gerechte Rückverteilung des gesellschaftlichen Reichtums zugunsten der von Löhnen abhängigen Klassen, wenn überhaupt, so nur mithilfe eines intervenierenden Staates zu verwirklichen wäre. In allen Ländern der EU sind gewerkschaftliche Organisationsgrade und die Regulation der Arbeitsverhältnisse mittels Kollektivvereinbarungen rückläufig. Diese Feststellung gilt für sämtliche Varianten organisierter Arbeitsbeziehungen. Weniger als ein Drittel der abhängig Beschäftigten EU-Europas wird auf der Arbeitsplatzebene überhaupt noch durch irgendeine Form kollektiver Interessenvertretung repräsentiert.[11]

Deutschland mit seinen noch immer einigermaßen stabilen Arbeitsbeziehungen macht hier keine Ausnahme. 2019 waren nur noch 27 Prozent der West- und 16 Prozent der Ostbetriebe an Branchentarifverträge gebunden. Der Anteil von Beschäftigten mit Tarifverträgen sinkt ebenfalls kontinuierlich. Nicht einmal mehr die Hälfte der Lohnabhängigen arbeitet in Betrieben mit Branchentarifverträgen; 1996 galt das noch für etwa 70 Prozent der West- und 56 Prozent der Ostbeschäftigten. Rechnet man Firmen und Haustarife hinzu, waren 2017 47 Prozent der westdeutschen und 55 Prozent der ostdeutschen

Lohnabhängigen in Betrieben ohne Tarifbindung tätig.[12] Auch der gewerkschaftliche Organisationsgrad ist gesunken. Lag er 2018 noch bei etwa 18 Prozent der abhängig Beschäftigten, ist er während der Coronapandemie weiter zurückgegangen. Das, was mithilfe neuer Rekrutierungsmethoden an Mitgliedern hinzugewonnen wurde, droht während der Pandemie wieder verloren zu gehen.[13]

Offenbar ist die Selbstreproduktionsfähigkeit gewerkschaftlicher Organisationsmacht in zahlreichen industrialisierten Ländern akut gefährdet. Die Bereiche mit organisierten Arbeitsbeziehungen schrumpfen, diejenigen mit geringer oder nicht vorhandener Gewerkschaftsmacht expandieren. Hinzu kommen die Herausforderungen einer digitalen Plattformökonomie, deren Unternehmen sich organisierter Interessenvertretung einfallsreich zu entziehen wissen. Zwar nehmen Konflikte auf Betriebs- und Unternehmensebene teilweise zu, politische Verdichtungen solcher Auseinandersetzungen gelingen jedoch nur in Ausnahmefällen. Diese Tendenz zu demobilisierten Klassengesellschaften wirft die Frage auf, ob die institutionellen Kapitalismen der Gegenwart überhaupt noch in der Lage sind, die zerstörerischen Folgen wachsender Ungleichheit mit systemkonformen Mitteln und ohne Staatsintervention zu korrigieren.

Störungen des Erdmetabolismus

Diese Frage stellt sich umso dringlicher, als die Zunahme sozialer Ungleichheiten Störungen des Gesellschafts-Natur-Metabolismus verursacht, die sich, wie bereits angesprochen, zunehmend als unumkehrbar erweisen. Ernst Ulrich von Weizsäcker hat die Gefahr eines drohenden Ökozids sehr pointiert auf den Punkt gebracht: »Es eilt sehr. Ein Systemkollaps ist eine reale Gefahr […]. Wir stehen vor gewaltigen Herausforderungen, bedingt durch das rasante Bevölkerungswachstum, die Übernutzung der Ressourcen, die Veränderung des Klimas, den Verlust der Biodiversität, und insgesamt erleben wir einen schleichenden Verlust der Lebensgrundlagen.«[14]

Das dringlichste Problem ist gegenwärtig der menschengemachte Klimawandel. Folgt man den einschlägigen fachwissenschaftlichen

Erkenntnissen, so wird das Zeitfenster für Weichenstellungen, die verhindern, dass die Erderhitzung außer Kontrolle gerät, immer kleiner. Die wichtigsten Klimastudien stimmen darin überein, dass sich schon in wenigen Jahren entscheiden wird, ob es noch gelingen kann, den menschengemachten Treibhausgasausstoß einigermaßen unter Kontrolle zu bringen. Gelingt es nicht, die klimaschädlichen Emissionen weltweit jährlich um mindestens 7,6 Prozent zu senken, drohen ökologische Zerstörungen unbekannten Ausmaßes. Die Schwankungsbreite bei dem verfügbaren Zeitbudget bewegt sich, von 2020 an gerechnet, zwischen dreißig Jahren und weniger als einem Jahrzehnt.[15] Die Zeit drängt auch deshalb, weil die Erderhitzung schon in ihrem frühen Stadium katastrophale Auswirkungen nach sich zieht. So hat der Rückversicherungskonzern MunichRe allein für das Jahr 2017 734 schadensrelevante Ereignisse mit knapp 10 000 Toten gezählt. 93 Prozent dieser Ereignisse waren wetterbedingt. Die höchsten Gesamtschäden wurden durch drei aufeinanderfolgende Hurrikane verursacht. Keines dieser Geschehen lässt sich unmittelbar auf den Klimawandel zurückführen, aber nach fachwissenschaftlicher Expertise weist, wie bereits angesprochen, vieles darauf hin, dass Wetterextreme wegen der menschengemachten Erderhitzung wahrscheinlicher werden.[16]

Seit Beginn des 20. Jahrhunderts ist der Meeresspiegel um ca. 20 cm gestiegen. Das Eis an den Polen schmilzt rascher als erwartet. Schon 2014 erreichte der westantarktische Eisschild einen Kipppunkt, der das gesamte Ökosystem destabilisiert und den Zerfall des Eisschilds beschleunigt. Das Ansteigen des Meeresspiegels bedroht zunächst kleinere Inseln und tiefergelegene Küstenregionen. Dass infolge der anthropogenen Erderhitzung bei Fortsetzung der Gegenwartstrends auch die Kultstrände von Ipanema und Copacabana geflutet werden könnten, wollten während des brasilianischen Soziologiekongresses von Caxambu gleichwohl die wenigsten der Anwesenden wahrhaben.[17] Exemplarisch zeigt sich hier, was die Dynamik globaler ökologischer Risiken auszeichnet. Sie erschließen sich in ihrem vollen Ausmaß nur über wissenschaftliches Wissen. Bei der Ursachen- und Wirkungsforschung gibt es immer wieder zahlreiche Unbekannte. Deshalb machen sich Gefahrenquellen wie der Klimawandel lange Zeit eher graduell bemerkbar, bis sie an Schwellenwerte gelangen, die eine Umkehrung von Fehlentwicklungen verunmöglichen. Auch wegen ihrer Uneindeutigkeit und Wissensabhängigkeit sind ökologische Großgefahren gesellschaftlich umkämpft. Sie lassen sich für eine gewisse Zeit verdrängen. Das aber nur, um dann umso heftiger auf ihre Verursacher zurückzuschlagen.[18]

Wenn sie überhaupt einen Realitätsgehalt besitzt, ist das der eigentliche Katalysator für die Herausbildung einer Weltgesellschaft. Denn letztendlich sind ökologische Großgefahren nicht externalisierbar. Sie müssen an ihren wirklichen Ursachenherden bekämpft werden, um substanzielle Veränderungen herbeizuführen. Wie viele wissenschaftliche Beobachter vor ihm, weiß das auch der zitierte Ernst Ulrich von Weizsäcker. Und wie viele andere ökologische Aufklärer scheut auch er vor jenen radikalen gesellschaftlichen Schlussfolgerungen zurück, die seine Analyse eigentlich nahelegt. Er setzt darauf, dass bloße Appelle an die Vernunft ausreichen, um, so wörtlich, einem »Naturkapitalismus«[19] den Weg zu ebnen. Der ökologisch angepasste als »natürlicher« und damit als unüberwindbarer Kapitalismus? Die Sprache ist verräterisch. Im Unterschied zu den utopischen Sozialisten, die Friedrich Engels kritisierte, will von Weizsäcker auf sozialistische Visionen gänzlich verzichten. Wie die vormarxistischen Sozialisten des 19. Jahrhunderts unterschätzt er jedoch die Konfliktträchtigkeit der anvisierten Transformation. Die Blockademacht realer Klassen- und Herrschaftsverhältnisse spielt bei ihm keine Rolle. Das ist fatal, weil auf diese Weise strukturelle Hemmnisse von Nachhaltigkeitszielen völlig aus dem Blick geraten. Das Problem der Klima*gerechtigkeit* mag veranschaulichen, wovon die Rede ist.

Offenkundig variieren die Anteile an der Produktion ökologischer Lasten mit der jeweiligen Klassenposition. Während die reichsten zehn Prozent der erwachsenen Weltbevölkerung mit ihren luxuriösen Lebensstilen 2015 sage und schreibe 49 Prozent der klimaschädlichen Emissionen verursachten, war die untere Hälfte nur für zehn Prozent verantwortlich.[20] An den Haushaltseinkommen gemessen, ergibt sich für EU-Europa ein ähnliches Bild. Die einkommensstärksten zehn Prozent der Haushalte von 26 europäischen Ländern sind für 27 Prozent der Emissionen verantwortlich, während die untere Hälfte der Haushalte etwa 26 Prozent der klimaschädlichen Gase verursacht. Allein das reichste ein Prozent verzeichnet einen Pro-Kopf-Ausstoß von 55 Tonnen CO_2-Emissionen jährlich und liegt damit um etwa das Siebenfache über dem europäischen Durchschnittswert. Vor allem Flugreisen machen einen Unterschied. Beim einkommensstärksten Prozent verursachen sie mehr als zwei Fünftel der Emissionen, weitere 21 Prozent gehen auf das Konto des individuellen PKW-Verkehrs. Geflogen wird nahezu ausschließlich vom oberen Dezil der Haushalte (jährliches Nettoeinkommen von durchschnittlich 40.000 Euro). Zur Erreichung der Klimaziele müsste der Pro-Kopf-Ausstoß an klimaschädlichen Emissionen auf durchschnittlich 2,5 Tonnen im Jahr sinken; das reichste Prozent der Haushalte liegt um das 22-Fache darüber. Insgesamt bewegen sich nur fünf Prozent der erfassten Haushalte mit ihren Emissionen innerhalb der Klimaziele; das heißt, nahezu alle müssen ihren Lebensstil ändern, aber der Veränderungsdruck ist bei den reichsten Haushalten mit Abstand am größten.[21]

Zwar wurden unionsweit seit 1990 ca. 25 Prozent der Emissionen eingespart, doch dies ist ausschließlich das Verdienst einkommensschwächerer Haushalte. Während die Emissionen des reichsten Prozents der Haushalte zwischen 1990 und 2015 um fünf Prozent und die des einkommensstärksten Dezils um drei Prozent gestiegen sind, haben sie bei den ärmsten 50 Prozent der Haushalte um 34 Prozent und bei den 40 Prozent mit mittleren Einkommen im gleichen Zeitraum um 13 Prozent abgenommen.[22] In Deutschland verursachten die reichsten zehn Prozent der Haushalte 26 Prozent der Emissionslast; die untere Hälfte war für 29 Prozent der Emissionen verantwortlich. Während das reichste Prozent nichts einsparte, reduzierte die untere Hälfte ihre Emissionen um ein Drittel. Bei den 40 Prozent der Haushalte mit mittleren Einkommen betrugen die Einsparungen immerhin 12 Prozent. Auch zwischen den europäischen Staaten ist die Emissionslast höchst ungleich verteilt. Allein die einkommensstärksten Haushalte von vier reichen Mitgliedsstaaten (Deutschland, Italien, Frankreich, Spanien; gemeinsam ca. 28,8 Millionen Menschen) emittieren mehr als die Bevölkerung von 16 ärmeren EU-Mitgliedsstaaten.[23]

Zugespitzt formuliert bedeutet dies, dass die Produktion von Luxusartikeln für die oberen Klassen und deren Konsum zu einer Haupttriebkraft des Klimawandels geworden sind, unter dessen Folgen europa- und weltweit vor allem die ärmsten Bevölkerungsgruppen zu leiden haben. Mehr noch, der häufig erzwungene Verzicht unterer Einkommensgruppen bringt den wachsenden Anteil des einkommensstärksten oberen Zehntels der europäischen Bevölkerung im statistischen Mittel zum Verschwinden. Weltweit fällt die Klimaungerechtigkeit noch weit drastischer aus. Um es deutlicher zu sagen: Nur die zumeist erzwungene Tatsache, dass die unteren Klassen ihren Gürtel wegen sinkender Einkommen enger schnallen müssen, ermöglicht den Oberklassen ihre verschwenderischen Lebensstile. Deshalb, so kann geschlussfolgert werden, ist der Kampf gegen Klimawandel und ökologische Zerstörung stets auch einer zugunsten der Armen und Benachteiligten. Dies allerdings nicht in einem Sinne, der soziale Gerechtigkeit zu einer Vorbedingung von Nachhaltigkeit machen würde, ohne die zerstörerische Wirkung ökologischer Destruktivkräfte wirklich ernst zu nehmen. Umgekehrt wird ein Schuh daraus: Klimawandel und Ressourcenverschwendung müssen bekämpft werden, um die Lage der Ärmsten nicht noch unerträglicher zu machen.

Merkmale des Postwachstumskapitalismus

Halten wir fest: In den frühindustrialisierten Ländern haben sich Postwachstums-Kapitalismen herausgebildet, die sich durch mindestens fünf charakteristische Merkmale auszeichnen. Sie sind *erstens* ein regionales Phänomen. Von den frühindustrialisierten Ländern hat sich der Wachstumspol in Richtung der bevölkerungsreichen Schwellenländer verschoben. Diese Verlagerung des Zentrums der Weltwirtschaft bedroht EU-Europa zumindest in Teilen mit einer Abstiegsperspektive. Nach 1989 durch marktradikale Regime in Osteuropa mittels Ko-Transformation beeinflusst[24], haben die veränderten internationalen Kräfteverhältnisse ihrerseits die europäische Integration beeinflusst. Ursprünglich als Antwort auf die deregulierende Tendenz der Globalisierung und als Versicherung gegen deutsches Vormachtstreben gedacht, ist die Europäische Wirtschafts- und Währungsunion (WWU) mehr und mehr zu einem Deregulierungstreiber geworden. Statt die Größe des europäischen Binnenmarktes zu nutzen, um über die

Gewährung von Marktzugängen soziale Standards in der Weltökonomie durchzusetzen, hat sich innerhalb des europäischen Imperiums ein staatenübergreifender Konstitutionalismus herausgebildet, der die Ungleichheiten in den nationalen Gesellschaften und zwischen den Mitgliedsstaaten vor allem der Eurozone verstärkt, weshalb Gefolgschaft immer häufiger mit autoritativen Mitteln erzwungen werden muss.[25]

Im Unterschied zu Nationalstaaten zeichnen sich Imperien durch unscharfe Außengrenzen aus. Sie betonen interne Differenzierungen, die räumliche Aufteilung in Zentrum und Peripherie. Anders als demokratische Nationalstaaten sind sie nicht auf Legitimation von unten angewiesen, sondern beschränken sich wesentlich auf Integration, die von den Spitzen der Entscheidungshierarchie ausgeht. Imperien kann man nicht als Bürgerin oder Bürger angehören, sie verleihen keine *citizenship*, sondern hierarchisch abgestufte Berechtigungen.[26] Stärker als Nationalstaaten beruhen sie auf geduldeter kultureller Pluralität, die jedoch zu einer zentralen Konfliktlinie werden kann. Die EU mit ihrem hohen Verflechtungsniveau und einer noch wenig institutionalisierten, allenfalls embryonalen Zivilgesellschaft ist eine Mischform aus beidem, ein Hybrid aus Imperium und transnationalem Mehrebenenstaat. Sie hat vor der Coronapandemie einen entdemokratisierenden Konstitutionalismus gefördert, der die Marktorthodoxie in den europäischen Institutionen fest verankert hat. Die institutionelle Heterogenität der Mitgliedsstaaten hat sich daher kaum im Sinne der Schutzfunktionen des Wohlfahrtsstaates bemerkbar gemacht; vielmehr tragen die porösen Sicherungssysteme wie ein Filter zur Variation durchschlagender Krisenfolgen bei. Besonders an der südeuropäischen Peripherie hat die von der deutschen Regierung nicht allein, aber doch federführend durchgesetzte Austeritätspolitik Arbeitslosigkeit, Armut und Prekarität drastisch ansteigen lassen.[27]

Dennoch sind die öffentlichen Schulden, besonders ausgeprägt im griechischen Fall, im Verhältnis zur Wirtschaftsleistung weiter gestiegen. Mit kollektiven Sicherungssystemen, Tarifverträgen, Kündigungsschutz und Mitbestimmung wurden infolge einer aufgezwungenen Austeritätspolitik ausgerechnet jene wohlfahrtsstaatlichen Institutionen geschwächt, die sich in ihrer Schutzfunktion zumindest für die noch integrierten Teile der Lohnabhängigen als krisenrobust erwiesen haben. Zudem hat der Austeritätskurs die eher keynesianisch ausgerichtete

Niedrigzinspolitik der Europäischen Zentralbank (EZB) konterkariert. Das billige Geld konnte nicht in die Produktionskreisläufe gelangen und dringend benötigte Infrastrukturinvestitionen stimulieren, weil die Nachfrage einschließlich des produktiven Staatskonsums durch die aufgezwungene Sparpolitik beeinträchtigt wurde[28] und Umverteilungsmechanismen (Steuerpolitik, organisierte Arbeitsbeziehungen, wohlfahrtsstaatliche Sicherungssysteme) nicht mehr funktionieren. Postwachstums-Kapitalismen laufen somit beständig Gefahr, jene Selbststabilisierungsmechanismen (Kreditsystem, Innovationsnetzwerke, Arbeits-Reproduktionsnexus) zu destruieren, die für eine Entschärfung des strukturellen Kapitalüberschuss-Absorptionsproblems unentbehrlich sind.

Zweitens bleibt das Gewinnstreben, das ursächlich mit dem kapitalistischen Eigentum an Produktionsmitteln verknüpft ist, trotz sinkender Wachstumsraten intakt. Anders als John Stuart Mill und später auch John Maynard Keynes prognostizierten, ist es trotz geringen Wachstums nicht zur Abschwächung der Gewinnsucht dominanter kapitalistischer Akteure und Unternehmen gekommen. Im Gegenteil, schwaches Wachstum bedeutet, dass die Konflikte um Ressourcen, Marktanteile, Profite und Konsumchancen umso härter geführt werden. Niedrige Wachstumsraten forcieren in vielen Ländern die soziale Polarisierung. Der Konzentration von Vermögen innerhalb des obersten Prozent der Weltbevölkerungen stehen expandierende Gruppen gegenüber, die wirtschaftlich scheinbar überflüssig sind. Zwar expandierende – nichtsdestotrotz winzige – Gruppen superreicher Vermögensbesitzer:innen leben in einer eigenen Welt, in der die Gesetze nationaler Gemeinwesen kaum noch Gültigkeit beanspruchen können. Der Zugang zu den exklusiven Orten und Immobilien, die für den Luxuskonsum unentbehrlich sind, setzt die Verfügung über Milliardenvermögen voraus. Bedeutsamer ist, dass riesige Privatvermögen die Geldeliten beständig zu Versuchen reizen, »sich zu bereichern, indem sie politischen Einfluss ausüben, um ihren Anteil am vorhandenen Kuchen zu vergrößern, statt zur Wertschöpfung der Wirtschaft beizutragen und auf diese Weise den Gesamtkuchen zu mehren«.[29]

Der Geldadel schützt in erster Linie seine Privilegien und be- oder verhindert so eine wirkungsvolle Regulation des Finanzsektors. Für diese Klassenfraktionen an der Spitze der sozialen Hierarchie ist der

»Wahn der Bourgeoisie, dass Geld Geld zeugen kann«[30], zu sozialer Realität geworden. Die Anlage überschüssigen Geldkapitals im Finanzsektor und die Bereitschaft zu hochspekulativen Geschäften verstärken stagnative Tendenzen, erhöhen die Krisenanfälligkeit der Wirtschaft und tragen dazu bei, dass selbst in reichen Wohlfahrtsstaaten 10 bis 15 Prozent der Bevölkerung nahezu vollständig aus geschützter Erwerbsarbeit und kollektiven Sicherungssystemen herausfallen.[31] An beiden Enden der sozialen Hierarchie entstehen auf diese Weise soziale Großgruppen, deren Lebensformen und soziale Lagen vom Wirtschaftswachstum nahezu vollständig entkoppelt sind.

Die Herausbildung von Postwachstums-Kapitalismen erfordert *drittens* einen Bruch mit der Vorstellung, eine »demokratische Allbetroffenheit« durch ökologische Gefährdungslagen werde das Klassenschema wenn nicht sprengen, so doch stark relativieren, weil ökologische Risiken letztlich keinen Unterschied zwischen Arbeiter:innen und Kapitalist:innen machten und, einem Bumerangeffekt gleich, früher oder später auch diejenigen erwischten, die sie produzierten.[32] Ökologische Großgefahren betreffen alle Menschen, aber eben nicht alle gleich. Anstatt die Logik der Reichtumsverteilung durch eine Logik der ökologischen Risikoverteilung zu verdrängen, ist der Postwachstumskapitalismus Geburtshelfer eines mehrdimensionalen sozial-ökologischen Verteilungskonflikts, der nicht nur zwischen Arm und Reich, sondern auch zwischen Industriestaaten und globalem Süden, zwischen Zentrum und Peripherie ausgetragen wird.

Das wohlhabendste Prozent in den USA, Luxemburg, Singapur und Saudi-Arabien produziert jährlich 200 Tonnen CO_2 pro Kopf und damit zweitausendmal mehr als die ärmsten Menschen in Honduras, Ruanda und Malawi. Insofern sind Klimawandel und soziale Ungleichheit untrennbar miteinander verknüpft. Für den Ressourcenverbrauch gilt Ähnliches. Der ökologische Fußabdruck des Konsums eines Vermögenden aus dem obersten Prozent der Weltbevölkerung übertrifft den eines Angehörigen der ärmsten 10 Prozent um durchschnittlich das 175-Fache. Diese Diskrepanz ist allerdings längst nicht mehr nur eine, die sich aus den Ungleichheiten *zwischen* Staaten ergibt. Die Zunahme der CO_2-Emissionen wird in immer größerem Ausmaß durch die Einkommensungleichheit *innerhalb* der Staaten verursacht. 1998 erklärten diese Ungleichheiten etwa 30 Prozent der globalen Emission; 15 Jahre später waren es bereits 50 Prozent.[33]

Solche Zahlen legen nahe, dass die Eindämmung des Klimawandels und die Abkehr von extensiver Ressourcenvernutzung ohne materielle Rückverteilung von den reichen zu den armen Ländern und von den Privilegierten zu den verwundbarsten Klassenfraktionen nicht zu realisieren ist. Dass Um- und Rückverteilung von Reichtum in stagnierenden Ökonomien ohne harte soziale Auseinandersetzungen, die auch und gerade zwischen Klassen ausgetragen werden, möglich sein wird, ist eine unrealistische Annahme. Mehr noch, die theoretische wie politische Marginalisierung des Klassenbegriffs, wie er für einen Großteil der wachstumskritischen Literatur charakteristisch ist, trägt zur ideologischen Verdopplung jenes Ohnmachtsempfindens bei, das sich häufig bei denjenigen findet, die wegen ihrer sozialen Position auch ökologisch zu den verwundbarsten Gruppen gehören.

Viertens können solche Ohnmachtserfahrungen in mehrdimensionalen Verteilungskonflikten dazu beitragen, dass Auseinandersetzungen nicht an Klasseninteressen aufbrechen, sondern eine völlig anders gelagerte Dynamik annehmen. Das zeigt sich beispielsweise im Zusammenhang mit den neuen Fluchtbewegungen. Von ökologischer Zerstörung, Kriegen, Hunger oder despotischen Regimen ausgelöst, hat die Fluchtmigration seit 2011 ein Ausmaß angenommen, das manche Forscher:innen mit einer gewissen Übertreibung von einem neuen Exodus sprechen lässt.[34] Weltweit befanden sich 2015 gut 62 Millionen Menschen auf der Flucht. Das waren 20 Millionen mehr als 2011. Dieser Trend hat sich seither fortgesetzt, wobei der Anteil der Fluchtmigranten gemessen an der wachsenden Weltbevölkerung relativ stabil geblieben ist und allenfalls langsam steigt.[35]

Das Gros der Geflüchteten verharrt im eigenen Land oder findet in Staaten des globalen Südens zumindest vorübergehend Aufnahme. In relativer Nähe zu den europäischen Außengrenzen müssen Staaten wie Jordanien, der Libanon oder die Türkei schon seit vielen Jahren an der eigenen Bevölkerung gemessen unverhältnismäßig große Flüchtlingszahlen aufnehmen. Nur ein Bruchteil der Geflüchteten erreicht die wohlhabenden kapitalistischen Zentren im Norden. Auch sind es keineswegs die Ärmsten, die fliehen, denn denen fehlen in der Regel die dazu nötigen Ressourcen. Immer weniger Flüchtlinge erreichen den europäischen Kontinent. Ihre Zahl ist von 1 032 408 im Jahr 2015 auf gerade einmal 95 031 im Jahr 2020 gesunken; im selben Jahr sind 1401 Flüchtlinge gestorben oder werden vermisst. Gegenüber dem Vorjahr ist die Zahl der Toten und Vermissten wieder gestiegen; 2016 hatte sie mit 5096 ihren vorläufigen Höhepunkt erreicht.

Trotz sinkender Zahlen dienen die Fluchtbewegungen der radikalen Rechten als willkommener Anlass für eine Umdeutung klassenspezifischer Verteilungskonflikte. Fluchtmigranten werden als Invasoren, als Land nehmende »neue Barbaren« attackiert, die die Zivilisationsgrenzen in die kapitalistischen Zentren zurückverlagern. Solche Umdeutungen finden auch bei relativ geschützten Lohnabhängigengruppen Anklang, die in Teilen spontan zu exkludierender Solidarität neigen. Selbst Minderheiten gewerkschaftlich organisierter Arbeiter:innen versuchen, ihre eigene soziale Position zu verteidigen, indem sie Ressentiments als Triebfeder »gesellschaftlicher und politischer Aktion«[36] nutzen. Das macht sie für politische Botschaften empfänglich, die Statuserhalt mittels Abgrenzung und brutaler Flüchtlingsabwehr versprechen.

Nicht in ihrer Programmatik und bei ihren Funktionsträger, wohl aber in der sozialen Zusammensetzung ihrer Wählerschaft zeichnen sich rechtspopulistische und radikal rechte Formationen häufig durch eine Überrepräsentanz von Industrie- und Produktionsarbeitern aus. Auf überdurchschnittliche Zustimmung stoßen sie vor allem in jenen Teilen der Arbeiterschaft, die sich – jahrelang an Sparappelle, Lohn- und Einkommensverzicht sowie Leistungsintensivierung gewöhnt – in einem Verteilungskampf wähnen, der bevorzugt gegen anders, außen, fremd, unproduktiv und unten zu führen ist.[37] In Großbritannien hat die erfolgreich betriebene Ethnisierung des Sozialen zum Brexit, zum Austritt aus der EU geführt. In anderen, vor allem osteuropäischen Ländern (Ungarn, Polen) stellen die Rechtspopulisten bereits die führenden Regierungsparteien. Die intellektuelle Diskreditierung von Klasse und Klassenverhältnissen im öffentlichen Diskurs hat dazu maßgeblich beigetragen, denn sie ist mitverantwortlich dafür, dass sich erhebliche Teile der Unterprivilegierten jenen Parteien zugewandt haben, die ihnen zumindest einen Diskurs anbieten, der »versuchte, ihrer Lebensrealität wieder einen Sinn zu verleihen«.[38]

Die skizzenhafte Schilderung einiger Dimensionen des neuen Verteilungskonflikts soll genügen, um *fünftens* deutlich zu machen, dass sich kapitalistische Wachstumsregime nicht nur hinsichtlich der Wachstumsraten und in der stofflichen Gestalt von Produkten und Produktionsverfahren unterscheiden. Sie differieren auch nach der Art der sozialen Teilhabe und deren Institutionalisierung erheblich. Bis zur Weltwirtschaftskrise von 1929–1933 war das Wirtschaftswachstum vor allem von Akkumulation und Gewinninteressen getrieben; die Lohnabhängigen wurden, wenn überhaupt, so in erster Linie über Löhne beteiligt, die um die – allerdings historisch-moralisch variablen und gewerkschaftlich wie politisch umkämpften – durchschnittlichen Reproduktionskosten oszillierten. Für Ökonomen wie Malthus und Mill, aber auch für ihre Gegenspieler:innen von Marx bis Rosa Luxemburg war die Vorstellung, die Teilhabe der Lohnarbeit könne die Reproduktionskosten wesentlich überschreiten, irreal. Das änderte sich erst nach 1945 mit dem Siegeszug des fordistischen, wohlfahrtsstaatlich regulierten Kapitalismus, der die Lohnabhängigen als Konsument:innen und ihre Beteiligung am Produktivitätsfortschritt als wirtschaftliche Produktivkraft entdeckte. Erst das fordistische Wachstumsregime ermöglichte eine Teilhabe großer Gruppen der Lohnabhängigen in den kapitalistischen Zentren, die sich – in Westdeutschland zwischen 1950 und 1970 mit einer durchschnittlichen Verdreifachung der Nettolöhne von Arbeiter:innen – von den Reproduktionskosten der Arbeitskraft deutlich nach oben entfernte. Dieses Wachstumsregime war nicht nur dasjenige mit den höchsten Wachstumsraten und der umfassendsten materiellen Beteiligung von Lohnabhängigen[39], es steigerte auch die klimaschädlichen Emissionen und die Ressourcenvernutzung besonders rasch.

An der ökologischen und sozialen Destruktivität hat das nachfolgende finanzkapitalistische Wachstumsregime nichts geändert. Im Gegenteil, es hat das Destruktionspotenzial der Produktivkräfte enorm anschwellen lassen. Dies geschieht mithilfe einer eigentümlichen Verkehrung von Produktion und Konsum. Das finanzkapitalistische Wachstumsregime kombiniert den genügsamen Produzenten und die zurückhaltende Staatsbürgerin mit genussfreudigen Konsument:innen, die am wachsenden gesellschaftlichen Reichtum durch günstige Kredite und billige Produkte teilhaben sollen. Netzwerke inter- und transnationaler Konzerne beschäftigen, überwiegend indirekt, ein Weltproletariat, das mehrheitlich in prekären Verhältnissen oder informell arbeitet. Die Kombination kapitalistischer Produktionsweisen mit patriarchaler Dominanz und rassistischer Abwertung produziert, ähnlich wie zu Rosa Luxemburgs Zeiten, im Ergebnis weltweit noch immer die billigsten Arbeitskräfte.

Lohnabhängige in den kapitalistischen Zentren profitieren zwar teilweise von den niedrigen Preisen für Güter, die durch Überausbeutung in den transnationalen Wertschöpfungsketten möglich werden. Doch es gibt eine Kehrseite, die schwerer wiegt. Aufgrund von Standortwettbewerb und schwindender Gewerkschaftsmacht sind nicht nur die Löhne vor allem der Industrie- und Produktionsarbeiter zwischen 2000 und 2013 auch in den frühindustrialisierten Ländern erheblich gesunken, prekäre Arbeits- und Lebensverhältnisse haben deutlich zugenommen.[40] Die genannten Tendenzen offenbaren die Zwiespältigkeit von Produktions- und Lebensweisen, die auf finanzkapitalistischen Landnahmen beruhen. In den frühindustrialisierten Ländern erfolgt die Integration großer Teile der beherrschten Klassen nicht mehr mithilfe des Lohns und auch nur in Grenzen über private Verschuldung, für Integration sorgt vor allem der Konsum tiefpreisiger Güter, die in Verhältnissen hergestellt und auf Märkten gehandelt werden, in denen sekundäre (Über)Ausbeutung, rassistische oder sexistische Abwertung strukturprägend sind. Das System Schlachthof, das Tiefstpreise auf Kosten der Löhne und Arbeitsbedingungen von Produzent:innen ermöglicht, bildet diesbezüglich nur die Spitze eines Eisbergs. Im Grunde herrscht das Tönnies-Prinzip überall dort, wo Gewinn trotz niedriger Preise mithilfe von ungleichem Tausch, prekärer Beschäftigung und außerökonomischem Zwang realisiert werden soll.

Die Krise als Hauptform gesellschaftlicher Integration

Mit der Signalkrise von 2007–2009 ist das Wachstumsregime der Vermögensbesitzer jedoch an Grenzen gestoßen, die sich, wie das Folgejahrzehnt gezeigt hat, durch eine Radikalisierung der finanzkapitalistischen Landnahme nicht mehr überwinden lassen. Strukturelle Akkumulationshemmnisse vor Augen, lässt sich präzisieren, weshalb die Überwindung der ökonomisch-ökologischen Zangenkrise förmlich nach nachhaltig sozialistischen Auswegen schreit. Die Selbststabilisierungsmechanismen fortgesetzter Kapitalakkumulation versagen. Präziser: Marktkorrigierende Institutionen einschließlich der von ihnen geschützten Gesellschaftsbereiche sind selbst zu Objekten finanzkapitalistischer Landnahmen geworden; sie unterliegen politisch herbeigeführter Zerstörung. Diese Feststellung trifft nicht allein auf die organisierten Arbeitsbeziehungen zu. Das Finanz- und Kreditsystem ist marode, längst überfällige Infrastrukturinvestitionen unterbleiben, systemrelevante Sorgearbeiten und Dienstleistungen haben fortwährende Abwertung erfahren und die Regulation der Naturverhältnisse kann die Folgen ökologisch destruktiven Wachstums immer weniger kompensieren.

Abb. 4: Die hyperglobalisierte Welt (in Billionen Dollar)

	1980	2016
BIP	11.2	76
Bevölkerung (Milliarden)	4.4	7.4
Handel (Exporte)	2.3	20.9
Bestand an ausländischen Direktinvestitionen	0.7	26
Vermögenswerte	12	300
Staatsverschuldung*	14	198.6
Migranten (Millionen)	150**	250***
CO_2-Emissionen	18kt	36kt

* Private Unternehmensschulden nicht eingeschlossen

** Zahl für 1990

*** Durchschnitt der Jahre 2015 und 2017

Quelle: Gallagher, Kevin P./Kozul-Wright, Richard (2019): A New Multilateralism for Shared Prosperity. Geneva Principles for a Global Green New Deal. Geneva, S. 5. https://unctad.org/en/pages/PublicationWebflyer.aspx?publicationid=2441. Zugriff: 19.5.2021.

Die Fakten sprechen eine eindeutige Sprache (siehe Abb. 4, S. 89). Zwischen 1980 und 2016 ist die Weltbevölkerung um 3 Milliarden Menschen gewachsen. Zeitgleich haben sich die klimaschädlichen Emissionen verdoppelt.[41] Ökonomisch ist die Welt zumindest in ihren alten und neuen Zentren enger zusammengewachsen. Der Welthandel (Exporte) hat sich verneunfacht, der Bestand ausländischer Direktinvestitionen ist von 0,7 auf 26 Billionen US-Dollar angestiegen. Zeitgleich hat sich aber auch die Staatsverschuldung schon vor der Coronapandemie von 14 auf 189,6 Billionen US-Dollar erhöht. Das heißt, das Wachstum des weltweiten BIP, dessen Wert von 11,2 Billionen auf 76 Billionen Dollar geklettert ist, war auch nach dem Finanzcrash von 2007–2009 das Ergebnis einer vorwiegend schuldengetriebenen Dynamik.

Absolut gesunken sind die Emissionen vor der Coronapandemie global nur im Krisenjahr 2009 – und das in erster Linie, weil die industrielle Produktion eingebrochen war. Der Energieverbrauch ist letztmalig in den 1980er Jahren zurückgegangen, und auch die Ressourcenbilanzen tendieren zu einer irreversiblen Schädigung nahezu geschlossener ökologischer Kreislaufsysteme. Aus alldem folgt: Die bloße Fortsetzung des Postwachstumskapitalismus führt uns auf einen Highway to Hell (Abb. 5).

Abb. 5: Highway to Hell (BIP-Wachstum, Emissionen pro Kopf, Energieverbrauch weltweit)

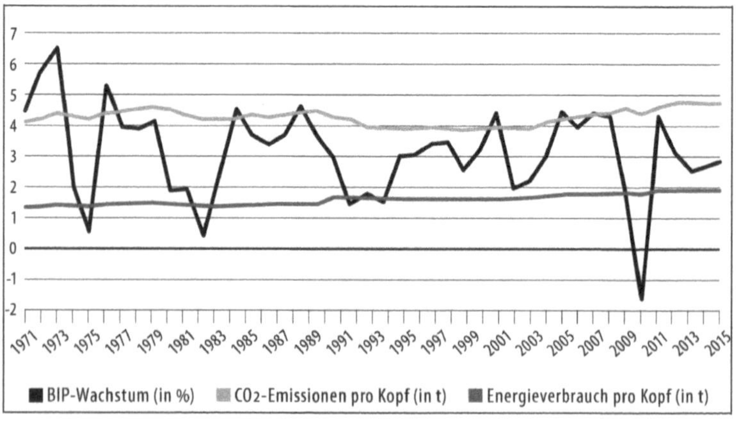

Quelle: Weltbank 2021. Eigene Darstellung.

Bei Fortsetzung der Trends, die vor der Coronapandemie zu verzeichnen waren, würde das 1,5-Grad-Ziel, wie es der Weltklimarat (IPCC) vorschlägt, nicht erreicht. Die Entwicklung führte die Menschheit auf einen 3,5-, 4- oder gar 4,5-Grad-Erderwärmungspfad – und das bei zunehmender sozialer Ungleichheit und Unsicherheit.

Damit ist zugleich gesagt: Der finanzialisierte Postwachstumskapitalismus in den alten industriellen Zentren stellt in gewisser Weise das genaue Gegenteil einer materiellen Vorbereitung für den ökologischen Sozialismus des 21. Jahrhunderts dar. Die Überproduktivität dieser Kapitalismus-Variante behindert jeden Versuch, eine Wende zur Nachhaltigkeit einzuleiten. In dem Maße, wie sich die Lebensdauer des Postwachstumskapitalismus verlängert, wird die Überwindung der ökonomisch-ökologischen Zangenkrise hinausgeschoben. Im Ergebnis entsteht eine soziale Ordnung, für die in einem weit allgemeineren Sinn gilt, was der Soziologe Dirk Baecker in erster Linie einer digitalisierten Gesellschaft zuschreiben möchte: »Die Unbekanntheit der Zukunft, erfahren und bewältigt als Krise, ist die Integrationsform der nächsten Gesellschaft.«[42] Ulrich Beck hatte das lange zuvor als Tendenz zu einer »Katastrophengesellschaft«[43] beschrieben, in welcher außer Kontrolle geratene ökologische Großgefahren den Alltag eines Großteils ihrer Bürger:innen bestimmen.

Eine katastrophische Entwicklung kann nur durch eine Nachhaltigkeitsrevolution verhindert werden. Legt man diese Messlatte an, lautet die Schlussfolgerung, dass sich selbst system*immanente* Übergänge zu einem »Naturkapitalismus«, wie ihn die zeitgenössische ökologische Aufklärung proklamiert, disruptiv vollziehen müssten. Beim nächstmöglichen Kapitalismus handelte es sich dann um eine soziale Ordnung, die sich vom systemischen Zwang zu fortwährender Expansion und Landnahme erfolgreich abgekoppelt hätte. Ist das eine wahrscheinliche, eine naheliegende oder auch nur eine mögliche Option? Ohne die Anpassungsfähigkeit der kapitalistischen Produktionsweise und ihrer ausdifferenzierten sozialen Felder und Teilsysteme zu unterschätzen, lege ich mich fest. Die kapitalistische Profitwirtschaft und deren Expansionszwang bieten letztendlich keinen Ausweg aus der Zangenkrise, der für das Gros der Menschheit tragbar wäre. Dabei ist das ökologisch zwingend nötige Schrumpfen der Karbonbranchen noch das geringste Problem, obwohl sie mit dem Wertschöpfungssystem Automobil, der Stahlproduktion, der Energiewirtschaft, dem Gebäudesektor, der Bau- und Agrarwirtschaft die Kernzone des gegenwärtigen Industrie- und Wirtschaftsmodells betreffen. Radikaler Strukturwandel und Sprunginnovationen sind seit jeher das Lebenselixier kapitalistischer Produktionsweisen. Profitzentrierte Ökonomien können auch mit Elektroautos, veganen Lebensmitteln und Biotourismus funktionieren. Möglicherweise lassen sich selbst nachhaltige Mobilitätssysteme mit den Mechanismen gewinngetriebener Marktwirtschaften vereinbaren.

Mein Hauptargument, das für eine ökosozialistische Option spricht, ist ein anderes. Die sozialen Kosten, die Gesellschaften aufbringen müssen, um kapitalistische Produktionsweisen am Leben zu halten, werden immer größer. Krisen wie der Crash an den Finanzmärkten von 2007–2009 laufen stets auf eine Vergeudung und Verschwendung knapper Ressourcen hinaus. Doch selbst wenn die von privatem Gewinnstreben geprägten Ökonomien boomen, hängen sie im Grund am Tropf lebenspendender Gesellschaften. Würden die Infrastrukturkosten, die Gesellschaften tätigen, um den Kapitalismus überhaupt funktionsfähig zu halten, privaten Unternehmen in Rechnung gestellt, stieße die Profitwirtschaft rasch an ihre Grenzen, denn sie ist hochgradig von sozialer Infrastruktur abhängig, die sie nur zu kleinen Teilen selbst bezahlt.[44] Hätten diese Unternehmen zusätzlich jene unter- oder unbezahlten Reproduktionsarbeiten zu finanzieren, die der Produktion des Lebens dienen, stünden Pleitewellen ins Haus.[45] Würden diese Unternehmen auch noch für die Überausbeutung in transnationalen Wertschöpfungsketten zur Rechenschaft gezogen, die Tiefstpreise für Güter des Massenkonsums überhaupt erst möglich machen, müsste wohl mancher Konzern mit den etablierten Geschäftsmodellen in der Weltmarktkonkurrenz kapitulieren. Und wäre der Enteignung von unbezahlter Datenarbeit, wie sie mit jeder Betätigung einer Suchmaschine oder der Nutzung eines Smartphones geleistet wird, durch konsequenten Verbraucherschutz und angemessene Besteuerung der High-Tech-Unternehmen ein Riegel vorgeschoben, könnten nicht einmal die großen Digitalkonzerne ohne grundlegende Veränderungen ihrer Geschäftsmodelle überleben.[46] Den Kapitalismus als ein besonders effizientes, produktives System zu feiern, läuft deshalb mittlerweile auf schlichten Selbstbetrug hinaus. Binnen des »langen« Jahrzehnts, das den Finanzcrash mit der Coronakrise verbindet, mussten die Staaten gleich zweimal intervenieren und entgegen ihrer eigenen Doktrin in großem Maße Schulden aufnehmen, um die privatkapitalistische Wirtschaft zu schützen und sie sodann erneut in Gang zu bringen. Das läuft auf das genaue Gegenteil von Nachhaltigkeit hinaus. Selbst die vermeintlich größte Stärke des Kapitalismus, seine Innovationsfähigkeit, die im Modus schöpferischer Zerstörung prozessiert, hängt bei genauer Betrachtung von den Interventionen und Ressourcen eines steuernden Staates ab. Ohne staatliche Unterstützung wäre, wie Mariana Mazzucato so eindrucksvoll gezeigt hat, keine der großen Sprunginnovationen und der dazu nötigen Forschungen überhaupt möglich gewesen. Der Staat muss »zu *jeder Zeit* im Konjunkturzyklus die Rolle eines echten Tigers spielen«, während die Unternehmen nur die Rolle von »Hauskatzen« einnehmen.[47] Ohne den »schmutzigen Militärkeynesianismus« der USA, die großangelegten Rüstungs- und Raumfahrtprogramme des Staates, wäre der Aufstieg des Silicon Valley ausgeblieben. Der Staat schöpft jedoch aus gesellschaftlichen Ressourcen; das heißt es ist die Gesellschaft, die einen immer größeren Teil ihrer Arbeitsvermögen und Zeitressourcen aufwenden muss, um die kapitalistische Produktionsweise überhaupt noch am Leben zu erhalten.

Kurzum, der Kapitalismus ist, insbesondere in seinen alten Zentren, zu einem ökonomisch *überproduktiven* System geworden. Überproduktivität meint, dass die aus ökonomischen Kosten-Nutzen-Kalkülen ausgeblendeten Destruktionspotenziale den gesellschaftlichen Nutzen der kapitalistischen Produktionsweise immer stärker überlagern und übertreffen. Das ist nur möglich, weil positive (Wissensbestände) wie negative (Naturzerstörung) Externalitäten aus dem Anreizsystem, der Preis- und Wertbildung der kapitalistischen Ökonomie ausgeblendet werden. Doch das ist nicht alles. Der gesellschaftliche Aufwand, der nötig ist, um »neues Land« in Wert setzen zu können, wird immer größer, die expansiven Mechanismen kapitalistischer Landnahmen erweisen sich als immer weniger steigerungsfähig. Die Arbeitsproduktivität liefert ein prominentes Beispiel. Trotz des immensen Technikeinsatzes und der durchschnittlichen Höherqualifikation des gesellschaftlichen

Gesamtarbeiters gehen die Steigerungsraten der Arbeitsproduktivität pro Beschäftigtem in den alten kapitalistischen Zentren und auch in Deutschland seit Jahren zurück (Abb. 6).

Abb. 6: Abnehmendes Produktivitätswachstum trotz höherem Qualifikationsniveau der Erwerbstätigen

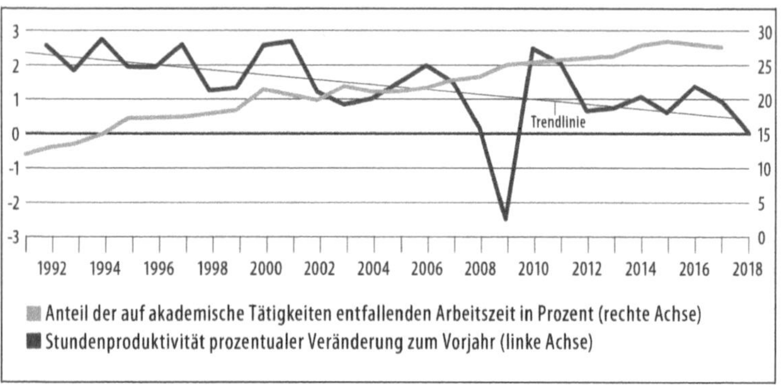

Quelle: DIW Berlin 2019 auf Basis von Daten des Statistischen Bundesamts und des SOEP. Eigene Darstellung.

Daran zeigt sich, dass die Sicherung der kapitalistischen Dynamik gesellschaftlich immens kostenintensiv geworden ist. An seinem Nutzen für die Allgemeinheit gemessen ist der Kapitalismus mit seiner unterkomplexen *social order* zu einem quasi-parasitären System geworden, das sämtliche Formen von Sozialität ausplündert. Quasi-parasitär bedeutet keineswegs, dass dieses System einem raschen Tod entgegensieht. Diesen Fehler, der in Lenins Fäulnisthese angelegt war, sollte eine kritische Kapitalismustheorie für das 21. Jahrhundert vermeiden. Langes Dahinsiechen, unterbrochen von und kombiniert mit makroregionalem Hochwachstum liegt durchaus im Bereich des Erwartbaren. In manchen Weltregionen könnte ein Green New Deal, der diesen Namen tatsächlich verdient, dem kapitalistischen Expansionismus durchaus neues Leben einhauchen. Es entstünde dann aber ein völlig anderer, in anderer Weise staatszentrierter Kapitalismus als jener, den die finanzdominierte Landnahme des Sozialen hervorgebracht hat. Eine lebenswerte Zukunft für große Mehrheiten der Weltbevölkerung gibt es aber nur, wenn die expansive kapitalistische Dynamik überwunden und umgekehrt wird. Ausdehnen dürfen sich künftig nur jene gesellschaftlichen Bereiche, die dem systemischen Zwang zu fortwährenden Landnahmen und Marktausdehnung als ein progressives Anderes, man könnte auch sagen: als positive Externalitäten gegenüberstehen, um so die Grenzen für die Profitwirtschaft immer enger zu ziehen. Zu diesen positiven Externalitäten zählen alle Netzwerke des Lebens, die der Kommodifizierung widerstehen. Zu ihnen gehört die Arbeit der Natur, die sich in einem metabolischen Wert ausdrückt, der anders gemessen werden muss als konventionelles Wirtschaftswachstum. Dieser metabolische Wert benötigt Eigentumsformen jenseits des kapitalistischen Besitzes von Produktionsmitteln. Er muss sich in Institutionen Geltung verschaffen, die der Natur eine eigene Stimme verleihen. Er erfordert eine Rechnungsweise, die positive wie negative Externalitäten transparent macht und der kapitalistischen Produktionsweise so den Schein von Effizienz und Effektivität nimmt, von dem sie lebt. Dazu können alle Bereiche und Organisationsformen beitragen, die sich bereits jetzt an den Imperativen kapitalistischer Marktvergesellschaftung reiben. Dazu gehören Unternehmen und Einrichtungen in öffentlichem Eigentum, Non-Profit-Organisationen, das untere, klein- und mittelbetriebliche »Stockwerk« (Fernand Braudel) kooperativ-marktwirtschaftlicher Produktion, kollektive Wissensbestände, Formen einer solidarischen Ökonomie, kooperativ geleistete Sorgearbeiten und viele andere mehr. Exakt dies, die Ausdehnung positiver Externalitäten zulasten der kapitalistischen Profitwirtschaft, eröffnet die Perspektive einer nachhaltig sozialistischen Transformation.

VI Nachhaltigkeit: Eine neue Rechtfertigungsordnung

Um Weichenstellungen für eine große Transformation vornehmen zu können, müssen die Konturen ökologisch-sozialistischer Alternativen so klar wie möglich gezeichnet werden. Bevor dies geschieht, ist es sinnvoll, zunächst die normativen Grundlagen einer nachhaltigen und zugleich sozialistischen Politik zu betrachten. Mein Vorschlag lautet, die *Sustainable Development Goals* (SDGs) der Vereinten Nationen als normative Basis sowohl für die gesellschaftliche Transformation im Allgemeinen als auch für deren sozialistische Ausrichtung zu nutzen.[1] Dazu sind die SDGs weitaus geeigneter als die luftigen Formeln vom guten Leben oder eines resonanten Gemeinwohls. *Die SDGs konkretisieren die Koordinaten der Nachhaltigkeit. Sie können zum Bindeglied zwischen dem elementaren Dreieck des Sozialismus und dem Dreieck sozialistischer Handlungsfähigkeit werden.* Um diese Sicht zu begründen, erfolgt zunächst eine exemplarische Auseinandersetzung mit einem Gemeinwohlkonzept, das inhaltlich leer bleibt. Ihm werden die Vorteile von Nachhaltigkeitszielen gegenübergestellt, hinter die Staaten und Regierungen nicht zurückfallen dürfen. Überlegungen zur Konfliktdynamik des Wandels und zum Verhältnis von sozialistischer Handlungsfähigkeit und Reform von oben schließen an.

Das normative Fundament einer nächsten Gesellschaft

Wenn die nächste Gesellschaft eine nachhaltige und demokratische sein soll, benötigt sie zweifelsohne ein normatives Fundament. Gegen liberale Demokratiekonzepte gewendet, schlägt Hartmut Rosa deshalb vor, Demokratie am Gemeinwohl auszurichten und das Gemeinwohl als Resonanzverhältnis zu bestimmen. Nur so werde ein Gemeinwesen möglich, »das mehr ist als ein Kompromiss oder ein Mehrheitswille«.[2] In einem intakten Gemeinwesen gehe es nicht in erster Linie darum, sich durchzusetzen, sondern einander zu erreichen. Was das Gemeinwohl ausmache, lasse sich nicht vorab festlegen; das Politische bestehe gerade darin, dessen Inhalt beständig neu zu entdecken und neu zu definieren.

Doch wer legt fest, worin das Gemeinwohl besteht? Und welche soziale Einheit stiftet jenen Gemeinsinn, der dem Interessenhandeln vorausgehen soll? Die Antworten, die Hartmut Rosa mithilfe seiner Resonanztheorie bietet, kritisiert Nancy Fraser mit gewisser Berechtigung als eine in neue Worte gefasste Wiederbelebung des von Habermas entlehnten deliberativen Demokratiekonzepts, das die demokratische Herrschaftsform im Wesentlichen auf Verfahren und Institutionen reduziert, inhaltlich aber leer bleibt.[3] Ich würde zuspitzen: Hartmut Rosa fällt in entscheidenden Punkten deutlich hinter Habermas zurück, denn wo Letzterer der kommunikativen Vernunft Geltung verschaffen will, vollzieht die Resonanztheorie eine Wende zum Irrationalen: »Meine Vorstellung von ›Hören und Antworten‹ ist eine leibliche, emotionale und affektive Beziehungsform«, macht der Resonanztheoretiker deutlich.[4] Habermas gehe es nur um die kognitive Dimension von Demokratie, den zwanglosen Zwang des besseren Arguments; er wolle, dass sich die abstrakte Stimme der Vernunft durchsetze, während »es in meiner Konzeption darum geht, die *je eigene Stimme* als selbstwirksam einzubringen«, argumentiert Rosa.[5]

Ich halte diese Begründung nicht nur für unbefriedigend, sondern gar für gefährlich. Unter den Bedingungen der ökonomisch-ökologischen Zangenkrise reichen rein verfahrensorientierte Demokratiekonzepte längst nicht mehr aus, um die knappen Zeitbudgets für eine Nachhaltigkeitsrevolution zu nutzen. Der Eigenwert demokratischer Verfahren und Institutionen darf nicht in Abrede gestellt werden, aber Demokratie muss ihre Leistungsfähigkeit dadurch unter Beweis stellen, dass die Wende zur Nachhaltigkeit mithilfe von Bevölkerungsmehrheiten tatsächlich gelingt. Das heißt, die Bestimmung von Demokratie kann und darf keinesfalls inhaltsleer bleiben. Was Hartmut Rosa vorschlägt, eine auch emotional-körperliche Selbstwirksamkeitserfahrung, die durch wechselseitiges Hören zu Selbstveränderung führt, ist die Beschreibung eines Idealzustands, der häufig genug nicht einmal in kleinen, überschaubaren Gemeinschaften mit personengebundenen Sozialbeziehungen funktioniert. Noch weniger lässt sich ein solches Ideal auf reale Demokratien übertragen. Es bedurfte einer veritablen

(November-)Revolution, um in Deutschland das Frauenwahlrecht durchzusetzen. Seine Ausübung löst auf längere Sicht gesehen keine Resonanzerfahrungen, sondern weitere Forderungen nach Gleichstellung aus, die wiederum in Machtkonflikten durchgesetzt werden mussten. Selbstverständlich werden entsprechende Politiken mit Leidenschaft betrieben. Und selbstverständlich profitiert Gleichstellung davon, wenn es einen gesellschaftlichen Grundkonsens gibt, demzufolge Geschlechterdemokratie dem Gemeinwohl dient und einen – metabolischen – Wert darstellt. Dies ändert aber nicht das Geringste daran, dass Gleichstellung in harten Interessenkonflikten machtpolitisch durchgesetzt, institutionell abgesichert und in Rechtsform einklagbar sein muss.

Hartmut Rosa ist klug genug, sich mit seiner individualistischen Konzeption von Gemeinwohl und Gemeinsinn von völkischen Konzeptionen abzugrenzen, die das Individuum einer national oder ethnisch homogenen Gemeinschaft unterordnen wollen. Das macht die Anleihen beim Irrationalismus jedoch nicht besser. Demokratien benötigen vernünftige Entscheidungen. Über Entscheidungen führen demokratische Verfahren zu inhaltlichen Festlegungen, die nicht beliebig zu revidieren sind. Die Menschenrechte und das Völkerrecht enthalten beispielsweise Festlegungen, die, einmal institutionalisiert, eine unhintergehbare Funktionsbedingung moderner Massendemokratien sind. Selbstverständlich lassen solche Festlegungen genügend Spielraum für einen ständigen Kampf um die beste Definition von Gemeinwohl und Gemeinsinn. Doch wenn man, wie Graf Kielmansegg, auf dessen Demokratiekonzept sich Hartmut Rosa beruft, die Einführung der gleichgeschlechtlichen Ehe als krassen Fall »parlamentarischen Versagens« kritisiert und das mit »den legitimen Ansprüchen des Kindes an das Gemeinwesen«[6] begründet, wird deutlich, wo die Grenzen von Resonanzbeziehungen liegen. Was unter Gemeinwohl zu verstehen ist und was nicht, ist immer schon Gegenstand von Werturteilen und Interessenkonflikten, die nach politischen Entscheidungen, nach inhaltlichen Festlegungen verlangen. Wer den Wunsch nach Einführung der gleichgeschlechtlichen Ehe nur als Missklang zu hören vermag, wird sich mit dem bloßen Verweis auf die Offenheit demokratischer Verfahren nicht zufriedengeben. Wie Graf Kielmansegg werden Kontrahenten möglicherweise auch dann noch in der Öffentlichkeit intervenieren, wenn demokratische Entscheidungen – in Sachen gleichgeschlechtliche Ehe glücklicherweise – längst getroffen sind.

Der »Kern des Politischen« besteht eben keineswegs im »›Hören und Antworten‹«, wie Hartmut Rosa meint.[7] Selbst im Falle hochgradig wertgebundener Entscheidungen geht es im demokratischen Prozess letztendlich um Mehrheiten und um Entscheidungsmacht.

Zwar lässt sich kaum in Abrede stellen, dass Politik über bloßes Interessenhandeln hinausgeht. Interessen sind widersprüchlich; sie unterscheiden sich hinsichtlich ihrer Reichweite und ihres Zeithorizonts, sind mithin interpretierbar und auf höchst unterschiedliche Weise zu hierarchisieren. Werden Macht, Herrschaft und Interesse aber weitgehend aus dem eigenen Kategorienapparat verbannt und wird Konsensbildung zugunsten des Gemeinwohls auf Prozesse und Verfahren verengt, kann man zu realitätstauglichen Vorstellungen von Gemeinwohl und Gemeinsinn nicht gelangen. Es bleibt dann bei abstrakten Vorstellungen einer moralisch überlegenen Instanz, die sich auf global verflochtene kapitalistische Gesellschaften nur um den Preis eines Wirklichkeitsverlusts anwenden lassen. Geht dergleichen mit einer Aufwertung des Irrationalen einher, droht sich bei der Beschwörung von Gemeinwohl als nicht intendierte Folge einzustellen, was unbedingt vermieden werden muss – die allmähliche Zerstörung von Vernunft.[8]

Für die Klärung der Bedingungen einer Nachhaltigkeitsrevolution hilft die Gemeinwohl-Konzeption eines Graf Kielmansegg daher nicht weiter. Stattdessen stellt sich die Frage, wie Konsens und vor allem kollektive Handlungsfähigkeit in hochgradig vermachteten globalen Räumen hergestellt werden können, in denen viele Stimmen erklingen, die nicht einmal die gleiche Sprache sprechen. Konsens ist in internationalen Beziehungen überhaupt nur auf der Grundlage des Machthandelns von Staaten möglich.[9] Selbiges in Rechnung gestellt wird rasch klar, was es bedeutet, ökologische und soziale Nachhaltigkeitsziele zum Lackmustest für die Zukunftstauglichkeit sowohl bestehender als auch künftiger Gesellschaftssysteme zu erklären.

Die 17 Nachhaltigkeitsziele (SDGs) der Vereinten Nationen sind trotz berechtigter Kritik am Zustandekommen, dem Kompromisscharakter, ihrer inneren Widersprüchlichkeit und relativen Unverbindlichkeit ein guter Maßstab, um die Qualität gesellschaftlicher Verhältnisse und deren Entwicklungsdynamik zu bewerten (vgl. Abb. 7).[10] Inhaltlich konkretisieren sie, was hier im Anschluss an Erik Olin Wright als gesellschaftliche Handlungsfähigkeit bezeichnet worden ist. Hinter diese Ziele dürfen Konstruktionen von Gemeinwohl und Gemeinsinn in der Gegenwart nicht mehr zurückfallen.

Für eine derartig anspruchsvolle Bewertung der SDGs sprechen mehrere Gründe. *Erstens* sind die Ziele global und universell ausgerichtet. 2015 von den Vereinten Nationen beschlossen, gelten sie für die gesamte Staatengemeinschaft – eine Form der Gemeinschaft, die auf interpretierten Interessen, gemeinsamen Werten, Aushandlungen und der Fähigkeit zu Kompromissen beruht. Der Wachstumskritiker Wolfgang Sachs hält die Einigung auf diese Ziele für so bedeutsam, dass er ihr attestiert, die ohnehin fragwürdige Dichotomie von reichem Norden und armem Süden zu überwinden.[11] Die Ziele kennen nur noch eine Welt, die sich entweder gemeinsam und solidarisch entwickelt oder eine Ära des globalen Niedergangs und der permanenten Disruption einleitet. *Zweitens* sind die Ziele integrationistisch angelegt, das heißt, sie reduzieren Nachhaltigkeit nicht, wie alltagsweltlich oft praktiziert, auf die ökologische Dimension. Ziel eins fordert beispielsweise die weltweite Überwindung aller Ausprägungen von Armut, Ziel zehn die Verringerung sozialer Ungleichheit – beides Orientierungen, die Schnittmengen mit dem ursprünglichen elementaren Dreieck des Sozialismus und dessen Ausrichtung auf substanzielle Gleichheit aufweisen. Diese Ziele werden unauflöslich mit ökologischer Nachhaltigkeit zusammengebracht; es gibt keine Wenn-dann- oder Zuerst-danach-Beziehungen zwischen diesen Zielen, keine Ziele erster und zweiter Klasse, sondern nur Transformationsvorstellungen, in die alle Kriterien für Nachhaltigkeit gemeinsam eingehen.

Abb. 7: Die 17 Ziele für eine nachhaltige Entwicklung

Quelle: Global Policy Forum (2020): Agenda 2030: Wo steht die Welt? 5 Jahre SDGs – eine Zwischenbilanz. Bonn, S. 12–13. Eigene Darstellung.

Deshalb eignen sich die SDGs *drittens* als zentrale Inhalte einer neuen, weltweiten Rechtsfertigungsordnung, einer cité[12], die normative Maßstäbe für jedes Gemeinwesen und jegliches Gemeinwohl setzt. Diese Rechtfertigungsordnung gilt auch für Herrschende und Regierende, denn ihre Repräsentant:innen haben die Ziele zu einer verbindlichen Richtschnur politischen Handelns erklärt. Das zwingt auch die Herrschenden zur Legitimation gegenüber den Akteuren einer neuen Rechtsfertigungswelt, in welcher das Ringen um Nachhaltigkeit zunehmend den Charakter von Bewährungsproben, das heißt von Machtproben und Wertigkeitsprüfungen annimmt. Die Kompromisse, die nötig sind, um die von den französischen Soziologen Boltanski und Thévenot ausgemachten Rechtsfertigungswelten der Inspiration, des Haushalts, der Industrie, des Marktes, der Meinungen und der Staatsbürgerlichkeit mit der neuen Welt der Nachhaltigkeit zu verbinden, lassen sich nur in dem Maße stabilisieren, wie sie mit Gemeinwohlvorstellungen korrespondieren, die ebenfalls auf Nachhaltigkeitskriterien basieren. Denn grundsätzlich gilt: »Das vom Kompromiss anvisierte Prinzip bleibt so lange brüchig, wie es nicht zu einer für ein Gemeinwesen konstitutiven Formel von Gemeinwohl in Beziehung gesetzt werden kann.«[13]

Mithilfe einer an den SDGs ausgerichteten Rechtfertigungsordnung wird es *viertens* möglich, alles im Sinne von Nachhaltigkeit Erreichte am eigentlich Nötigen und Wünschbaren zu messen. Jeder Kompromiss, jede Bewährungsprobe eignet sich als Ausgangspunkt neuer Kritik. Werden Ziele nicht oder nur ungenügend umgesetzt, besteht je nach Perspektive die Gefahr oder Chance einer weitreichenden Delegitimierung des Handelns herrschender Klassen und Eliten. Dazu können die bereits in Umsetzung begriffene Entwicklung verbindlicher Indikatoren und die Institutionalisierung eines Berichtswesens beitragen, mit deren Hilfe die Zielerreichung kontinuierlich zu messen ist.

Jede Orientierung an einer Nachhaltigkeitsagenda schließt *fünftens* ein, dass es beständig zu neuen Ziel-, Um- und Durchsetzungskonflikten kommen wird. Bei Degrowth- oder Postwachstumsbefürwortern dürfte die Festlegung auf »dauerhaftes, breitenwirksames, nachhaltiges Wachstum« (Ziel acht) für Ablehnung und Befremden sorgen, denn in deren Sicht schließen Nachhaltigkeit und Wirtschaftswachstum einander aus. An den Interessen der ärmsten Länder gemessen, gibt es hingegen kaum einen überzeugenden Grund, auf eine Entwicklung zu verzichten, die sich nach BIP-Indikatoren als Wachstum dechiffrieren lässt, denn Wirtschaftswachstum ist für eine Verbesserung der Lebensumstände gerade der Ärmsten und Hungernden gegenwärtig noch immer der erfolgversprechendste Weg. Wieder anders gelagert ist der Fall, wenn die Interessen großer Schwellenländer Beachtung finden. In Anteilen an den globalen Emissionen gemessen, stößt China mit mehr als 14 Gigatonnen längst die größte Menge an Treibhausgasen aus. Rechnet man nach Emissionen pro Kopf, ergibt sich ein anderes Bild. Der Treibhausgasausstoß pro Einwohner:in ist in den USA doppelt so hoch wie in der VR China. Indien, das bei den Anteilen am weltweiten CO_2-Ausstoß auf dem dritten Platz rangiert, hat einen Pro-Kopf-Ausstoß, der von der Bundesrepublik um mehr als das Sechsfache übertroffen wird.

Aus derartigen Diskrepanzen resultiert eine Gerechtigkeitsproblematik, die von den Staaten der Welt nur schwer zu bearbeiten ist. Ohne eine aktive Mitwirkung der großen Schwellenländer ist eine Nachhaltigkeitswende unmöglich. Der hohe Emissionsausstoß dieser Staaten entsteht infolge ökonomischer Dynamiken, die für viele Millionen Menschen mit einer Überwindung extremer Armut verbunden sind. Mit einigem Recht fordern die Schwellenländer daher von den früh-industrialisierten Ländern, dass sie bei der Wende zur Nachhaltigkeit eine Schrittmacherfunktion erfüllen. Andernfalls würde die Nachhaltigkeitsagenda der UN wie ein Versuch wirken, bestehende Ungleichheiten zwischen armen und reichen Staaten zu verstetigen. Ohne entsprechende Weichenstellungen in den OECD-Staaten dürfte die längst überfällige Nachhaltigkeitsrevolution daher ein schöner Traum bleiben.

In Formulierungen wie der eines »nachhaltigen Wachstums« finden solche Interessenkonflikte ihren Ausdruck. Das Ziel steht für eine Entscheidungssituation, in welcher der Staatengemeinschaft im Grunde nur jene beiden Optionen zur Verfügung stehen, die Tim Jackson schon während der Signalkrise von 2007–2009 in klaren Worten auf den Punkt gebracht hat: »One is to make growth sustainable; the other is to make de-growth stable. Anything else invites either economic or ecological collapse«[14], das heißt, gesellschaftliche Stabilität und Integrationsfähigkeit können sich nicht mehr auf rasches, permanentes Wirtschaftswachstum stützen; Anpassung an geringes, selektives oder ausbleibendes Wachstum ist gefragt. Die erstgenannte Option zu verwirklichen, ist dauerhaft noch nirgendwo gelungen. Für die Machbarkeit der Alternative fehlt ebenfalls der praktische Beweis. Deshalb sind nachhaltige Gesellschaften eine konkrete Utopie. Gleich welcher Weg gewählt wird, um sich der Utopie anzunähern – für die gesamte Staatengemeinschaft, insbesondere aber für die früh industrialisierten

Länder, mündet jeder Pfad in eine große Transformation. Diese Transformation hat bereits begonnen. Sie kann misslingen, aufhalten lässt sie sich nicht. Für eine begrenzte Zeit ist es jedoch möglich, Weichen zu stellen und damit die Richtung zu beeinflussen, in die sich die Lokomotiven des Wandels bewegen.

Sozial-ökologische Transformationskonflikte

Große Transformation ist ein Begriff, der ohne positive Aufladungen auskommen muss. Karl Polanyi hat ihn benutzt, um jene Doppelbewegung nachzuzeichnen, die von der Dystopie einer reinen Marktgesellschaft zur Herrschaft des Faschismus geführt hat. Der Inhalt der nun im Gange befindlichen Transformation ist ein anderer, wenngleich ein Umschlagen in autoritäre oder gar faschistische Regime keineswegs ausgeschlossen werden kann. In Ländern wie Polen, Ungarn, Russland, China, Brasilien und den Philippinen oder während der Ära Trump in den USA hat die Eliminierung von Grundpfeilern der liberalen Demokratie zumindest zeitweilig bereits stattgefunden. Der veränderte Inhalt der Transformation, also der Übergang zu einem neuen Erdzeitalter, verwandelt den alten industriellen Klassen- mehr und mehr in einen sozial-ökologischen Transformationskonflikt. Dieser Konflikt wird in zahlreichen Variationen primär innerhalb kapitalistischer Gesellschaften und hier in erster Linie innerhalb der früh industrialisierten Länder ausgetragen, erfasst jedoch mehr und mehr auch die Schwellenländer und ihre Peripherien.

Ein Beispiel mag illustrieren, wovon die Rede ist. Betrachten wir den empirisch gut erforschten Fall des Kohleausstiegs in der ostdeutschen Lausitzregion. Der beschlossene Ausstieg aus der Braunkohle ist politische Folge von Nachhaltigkeitszielen, die, in Dekarbonisierungsziele übersetzt, den regionalen Akteuren keine andere Wahl lassen, als den Ausstieg zu praktizieren. Sieht man von der radikalen Rechten ab, die den menschengemachten Klimawandel leugnet oder zumindest stark relativiert, ist nicht das Ob, sondern das Wann und das Wie des Ausstiegs umkämpft. Den Kern der Braunkohlebefürworter bilden die etwa 8000 Beschäftigten des regionalen Braunkohleförderers und -verstromers LEAG, eines Unternehmens, das sich im Besitz eines tschechischen Oligarchen befindet. Bei den gewerkschaftlich gut organisierten Beschäftigten handelt es sich teilweise um die Übriggebliebenen von Belegschaften, die zu DDR-Zeiten bis zu 80 000 Beschäftigte umfassten. Für die Arbeiter:innen und Angestellten der LEAG bietet eine Arbeit im Bergbau oder der daran angeschlossenen Energiewirtschaft noch immer eine lebenswerte Perspektive. In der Region garantiert das Unternehmen die höchsten Löhne, die attraktivsten Aufstiegsmöglichkeiten, es bietet die besten Arbeits- und Ausbildungsbedingungen, finanziert Vereine ebenso wie lokale Kulturinitiativen und sorgt so für sozialen Zusammenhalt. Anders gesagt, das Unternehmen ist für seine Beschäftigten zentraler Ankerpunkt für ein gutes Leben. Darunter verstehen die Bergleute eine sichere, einigermaßen gut bezahlte, respektable Arbeit, die ihnen auch ermöglicht, was sie privat anstreben: Familie und Kinder, Häuschen, Auto und Verankerung in den sozialen Netzwerken der Region. Nichts soll ständig wachsen müssen, und kein Arbeiter, keine Arbeiterin beansprucht, ständig mehr haben zu wollen. Aber das einmal Erreichte möchte man be- und erhalten.

Was aus der Beschäftigtensicht zu bescheidenem Wohlstand verhilft, ist aus Perspektive von Braunkohle- und Tagebaugegnern, die sich mit prekärer Beschäftigung durchschlagen müssen, eine überaus privilegierte Position, die einen ökologischen Fußabdruck hinterlässt, der dem Suffizienz-Gedanken (»von allem genug«) fundamental widerspricht. Dorfbewohner, deren Gemeinde trotz gesetzlich beschlossenen Ausstiegs bis 2038 während des verbleibenden Zeitraums abgebaggert werden soll, verbinden die Braunkohleförderung mit der Zerstörung ihrer liebgewordenen Heimat. Und einige Aktive des militanten Flügels vom Bündnis Ende Gelände, die jede Art von Wirtschaftswachstum ablehnen, betrachten selbst die Besatzungen der Förderbrücken im Kohlerevier als feindliche Gruppierungen, die symbolischen Besetzungsaktionen im Wege stehen und mit ihrer Berufstätigkeit gezielt am Ruin des Planeten arbeiten.[15]

Derartige Spannungen finden sich innerhalb von Klassenfraktionen, die, sozial gesehen, ein Leben führen, das sich durch großen Abstand zu den Lebensstilen und dem Luxuskonsum herrschender Klassen auszeichnet. Gegensätzliche Interessen und Ziele spalten die regionale Bevölkerung in Lager, die sich alltagsweltlich gar nicht mehr begegnen, zwischen denen keinerlei Kommunikation stattfindet und die dennoch eines gemeinsam haben. Wer in der Region lebt, der liebt die Lausitz. Nur wegen eines sicheren Jobs die Region zu verlassen, ist für viele, gleich welcher Seite sie sich im Kohlekonflikt zurechnen, kaum vorstellbar.[16]

Wie in vergleichbaren Konflikten an anderen Orten reicht die lokale Bindung keineswegs aus, um das Gemeinwohl auch nur für die Region zu bestimmen. Regionen bilden eben keine homogenen Gemeinschaften, die sich losgelöst von Interessen und Machthandeln formieren könnten. Regionen werden von gesellschaftlichen Akteuren gemacht. Sie entstehen in Aushandlungen und Interessenkämpfen, und es wäre naiv zu glauben, Leitbilder für die sozialräumliche Entwicklung entstünden jenseits struktureller Machtasymmetrien. Die Region und ihre Natur wirken, wenn man Harmut Rosas Terminologie nutzen möchte, für die ansässige Bevölkerung durchaus als Resonanzachse.[17] Ein verbindender Gemeinsinn erwächst daraus spontan aber nicht. Selbst das lagerübergreifend geteilte Empfinden, von den wichtigen Entscheidungen über die Zukunft der Region ausgeschlossen zu sein, führt nicht dazu, den Stimmen der jeweils anderen Seite Gehör zu schenken. In einem solchen Fall bleiben Gemeinwohl und Gemeinsinn entweder leere Signifikanten, die inhaltlich nicht zu füllen sind, oder die regierenden politischen Entscheider definieren, wie im Lausitz-Beispiel tatsächlich geschehen, von oben, wie das Gemeinwohl in Sachen Braunkohleausstieg auszusehen hat. Dieses Verfahren hat nichts mit Täuschung oder Betrug zu tun, denn die agierenden politischen Akteure sind fest davon überzeugt, dass sie am besten wissen, was für die Region und ihre Bürger:innen gut ist.

Unabhängig von variierenden Konfliktmustern lässt sich festhalten: Hegemonial und führungsfähig können politische Kräfte in ihren – hier regionalen – Sozialräumen nur werden, sofern sie sich sowohl auf die soziale (Klassen-)Konfliktachse als auch auf den ökologischen Gesellschaftskonflikt beziehen. Stellt man, wie die zuständige Gewerkschaft IG BCE im Bündnis mit dem Förderunternehmen, Beschäftigungsinteressen einseitig in den Vordergrund und versucht, den Ausstieg aus der Braunkohleförderung und -verstromung so lange wie möglich hinauszuzögern, betreibt man eine konservierende Interessenpolitik, die im Falle der LEAG-Belegschaft zu einer Art Wagenburgmentalität führt. Belässt man es dabei, den nunmehr gesetzlich festgelegten Kohlekompromiss zu attackieren und, aus ökologischen Gründen nachvollziehbar, einen vorgezogenen Ausstieg zu verlangen, ohne den Beschäftigten der betroffenen Branchen Sicherheits- und Statusgarantien zu bieten, geraten Gemeinwohlbekundungen und Realpolitik in Konflikt.

Nutznießer können dann politische Kräfte sein, die, wie die radikale Rechte, menschengemachten Klimawandel leugnen und die Nachhaltigkeitsagenda als Ausweis eines Komplotts globaler Eliten betrachten, die angeblich gezielt daran arbeiten, nationale wie regionale Identitäten mithilfe einer »One-World-Ideologie« zu zerstören.[18] Auch in diesem Punkt muss das Lausitz-Beispiel aufrütteln. Bei den Landtagswahlen 2019 ist die AfD mit 32,8 Prozent der Stimmen in der Region zur mit Abstand stärksten Partei geworden. In der Arbeiterschaft waren ihre Anteile, wie überall im Land Brandenburg, überdurchschnittlich groß. Landesweit haben 44 Prozent der Arbeiter:innen AfD gewählt.[19] Die Partei hat sich als einzige Kraft profiliert, die eine Energiewende ablehnt und der regionalen Bevölkerung verspricht, dass in Sachen Braunkohle alles beim Alten bleiben kann.[20]

Nun können sozial-ökologische Transformationskonflikte auch anders verlaufen als in der Lausitz, wo sich die ökologische und die soziale Konfliktlinie gegeneinander verselbstständigt haben. Ein Sonderfall ist die beschriebene Konfliktkonstellation dennoch nicht. Die öffentlichen Auseinandersetzungen um eine Kaufprämie für PKW mit Verbrennungsmotor lassen erahnen, dass sich im wirtschaftlich ungleich bedeutenderen Wertschöpfungssystem Automobil eine ähnliche Konfliktdynamik eingestellt hat.[21] Am Lausitz-Beispiel zeigt sich zudem, dass das vielbeschworene Leitbild vom guten Leben denkbar ungeeignet ist, als verbindliche Inhaltsbestimmung des Gemeinwohls zu dienen. Zur regulativen moralischen Idee erhoben, holt der Wunsch nach einem guten Leben zwar alle ab, doch sobald konkretisiert werden muss, was sich hinter den Worten verbirgt, sorgen unterschiedliche kulturelle Präferenzen und divergente Interessen sofort für Ernüchterung.

Die Formel vom Good Life Beyond Growth steht sehr vielen unterschiedlichen Lebensentwürfen offen. Deshalb ist sie untauglich, in Transformationskonflikten für Orientierung zu sorgen. Selbst wenn man das gute Leben wie im lateinamerikanischen »Sozialismus des 21. Jahrhunderts« im Sinne von Sumak kawsay[22] interpretiert, bleibt es als politische Orientierung zumal in frühindustrialisierten Ländern unbestimmt und nebulös. Die Nachhaltigkeitsziele der Vereinten Nationen gehen in ihrer orientierenden Wirkung deutlich über dieses spirituelle, weltanschauliche Prinzip hinaus. Das auch, weil sie innerhalb der kapitalistischen Eliten an der richtigen Stelle für Polarisierung sorgen. Trennen sie doch jene Teile der Herrschenden und Regierenden, die am Nachhaltigkeitskonsens zumindest passiv beteiligt sind, vom autoritären Lager, das Wahrheitsverleugnung, Wissenschaftsfeindlichkeit und Demokratieverachtung auf seine Fahnen schreibt.

Reform von oben: Grüner Kapitalismus und sozial-ökologische Marktwirtschaft

Nachhaltigkeitsziele normativ hoch zu gewichten, ist das eine, sie in Verbindung mit sozialistischer Handlungsfähigkeit zu bringen, steht auf einem anderen Blatt. Doch ist das überhaupt nötig? Wäre es nicht sinnvoll, sozial-ökologische Transformationskonflikte so zu gestalten, dass Raum für eine Nachhaltigkeitsrevolution entsteht, die *innerhalb* der kapitalistischen Produktionsweise verbleibt, eine Realisierung von Nachhaltigkeitszielen aber dennoch möglich macht? Der Gros der ökonomischen und politischen Eliten, aber auch die Mehrheit der Staatsbürger würde die erste Frage derzeit wohl mit einem klaren Nein, die zweite hingegen mit einem ebenso eindeutigen Ja beantworten. Tatsächlich gibt es gewichtige Gründe, die für eine Nachhaltigkeitswende *im* Kapitalismus sprechen. Da ist vor allem die Zeit, die drängt – ein Faktum, das, so jedenfalls der Augenschein, radikale Systemveränderungen ausschließt. Eher, so scheint es jedenfalls, geht die Welt unter, als dass der Kapitalismus sich aus den Angeln heben ließe. Es ist aber ebendieser Kapitalismus, dessen systemische Akkumulations-, Expansions- und Wachstumstreiber die ökonomisch-ökologische Zangenkrise überhaupt erst hervorgebracht haben. Wie soll eine Nachhaltigkeitsrevolution in einem Gesellschaftssystem gelingen, dessen basale Funktionsmechanismen das genaue Gegenteil implizieren?

Befürworter:innen kapitalismusimmanenter Reformen können neben der knappen Zeit zusätzlich auf die Innovationsstärke kapitalistischer Ökonomien verweisen. Tatsächlich beruht die kapitalistische Dynamik auf schöpferischer Zerstörung, auf der Fähigkeit von Unternehmen zu immer neuen Prozess- und Produktinnovationen. Ohne technologische Innovationen, darauf verweist unter anderem Bill Gates zu Recht[23], wird es eine Nachhaltigkeitswende und eine erfolgreiche Bekämpfung des Klimawandels nicht geben können. Hinzu kommt: Die Nachhaltigkeitsrevolution ist zunächst eine Produktivkraftrevolution, darin vergleichbar mit der ersten industriellen Revolution. Wie Produktivkraftrevolutionen mit sozialen und politischen Revolutionen zusammenhängen, ist, zumal für das 21. Jahrhundert, noch weitgehend ungeklärt.[24] Die Herausbildung eines Agrarkapitalismus in England und die mit ihm verbundene Ethik des Verbesserns stehen in keiner engen Kausalbeziehung zur bürgerlichen Revolution in Frankreich.[25] Dementsprechend kann auch nicht davon ausgegangen werden, dass einer Nachhaltigkeitsrevolution quasi automatisch eine politische Revolution folgen muss. Einiges spricht jedoch dafür, dass sich die technisch-organisatorischen Produktivkräfte, aber auch die Wissensbestände, die Qualifikationen, Fähigkeiten und Kompetenzen lebendiger Arbeit, die für eine Nachhaltigkeitsrevolution benötigt werden, bereits im Schoße der alten kapitalistischen Gesellschaft herausbilden.

Diese Sichtweise entspricht bis zu einem gewissen Punkt tradierten Sozialismuskonzeptionen, die den Reifegrad der Produktivkräfte zum Hauptkriterium für die Möglichkeit einer sozialistischen Transformation machen. Produktivkraftentwicklung meint unter den Bedingungen der ökonomisch-ökologischen Zangenkrise jedoch zunächst einmal etwas völlig anderes als die Entfesselung von technischem Fortschritt zwecks permanenter Steigerung der Arbeitsproduktivität. Der Produktivkraftschub, der nun ansteht, muss sich an der Steigerung des metabolischen Werts messen lassen.[26] Seine Protagonisten haben die Arbeit der Naturkräfte zu berücksichtigen und dazu beizutragen, dass die Netzwerke des Lebens schonend behandelt werden. Ein nachhaltiges Verständnis betrachtet technisch-organisatorische Produktivkräfte als soziotechnische Systeme. Das heißt, Technologie und Technik sind niemals gesellschaftsneutral. Ihre Entwicklung wird von sozialen Verhältnissen und nicht zuletzt von den Anwender:innen der Technik, von den Arbeitenden beeinflusst. Die materiale Qualität etwa nuklearer Technologie prägt mit ihren Besonderheiten – in diesem Fall den Gefahren radioaktiver Strahlung und der langen Halbwertzeit radioaktiven Materials – ihrerseits gesellschaftliche Verhältnisse.

Deshalb schließt sozialistische Handlungsfähigkeit die Kritik an technokratischen Vorstellungen von sozial-ökologischer Transformation zwingend ein. Nehmen wir als Beispiel die Studie *Klimaneutrales Deutschland*, die Rainer Baake (Stiftung Klimaneutralität) gemeinsam mit den Think-Tanks Agora Energiewende und Agora Verkehr für die Bundesrepublik in Auftrag gegeben hat. An der Studie waren Prognos, das Wuppertal Institut und das Freiburger Öko-Institut beteiligt. Klimaneutralität ist in der präsentierten Sichtweise der Verfasser:innen in erster Linie eine Frage von Innovationen und technischer Machbarkeit. Klimaneutralität soll im Rahmen von drei normalen Innovationszyklen erreicht werden. Als Zwischenschritt muss eine Reduktion der Emissionen bis 2030 um 65 Prozent gegenüber 1990 gelingen. Der Bericht enthält einen detaillierten Maßnahmenkatalog für Gebäude, Verkehr, Energiewirtschaft sowie Industrie und Landwirtschaft. Er verlangt den raschen Ausbau erneuerbarer Energien, die weitreichende Elektrifizierung des Verkehrs, die energetische Sanierung nahezu aller Gebäude sowie den Aufbau einer Wasserstoffinfrastruktur. Ein großangelegtes Investitionsprogramm soll die Weichen in Richtung Klimaneutralität stellen. Doch so anregend der Bericht in mancherlei Hinsicht auch sein mag, er betont einseitig die technischen und technologischen Machbarkeiten, ignoriert mögliche wie bereits reale gesellschaftliche Konflikte, bleibt trotz Verortung im EU-Green-Deal weitgehend auf die nationale Arena beschränkt und lässt die soziale Frage völlig außer Acht.

Versprochen wird ein neues Wirtschaftswunder, vergleichbar mit der Blütezeit der sozialen Marktwirtschaft in den 1950er und 1960er Jahren. Nur an einer Stelle heißt es, es gelte,

> den anstehenden Strukturwandel inklusiv und sozial ausgewogen zu gestalten. Viele Studien zeigen: Der Weg in Richtung Klimaneutralität schafft Wirtschaftskraft und Arbeitsplätze – aber es wird Verschiebungen zwischen Branchen und Regionen geben. Es ist Aufgabe von Politik, Wirtschaft und Gesellschaft, vor diesem Strukturwandel nicht die Augen zu verschließen oder zu versuchen, ihn

> zu verlangsamen. Vielmehr geht es darum, die anstehenden wirtschaftlichen Veränderungen aktiv anzugehen, in den betroffenen Regionen neue Geschäftsmodelle und Arbeitsplätze der Zukunft anzusiedeln, und so allen Betroffenen neue Chancen zu eröffnen.[27]

Wie das gelingen soll, bleibt offen. Das Autorenteam belässt es bei dem Hinweis, eine weitere Legislaturperiode mit klimapolitischer Zurückhaltung dürfe es nicht geben.

Insgesamt handelt es sich um ein Musterbeispiel für die technokratische Verengung sozial-ökologischer Transformation und die Einbindung ökologisch inspirierter Gesellschaftskritik. Die Studie steht exemplarisch für politische Ignoranz gegenüber *sozialen* Nachhaltigkeitszielen und deren Konfliktträchtigkeit. Man muss kein Prophet sein, um zu erkennen, dass eine sozial-ökologische Transformation, die sich an Nachhaltigkeitsprinzipien orientiert, so kaum funktionieren wird. Ähnliches gilt – auf unterschiedlichen Ebenen und mit variierenden Wirkungsgraden – für zahlreiche technikzentrierte Visionen des bevorstehenden Wandels. Bill Gates demonstriert, wie man den Solutionismus der digitalen Ökonomie auf den Klimawandel überträgt. Solutionismus ist eine treffende Bezeichnung für Ideologien, die in unternehmerischer Kreativität, technischen Innovationen und einer Berücksichtigung des Gesetzes von Angebot und Nachfrage die Lösung für jedes Weltproblem sehen.[28] Der Staat wird auch nach Bill Gates' Ansicht gebraucht – als Finanzier von Forschung und Entwicklung und Nachfrager von Innovationen, die der Bekämpfung des Klimawandels dienen. Zum benötigten Innovationsangebot gehören für Gates neben CO_2-neutralem Zement, Stahl, Dünger, Kunststoffen, CO_2-freier Wasserstoffproduktion und CO_2-neutralen Alternativen zum Palmöl auch die CO_2-Abscheidung und die »Kernspaltung der nächsten Generation«.[29]

Spätestens mit solchen Festlegungen auf »klimaneutrale« Zukunftstechnologie fangen die Probleme an. Die Nutzung der Kernenergie hat sich als industriepolitische Sackgasse erwiesen. Das Problem der Endlagerung radioaktiven Mülls ist noch immer ungeklärt und Atomreaktoren laufen weiter, weil ihr Betrieb auf dem Versprechen der Unfallfreiheit beruht – einer fiktiven Garantie, die sich in der Praxis als unhaltbar erwiesen hat. Wer auf die Atomenergie der »nächsten Generation« verzichten will, muss jedoch klären, wie der Energiebedarf in einer Welt gedeckt werden soll, die mit der Elektrifizierung des Verkehrs und der Digitalisierung gewaltige neue Nachfrageaggregate schafft.[30] Offenkundig kann die Lösung dieser Problematik nicht darin bestehen, dass, beschleunigten technologischen Wandel vorausgesetzt, alles weitgehend so bleiben kann, wie es ist. Wir fahren eben mit dem Elektroauto, verfügen dabei über synthetische Kraftstoffe, essen aus Pflanzen hergestelltes Fleisch, bauen mit emissionsfreiem Zement, verarbeiten klimaneutralen Stahl, lassen die Welt aber im Großen und Ganzen so, wie sie ist. Das ist ein Wechsel auf die Zukunft, der sich nicht einlösen lässt.

Doch wie mit technokratisch-marktwirtschaftlichen Visionen sozial-ökologischen Wandels umgehen? An Entlarvungen von *greenwashing* und Strategien, die auf einen grünen Kapitalismus zielen, mangelt es wahrlich nicht.[31] Tatsächlich lässt sich relativ leicht zeigen, dass der real existierende Kapitalismus nach dem Wall-Mart-Prinzip funktioniert. Was etwa mithilfe von höherer Energieeffizienz an Kapital eingespart wird, kann für die Ausdehnung des Geschäfts genutzt werden. Entsprechende Geschäftspraktiken erzeugen Reboundeffekte, denn größerer Output und steigender Konsum stellen die ökologischen Erfolge effizienzbasierter Strategien früher oder später wieder infrage. Das vermeintlich grüne Wachstum bleibt letztendlich so »wenig nachhaltig wie bisher«.[32] Vor allem jedoch ist die bestehende Welt eine, die, wie gezeigt, von wachsender Ungerechtigkeit und Ungleichheit geprägt ist; von Verwerfungen und Verteilungskonflikten, die sich, wie am Lausitz-Beispiel illustriert, als Bremse für ökologische Nachhaltigkeitsziele erweisen könnten. Deshalb reicht Vertrauen in Unternehmergeist und Innovationskraft bei weitem nicht aus, um eine Nachhaltigkeitswende auch nur in Ansätzen zu erreichen.

Doch ist das ein Grund, den gesellschaftlichen Nutzen von technischen Innovationen grundsätzlich in Zweifel zu ziehen und es bei Polemiken gegen einen »unmöglichen« grünen Kapitalismus zu belassen? Erik Olin Wrights Konzept sozialistischer Handlungsfähigkeit legt einen anderen Umgang mit Visionen eines »Naturkapitalismus« oder einer ökologischen Erneuerung der sozialen Marktwirtschaft nahe.[33] Ökonomische Macht gründet auf der »direkten Kontrolle über Allokation, Organisation und Gebrauch von Kapital verschiedenster Art«.[34]

Die Art und Weise, in der ökonomische Macht genutzt wird, kann von sekundären zivilgesellschaftlichen Organisationen wie Gewerkschaften oder Verbraucherverbänden erheblich eingeschränkt werden. Wright nennt als Beispiele gewerkschaftlich kontrollierte Pensionsfonds, die sich bei ihrer Anlagestrategie an Nachhaltigkeitskriterien orientieren, aber auch Anti-Sweat-Shop- und Arbeitsstandardbewegungen, Fair-Trade- und Equal-Exchange-Initiativen, die »unter der Forderung nach Arbeits- und Umweltschutz Konsumenten im Norden mit Produzenten im Süden zusammendenken«.[35] Sozialistische Handlungsfähigkeit entsteht demnach keinesfalls aus der bloßen Ablehnung jeglicher Reform von oben. Vielmehr muss es darum gehen, von der Technikentwicklung bis hin zu Innovations- und Investitionsentscheidungen alles auf Nachhaltigkeit zu prüfen und für demokratische Entscheidungsprozesse zu öffnen.

Ein solches Vorgehen ändert nichts daran, dass alle Wege, die die Quadratur des Kreises überwinden und zu einem nachhaltigen, einem »Naturkapitalismus« führen sollen, kritisch zu beobachten sind. Dabei muss grundsätzlich zwischen zwei strategischen Ausrichtungen unterschieden werden. Die erste setzt primär auf das Entdeckungsverfahren des Marktes und weist dem Staat eine nachgeordnete ordnungspolitische Funktion zu. Diese Variante ist konzeptuell gut vorbereitet und könnte beispielsweise als Geschäftsgrundlage für schwarz-grüne Allianzen, für Bündnisse von konservativen und grünen Parteien dienen. Die ordnungspolitischen Botschaften eines solchen Konzepts haben Ralf Fücks und Thomas Köhler in knapper Form zusammengefasst. Sie lauten: »Kostenwahrheit der Preise«; verbindliche Zielvorgaben im Sinne von verlässlichen Erwartungshorizonten, gepaart mit Flexibilität und Offenheit für technologischen Wandel; »so viel Staat wie nötig, so viel Wettbewerb und Unternehmertum wie möglich«; europäische und internationale Mehrebenenpolitik sowie ein Gleichklang von wirtschaftlicher Dynamik, sozialer Sicherheit und ökologischer Tragfähigkeit. In anderen Worten: »Klimaschutz muss auch ökonomisch erfolgreich und sozial ausgewogen sein, sonst rutschen wir in eine zunehmende Polarisierung der Gesellschaft und blockieren die notwendige Veränderungsbereitschaft.«[36]

Der Europäische Green Deal folgt diesem Muster, und führende Konservative sehen darin einen Weg, um den Wachstumskapitalismus erfolgreich zu erneuern: »Wir haben jetzt die Gelegenheit, unser gesamtes Wirtschaftsmodell kritisch zu überprüfen und die Exzesse der Globalisierung da zu korrigieren, wo sie zu den dramatischen Auswirkungen der Pandemie beigetragen haben. Deshalb sollten wir bei der Wiederbelebung unserer Wirtschaftssysteme besonderes Gewicht auf deren soziale und ökologische Nachhaltigkeit legen«, schreibt Wolfgang Schäuble, Vordenker der deutschen Konservativen, in einem programmatischen Artikel und gibt damit die Richtung künftiger Veränderungen vor.[37] In der Logik solcher Ansätze liegt die Bepreisung von CO_2, konkretisiert etwa im Instrument einer CO_2-Steuer. Solche Vorschläge, wie sie auch die Wissenschaftsakademie Leopoldina empfiehlt[38], versprechen eine Erneuerung des Wachstumskapitalismus. Es geht um eine nächste passive Revolution, mit deren Hilfe die Kernstruktur der kapitalistischen Produktionsweise bewahrt und selbst Strukturkomponenten des Marktradikalismus beibehalten werden sollen.

Mit Blick auf solche Konzepte bedeutet die Herstellung sozialistischer Handlungsfähigkeit vor allem Bereitschaft zum Konflikt, auch auf der Grundlage sachlich-fachlicher Kompetenzen. Ein Ansatzpunkt ist die marktwirtschaftliche Vernachlässigung der sozialen Frage. Schon jetzt ist absehbar, dass alle Bemühungen, den Klimawandel hauptsächlich mit marktkonformen Instrumenten wie einem CO_2-Preis bekämpfen zu wollen, wenig realitätstauglich sind. Länder wie die Schweiz, die eine Emissionssteuer samt sozialer Ausgleichskomponente bereits eingeführt haben, liefern Anschauungsunterricht dafür, dass dergleichen für eine Nachhaltigkeitswende keineswegs ausreicht. In der Schweiz werden noch immer ca. 2,8-mal mehr Umweltleistungen und natürliche Ressourcen verkonsumiert, als global zur Verfügung stehen.[39] Kritiker der Schweizer Kapitalismusvariante gehen noch weiter und monieren, dass sich weltweit führende Handelsplätze für Rohstoffe, Erdöl, Erdgas und Kohle federführend an finanzialisierten Scheinlösungen für die Klimakrise beteiligen.[40] Generell trifft zu, dass marktwirtschaftliche Reformen das Problem der Klimagerechtigkeit und der Wende zu Nachhaltigkeit so angehen, dass vor allem die kleinen Portemonnaies belastet werden. Unter markwirtschaftlich-kapitalistischen Bedingungen wären selbst individuelle CO_2-Kontingente, die in den Handel gingen, keine nachhaltige Maßnahme. Würden sie doch, wie schon frühere Experimente mit dem Emissionshandel, hochspekulativen Wetten auf die Zukunft Tür und Tor öffnen und höchstwahrscheinlich das Gegenteil ökologischer Nachhaltigkeit bewirken.

Etwas anders verhält es sich mit der zweiten Grundvariante grüner Reformen, die, darin der Strategie sozialdemokratisch-etatistischer Regulation aus den Zeiten des Sozialkapitalismus ähnlich, bevorzugt auf einen neuen Staatsinterventionismus setzt, um eine Nachhaltigkeitswende herbeizuführen. In diesem Fall soll der Staat die ökonomische Macht des Kapitals einschränken und regulieren. »Jeder vernünftige Vorschlag zur Bekämpfung der globalen Erwärmung müsste eine solche etatistische Regulation des Gebrauchs von ökonomischer Macht intensivieren. Eine jede solche Regulation müsste staatliche Macht mit einbeziehen, um bestimmte Machtbefugnisse von Kapitalbesitzern einzuschränken«, merkt Erik Olin Wright an.[41] Insofern kann sozialistische Handlungsfähigkeit im Falle der staatszentriert-regulativen Reformvariante bedeuten, dass maximaler gesellschaftlicher Druck auf Regierungen und staatliche Behörden ausgeübt werden muss, um wichtigen Reformschritten Schubkraft von unten und durch soziale Bewegungen zu verleihen.

Doch, auch darauf weist Wright hin, kann nicht jeder Staatsinterventionismus als per se progressiv oder gar als Baustein sozialistischer Handlungsfähigkeit betrachtet werden. Zwar ist der kapitalistische Wohlfahrtsstaat längst sehr viel mehr als »eine Maschine zur Unterdrückung einer Klasse durch eine andere«.[42] Wie das Kapital, so ist auch der bürgerliche Staat ein soziales Verhältnis. Er ist abhängig von gesellschaftlichen Kräftekonstellationen, differenziert sich in diverse Staatsapparate mit unterschiedlichen Funktionen und Interessen aus. In seiner Verkoppelung mit der modernen Massendemokratie kommt er nicht ohne Herstellung von Konsens mit beherrschten Klassen und Schichten aus. Staatsaktivitäten sind daher auch von unten und durch oppositionelle Bewegungen beeinflussbar. Ein Staat, der auf der Verdichtung von Klassenverhältnissen beruht, kann sich in höchst unterschiedlichen Staatstypen ausdrücken.[43] Letztendlich bleibt er aber doch ein kapitalistischer, ein bürgerlicher Staat.

Für eine Herstellung sozialistischer Handlungsfähigkeit ist entscheidend, ob und in welchem Maße staatliches Handeln an demokratische Willensbildung rückgebunden wird. Transformative Demokratien, die sich an Nachhaltigkeitszielen orientieren, benötigen mehr als jede andere Spielart demokratischer Herrschaft Gegenöffentlichkeit, Opposition, Streit, Disput, Versammlungen, Demonstrationen und Streiks. Diese Grundrechte müssen dauerhaft gesichert werden – trotz Pandemien und Krisen jeglicher Art. Geschieht das nicht, schlägt staatliches Handeln in Willkür oder gar in Tyrannei um. Sozialistische Handlungsfähigkeit kann in einem solchen Fall nur heißen, sich in fundamentaler Opposition zu autoritären Formen des Staatsinterventionismus zu bewegen. In der Auseinandersetzung mit sowohl markt- als auch mit staatsaffinen Reformstrategien des jeweiligen kapitalistischen Blocks an der Macht ist es deshalb wichtig, ein sozialistisches Transformationsziel so klar wie möglich zu benennen. Künftig geht es eben nicht um simple Alternativen wie Markt oder Staat. Es kommt darauf an, wie Markt und Staat definiert werden, welche Funktionen sie für die Gesellschaft haben und was sie zur Realisierung von Nachhaltigkeitszielen beitragen können.

Festzuhalten ist: Nachhaltigkeitsziele bieten eine normative Grundlage für die im Gange befindliche große Transformation. Sie reflektieren den Übergang zu einem neuen Erdzeitalter, der sich in einer ökonomisch-ökologischen Zangenkrise Geltung verschafft. Die Ziele konstituieren ein besonderes Rechtfertigungsregime, das Herrschende und Beherrschte auf unterschiedlichen sozialen Positionen einschließt. Deshalb eignen sich die SDGs als normative Grundlage und damit als Kompass, der die Grundrichtung des angestrebten Wandels anzuzeigen in der Lage ist. Einen Ausweis *sozialistischer* Handlungsfähigkeit stellen die SDGs aber keineswegs dar. Sozialistische Handlungsfähigkeit muss in kritischer Auseinandersetzung mit den strukturell expansiven Mechanismen kapitalistischer Gesellschaften definiert werden; dergleichen geht aus den Nachhaltigkeitszielen nur implizit hervor. Ziel 17 sagt beispielsweise als einziges SDG etwas über die Finanzierung einer Nachhaltigkeitswende aus. Man könnte es als Festschreibung eines neoliberalen Paradigmas interpretieren. Es lässt sich aber auch umgekehrt argumentieren, dass, sofern die Ziele 1 bis 16 realisiert werden sollen, Ziel 17 eben keine Festlegung auf einen marktradikalen Kurs beinhalten darf. Die Ziele sind mithin interpretationsfähig und gehen mit sozialistischer Handlungsfähigkeit nur eine lose Wahlverwandtschaft ein, die es, so gewünscht, konzeptuell und politisch-praktisch zu stärken gilt.

VII Fundamente: Konturen nachhaltig sozialistischer Gesellschaften

Heute benötigt jede kritische Auseinandersetzung mit dem Kapitalismus, die eine alternative, postkapitalistische Ordnung anstrebt, positive Gegenentwürfe, die mehr umfassen als einige Grundprinzipien. Nach der Implosion der staatsbürokratischen Sozialismen und dem Niedergang der europäischen Sozialdemokratien darf das Projekt eines nachhaltigen Sozialismus inhaltlich nicht mehr leer bleiben, weil nur so ausgeschlossen werden kann, dass sich lediglich wiederholt, was schon einmal gescheitert ist. Oder um es in den Worten eines jungen Sozialisten zu formulieren:

> [...] ein Grund für das epochale Scheitern der Linken ist die abstrakte Utopie im Marxismus. Diese ist auch heute noch existent, beispielsweise wenn mit Bezug auf den wissenschaftlichen Sozialismus – der auf der Kritik am utopischen Frühsozialismus basiert – und auf das Bilderverbot der Kritischen Theorie Adornos – die auf der Kritik am wissenschaftlichen Sozialismus basiert – jedes konkretere Denken über eine postkapitalistische Produktionsweise zurückgewiesen wird.[1]

Die Auffassung, das bloße »Aufzeigen des Falschen sei bereits Index des Richtigen«, ist nicht mehr zu halten.[2] Heutzutage gehören die Karten auf den Tisch. Zumindest die Umrisse einer nachhaltig sozialistischen Gesellschaft müssen so klar wie möglich gezeichnet werden, damit alle wissen, worauf sie sich einlassen, wenn vom Sozialismus der Zukunft die Rede ist.[3] Ein positiver Gegenentwurf zur kapitalistischen Realität ist auch deshalb nötig, weil damit der Vereinnahmung gesellschaftskritischer Interventionen durch die radikale Rechte vorgebeugt werden kann.

Das Fundament einer künftigen sozialistischen Gesellschaft bilden transformative Rechtsverhältnisse, die Nachhaltigkeitszielen einen Verfassungsrang geben; kollektives Selbsteigentum an und in großen

Unternehmen; kooperative Marktwirtschaft mit kleineren Unternehmen; die Eckpfeiler von Wirtschaftsdemokratie; Produktionsweisen mit langlebigen Gütern; ein neues Verhältnis von Markt und Plan sowie Nachhaltigkeits- und Transformationsräte als Innovationen im politischen System. Dies sind Bausteine für das sozioökonomische Fundament nachhaltig sozialistischer Gesellschaften.[4] Wenn von Bausteinen für ein solches Fundament die Rede ist, soll mit ihnen aber kein Gebäude errichtet werden, das, einmal fertiggestellt, für alle Ewigkeiten Bestand hat. Nachhaltiger Sozialismus benötigt ein robustes, krisenfestes Fundament. Darauf wird jedoch beständig um- und neugebaut. Nachhaltiger Sozialismus ist der Begriff für eine Gesellschaft, die, zumal bei der Reproduktion von Natur, in ständiger Bewegung ist. Vom Kapitalismus unterscheidet sie vor allem, dass anstelle des Gewinnstrebens soziale Bedürfnisse, Kooperation, kollektives Lernen und solidarische Sozialbeziehungen die Dynamik bestimmen. Diese Bewegungsform entsteht bereits unter kapitalistischen Bedingungen. Sie bricht sich überall dort Bahn, wo Strategien sozialistischer Handlungsfähigkeit ökonomische Kapitalmacht einschränken. Was als Bewegung gegen die Basisregel kapitalistischer Vergesellschaftung beginnt, kann und muss in einer sozialistischen Gesellschaft institutionalisiert und veralltäglicht, das heißt vor allem, es muss zur Gewohnheit werden. Ein Habitus, der eine auf soziale und ökologische Nachhaltigkeit gegründete Rationalität inkorporiert, sie gewissermaßen zur subjektiven Selbstverständlichkeit macht, wird sich, so er denn überhaupt entsteht, als wichtigster Stabilitätsgarant lernfähiger sozialistischer Gesellschaften erweisen. Doch wie sehen die Bausteine aus, die das Fundament nachhaltig sozialistischer Gesellschaften bilden sollen?

Rechtsverhältnisse: Nachhaltigkeit und transformative Demokratie

Wie schon während der Leipziger Vollversammlung beginne ich mit Rechtsverhältnissen, oder besser: mit Rechtsverhältnissen, die eine Nachhaltigkeitsrevolution unter sozialistischen Vorzeichen ermöglichen. In ihrem vieldiskutierten Buch analysiert Katharina Pistor das Recht als

»Code des Kapitals« und damit als ein Medium, das Reichtum und Ungleichheit schafft. In der Tat gilt: ohne Eigentumstitel kein Kapital. Andererseits trifft aber auch zu, dass es in kapitalistischen Gesellschaften ohne Rechtstitel keinen Schutz für die Angehörigen beherrschter und abgewerteter Klassen geben kann. Das Recht entspringt asymmetrischen Bewährungsproben. Trotz seines Eigenwerts kann es über gesellschaftliche Machtproben und Gerechtigkeitsprüfungen beeinflusst werden. Es bedurfte sozialistischer und kommunistischer Arbeiterbewegungen, um die kapitalistischen Eliten aus Gründen der Revolutionsverhinderung und in einer Serie von Machtproben zu Zugeständnissen in Gestalt industrieller, sozialer und politischer Rechte für die beherrschten Klassen zu bewegen. Mit Nachhaltigkeitszielen verhält es sich ähnlich.

Die Einschränkung von Kapitalmacht muss über eine *Umwälzung der Rechtsverhältnisse* erfolgen. Im Übergang zu einer neuen, ich füge hinzu: einer ökologisch-sozialistischen, Ordnung »werden Rechte gezielt hergestellt, um Veränderungen zu erreichen, und verlieren zumindest einen Teil ihrer Macht, sobald ein bestimmter Zweck erfüllt ist, um Platz für neue Rechte und Zwecke zu machen«.[5] Ein Schritt in die Richtung eines transformativen Rechts könnte sein, die Kriterien zu verändern, anhand derer ökonomische Prosperität gemessen wird. Die Indikatoren des Bruttoinlandsprodukts weisen ebenso in die falsche Richtung wie das ständige Ringen um eine Verbesserung der Arbeitsproduktivität. Um einen hochproduktiven Industriearbeitsplatz in Wert setzen zu können, wird ein sich ständig vergrößerndes Volumen an bezahlter Dienstleistungs-, teilweise auch an unbezahlter Sorge- und Koordinationsarbeit benötigt. Bei vielen der bezahlten Humandienstleistungen lassen sich die Kosten nur um den Preis einer Verschlechterung der Dienstleistungsqualität senken. Auch die Arbeitsproduktivität kann nicht beliebig gesteigert werden. Wie sollte man die Erziehung eines Kindes oder die Pflege einer Person produktiver und effizienter gestalten? Erziehung lässt sich nicht beschleunigen, und Sorgsamkeit wird zerstört, wo sie in das enge Korsett rigider Zeit- und Kostenvorgaben eingeschnürt ist. Die relative Rationalisierungsresistenz von Sorge- und Dienstleistungstätigkeiten schränkt die Steigerung der gesamtwirtschaftlichen Arbeitsproduktivität ein und bewirkt – insbesondere dann, wenn vor allem Dienstleistungssegmente expandieren – unter kapitalistischen Bedingungen niedrige Wachstumsraten und eine anhaltende Kostenkrise gesellschaftlicher Dienste.[6]

In nachkapitalistischen Gesellschaften, die sich über Entwicklungsindikatoren definieren, wäre schwaches Wachstum als solches kein Problem.

Es gibt viele weitere Gründe, die dafür sprechen, das BIP als Gradmesser wirtschaftlicher Leistungsfähigkeit und gesellschaftlichen Wohlstands zu ersetzen. So verschleiern die Kriterien des BIP das Ausmaß ökologischer Zerstörung. Sämtliche Arbeiten, die wegen einer havarierten Ölbohrplattform und der anschließenden Ölpest anfallen, tragen zum Wirtschaftswachstum bei. Der Betrieb von Atomkraftwerken erzeugt ebenso Wirtschaftswachstum wie die Entsorgung von radioaktivem Müll. Dafür gehen informelle und unbezahlte Tätigkeiten, die einen erheblichen gesellschaftlichen Nutzen haben, gar nicht erst in die Statistik ein. Ausnahmen wie die Berücksichtigung illegaler Transaktionen der Mafia oder auch von Prostitution sorgen hauptsächlich dafür, die Wachstumsbilanzen aufzuhübschen. Dafür wird über die genaue Komposition, die Zusammensetzung der Aktivitäten, die zu Wirtschaftswachstum führen, relativ wenig ausgesagt. Es macht, an Nachhaltigkeitszielen gemessen, jedoch einen großen Unterschied, ob wirtschaftliche Prosperität vornehmlich auf extraktiven Industrien mit fossilistischer Energiebasis oder auf nachhaltig produzierten Dienstleistungen beruht, deren energetische Basis auf Wind- und Wasserkraft, Solarstrom sowie synthetischen Gasen beruht.

Die Wechselwirkungen zwischen Wirtschaftswachstum und Naturzerstörung werden von den BIP-Indikatoren allenfalls in verzerrter Weise öffentlich gemacht oder erst gar nicht identifiziert. Deshalb ergibt es Sinn, *die Wachstums- durch Entwicklungsziele zu ersetzen*. Wachstum nach den Kriterien des BIP muss von Indikatoren für eine nachhaltige Entwicklung abgelöst werden. Dafür gibt es zahlreiche Vorschläge.[7] Fortan könnten Nachhaltigkeitsziele die Rechtsverhältnisse und darüber auch das Staats- und Gemeinschaftshandeln beeinflussen. Eine Voraussetzung wäre, Nachhaltigkeitszielen einen Verfassungsrang zu geben. Sie müssen im Grundgesetz, in den Länderverfassungen und in der europäischen Grundrechtecharta verankert und mit wirksamen Sanktionsmöglichkeiten verbunden werden. Eingang können sie auch in das Arbeitsrecht, in die Betriebs- und Unternehmensverfassung, in Tarifverträge und in den Verbraucherschutz finden.

Für eine Aufnahme von Nachhaltigkeitszielen in das Grundgesetz plädieren inzwischen neben grünen und linken auch konservative Politiker:innen. Entscheidend ist jedoch, *wie* eine solche Verankerung realisiert wird. Durch eine Aufnahme von Nachhaltigkeitszielen in Artikel 14 (2, 3) GG würde die Sozialbindung des Eigentums erweitert; Artikel 14 (3) regelt die Enteignung.[8] Wirtschaftsakteure, die das Nachhaltigkeitsgebot missachten, haben dann mit Sozialisierung zu rechnen, die im Artikel 15 GG verankert ist. Dort heißt es: »Grund und Boden, Naturschätze und Produktionsmittel können zum Zwecke der Vergesellschaftung durch ein Gesetz, das Art und Ausmaß der Entschädigung regelt, in Gemeineigentum oder in andere Formen der Gemeinwirtschaft überführt werden.«

Diese Passagen beinhalten bereits Ansätze eines transformativen Rechts.[9] Selbst in der kritischen Sozialforschung ist der Gedanke einer rechtlichen Absicherung gesellschaftlicher Transformation inzwischen leider weitgehend verloren gegangen. Statt einen Kampf um die Interpretationshoheit über die Verfassung zu führen, wird das Konstrukt einer freiheitlich demokratischen Grundordnung (FDGO) oftmals als ein hermetischer Käfig beschrieben und akzeptiert, der grundlegende gesellschaftliche Veränderungen oder gar einen vollständigen Systemwechsel ausschließt. Ein Blick in Wolfgang Abendroths instruktive Schrift zum Grundgesetz genügt, um zu erkennen, was dabei verschenkt wird. Im Entstehungskontext des Grundgesetzes war die eigentliche Frage für dessen Begründer, ob überhaupt etwas anderes als eine sozialistische Wirtschaftsordnung in der – provisorischen – Verfassung festgeschrieben werden darf. Auf keinen Fall konnte »die kapitalistische Wirtschaftsweise« im Grundgesetz »verfassungsrechtlich garantiert werden«.[10] Vielmehr »mußte die Chance eröffnet werden, die sozialistische Umgestaltung zu vollziehen, ohne daß dadurch eine Grundgesetzänderung notwendig wird«.[11]

Auf der Grundlage solch historisch informierter Klärungen, die bei den Kontextbedingungen unter anderem auf das Ahlener Programm der CDU mit seinen wirtschaftsdemokratischen Elementen verweisen, kann reflexives, transformatives Recht funktionieren. Man mag einwenden, dass die normative Kraft jahrzehntelanger faktischer Rechtsprechung oder auch die Einbettung des Verfassungsrechts in eine restriktive europäische Rechtsprechung juristischem Interpretationsspielraum enge Grenzen setzen.[12] An der ursprünglichen Offenheit des Grundgesetzes für eine sozialistische Transformation und dem Beispielcharakter für transformatives Recht ändert das jedoch erst einmal nichts.[13] Die Verankerung von Nachhaltigkeitszielen in der Verfassung, ihre Koppelung mit der Eigentumsfrage und der Möglichkeit zu Sozialisierung werden den rechtlich verbrieften Möglichkeiten eines Systemwechsels zu erneuter und größerer Aufmerksamkeit verhelfen. Allein die gesetzlich fixierte Sozialisierungs*drohung* dürfte bereits genügen, um eine Umverteilung und Demokratisierung wirtschaftlicher Entscheidungsmacht zu fördern.

Mithilfe eines reflexiven Rechts können Institutionen einer transformativen Demokratie geschaffen werden, die einer im stetigen Wandel begriffenen Gesellschaft entsprechen. Ihre Einführung ließe Spielraum für die Erprobung nicht- und nachkapitalistischer Wirtschaftsweisen. Die Nachhaltigkeitsrevolution wäre mit einem reflexiven Recht noch lange nicht Wirklichkeit. Es böten sich aber institutionelle Spielräume, die faktisch auf eine Erweiterung nicht nur von Lohnabhängigenmacht, sondern auch der metabolischen Macht ökologischer Bewegungen hinauslaufen würden. Mit der rechtlichen Institutionalisierung von Machtquellen, die sich aus Arbeit im weiten Sinne, aus Arbeit als lebenspendender Aktivität speisen, können korporative Arrangements mit einseitig produktivistischer Ausrichtung aufgebrochen werden.[14] Entscheidungen über Investitionen, technologischen Wandel und die Verteilung des gesellschaftlich erzeugten Mehrprodukts würden dann nicht allein zwischen Kapital, Staat und Arbeit ausgehandelt; die demokratische Zivilgesellschaft müsste in ihrer ganzen Breite einbezogen werden.

Eigentumsverhältnisse: Sozialisierung von Großunternehmen – ein notwendiger Bruch

Die Veränderung der Rechtsverhältnisse erleichtert das Einfügen eines Bausteins in das Fundament ökologisch-sozialistischer Gesellschaften, mit dem sich die meisten zeitgenössischen Entwürfe postkapitalistischer Ordnungen schwertun. Plädoyers für eine Gemeinwirtschaft[15], die innerhalb der marktwirtschaftlich-kapitalistischen Grenzen verbleibt, umgehen diese Problematik ebenso wie die meisten Vorschläge für eine Gesellschaft der *commons* und des *commonismus*.[16] Das ist wenig verwunderlich, beinhaltet dieser Baustein doch, was auf den ersten Blick wohl am schwersten zu bewerkstelligen ist. Gemeint ist der Bruch mit den kapitalistischen Eigentumsverhältnissen. In anderen Worten: Es geht um das Machtzentrum der globalen Ökonomie, um grenzüberschreitend tätige Unternehmen mit Kontrollmacht in verzweigten Unternehmensnetzen. Ein elementarer Baustein für eine nächste sozialistische Gesellschaft sind *neue kollektive Eigentumsformen in großen Unternehmen.*

Wie schon Hannah Arendt bemerkt, ist der Besitz als dynamisches Prinzip[17], die private Verfügung über nur kollektiv nutzbare Produktionsmittel, der wichtigste Treiber des kapitalistischen Expansionismus. Das Privateigentum an Produktionsmitteln verwandelt Besitz in ein Kapitalverhältnis, das sich nur reproduzieren kann, wenn ständig zusätzlicher Mehrwert produziert und dieser zumindest in Teilen reinvestiert wird, um im Ergebnis einen noch größeren Mehrwert zu erzielen, den es erneut zu reinvestieren gilt. Man kann diese Bewegungen auch in Preisen ausdrücken, wenn man die Fallstricke von Marx' Werttheorie vermeiden will; am expansiven Charakter des kapitalistischen Warentauschs ändert die bloße Verschiebung der Maßeinheit aber nichts.

Der Zwang zu erweiterter Akkumulation und Reproduktion des Kapitals, zu Marktexpansion und darüber vermittelt zu permanentem, raschem Wirtschaftswachstum wird in ausdifferenzierten Gesellschaften mehr oder minder allen sozialen Feldern aufgeherrscht. Es handelt sich um eine abstrakte und im Grunde völlig unterkomplexe Basisregel kapitalistischer Ökonomien, die in der Gegenwart von einer überschaubaren Anzahl großer Unternehmen definiert und praktiziert wird. Diese Unternehmen beherrschen den hochgradig zentralisierten Markt für Unternehmenskontrolle und verfügen deshalb über Durchsetzungsmacht, die sie allerdings in sehr unterschiedlicher Weise einsetzen. Jahrzehnte der finanzkapitalistischen Landnahme haben nicht nur die Vermögens- und Einkommensungleichheit verstärkt, sondern auch eine Zentralisation von Kontrollmacht bewirkt, die den Finanzsektor begünstigen. Einer der wenigen gehaltvollen sozialwissenschaftlichen Netzwerkanalysen zufolge besitzen insgesamt etwa 43 000 international agierende Konzerne Kontrollmacht über andere Unternehmen. Aber nur 1318 Firmen beherrschen im Durchschnitt mindestens 20 andere und damit vier Fünftel des globalen Umsatzes. Von diesen Unternehmen bilden wiederum 147 eine »Supereinheit«, die ca. 40 Prozent der globalen Unternehmensnetzwerke kontrolliert. Zu den 50 einflussreichsten Unternehmen zählen nahezu ausschließlich Banken, Fondsgesellschaften und Versicherungen. Insgesamt können drei Viertel der Firmen aus der »Supereinheit« dem Finanzsektor zugerechnet werden – so jedenfalls der Stand unmittelbar nach der Signalkrise von 2007–2009.[18]

Seither hat es weitere Konzentrationswellen gegeben, und die Big Five der digitalen Ökonomie[19] haben zur Spitze der Kontrollhierarchie aufgeschlossen. Dieses Aufholen verstärkt die Fragilität und Krisenträchtigkeit des vergehenden Finanzmarktkapitalismus. Überschüssiges Kapital erzeugt nicht nur beständig neue Finanzinnovationen, es finanziert Unternehmen der digitalen Ökonomie und treibt deren Aktienwert in die Höhe, obwohl eine relevante Zahl dieser Firmen die Gewinnzone nach ihrer Gründung nie oder nur selten erreicht hat. Allein die Aussicht auf künftige Profite treibt die Anleger:innen zu immer neuen Investitionen. Doch je aufgeblähter der Finanzsektor, desto größer werden die Ansprüche an die produzierende Industrie. Gewinnerwartungen, wie sie über viele Jahre hinweg mittels Shareholder-Value-Steuerung auf einzelne Betriebe und Profit-Center heruntergebrochen wurden, sind nur die extreme Ausprägung eines expansiven Prinzips, das mittlerweile die Netzwerke des Lebens in ihrer Reproduktionsfähigkeit gefährdet.[20]

Dieses Prinzip muss überwunden werden, denn seine Maßlosigkeit steht im Widerspruch zur Begrenztheit nicht nur der Naturressourcen, sondern auch des menschlichen Lebens. Die Zangenkrise bringt ans Tageslicht, dass expansive kapitalistische Besitzverhältnisse und Verfügungsrechte nicht als Konstitutionsprinzip des Zusammenlebens taugen. Die Begrenztheit des Erdballs, seiner Ressourcen und Lebewesen steht der Möglichkeit zu fortgesetzter, unendlicher Marktexpansion entgegen.[21] Deshalb muss es in den Großunternehmen zu einem

Bruch mit dem kapitalistischen Besitz als dynamischem Prinzip kommen. Bruch bedeutet Enteignung und Sozialisierung. Mit hoher Wahrscheinlichkeit werden Staaten und Staatseigentum dabei noch immer eine zentrale Rolle spielen müssen. »Das Proletariat«, schreibt Friedrich Engels, »ergreift die Staatsgewalt und verwandelt die Produktionsmittel zunächst in Staatseigentum.«[22] Engels fügt jedoch hinzu, dass dies geschieht, um »alle Klassenunterschiede und Klassengegensätze« aufzuheben und »damit auch den Staat als Staat«.[23] Staatseigentum als solches bedeutet keineswegs, dass der Kapitalismus überwunden wird, denn »weder die Verwandlung in Aktiengesellschaften noch die in Staatseigentum hebt die Kapitaleigenschaften der Produktivkräfte auf«, und »der moderne Staat ist wieder nur die Organisation, welche sich die bürgerliche Gesellschaft gibt, um die allgemeinen äußern Bedingungen der kapitalistischen Produktionsweise aufrecht zu erhalten«.[24]

Genau das ist, was in Krisenzeiten geschieht. Der Staat interveniert und wird gegebenenfalls zum Eigentümer, um Unternehmen zu retten. Er macht sich zum Finanzier von Infrastrukturinvestitionen, die sich nur sehr langfristig rechnen. Im besten Falle agiert er als »der ideelle Gesamtkapitalist«.[25] Dennoch ist dem ökonomischen Machtzentrum des globalen Kapitalismus ohne Staatseingriffe kaum beizukommen. Enteignung und Sozialisierung funktionieren nicht ohne den intervenierenden Staat. Staatseigentum an Produktionsmitteln bedeutet unter kapitalistischen Bedingungen, dass sich die Chancen der demokratischen Öffentlichkeit, auf Unternehmensentscheidungen Einfluss zu nehmen, in der Regel verbessern. Das heißt aber keineswegs, dass es bei konventionellem Staatseigentum bleiben muss. Im Gegenteil, in den real existierenden Sozialismen hat die absolute Dominanz des Staatseigentums dazu geführt, dass es faktisch keine Eigentümer:innen und damit keine individuelle, persönliche Verantwortung für den Kollektivbesitz gab. Die destruktiven Folgen sind bekannt: verwahrloste Gebäude, der Verschleiß wichtiger Produktionsmittel und ein instrumentelles Verhältnis zu Naturressourcen. Deshalb sind solche Formen des Staatseigentums keine wirkliche Alternative zu privater Verfügung über die Produktionsmittel.

Nachhaltig sozialistische Gesellschaften benötigen *kollektives Selbsteigentum*[26], das, obwohl in gemeinschaftlichem Besitz, persönliche Verantwortung nicht erstickt, sondern Eigeninitiative und Selbstorganisation fördert. Kollektives Selbsteigentum entsteht in zahlreichen organisatorischen Varianten. Wohnkooperativen, Energie- und Agrargenossenschaften, Mitarbeitergesellschaften oder Einrichtungen einer solidarischen Ökonomie entsprechen diesem Grundgedanken. Das Stiftungsunternehmen ist ebenfalls eine Form, die dem Prinzip eines kollektiven Selbsteigentums bereits unter kapitalistischen Bedingungen Rechnung trägt. Der Übergang zu solchen Eigentumsverhältnissen ließe sich verhältnismäßig leicht bewerkstelligen, wenn der politische Wille dazu vorhanden wäre. So könnten Staatshilfen für private Unternehmen mit Verfügungsrechten für Beschäftigte oder gesellschaftliche Fonds bezahlt werden. Sobald dergleichen geschähe, würde die Sozialisierung von Entscheidungsmacht mittels Internalisierung von Sozialkosten, die die kapitalistische Produktionsweise verursacht, zu einem Prozess, der einer Revolution ohne einmaligen Akt der Machtergreifung gleichkäme.

Anders gesagt, die gesellschaftlich erzeugten und finanzierten Werte, die sich privatkapitalistische Unternehmen qua Landnahme des Sozialen und Öffentlichen aneignen, müssen diesen Unternehmen in Rechnung gestellt werden. Nehmen wir ein Beispiel: Die gesamte Städteplanung in den alten und teilweise auch in den neuen kapitalistischen Zentren ist auf die Benutzung von privaten PKW zugeschnitten. Für diese Infrastrukturleistung haben die Automobilhersteller in der Regel niemals bezahlt. Umso wichtiger ist, dass sich dergleichen beim nunmehr notwendigen Übergang zu nachhaltigen Mobilitätskonzepten nicht wiederholt – etwa bei der Ladeinfrastruktur für E-Mobilität. So fordert Jeremy Rifkin in seinem Vorschlag für einen Globalen Green New Deal:

> Bundes-, Staats-, Kommunal- und Country-Regierungen sollten Steuervergünstigungen für die Installation elektrischer Ladestationen in und um Wohn-, Gewerbe- und Industrieviertel zur Versorgung elektrischer Fahrzeuge vergeben. Immobiliengesellschaften und Vermieter von Gebäuden mit mehreren Parteien sollten dazu angehalten werden, genügend Ladestationen zu installieren und dazu entweder Steuervergütungen bekommen oder mit wachsenden Steuererhöhungen bestraft werden, bieten sie diese Leistungen nicht an.[27]

Ein solches Verfahren entspricht der Logik kapitalistischer Landnahme, denn es wälzt Kosten und Verantwortung hauptsächlich auf die Steuerzahler:innen ab. Statt so zu verfahren, ist es erheblich effizienter, eine Neubewertung des gesellschaftlichen Nutzens ökonomischer Aktivitäten vorzunehmen. Dazu gehört, dass privatkapitalistische Unternehmen zurückgeben, was sie direkt oder indirekt an sozialen, gesellschaftlich erzeugten Werten, aber auch an metabolischen Naturwerten zu billig oder gratis vernutzen. Machen Gesellschaften diese Rechnung auf[28], wird von der privatkapitalistischen Produktionsweise nicht viel übrigbleiben. Die Gewinnmargen verringern sich bei einer transparenten Rechnungsweise immer weiter. Mit dem Profitanreiz gehen auch Akkumulationstrieb und Wachstumsdrang verloren; der Kapitalismus wird in seinen Machtzentren unprofitabel und deshalb überflüssig. Im Kontrast dazu tritt der ökonomische und gesellschaftliche Nutzen öffentlicher Einrichtungen dann umso klarer hervor. Was das bedeuten könnte, hat die italienisch-amerikanische Ökonomin Mariana Mazzucato am Beispiel des öffentlich-rechtlichen Senders BBC veranschaulicht. Der Sender ist nicht nur Pionier bei digitalen Innovationen, mit seinem Millionenpublikum erzeugt er auch einen sozialen Wert, der die Leistungen privater Sender bei weitem in den Schatten stellt.[29]

Diesem Beispiel ließen sich mit Blick auf Eisenbahn, Post, Telekommunikation, Energie, Sorgearbeiten und Bildung viele weitere hinzufügen. Für die Transformation des Machtzentrums privatkapitalistischer Unternehmen wäre es ein wichtiger Schritt, jede staatliche Leistung, sei es im Krisenfall, sei es über Subventionen und Infrastrukturinvestitionen, in Gestalt von Eigentumstiteln zu verrechnen. Große Unternehmen können auf diesem Wege Schritt für Schritt in Mitarbeitergesellschaften verwandelt werden, in denen öffentliches Eigentum mit jedem Euro Staatsgeld, das über Steuern der Bürger:innen finanziert wird, eine größere Rolle spielt. Das Geld wird dann durch gesellschaftliche Fonds verwaltet, die Mitarbeiter:innen nach zuvor vereinbarten Kriterien abfinden, sobald sie das Unternehmen verlassen. Anstatt Großunternehmen wie der Lufthansa im Krisenfall Milliardenkredite der öffentlichen Hand zu gewähren, gleichzeitig auf jeglichen staatlichen Eingriff in das Management des Unternehmens zu verzichten, ist es sinnvoll, die Mitarbeiter:innen zu beteiligen und Staatsgelder in öffentliches Eigentum umzuwandeln. Das Topmanagement der Unternehmen wird damit keineswegs aus der Verantwortung entlassen. Doch es ist leichter möglich, dem Unternehmen einen Nachhaltigkeitsplan abzuverlangen, der ausweist, wie die Wirtschaftsorganisation den SDGs mit künftigen Geschäftsmodellen Rechnung tragen will. Ein solches Vorgehen benötigt wiederum Unterstützung durch besondere Leistungen eines transformativen, reflexiven Rechts. Wegen der Internationalisierung der Eigentümerstrukturen und des Managements ist es sinnvoll, die nationalen Niederlassungen transnationaler Unternehmen rechtlich und steuerlich so zu behandeln, als seien es nationale Einheiten. Eine weltweite Mindeststeuer würde ein erster Schritt in eine solche Richtung sein. Mit Blick auf den deutschen Exportismus und die durch ihn verursachten Ungleichgewichte in Europa und der Weltwirtschaft hätte das einen interessanten Nebeneffekt, müssten Niederlassungen von Unternehmen mit Hauptsitz in der Bundesrepublik ihre Steuern doch fortan in jenen Ländern zahlen, in denen sie produzieren.

Eine Revolutionierung der Besitzverhältnisse in großen Unternehmen entspricht dem, was Erik Olin Wright mit Blick auf die Schaffung von Staatseigentum zunächst als »etatistischen Sozialismus« bezeichnet. Eine erweiterte gesellschaftliche Handlungsfähigkeit, die sich aus der direkten Beteiligung der Arbeitenden ergibt, leitet dann zur Strategie eines partizipatorischen Sozialismus über.[30] Es liegt auf der Hand, dass ein derart gravierender, ja revolutionärer Bruch in den Eigentumsstrukturen eine grundlegende Veränderung gesellschaftlicher Kräfteverhältnisse zur Voraussetzung hat. Allerdings könnten auch gesellschaftliche Notsituationen, Pandemien oder Naturkatastrophen Staaten dazu zwingen, tief in privatkapitalistische Eigentumsverhältnisse und Entscheidungsstrukturen einzugreifen. Ein Donald Trump, der die Coronapandemie verharmloste, kam nicht umhin, private Unternehmen zur Maskenproduktion zu verpflichten und der Herstellung oder Beschaffung von Impfstoffen und Medikamenten gegen Covid-19 oberste Priorität einzuräumen. Das ist nun aber ein Beispiel für autoritäre Eingriffe eines Staates im Ausnahmezustand, der Bürgerrechte außer Kraft setzt, um einen Notstand zu meistern. Sozialisierung mit demokratischen Mitteln, über gesellschaftliche Mehrheiten und von sozialen Bewegungen erkämpft, meint etwas völlig anderes und ist der weitaus bessere Weg. Ein partizipatorischer Sozialismus, der das Machtzentrum der globalen Ökonomie zunächst belagert, sodann erobert und schließlich umwälzt, genügt aber keineswegs, um die Gesamtwirtschaft auf Nachhaltigkeitsziele festzulegen. So können nahezu zwei Drittel der historischen Kohlendioxid- und Methanemissionen auf 90 Unternehmen mit unterschiedlichsten Eigentumsformen zurückgeführt werden.[31] Große Unternehmen in öffentlichem oder in Staatseigentum sind für sich genommen also keine Garanten ökologischer Nachhaltigkeit. Jenseits der Konzernlandschaft ist zudem eine Neuordnung des klein- und mittelbetrieblichen Sektors vonnöten, der auch und gerade in einer sozialistischen Gesellschaft das Gros der Beschäftigungsverhältnisse stellen wird.

Kooperative Marktwirtschaft: der klein- und mittelbetriebliche Sektor

Die Restrukturierung der kleinen Industrie und der ähnlich kleinteiligen Dienstleistungswirtschaft wird anderen Pfaden folgen, als sie der Bruch mit privatkapitalistischen Eigentumsverhältnissen in den oligopolitischen Netzwerken großer Unternehmen nahelegt. Schon Rosa Luxemburg hat die Auffassung, »als ginge die Entwicklung des kapitalistischen Mittelbetriebes in gerader Linie abwärts zum stufenweisen Untergang«[32], treffend kritisiert. Im Unterschied zu Lenin und den Bolschewiki geht Luxemburg davon aus, dass die Kleinkapitale, die sich zwischen einer hebenden und einer herabdrückenden Tendenz bewegen, »die Rolle des Faktors der technischen Revolution«[33] übernehmen. Auch auf diesem Feld nähert sich die kluge Revolutionärin einem Kapitalismusverständnis, das systematisch zwischen Marktwirtschaft und Kapitalismus unterscheidet.

Der klein- und mittelbetriebliche Sektor stellt ein nur teilweise kommodifiziertes, aber doch funktionales Äußeres dar, das sich beständig neu bildet und zudem eine kaum ersetzbare Innovationsfunktion erfüllt. Fernand Braudel hat das noch weitaus präziser formuliert als Rosa Luxemburg:

> In Wirklichkeit herrscht [...] eine lebendige Dialektik zwischen dem Kapitalismus und jenem gegensätzlichen, weit unten angesiedelten Bereich, der nicht als echter Kapitalismus bezeichnet werden kann. Angeblich dulden die großen Firmen die kleineren Unternehmen [...] In Wirklichkeit brauchen die großen Firmen die kleineren Unternehmen – erstens, um tausenderlei mehr oder minder untergeordnete, vom Kapitalismus übergangene, für das Dasein der Gesellschaft aber gleichwohl unerlässliche Aufgaben auf sie abzuwälzen. Und zweitens, um ihnen (nach Art der Manufakturen des 18. Jahrhunderts, die sich fortgesetzt an die Handwerksbetriebe ringsum wandten) als Teilunternehmern gewisse Arbeitsvorgänge zu übertragen und sich von ihnen mit Fertig- oder Halbfertigprodukten beliefern zu lassen.[34]

Der Kapitalismus setzt demnach eine Hierarchie sozialer Räume und Produktionsweisen voraus, und »er siedelt sich an der Spitze dieser Hierarchie an, ob er sie nun selbst geschaffen hat oder nicht«.[35]

Unternehmen des unteren »Stockwerks« gesellschaftlicher Produktion dürfen keinesfalls enteignet werden. Dass Verstaatlichungen in diesem Sektor ein Fehler sind, haben bereits die Prager Reformer[36] und im Gleichklang mit ihnen die italienischen Kommunisten festgestellt. In den klein- und mittelbetrieblich strukturierten Bereichen muss es darum gehen, dem Entdeckungsverfahren des Marktes Spielraum zu gewähren, es geht gewissermaßen um echte Marktwirtschaft. Eine optimale Förderung von marktwirtschaftlichem Wettbewerb einschließlich wirkungsvoller Maßnahmen gegen Kartellbildungen und die Zentralisierung wirtschaftlicher Macht sind für einen Schutz dieser Sektoren unentbehrlich. Benötigt werden jedoch vor allem Anreize, um die Kooperation zwischen ansonsten konkurrierenden Klein- und Mittelbetrieben zu stärken. Die Vernetzung flexibler Spezialist:innen in Oberitalien hat gezeigt, wie dergleichen erfolgreich praktiziert werden kann.

Jene industriellen Distrikte, die Michael Piore und Charles Sabel Anfang der 1980er Jahre beschrieben haben, erbrachten über einen langen Zeitraum hinweg den praktischen Nachweis für kooperative Konkurrenz. Kleine Hersteller, die eine Art modernisierte Handwerksproduktion mit überwiegend qualifizierten Arbeitskräften betrieben, waren in ihren Branchen Konkurrenten, dennoch kooperierten sie beispielsweise bei der gemeinsamen Nutzung von Fach- und Spezialkräften. War in dem einen Unternehmen Flaute, wurden Arbeitskräfte auf Zeit an den prosperierenden Konkurrenten ausgeliehen. Auf diese Weise ließ sich Arbeitslosigkeit vermeiden. Das konnte gelingen, weil die Unternehmen in Netzwerke eingebunden waren, die – auch weltanschaulich – Kooperationsprinzipien nahelegten und vermittelten. In Italien, genauer: in den traditionell linken Regionen der Toskana oder der Emilia Romagna stiftete der PCI solche Netzwerke, denn auch viele Kleinunternehmer waren in der Partei organisiert. In den kommunistischen Gebieten, so Piore und Sabel,

> sind viele der Arbeiter und Unternehmer Handwerker, die erst den Faschisten Widerstand leisteten und später der Restauration der Unternehmensherrschaft in den großen Betrieben. Viele der kleinen Fabriken, die in den siebziger Jahren von der Welle der Dezentralisierung profitierten, sind von militanten Linken gegründet worden, die im Zuge der Säuberungsaktionen der fünfziger Jahre von den Großfirmen auf die Straße gesetzt wurden und ihre Abfindungen dafür verwendeten, ein eigenes Geschäft zu gründen. Die Rolle der Linken in der Unternehmerschaft ist durch die Entscheidung der Kommunistischen Partei gestärkt worden, das Kleinbürgertum durch ein Bündnis an sich zu binden, um es gegen faschistische Einflüsse immun zu machen.[37]

In Oberitalien erfüllt die katholische Kirche bei der Vermittlung kooperativer Werte eine ähnliche Funktion. Im Großraum New York stifteten Ethnien den Zusammenhalt, der kooperative Konkurrenz ermöglichte. Das japanische *zaibatsu* oder die Solinger Schneidemesserindustrie stellten vergleichbare Netzwerke mit anderen kulturellen Einbettungen dar. Selbstverständlich lassen sich diese Formen kooperativen Wettbewerbs nicht ohne weiteres auf die Gegenwart übertragen. Zudem hatten die Netzwerke durchaus ihre hässlichen Seiten. Tarifdumping und prekäre Beschäftigung waren und sind keine Seltenheit. Piore und Sabel verweisen deshalb zu Recht darauf, dass die

»Möglichkeiten der Kleinfirmen, durch erhöhte Ausbeutung wettbewerbsfähig zu bleiben, auf zweierlei Weise eingeschränkt« werden müssen: »durch Organisation von Arbeitgebern und Arbeitern im Bereich des Handwerks und durch den Staat und die Kommunen, die es den Kleinbetrieben erschweren, auf Dauer von illegaler Heimarbeit Gebrauch zu machen, Steuern zu hinterziehen, Kinder arbeiten zu lassen usw.«[38]

In der Gegenwart kommen weitere Probleme hinzu. Viele Netze und industrielle Distrikte haben die Globalisierung nicht überlebt. Teilweise wurden sie, wie in der Textilindustrie, von Sweatshop-Organisationen unterwandert, die ihr Geschäft mit der Ausbeutung illegaler Migrant:innen machen. Parallel dazu haben sich kulturelle und politische Orientierungen in den Netzwerken verändert. Nach dem Zusammenbruch des italienischen Parteiensystems und dem Verschwinden von Christdemokratie (DC) und Kommunistischer Partei (PCI) haben sich auch moralische Standards, die faire Kooperation ermöglichen, verflüchtigt. Im Veneto gehören Arbeiter:innen und Kleinunternehmer mittlerweile zur Stammwählerschaft der rassistischen Lega. In der digitalen Ökonomie sind allerdings auch zahlreiche neue Verbünde und Unternehmensnetzwerke mit einer Vielfalt an Eigentumsformen entstanden, die das Prinzip kooperativer Konkurrenz mit neuem Leben füllen.

Was Parteien und Kirchen nicht mehr leisten, ermöglicht nun im besten Falle die Region. Skellefteå, eine kleine Stadt und zugleich Zentrum einer Großgemeinde mit gut 70 000 Einwohner:innen in der nordschwedischen Provinz Västerbotten, bietet ein gutes Beispiel. Erfolgreich stemmt sich das Städtchen seit vielen Jahren gegen eine Abwärtsbewegung, die die sozialwissenschaftliche Raumforschung als Peripherisierung bezeichnet. Gemeint ist der Niedergang von Regionen, in denen die Bevölkerung schrumpft, die Wirtschaft darniederliegt, die soziale Infrastruktur bröckelt, das kulturelle Leben zum Erliegen kommt und eine kollektive Abwertungserfahrung zu einer Unzufriedenheit führt, die sich häufig in der Wahl radikal rechter Parteien entlädt.

Nicht so in Skellefteå. Das Städtchen ist bei Industrieansiedlungen erfolgreich und profitiert von der Wende zur Elektromobilität. Das ist kein Zufall, denn Stadt und Region verfügen über ein qualifiziertes Arbeitskräfteangebot:

> In der Region, die stark vom demografischen Wandel betroffen ist, wurden Migrant:innen früh von maßgeblichen Akteur:innen in Verwaltung, Politik und Wirtschaft als zentrale soziale Gruppe verstanden, um drohender Peripherisierung und Bevölkerungsverlust entgegenzuwirken. Mit dem Programm Skellefteå 2030 wird der Zuwanderung von Migrant:innen und Geflüchteten eine Schlüsselrolle eingeräumt. Denn das Programm integriert industrie-, wohnungsbau- und bildungspolitische mit migrationspolitischen Initiativen in einem gendersensiblen und partizipativ strukturierten Programm. Prinzipiell geht es bei Skellefteå 2030 darum, auf demografische Schrumpfung nicht mit Rückbau von Infrastruktur und staatlichen Leistungen zu reagieren, sondern quasi gegen den Trend zu investieren, um eine Abwärtsspirale zu verhindern und den demografischen Negativtrend durch eine gesteigerte regionale Attraktivität und gezielte Zuwanderung zu brechen.[39]

Tatsächlich wirkt Skellefteå wie das positive Kontrastbild zu Regionen, die in den Abwärtssog einer Peripherisierung hineingeraten sind und nun große Schwierigkeiten haben, das Ruder herumzureißen. Das Städtchen kann als Leitbild für Industriedistrikte der Zukunft dienen, die aus ihrer Fähigkeit zu Inklusion, Qualifizierung und solidarischen Sozialbeziehungen ihre Stärke beziehen. Erwähnt sei, dass die Region seit Jahrzehnten von einer stabilen rot-grünen Allianz regiert wird. Skellefteå illustriert ansatzweise, wie ein nachhaltiger Sozialismus in peripheren Regionen aussehen kann. Die gesamte Region repräsentiert eine Variante sozialistischer Handlungsfähigkeit, die mit ihren Netzwerken an eine »assoziative Demokratie« erinnert.[40]

Demokratie ist das nächste Stichwort für einen Baustein, der für das Fundament einer nachhaltig sozialistischen Gesellschaft unentbehrlich ist. Nachhaltigkeit benötigt eine *umfassende Wirtschaftsdemokratie.* Wirtschaftsdemokratie bedeutet, am, wie Nancy Fraser ihn nennt, »politischen Widerspruch des Kapitalismus«[41] anzusetzen, um gesellschaftliche Entscheidungsmacht dauerhaft auf die Wirtschaft und den Produktionssektor auszuweiten. Der politische Widerspruch des Kapitalismus wird der Tendenz nach zu einem gesellschaftlichen Widerspruch des Sozialismus, weil überlebenswichtige ökonomische Entscheidungen nur noch mithilfe demokratischer Zivilgesellschaften getroffen werden können. Diese Entscheidungen müssen sich aber auch wirtschaftlich als sinnvoll und tragfähig erweisen. Das betrifft vor allem Beschlussfassungen über Investitionen, Produkte und Ressourcen.

Um es zugespitzt zu formulieren: Besser als einen SUV nicht zu kaufen oder zu fahren, ist, ihn gar nicht erst zu produzieren. Sinnvoller, als die gesamte Fahrzeugflotte beizubehalten und sie lediglich auf Elektromobilität umzustellen, ist der Weg zu nachhaltigen Mobilitätskonzepten, die einen optimalen Mix aus verschiedenen Verkehrsmitteln ermöglichen. Und besser als bewaffnete Drohnen von der Einkaufsliste zu streichen, ist, sie gar nicht erst herzustellen. Wer derart weitreichende Produktionsentscheidungen zu beeinflussen beabsichtigt, darf nicht länger akzeptieren, dass winzige Managereliten darüber befinden, welche Produkte für die Menschheit bedeutsam und welche unwichtig sind. Produktionsentscheidungen müssten radikal demokratisiert, das heißt für die Zivilgesellschaft geöffnet werden. Nur wenn diese Entscheidungen strikt an Nachhaltigkeitsziele rückgebunden werden, besteht überhaupt eine Chance, den menschengemachten Klimawandel noch in halbwegs kontrollierbaren Grenzen zu halten und die Übernutzung von Ressourcen einzudämmen.

Konkret heißt das: Die Zivilgesellschaften haben in demokratischer Weise direkt darauf Einfluss zu nehmen, was, wie und zu welchem Zweck produziert und reproduziert wird. Es geht um eine *Umverteilung von Entscheidungsmacht* zugunsten der gegenwärtig ohnmächtigen Mehrheiten, denn ohne solch tiefgreifende Eingriffe in die bestehende Wirtschaftsordnung wird sich Nachhaltigkeit weder in der ökologischen noch in der sozialen Dimension realisieren lassen. Eine Demokratisierung von Produktionsentscheidungen lässt sich auf zwei Wegen erreichen. Der erste Weg stärkt den Kollektivwillen innerhalb der Unternehmensorganisation. Dabei spielen direkte Partizipation und Selbstbestimmung der Produzent:innen konzeptionell eine wichtige Rolle. Innerhalb der Betriebe und Unternehmen können transparente, demokratische Entscheidungsstrukturen Partizipationsmöglichkeiten auf allen Ebenen eröffnen. Neben materieller Partizipation an den Geschäftsergebnissen ist eine selbstbestimmte Arbeitsorganisation eine überaus bedeutsame Ebene für eine direkte Beteiligung der Belegschaften an betrieblichen Entscheidungsprozessen.

Auf der Ebene von Arbeitsprozessen kann an Konzepte einer Mitbestimmung am Arbeitsplatz angeknüpft werden, wie sie auch unter kapitalistischen Bedingungen als Ausweis innovativer Arbeitspolitik gelten.[42] Arbeiter:innen und Angestellte wählen in ihren Bereichen Gruppen- oder Teamsprecher, deren Hauptaufgabe darin besteht, informelles Produzentenwissen in die Gestaltung der Arbeitsprozesse einzubringen und Beschäftigteninteressen gegenüber dem Management zu vertreten. Zugleich ist es sinnvoll, die Entscheidungskompetenzen der Betriebsräte oder – in anderen Systemen organisierter Arbeitsbeziehungen – vergleichbarer Interessenvertretungen auf die Geschäftspolitik, auf Investitionen, Innovationen und auch auf die Einstellungs-, Beschäftigungs- und Leistungspolitik auszuweiten. Dergleichen hatten Gewerkschaften wie die IG Metall bereits Ende der 1980er Jahre in ihre Zukunftsvisionen aufgenommen.

Doch das reicht nicht aus, um einen unternehmensinternen Kollektivwillen tatsächlich wirkmächtig zu machen. Anders als in Zeiten des organisierten Kapitalismus geht die Konzentration von Kapital in der modernen Unternehmensorganisation häufig mit einer Dezentralisierung der Unternehmensorganisation einher. Unter kapitalistischen Bedingungen kann dies zum Tarifdumping und zum Unterlaufen von Mitbestimmungsstrukturen genutzt werden. Die grenzüberschreitende Struktur der Unternehmensnetze erschwert eine wirkungsvolle Mitbestimmung zusätzlich. Dem kann nur durch eine Interessenvertretung entlang von Wertschöpfungs- und Lieferketten sowie durch Standortbetriebsräte begegnet werden. Was unter kapitalistischen Bedingungen richtig ist, wird im Übergang zu einem nachhaltigen Sozialismus nicht falsch. Die formelle Arbeitsteilung zwischen Management und Belegschaft bleibt bestehen. Da Marktmechanismen weiter wirken, werden neben arbeitsplatz-, betriebs- und unternehmensbezogenen Interessenvertretungen auch weiterhin unternehmensübergreifende Regelwerke und Kollektivvereinbarungen benötigt. Eine Hauptaufgabe der Gewerkschaften unter sozialistischen Bedingungen wird es sein, die Logistikketten, Produktions- und Zulieferstrukturen entlang der Wertschöpfungsketten zu überwachen. Sie müssen dafür sorgen, dass große Unternehmen ihre Verhandlungsmacht nicht zulasten der klein- und mittelbetrieblichen Sektoren einsetzen können. Von unmittelbaren Interessenvertretungen der Lohnabhängigen werden die Gewerkschaften mehr und mehr zu Wächtern in Netzwerken, die für die Operationalisierung und Durchsetzung von Nachhaltigkeitszielen Sorge tragen.

Dafür sind Unternehmensverfassungen hilfreich, die Nachhaltigkeitsziele zur normativen Grundlage unternehmerischen Handelns machen. Das Stiftungsunternehmen in seiner ursprünglichen Gestalt bietet hier zahlreiche Möglichkeiten. Qua Stiftungsverfassung können Managergehälter gedeckelt werden. In einer sozialistischen Ökonomie dürfen sie das Sechs- bis Achtfache eines Fachkräftegehalts nicht überschreiten. Nicht minder bedeutsam ist, dass in der Unternehmensverfassung demokratische Verfahren festgeschrieben werden können, die weit über das hinausgehen, was die institutionalisierte Mitbestimmung unter kapitalistischen Vorzeichen an Partizipationsmöglichkeiten bietet.

Unternehmenssteuerung: das demokratische Unternehmen als Option

Auch in diesem Punkt zeichnen sich, etwa in den Netzwerken demokratischer Unternehmen, wie sie sich gegenwärtig überwiegend im Hochtechnologiesektor finden, Ansatzpunkte für eine interne Demokratisierung innerbetrieblicher Entscheidungen ab. Die Bandbreite dieser Unternehmen reicht unter kapitalistischen Bedingungen von der Wertschöpfungsgemeinschaft, die eine klare Trennung von

Eigentümer:innen, Geschäftsleitung und Beschäftigten kennt, bis hin zur Großkooperative, in der das Unternehmen allen Organisationsmitgliedern gehört. Als Organisationsmodelle fungieren unter anderem Mitarbeitergesellschaften, Genossenschaften oder Stiftungen. In der Regel unterscheiden sich diese Unternehmen auch in ihren Betriebszwecken. Die Wertschöpfungsgemeinschaft versteht sich als gewinnorientiertes Unternehmen, das große Freiräume gewährt, solange der Profit stimmt (»zehn Prozent Umsatzrendite und fast alles ist erlaubt«). Genossenschaftlich organisierte Unternehmen und Mitarbeitergesellschaften wollen ebenfalls Gewinne erwirtschaften. Ihr Hauptzweck ist es aber, den Mitgliedern Einkommens- und Beschäftigungssicherheit sowie eine sinnvolle Betätigung zu bieten. Manchen dieser genossenschaftlich organisierten Unternehmen geht es vor allem um ein bestimmtes Produkt oder eine besondere Dienstleistung – den neuen Energiegenossenschaften etwa um eine Wende hin zu erneuerbaren Energien. Insgesamt gibt es bereits in der Gegenwart eine Vielzahl an Experimenten mit Formen eines »kollektiven Selbsteigentums«. Demokratie im Unternehmen hat vor allem dort eine Chance, wo das Gewinnmotiv intern und über die Unternehmensverfassung in den Hintergrund gedrängt wird.

Zu beachten sind dabei *stark differierende Partizipationsniveaus.* Diese reichen von der Gestaltung des eigenen Arbeitsplatzes über die Befugnis zur Einstellung von Mitarbeiter:innen durch Arbeitsgruppen oder Teams und die demokratische Wahl der Geschäftsleitungen (CEOs) oder der unmittelbaren Vorgesetzten bis zum Einfluss von Genossen oder Mitgliedern auf Investitionsentscheidungen (Mondragon, Semco). Letzteres ist unter kapitalistischen Bedingungen eher die Ausnahme. Dennoch finden sich Schnittmengen mit wirtschaftsdemokratischen Konzepten, die beanspruchen, Alternativen zur gewinnorientierten Privatwirtschaft zu entwickeln. Letzteres ist bei dem Gros der jungen Technologieunternehmen gegenwärtig aber nicht der Fall. Hier spielt eher die Erosion von Wissenshierarchien eine Rolle – eine Entwicklung, die mit starren bürokratischen Regeln, vorgegebenen Aufgabenzuschnitten und einer pyramidalen Unternehmensorganisation konfligiert.

Charakteristisch für zahlreiche Unternehmen mit demokratischem Selbstverständnis ist, dass sie sich daranmachen, die *Möglichkeiten internetbasierter sozialer Netzwerke* auf die Betriebsorganisation zu übertragen. Demokratie wird gewissermaßen zum Geschäftsmodell mit eigener Software. Liquid Feedback oder Liquid Democracy heißen Managementkonzepte, mit denen Unternehmen wie die Synaxon AG, Zara und andere arbeiten. In solchen Fällen funktioniert die Unternehmensorganisation nach dem Muster der mittlerweile dahinsiechenden Piratenpartei – mit all ihren Stärken und Schwächen. Grundsätzlich kann über alles und jedes diskutiert und demokratisch abgestimmt werden. Dabei zeigt sich in der Regel aber rasch: Partizipation und demokratische Verfahren kosten Zeit und erfordern Arbeit. Demokratie ist gewissermaßen ein »Zeitfresser«. Deshalb lässt sich demokratische Partizipation nicht auf gleichbleibendem Niveau verstetigen. Früher oder später kommt es zur Delegierung von Interessen, zur Formalisierung von Abläufen und nicht selten zum Wusch nach institutionellen Garantien für Partizipationsmöglichkeiten. Das muss nicht das Ende demokratischer Partizipation bedeuten, im Gegenteil, aber es wäre doch leichtfertig, wollte man die Schwierigkeiten einer internetbasierten Partizipation, zu der auch Überwachung und Kontrolle gehören können, übersehen.

Diese Schwierigkeiten werden in einer sozialistischen Ökonomie fortbestehen. Nachhaltigkeit in Unternehmen bedeutet deshalb auch, demokratische Verfahren und Institutionen nutzerfreundlich, robust und krisenfest zu machen. In der Gegenwart handelt es sich bei den Unternehmen mit demokratischem Selbstverständnis überwiegend um expandierende Firmen mit dezentralen Strukturen im IT-Bereich, in denen vergleichsweise junge, hochqualifizierte Belegschaften arbeiten. Doch was passiert, wenn ein Unternehmen in die Krise gerät? Müssen die Teams, die zuvor selbst eingestellt haben, auch wieder selbst entlassen? Wird das nicht zu Rollenkonflikten führen, die letztendlich zulasten von Kreativität und Partizipationsfreude gehen? Wo das Entdeckungsverfahren des Marktes gilt, werden sich solche Fragen auch in einer sozialistischen Ökonomie stellen.

Die Gefahr, dass es sich bei demokratischer Partizipation im Unternehmen, die nicht auf formalisierten Rechten beruht, um bloße Schönwetterkonzepte handeln könnte, besteht auch in der nachkapitalistischen Wirtschaft. Das spricht dafür, auf dem Weg zu demokratischen Unternehmensverfassungen einige wichtige Grundregeln zu berücksichtigen. Zu klären ist, wer *dēmos*, das »Volk«, im Unternehmen ist und was er darf: Wer sind die Mitglieder? Wie soll mit der Rollenteilung von Eigentümer und Beschäftigtem umgegangen werden? Gilt Demokratie allein für dauerhaft Angestellte oder gehören auch Auszubildende und neu Eingestellte zum »Betriebsvolk«? Nötig sind ferner ein offener, transparenter Umgang mit Interessengegensätzen und Gerechtigkeitsvorstellungen, krisenfeste Partizipationsformen, die die etablierte Mitbestimmung erweitern, aber nicht ersetzen, sowie Schutz vor »panoptischer Herrschaft« und elektronisch gestützter Kontrolle. Entscheidend ist eine ausgewogene Balance von Wirtschaftlichkeits- und Demokratisierungszielen. Mitarbeiter:innen und Management benötigen Zeit für Partizipation sowie ein Denken, das über den Tellerrand des eigenen Betriebs, des eigenen Unternehmens hinausreicht; sie benötigen Bündnispartner in der Gesellschaft, die eine Demokratisierung der Unternehmensorganisation mit langem Atem betreiben.

Für die Nachhaltigkeit demokratischer Partizipation, hier verstanden als Robustheit in Krisensituationen, ist darüber hinaus wichtig, dass Beteiligungsformen von Beschäftigten genutzt werden können, um auf die eigenen Arbeitsbedingungen Einfluss zu nehmen. Um dies zu leisten, müssen demokratische Verfahren mit inhaltlichen Projekten verbunden werden. Die Prävention psychischer Belastungen in der Arbeitswelt, die Versuche, Arbeit und Privatleben in eine vernünftige Balance zu bringen, aber auch eine generell stärkere Auseinandersetzung mit der Frage: »Welchen Sinn hat das eigentlich, was ich hier mache und herstelle?«, sind Felder, die sich für eine Verstetigung partizipativer Entscheidungen anbieten. Der entscheidende Ansatzpunkt für eine neue Humanisierung der Arbeitswelt liegt aber in der Problem-Trias von Leistungserbringung, Arbeitszeiten und Arbeitsoutput. Wird das Leistungsprinzip negiert, stellt sich unweigerlich eine Grundproblematik ein, wie sie aus staatssozialistischen Versuchen bekannt ist. Beschäftigte fordern von ihren Betrieben immer wieder Leistungen, die von den Wirtschaftsorganisationen gar nicht erbracht werden können.

Manfred Krenn hat das am Beispiel Kubas analytisch nachvollzogen. Das Land leistet sich eine krisenrobuste soziale Infrastruktur, die für lateinamerikanische Verhältnisse vorbildlich ist. Diese Infrastruktur ist über die kubanische Wirtschaft aber kaum zu finanzieren. Als Folge werden in den Staatsunternehmen Gehälter gezahlt, die kaum existenzsichernd sind. Das schafft Raum für eine informelle Schattenökonomie mit Schattenwährung, die das Wirtschaftsmodell ökonomisch stabilisiert, ideologisch und politisch aber destruiert.[43] Auch im jugoslawischen Selbstverwaltungssozialismus haben sich strukturelle Probleme gezeigt, die aus dem Kurzfristdenken von Belegschaften resultieren. Statt das erwirtschaftete Mehrprodukt zumindest in Teilen zu reinvestieren, wurde es von den Arbeiter:innen häufig verkonsumiert – auf Kosten der Zukunftsfähigkeit von Unternehmen und zulasten der Gesellschaft. Das spricht zusätzlich dafür, dass Lohn-Leistungskompromisse auch unter sozialistischen Bedingungen von unabhängigen Interessenvertretungen und Gewerkschaften ausgehandelt werden.[44]

Planung: Bürgerhaushalte und Nachhaltigkeitsräte

In diesem Vorschlag klingt bereits an, dass die Stärkung eines Kollektivwillens innerhalb der Unternehmen für eine radikale Demokratisierung der Wirtschaft unzureichend ist. Nachhaltigkeitsziele müssen den Unternehmen von der Gesellschaft vorgegeben und deren Um- und Durchsetzung von der Gesellschaft kontrolliert werden. Das geht nicht ohne eine Neujustierung von Markt und Plan. Planung ist ein Stichwort, das in der libertären Linken automatisch Abwehrreflexe auslöst, weil es mit bürokratischer Kontrolle und staatlicher Willkür assoziiert wird. Es gibt aber keine effiziente Wirtschaft, die ohne Planung auskommt. Entscheidend ist, wer auf welcher Ebene und zu welchen Zwecken plant. Unternehmen, die in der Lage sind, ein Auto nach Kundenwunsch just in time zu produzieren, haben ein hochentwickeltes Planungssystem, das Flexibilitätsimperative jedoch oftmals einseitig zulasten der Beschäftigten praktiziert. Die Shareholder-Value-Steuerung von Unternehmen, die Renditevorgaben auf dezentrale Profitcenter herunterbricht, ist nichts anderes als eine Planwirtschaft im Dienst von Maximalrenditen. In allen diesen Fällen werden Teilsysteme und Funktionsmechanismen der kapitalistischen Ökonomie mit Planungen verbunden, die letztendlich zulasten der Gesellschaft gehen.

Im Übergang zu nachhaltigen Gesellschaften kann dies über Formen demokratischer Planung korrigiert werden, die dafür sorgen, dass ein *gesellschaftlicher* Kollektivwille auch in den Betrieben und Unternehmen Gehör findet. Soziale und ökologische Nachhaltigkeit benötigt eine Planung für dekarbonisierte, ressourcenschonende Wirtschaftssysteme. Das spricht für eine *makroökonomische Verteilungsplanung*, die, anders als im Staatssozialismus, auf detaillierte Produktionsvorgaben verzichtet, aber doch Einfluss auf die Wirtschaftspolitik und die Unternehmensstrategien nimmt. Die Verteilungsplanung wird in demokratisch zusammengesetzten Gremien stattfinden. Sinnvoll sind Planvarianten, die der Bevölkerung periodisch zur Abstimmung vorgelegt werden. Bei einer nationalen, europäischen oder auch einer regionalen Wahl werden dann nicht mehr nur Parteien und Personen, sondern auch Plan- und Haushaltsvarianten mit unterschiedlichen Präferenzen gewählt. Solche Planvarianten können Nachhaltigkeitsziele unterschiedlich gewichten und differierende Korridore für die Zielerreichung definieren. Die jeweils höhere Planungsebene legt die Korridore für die nachgeordneten Ebenen fest. Mit der Dezentralität der Planungsebene nimmt deren Detailliertheit zu. Die jeweils beschlossene Variante setzt, wie beim Bürgerhaushalt, Präferenzen bei den öffentlichen Ausgaben. Sie hat für Regierungen, jedoch nicht für einzelne Betriebe oder Unternehmen verbindlich zu sein. Im politischen Prozess sind die Planvarianten Gegenstand von öffentlichen Debatten und Parteienkonkurrenz.[45]

In Ökonomien mit dezentralen Unternehmensnetzwerken reicht eine demokratische Rahmenplanung von oben jedoch keineswegs aus, um Nachhaltigkeitsziele tatsächlich durchzusetzen. Das auch, weil eine makroökonomische und makrosoziale Demokratisierung von Produktionsentscheidungen für sich genommen noch keine Garantie dafür ist, dass Kompromissfindungen zwischen wirtschaftlicher Leistungsfähigkeit, substanzieller Gleichheit und ökologischer Nachhaltigkeit tatsächlich gelingen. Demokratische Planung verbessert die Chancen, auf eine nachhaltige Güterproduktion umzustellen, nur dann, wenn alle relevanten gesellschaftlichen Gruppen an Entscheidungsprozessen beteiligt werden. Das gelingt am besten auf dezentraler, regionaler Ebene, wo es leichter fällt, gesellschaftliche Bedarfe und Bedürfnisse zu ermitteln.

Die Bildung von *Transformations- und Nachhaltigkeitsräten* würde den Übergang zu einer dezentralen demokratischen Planung entscheidend vorantreiben. Deren Arbeit kann bereits unter kapitalistischen Bedingungen beginnen.[46] Zu den wichtigsten Aufgaben von Transformationsräten würde gehören, die Umsetzung von Nachhaltigkeitszielen zu überwachen. Der erreichte Ist-Stand, etwa bei den Klimazielen, kann periodisch mit dem abgeglichen werden, was eigentlich zu erreichen wäre, um das 1,5-Grad-Ziel, das der Weltklimarat als einziges Szenario für noch einigermaßen beherrschbar hält, im Blick zu behalten. Eine Herstellung von Transparenz bei Einkommen und Arbeitsbedingungen, mit deren Hilfe Druck in Richtung fairer Löhne und guter Arbeitsbedingungen zu erzeugen ist, wird eine weitere Aufgabe sein. Die Räte könnten zur Hälfte aus allgemeinen, freien, gleichen Wahlen hervorgehen, zur anderen Hälfte hätten sie sich aus Expert:innen zusammenzusetzen, die von zivilgesellschaftlichen Akteuren benannt werden. Ein Losverfahren, das Bürger:innen nach dem Zufallsprinzip beteiligt, könnte ebenfalls ein Weg sein, um Teilhabe für jene zu ermöglichen, die am politischen Geschehen sonst nicht beteiligt sind.

Transformations- und Nachhaltigkeitsräte dürfen keine staatlichen Organe sein. Es geht nicht darum, das ohnehin aufgeblähte Beiratswesen um ein weiteres staatliches Gremium zu ergänzen. Nötig sind Räte in Bewegung, die in sozialistischen Gesellschaften als Entscheidungsorgane institutionalisiert werden können. Ihr Hauptziel muss jedoch stets die maximale Beteiligung der *Citoyens* sein. Der Gründungsprozess einer neuen Rätebewegung lässt sich jederzeit einleiten – durch Initiative von unten und im besten Falle mit Unterstützung der regionalen Gliederungen von Gewerkschaften, Klimabewegungen, Umweltverbänden und anderen Akteuren der demokratischen Zivilgesellschaft. Nachhaltigkeitsräte treten nicht in Konkurrenz zur parlamentarischen Demokratie, erweitern und beleben diese aber. Die politischen Mehrheitsentscheidungen könnten auf allen Ebenen mit Rätebeschlüssen kontrastiert werden, die sich an sozialen und ökologischen Nachhaltigkeitszielen ausrichten. Eine erste Aufgabe der Räte könnte sein, die Verteilung und Verwendung jener Gelder zu überwachen, die im Zuge der Coronakrise für den wirtschaftlichen Wiederaufbau eingesetzt werden. Jeder Euro, der in die Wirtschaft fließt, kann mit der Anforderung an die Betriebe verbunden werden, verbindliche Vorschläge zu unterbreiten, wie sie in Zukunft zur Realisierung ökologischer und sozialer Nachhaltigkeitsziele beitragen wollen. Dies wäre der Ansatzpunkt für einen partizipativen Sozialismus, der sich den Umbau der Produktionsweise auf die Fahnen schreibt.

Produktionsweisen: Kreislaufwirtschaft, Herstellung und Konsum langlebiger Güter

Eine radikale Demokratisierung von Produktionsentscheidungen, verbunden mit einer Neujustierung von Markt und Plan, sagt für sich genommen aber noch wenig über die stoffliche Zusammensetzung der Güterproduktion aus. Für die ökologische Nachhaltigkeit ist das jedoch der entscheidende Punkt. Sozialismus kann nur nachhaltig und einer kapitalistischen Marktwirtschaft überlegen sein, wenn die *Umstellung auf eine ressourcenschonende, kohlenstoffarme Produktion mit langlebigen Gütern* in einer den Netzwerken des Lebens angepassten Kreislaufwirtschaft gelingt. Nachhaltige Qualitätsproduktion bedeutet weniger, dafür aber höherwertige Güter zu konsumieren.

Nehmen wir als Beispiel ein altes Radio aus den 1950er Jahren. Das Gerät war, so es von einem Markenhersteller stammte, nahezu unzerstörbar und über Jahrzehnte hinweg ohne jede Reparatur funktionstüchtig. Ich habe ein solches Exemplar seinerzeit von meinem Vater übernommen; es hat die Küche in diversen Wohnungen beschallt und musste erst ausgemustert werden, als die Ultrakurzwelle in der Region nicht mehr sendete. Zu diesem Zeitpunkt war das Radio mindestens 60 Jahre alt. Es hat die Stereoanlage nicht ersetzt, aber dennoch gute Dienste geleistet. Nachrichtensendungen und anspruchsvolle Features der Kulturkanäle waren gut zu hören. Das Problem ist, dass solche Radios gegenwärtig nicht mehr gebaut werden. Die Massenproduktion an Elektrogeräten stellt Produkte mit eingebautem Verfallsdatum her; sie erzeugt Güter zu Tiefstpreisen, die kaum zu reparieren sind und als Wegwerfartikel Elektroschrott erzeugen, der die Müllhalden des Planeten füllt und das Massenelend in den Megacitys benötigt, um gegebenenfalls durch Ausbeutung von Kinderarbeit beseitigt zu werden.

Diese Art von Zwangskonsum hat sich in vielen gesellschaftlichen Bereichen etabliert. Autos fährt man nur auf Zeit, dann muss ein neues Modell her. Kleidung soll modisch sein, sonst wird sie entsorgt. Das Notebook muss ausgetauscht werden, weil es nicht mehr softwarekompatibel ist – und das obwohl die meisten Nutzer:innen nicht einmal ein Zehntel der Rechenkapazitäten und Anwendungsmöglichkeiten benötigen. Lebensmittel werden in Überfülle angeschafft und landen zu einem Drittel im Abfall. Die Liste mit Beispielen für verschwenderischen Konsum ließe sich beliebig erweitern. Selbstverständlich verlangt die Überwindung von Verschwendung und Vergeudung eine Veränderung von Konsummustern und Lebensstilen. Doch mit dem bloßen Appell, zuerst den Fleischkonsum auf die Hälfte zu begrenzen, ist wenig gewonnen. Die Haupansatzpunkte für Veränderungen liegen in der Produktion. Weichenstellungen zugunsten langlebiger Güter sind ohne den Bruch mit Produktionsabläufen, die primär von Märkten und Konsument:innen her konzipiert werden, kaum vorstellbar. Der Übergang zu nachhaltiger Qualitätsproduktion kann aber nur gelingen, wenn die Erzeugnisse einer solchen Produktionsweise trotz höherer Preise auch noch von den untersten Einkommensgruppen konsumiert werden können. Dergleichen ist ohne die Rückverteilung gesellschaftlichen Reichtums zugunsten niedriger Einkommen ausgeschlossen. In der Öffentlichkeit wird Nachhaltigkeit häufig noch immer mit Verzicht, Schrumpfung und Askese gleichgesetzt. Derartige Vereinfachungen widersprechen jedoch einer politischen Ökonomie der Nachhaltigkeit. Denn mit hoher Wahrscheinlichkeit wird die Realisierung ökologischer Nachhaltigkeitsziele die Preise für Agrarprodukte, Lebensmittel und Güter des täglichen Bedarfs in die Höhe schnellen lassen. Schon deshalb sind ökologisch motivierte Verzichtsappelle, die zur Mäßigung bei Löhnen und Einkommen mahnen, schlicht kontraproduktiv.

Sozial und ökologisch nachhaltig ist das genaue Gegenteil. Löhne und Einkommen eines Großteils der abhängig Beschäftigten und ihrer Haushalte müssen steigen, damit faire Preise für Ressourcen oder Lebensmittel aus ökologischem Anbau für große Mehrheiten überhaupt erschwinglich werden. Nötig sind deshalb – national wie international – Löhne zum Leben, die deutlich oberhalb der Niedriglohngrenze liegen.[47] Da fraglich ist, ob die Gewerkschaften noch genügend

Kraft haben, solche Löhne durchzusetzen, benötigt Einkommensgerechtigkeit Unterstützung aus Politik und Zivilgesellschaft. Kommissionen, die unter wissenschaftlicher Beteiligung regionale Standards für *living wages* ermitteln, sowie eine Stiftung mit Gütesiegel für beteiligte Unternehmen, die nach britischem Vorbild agiert, könnten Schritte in diese Richtung sein. *Living wages* sollen es erlauben, Ansprüche an Kultur und Bildung zu verwirklichen. Sie stellen eine arbeitgeberseitige Selbstverpflichtung dar, keinen rechtlichen Anspruch. Dennoch gewinnen sie z.B. in Großbritannien seit Jahren an Bedeutung. Regionale Kommissionen oder besser noch: Transformationsräte könnten ermitteln, wie solche Löhne vor Ort zu gestalten sind. In Großbritannien liegt der *living wage* 23 Prozent (in London 40 Prozent) über dem gesetzlichen Mindestlohn. Unternehmen können auch über Zertifizierungen (»living wage employer«) für solche Löhne gewonnen werden.

Dass sich Löhne zum Leben mit qualitativen Forderungen nach guter Arbeit und Arbeitszeitverkürzung verbinden lassen, liegt auf der Hand, denn je besser die Einkommen sind, desto wichtiger werden bei den subjektiven Präferenzen auch Zeitwohlstand und gute Arbeitsbedingungen.[48] Ökologisch nachhaltige Arbeitsbedingungen entlang von Wertschöpfungsketten sind in den Ländern des Südens leichter durchzusetzen, wenn Schmutz- und Unterbietungskonkurrenz aus dem Norden etwa durch wirksame Lieferkettengesetze unterbunden wird. Anzuvisieren sind deshalb, national wie international, Löhne und Einkommen für ein gutes Leben, die deutlich oberhalb der jeweiligen länderspezifischen Niedriglohngrenzen liegen.

Infrastruktur: öffentliche Güter, Aufwertung von Sorgearbeit

Nachhaltiges Produzieren und Wirtschaften kann erst zu voller Blüte gelangen, wenn das Zwangsgesetz der Konkurrenz und das Streben nach ständiger Erhöhung der Arbeitsproduktivität allmählich außer Kraft gesetzt werden. Ein weiterer zentraler Baustein für das Fundament ökologisch-sozialistischer Gesellschaften ist deshalb eine *zureichend finanzierte soziale Infrastruktur*, die Gesundheit, Pflege, Erziehung, Bildung und Mobilität zu öffentlichen, für alle zugänglichen Gütern erklärt. Der Coronadiskurs hat entdeckt, was feministische Debatten um die Krise sozialer Reproduktion seit Jahren thematisieren. Pflegende, sorgende, erziehende und bildende Tätigkeiten sind ebenso unterbezahlt wie Jobs in der Logistik oder dem Verkehrswesen. Sie werden häufig in prekärer Beschäftigung ausgeübt, als Frauenarbeit abgewertet und sind in der gesellschaftlichen Anerkennungspyramide weit unten platziert. Solch festgefahrene Strukturen lassen sich wohl nur mithilfe einer Care-Revolution aufbrechen[49], die als unabdingbarer Bestandteil einer Nachhaltigkeitswende ebenfalls schon lange überfällig ist.

Nachhaltiger Sozialismus beinhaltet den Übergang zu einer Balance-Ökonomie, in der die unterschiedlichen Arbeitsvermögen über Steuerungsarbeit miteinander verbunden werden: »Das, was bei Marx als Unterschied zwischen Tischler, miserablem Baumeister und Biene erscheint, ist dieser Anteil der spezifischen Arbeitsvermögen an der Steuerung. Sie müssen nicht im merkfähigen Bewusstsein, sondern können in den Routinen, der besonderen Geschicklichkeit verstreut sein. Ins Auge fallen sie vor allem als *Steuerungsverlust*. Ausfälle in der Balance-Ökonomie ergeben solchen Steuerungsverlust; das gleiche Resultat ergibt sich aufgrund des Balance-Imperialismus, das heißt aus der Logik des Abzugs von Steuerungsenergien, die zur Balancierung benötigt werden.«[50]

Einen Balance-Imperialismus finden wir unter marktwirtschaftlich-kapitalistischen Bedingungen im gesamten Feld der Sorgearbeiten. Einschränkungen und Privatisierungen öffentlicher Sorgearbeit berühren die Arbeitsvermögen in ihrer Gesamtheit. Zugleich sorgt ein verselbstständigtes Wettbewerbsprinzip für die Individualisierung der Steuerungsarbeit. Einzelne Personen sind jedoch nicht in der Lage, die Imbalance der Arbeitsvermögen grundlegend zu korrigieren. Deshalb kann die in Wert gesetzte und somit fremdbestimmte Erwerbsarbeit sukzessive die anderen Arbeitsvermögen okkupieren. Das geschieht gesellschaftlich, sektoral wie auch in den Subjekten. Soll diesem »landnehmenden« Imperialismus entgegengewirkt werden, ist eine gleichberechtigte, demokratische Repräsentanz der unterschiedlichen Arbeitsvermögen zwingende Voraussetzung. Eine statistische Erfassung und Sichtbarmachung des Anteils auch unbezahlter Sorgearbeiten an der gesellschaftlichen Reichtumsproduktion, wie sie seitens der wachstumskritischen Debatte als Wohlfahrtsindikator vorgeschlagen wird, ist auch hier ein erster kleiner Schritt in Richtung Nachhaltigkeit.

Allerdings ist unwahrscheinlich, dass das Prinzip sozialer Reziprozität, wie es Sorgetätigkeiten zugrunde liegt, aus sich heraus stark genug ist, die in den Bewährungsproben des Produktionsregimes verankerte Wettbewerbslogik korrigieren zu können. Da die soziale Hierarchie unter kapitalistischen Bedingungen an bezahlter Arbeit hängt und die Definitionsmacht über das Bezahlen von Arbeitsleistungen bei Unternehmen und Staat liegt, muss eine Demokratisierungsstrategie für den Reproduktionssektor an dieser Nahtstelle ansetzen. Den wohlfahrtsstaatlichen Arrangements kommt dabei eine entscheidende Rolle zu. Sorgearbeiten können bereits in wohlfahrtsstaatlich robust regulierten Kapitalismen durch einen steuerfinanzierten öffentlichen Sektor in hoher Qualität, mit großem Volumen und zu bezahlbaren Preisen angeboten werden. Die Produktion von Sorgeleistungen als bezahlbare öffentliche Güter ist eine Voraussetzung, um die sozioökonomische und klassenspezifische Hierarchisierung von Reproduktionsmustern zu durchbrechen.

Ein Umsteuern in Richtung des skandinavischen Wohlfahrtsstaatsmodells, das Lohnabhängigen- und Reproduktionsmacht auf hohem Niveau und gleichgerichtet institutionalisiert, reicht für sozialistische Handlungsfähigkeit im Reproduktionsbereich heutzutage aber nicht mehr aus. Denn nicht alles, was an Sorgetätigkeit nötig ist, kann öffentlich bereitgestellt werden. Aus diesem Grund ist eine gesellschaftliche Auseinandersetzung um eine neue Balance-Ökonomie, die einen selbstbestimmten Mix aus öffentlichen und privaten Sorgeleistungen umfasst, unabdingbar. Ihr wichtigster Anknüpfungspunkt ist das Zeitregime. Gegenwärtig sorgt die Flexibilisierung der Produktions- und Zeitregime bei einem Großteil der Bevölkerungen für einen Verlust an Zeitsouveränität und Zeitressourcen. Diesem »Zeitimperialismus«, der Okkupation freier Zeit für ökonomische Verwertung, kann mittels egalitärer, geschlechtersensibler Erwerbsarbeitszeitverkürzung eine Grenze gesetzt werden. Eine kurze Vollzeit[51] für alle sowie bezahlte Zeit für Arbeit am Gemeinwesen und der Demokratie wären Leitbilder für entsprechende Handlungsstrategien. Eine kurze Vollzeit von 30 bis 32 Wochenarbeitsstunden im Rahmen einer Vier-Tage-Woche würde erwünschte und freiwillige Arbeitszeitverlängerungen für viele unterbeschäftigte Frauen und prekär Tätige ermöglichen, sie wäre im Gegenzug aber auch mit deutlicher Arbeitszeitreduktion für all jene Berufsgruppen verbunden, die aus der Dynamik der Arbeitsprozesse heraus häufig weit über die tariflich und gesetzlich verankerten Arbeitszeitnormen hinaus aktiv sind.

Schon unter kapitalistischen Bedingungen müssen neben großen Vermögen auch hochproduktive Industrien und Wirtschaftsbereiche zur Finanzierung und Expansion von Sorgearbeiten hoher Qualität herangezogen werden, deren Produktivität sich allenfalls langsam steigern lässt. Eine gesellschaftliche Aufwertung dieser Tätigkeiten zu betreiben, beinhaltet letztendlich einen Bruch mit dem Zwang zu permanenten Landnahmen. Das kapitalistische Prinzip der Ersetzung von menschlicher Arbeitskraft durch Maschinen wird zugunsten einer Steigerung von Lebensqualität infrage gestellt. Gesellschaften, die im Rahmen einer umfassenden Demokratisierungsstrategie die Aufwertung von Sorgearbeit und damit eine Anpassung an geringe Wachstumsraten betreiben, wären in diesem Sinne nachhaltig sozialistische Gesellschaften. Gesundheit, Pflege, Bildung und Erziehung entwickeln sich bereits in der Gegenwart zunehmend zu zentralen Konfliktfeldern. Arbeitskämpfe im Reproduktionssektor sind weiblich, sie finden häufiger Resonanz bei prekär Beschäftigten und sie erfassen mit den Erzieher:innen, Ärzt:innen und dem Pflegepersonal von Kliniken Gruppen, deren Berufsethos sich lange gegen Streiks sperrte. Mehr noch, das verletzte Berufsethos wird zur Quelle der Kritik an den Arbeitsbedingungen, der Verschlechterung von Pflegeleistungen und damit zu einer Machtressource kollektiven Interessenhandelns. Selbst in den sozialen Diensten der Kirchen, die sich einer Übernahme des Betriebsverfassungsgesetzes verweigern, wird der Ruf nach wirksamer Mitbestimmung und Tarifautonomie lauter. Das ist ein weiteres Indiz dafür, dass die Ökonomie der billigen Ressourcen zunehmend auf Widerstand trifft.

Fassen wir zusammen: Einen nachhaltigen Sozialismus wird es nur geben können, wenn das Privateigentum an und die private Verfügung über die Produktionsmittel im Machtzentrum der kapitalistischen Ökonomie aufgehoben und durch Formen kollektiven Selbsteigentums ersetzt werden. Die sozialisierten Unternehmensnetze stehen in einem demokratisch regulierten Austausch mit der kooperativen Marktwirtschaft kleiner und mittlerer Betriebe. Das Verhältnis von Markt und Plan unterliegt politischen Entscheidungen, die ständig neu justiert werden müssen. Dergleichen wird von einem transformativen, reflexiven Recht befördert, das sich ebenfalls in einem beständigen Wandel befindet. Sorgende, bildende, pflegende und erziehende Tätigkeiten werden, ihrem gesellschaftlichen Gebrauchswert entsprechend, materiell und ideell aufgewertet. Bildung, Mobilität und Gesundheit sind in einer sozialistischen Gesellschaft zu öffentlichen Gütern geworden, deren Inanspruchnahme garantiert, dass man auch mit relativ geringem Einkommen gut leben kann.

Zentrum der sozialistischen Produktionsweisen ist die Herstellung von langlebigen Gütern und qualitativ hochwertigen Dienstleistungen, die überwiegend von hochqualifizierten, handwerklich spezialisierten Beschäftigten erbracht werden. Mit der Durchsetzung flexibler Qualitätsproduktion wird weniger konsumiert, die Produkte und Dienstleistungen weisen aber durchgängig eine höhere Wertigkeit auf. Wer beispielsweise das Auto als Mittel individualisierter Mobilität nicht missen möchte, kann ein Fahrzeug kaufen, das reparabel ist und Jahrzehnte fährt. Es ist aber auch möglich, und immer mehr Menschen vor allem in Großstädten wählen diese Option, individuelle Mobilität auf ganz andere Weise und völlig ohne privaten PKW in Anspruch zu nehmen. Wichtigste politische Innovation sind Transformationsräte, die sich zu Hauptakteuren der Nachhaltigkeitsrevolution mausern. Sie setzen Regierungen unter Druck und sorgen für ein Maximum an gesellschaftlicher Beteiligung. Über Jahrzehnte verinnerlicht, wird der nachhaltige Sozialismus mit seinen demokratischen Institutionen und Verfahren allmählich zu einer Lebensform, er wird habitualisiert und bestimmt als inkorporierte Struktur, als verinnerlichtes Äußeres, zunehmend die Auswahl individueller und kollektiver Handlungsstrategien.

VIII Produktivkräfte: Digitaler Sozialismus?

Für ein gleichsam »automatisches«, habitualisiertes Verhalten, das die Kernstruktur nachhaltig sozialistischer Gesellschaften in den Subjekten reproduziert, gibt es eine wichtige Voraussetzung. Die neue Gesellschaft und ihre Wirtschaft müssen funktionieren. Können sie das? Ein Grundproblem aller antiproduktivistischen Entwürfe einer postkapitalistischen Gesellschaft ist, dass sie nach einer gerechten Verteilung verlangen, sich aber darüber ausschweigen, wie der gesellschaftliche Reichtum eigentlich hergestellt werden soll, der jeder und jedem Einzelnen zu Muße, kurzen Arbeitszeiten und Selbstentfaltung verhilft. Sofern die Produktion gesellschaftlichen Reichtums, also wirtschaftliche Effizienz und Effektivität überhaupt thematisiert wird, kommt gelegentlich die Digitalisierung ins Spiel. Gemeint ist damit zumeist eine neue Etappe in der Entwicklung, Anwendung und Nutzung digitaler Technologie, die mit der Signalkrise von 2007–2009 einsetzt.

Dieser im Gange befindliche Schub an Informations- und Kommunikationstechnologie stellt eine Reaktion auf die Zangenkrise und das Wachstumsdilemma fortgeschrittener kapitalistischer Gesellschaften dar.[1] Er antwortet auf immanente Schranken der digitalen Ökonomie des Finanzmarktkapitalismus, deren bisherige Geschäftsmodelle an Grenzen gestoßen sind, und er folgt einem besonderen Geist des Kapitalismus, präziser: einem Solutionismus, der sich als Schlüssel zur Lösung aller großen gesellschaftlichen Zukunftsprobleme präsentiert.

Produktivkraftoptimisten sehen in digitaler Technologie den entscheidenden Hebel, um die stagnativen Tendenzen zeitgenössischer Postwachstumskapitalismen zu überwinden. Das Zauberwort für neue technische Möglichkeiten lautet Kombinatorik. Fortschritte in der Robotik, exponentiell wachsende Rechnerleistungen sowie deren Kombination und Nutzung in der Maschine-Maschine-Kommunikation (M2M = Austausch von Geräten über Netze), die das Potenzial haben, metrische Systeme zu sprengen, stehen für eine technologische Zäsur. Sie sollen unbegrenzte technische Innovationen garantieren. Neueste digitale Technik und künstliche Intelligenz gelten als Sprunginnovation, die wie jede andere Schüsseltechnologie zuvor aus bereits Vorhandenem entsteht. Eine Vielzahl scheinbar inkrementeller Innovationen verdichtet sich, so die Hoffnungen der Technikoptimisten, zu Sprunginnovationen, die Produktionsmodelle, Branchenstrukturen, Arbeitsweisen und Konsummuster umwälzen. Dabei spielt eine Rolle, dass digitale Technologie universell ist. Sie kann in jeder Branche und in jedem Sektor Anwendung finden. Zugleich hat sie mit der Informations- und Kommunikationsindustrie (IKT) eine genuin neue Branche hervorgebracht, in der die Avantgarde des digitalen Wandels agiert. Die Digitalisierung schafft Werkzeuge und soziale Mechanismen, mit deren Hilfe sich ein zuvor nicht oder nicht vollständig kommodifiziertes Anderes extrahieren, kommodifizieren und absorbieren lässt. Wissen und selbst jene menschlichen Erfahrungen, die zuvor ausschließlich in den Köpfen einzelner Personen gespeichert waren und die Intimsphäre von Lebewesen berühren, werden nun zum »neuen Land«, dessen Okkupation der kapitalistischen Wachstumsdynamik neues Leben einhauchen soll. Lässt sich dieser Technologieschub nutzen, um Produktionsweisen zu generieren, die einen nachhaltigen Hochtechnologie-Sozialismus ermöglichen?

Die Beantwortung dieser Frage soll in exemplarischer Auseinandersetzung mit Evgeny Morozovs Plädoyer für einen Digitalen Sozialismus erfolgen.[2] Morozov – darin stimme ich ihm zu – begegnet der These eines völlig neuen »digitalen Kapitalismus«[3] mit Vorsicht. Andere wissenschaftliche Beobachter:innen halten derartige Etikettierungen und vor allem die mit ihnen korrespondierenden industriepolitischen Empfehlungen für pure Ideologie.[4] Morozov sieht diese Dimension, analysiert aber auch besondere soziale Mechanismen des jüngsten Technikschubs. In vielerlei Hinsicht sei der digitalisierte ein ganz gewöhnlicher Kapitalismus, der auf einer wechselseitigen Durchdringung von Finanzkapitalismus und Technologiewirtschaft beruhe. Die Öffentlichkeit neige dazu, sich diesen Kapitalismus »als etwas ganz Neues, Einzigartiges vorzustellen, das in erster Linie vom technologischen Wandel getrieben« werde; das sei »falsch«.[5] Allenfalls könne von der Beschleunigung einer technologischen Entwicklung ausgegangen werden, deren Ursprünge schon Jahrzehnte zurückreichten. Richtig verstanden, ist digitale Technologie für Morozov allerdings eine Produktivkraft, die eine Erneuerung sozialistischer Politik erlaubt. Darin der von mir favorisierten Begrifflichkeit verwandt, will Morozov es nicht bei diffusen Kategorien wie »Postkapitalismus« oder »radikaler Humanismus«[6] belassen. Er verwendet das S-Wort sehr bewusst. Mit der Beifügung »digital« verleiht er ihm etwas Modernes, Attraktives. Prompt wird der digitale Sozialismus in einschlägigen Debatten bereits zur Schlüsselkategorie einer zukunftstauglichen sozialistischen Utopie ernannt.[7]

Sind derart hohe Erwartungen gerechtfertigt? Ich hege Zweifel. Wie gezeigt, kann die Anstrengung, Sozialismus neu zu definieren, ein lohnenswertes Unterfangen sein. Doch wenn es, was Morozov anmahnt, um ein neues Selbstverständnis sozialistischer Politik geht, ist die Engführung des S-Wortes mit digitaler Technologie eher Problem als Lösung. Der Sozialismus der Zukunft wird ein radikaldemokratischer sein, und er hat sich als ökologisch und sozial nachhaltig zu bewähren. Nur wenn er diesen Zielen dient, funktioniert er – in gesellschaftlich bestimmten Grenzen – auch digital. Zur Begründung dieser Sichtweise konzentrieren sich die nachfolgenden Überlegungen zunächst auf Kernargumente, mit denen Morozov sein Plädoyer für einen digitalen Sozialismus stützen will: die Problemdiagnose, die Implikationen der digitalen Wissensökonomie und die Suche nach einer neuen »großen Erzählung« für einen Sozialismus des 21. Jahrhunderts. Es folgen Ausführungen zu Bereichen, in denen digitale Technologie den Übergang zu nachhaltig sozialistischen Gesellschaften forcieren kann.

Problemdiagnose: Stagnation und »proprietäre Märkte«

Beginnen wir mit der Problemdiagnose. Morozov verweist zu Recht auf eine dramatische Entwicklung. Längst ist die Digitalisierung zum Schlachtfeld imperialer Rivalitäten geworden, die hauptsächlich zwischen den Weltmächten China und USA sowie deren Tech-Konzernen ausgetragen werden. Europa spielt derzeit nur eine Nebenrolle. Gemeinsam kreieren Technologieunternehmen und stützende Staaten »proprietäre Märkte«[8]. Proprietäre, also geschlossene, nicht frei zugängliche Märkte entstehen, indem künstlich verknappt wird, was eigentlich im Überfluss vorhanden ist. Das heißt, Unternehmen schaffen und verteidigen mit politischer Unterstützung Wissens- und Technologiemonopole, die es überhaupt erst erlauben, den digitalen Kapitalismus zu einer gewinnbringenden Veranstaltung zu machen.[9] Laut Morozov bleiben nur wenige Jahre, um die technologiepolitischen Weichen so zu stellen, dass es Europa noch gelingen kann, sich aus der Abhängigkeit des global dominanten Unternehmens-Staats-Digitalisierungskomplexes zu lösen. Diesem Szenario muss man seine Dramatik keineswegs absprechen, um dennoch zu erkennen, dass es zu hermetisch angelegt und in seinen dystopischen Schlussfolgerungen auch nicht zwingend ist.

Morozov zeichnet das Bild einer digitalen Ökonomie, die sich nahezu störungsfrei entfaltet und durchsetzt. So wird es aber nicht kommen. Selbst in den technologisch fortgeschrittensten Staaten bezeichnet digitaler Kapitalismus nur einen – zweifellos außerordentlich bedeutsamen – Sektor der kapitalistischen Wirtschaft. Stellt man in Rechnung, dass digitale Technik in allen gesellschaftlichen Bereichen Anwendung finden kann, bleibt als Faktum, dass Wertschöpfung, Beschäftigung und Wachstumspotenziale der digitalen Ökonomie selbst in den USA bisher relativ begrenzt geblieben sind.[10] Trotz des immensen Technikaufwands sinkt oder stagniert die Steigerungsrate der Arbeitsproduktivität ausgerechnet in den technologisch besonders weit entwickelten Ökonomien.[11] Die solutionistische Ideologie der neuen Digitalisierungsetappe verspricht, alle Wachstumsprobleme mithilfe eines disruptiven technologischen Wandels zu lösen. Gegen die Behauptung einer säkularen Stagnation setzen die einflussreichen MIT-Autoren Brynjolfsson/McAfee ihre technikoptimistische Botschaft: »›Ist das Wachstum vorüber?‹ Wir antworten […]: ›Auf keinen Fall. Es wird nur durch unsere Unfähigkeit aufgehalten, all die neuen Ideen schnell genug zu verarbeiten.‹«[12]

Die Beweisführung zugunsten dieser industriepolitischen Botschaft ist allerdings inkohärent und deshalb wenig überzeugend. Das zunächst, weil der Einsatz digitaler Technologie während der zurückliegenden Jahrzehnte die Ungleichheit verstärkt, die Entkollektivierung der Arbeitsbeziehungen vorangetrieben und die Marktmacht vor allem der High-Tech-Konzerne mittels Konzentration von Kapital gesteigert hat. Ein neuer Digitalisierungsschub, der sowohl arbeits- als auch kapitalsparend wirkt, wird daran nicht das Geringste ändern. Im Gegenteil. Bleibt die Rückverteilung des – auch mithilfe digitaler Technik – kollektiv erzeugten, aber eben höchst ungleich verteilten Reichtums aus, entstehen zusätzliche Wachstumsbremsen. Fehlende zahlungsfähige Nachfrage auch für digitale Produkte und Schwierigkeiten bei der Kapitalisierung von Wissen sind Strukturprobleme, die digitale Technik auch und gerade in Gestalt Künstlicher Intelligenz (KI) aus sich heraus, wenn überhaupt, so nur in sehr begrenztem Umfang zu lösen vermag.

Implikationen: Wissensökonomie und digitale Landnahme

Wahrscheinlich würde Evgeny Morozov jedes dieser Argumente unterschreiben; er unterlässt es aber, all die Spannung genauer zu durchdenken, die ein – auch digital getriebener – Kapitalismus immanent erzeugt, der weltweit nach dem Tönnies-Prinzip funktioniert (Integration über Tiefstpreise, die durch Überausbeutung und Prekarisierung ermöglicht werden). Der kognitive oder digitale Kapitalismus ist, so André Gorz schon kurz nach der Jahrtausendwende, im Grunde die »Krise des Kapitalismus«[13]. Seine revolutionäre Leistung besteht vor allem darin, dass er Wissen und Erfahrung extrahiert, das heißt von menschlichen Körpern und Gehirnen trennt, sie auf Universalmaschinen überträgt und gewinnbringend in die kapitalistische Warenform zwängt.

Nun ist Wissen jedoch keine Ware wie jede andere. Wissen entsteht als ein Produkt nicht nur der Erwerbsarbeit, sondern der gesamten Lebenstätigkeit von und der Interaktionen zwischen Individuen. »Lebendiges Wissen«[14] ist stets an die Person gebunden; deshalb kann sich Intelligenz niemals völlig »menschenfrei« entfalten. Selbstverständlich lässt sich Wissen von lebendigen Körpern abtrennen und verwissenschaftlichen, es nimmt dann eine formalisierte Gestalt an. In diesem Aggregatzustand kann es, darin »toter Arbeit« ähnlich, auch in digitalisierter Form als »totes Wissen« in den Kapitalkreislauf eingespeist werden. Zu den Eigenschaften von Wissen gehört aber, dass seine Produktivkraft dann am größten ist, wenn es von möglichst allen oder doch möglichst vielen genutzt werden kann. Wissen hat zunächst einen Wahrheitswert, der seinem – fiktiven – Warenwert vorausgesetzt ist. Um Wissen in die kapitalistische Form zu bringen, muss es künstlich verknappt und mit Eigentumstiteln versehen werden.[15] In anderen Worten, Wissen wird zum »neuen Land«, das es aus der Perspektive von Tech-Konzernen und unterstützenden Staaten zu extrahieren, zu kommodifizieren und profitabel zu nutzen gilt. Wissen ist das zentrale Objekt der digitalen Landnahme.

Das Problem ist nur: Je besser diese Landnahme gelingt, desto stärker wird der eigentliche Gebrauchswert von Wissen, werden sein Wahrheitswert und seine Fähigkeit zur Reichtumsproduktion eingeschränkt. Die sogenannte Wissensökonomie enthält daher »im Grunde eine Negation der kapitalistischen Warenökonomie. Wenn man sie als neue Form des Kapitalismus behandelt, verschleiert man ihr Negativitätspotenzial«, denn nicht alles Wissen ist gleichwertig, und der Kapitalismus wertet und verwertet vor allem dasjenige Wissen, »dessen instrumentelles Potenzial offensichtlich oder vorhersehbar ist«.[16] Formalisiertes digitales Wissen

> kann komplexe Interaktionen zwischen einer Vielzahl von Akteuren und Variablen *organisieren und regeln*. Es kann Maschinen, Anlagen und flexible Fertigungssysteme *entwerfen und lenken*. Kurz, es kann die Rolle eines Fixkapitals spielen, indem es akkumulierte »tote« Arbeit der lebendigen, materiellen oder immateriellen Arbeit substituiert. Da die Grenzkosten der Software äußerst gering sind, kann sie sehr viel mehr Arbeit einsparen als sie kostet, und das in gigantischen, noch vor kurzem unvorstellbaren Ausmaßen. Das bedeutet, dass das formale Wissen *unermesslich viel mehr »Wert« zerstört, als es zu schöpfen erlaubt*. Anders gesagt, es erspart Unmengen von bezahlter gesellschaftlicher Arbeit und verkleinert folglich den (monetären) Tauschwert einer wachsenden Anzahl von Produkten und Dienstleistungen.[17]

Man kann darüber streiten, ob das in dieser von André Gorz behaupteten Linearität zutrifft. Gegen Gorz lässt sich einwenden, dass er die Fähigkeiten kapitalistischer Akteure zur Wissensextraktion und -verwertung unterschätzt. So geht beispielsweise das Forschungsteam um Andreas Boes davon aus, ein mithilfe digitaler Technik geschaffener Informationsraum werde eine wahre Fülle an möglichen neuen Geschäftsmodellen bieten, die sich für eine Revitalisierung des Kapitalismus geradezu aufdrängten. Mit Informationsraum ist gemeint, dass das Internet eine Sphäre sozialer Handlungen und Interaktionen konstituiert, die vielfältigsten Nutzungsformen offensteht. Mithilfe des Internets bilde sich »eine lebendige globale Informations- und Kommunikationsumgebung« heraus, deren Zwecke und Veränderungsmöglichkeiten sich durch aktive Nutzung beständig veränderten und erweiterten: »Weil so geistige Tätigkeiten in neuer Qualität aneinander anschlussfähig werden, entsteht hier ein ganz neues Potenzial der Nutzung geistiger Produktivkraft.«[18]

Bisher, so sei hinzugefügt, sind die neuen Geschäftsmodelle allerdings relativ übersichtlich geblieben. Häufig verdrängen sie nur, was es in anderer Form auch schon zuvor gegeben hat. Ungeachtet der unterschiedlichen Einschätzungen über das Wachstumspotenzial der digitalen Ökonomie hat André Gorz den Aneignungsmodus der digitalen Landnahme von Wissen präzise rekonstruiert. Er ähnelt dem Modus Operandi vergangener Landnahmen auf verblüffende Weise. Rohstoff der digitalen Landnahme sind nicht allein Daten und Informationen; »lebendiges Wissen« und an die Person gebundene Erfahrung bilden zunehmend die Quelle, auf die Verwertungsinteressen zugreifen. Damit wird künstlich, also mithilfe privat- oder staatskapitalistischer Eigentumstitel, verknappt, was am produktivsten zu nutzen wäre, wenn Wissen als digitale Allmende allen zur Verfügung stünde. Eine wirkliche Wissensökonomie wäre nach Gorz ein »Wissenskommunismus«[19], der sich vom kapitalistischen Tauschwert emanzipiert. Eine solche Ökonomie in die kapitalistische Formbestimmtheit zu zwängen, funktioniert nur durch Bildung von Wissensmonopolen, die zunächst weitgehend unbeachtet in den Nischen der Wirtschaftssysteme entstehen. Ob, wie Evgeny Morozov meint, ein solcher Kapitalismus zureichend noch als neoliberal zu qualifizieren ist, darf bezweifelt werden. Eher handelt es sich um einen aus dem Ruder gelaufenen »Überwachungskapitalismus«, der gelernt hat, seine »historischen Bedingungen raffiniert auszubeuten und seinen Erfolg zu verteidigen«.[20]

Ein derartiger Kapitalismus kommt – gleich, ob seine Wirtschaftspolitik eher angebots- oder tendenziell nachfrageorientiert ausgerichtet ist – ohne staatliche Hilfe nicht aus. Schon der Finanzcrash von 2007–2009 hatte offengelegt, »dass wir in einem Zeitalter nicht der staatlichen Zurückhaltung, sondern des ›großen Regierens‹ lebten, einem Zeitalter [...] eines Interventionismus, der in seiner Logik eher militärischen Operationen oder medizinischer Nothilfe glich als gesetzmäßiger Regierungsarbeit«.[21] Man mag einwenden, dass neoliberale Ideologien in der Praxis immer einen starken, autoritären Staat benötigt haben. Den Chicago-Boys bot die Pinochet-Diktatur den Raum für ihr marktradikales Großexperiment. Und gemäßigte Ordoliberale schrecken keineswegs davor zurück, die Digitalwirtschaft mit staatlicher Hilfe ordnen zu wollen.[22] Doch selbst wenn man der These, vom Neoliberalismus seien nur noch »die rauchenden Ruinen«[23] geblieben, mit Skepsis begegnet, lässt sich doch erkennen, dass sich in Teilen der kapitalistischen Eliten auch im Hinblick auf den technologischen Wandel ein Paradigmenwechsel vollzieht.

In dem Maße, wie sich Geschäftsmodelle, deren Profitabilität auf der unbezahlten Datenzulieferarbeit jedes Suchmaschinennutzers oder jeder Smartphonebenutzerin beruht, verschleißen und die Konkurrenz über kapitalintensive Innovationen in Künstliche Intelligenz auszutragen ist, wird der Staat als intervenierender industrie- und wirtschaftspolitischer Akteur gebraucht. Er muss Eigentumsrechte garantieren, Hochtechnologieunternehmen vor der Übernahme durch – etwa chinesische – Konkurrenten schützen und digitale Infrastruktur entwickeln. Er ist angehalten, Konsummustern zum Durchbruch zu verhelfen, die – von der Schule über die kommunale Behörde bis hin zu Geldtransfers – möglichst viele Konsument:innen mit stillem Zwang zu Nutzer:innen digitaler Produkte und Dienstleistungen machen. Ein solcher Staat vermag einiges von dem zu leisten, was Morozov anmahnt. Er kann eigene Tech-Unternehmen hervorbringen, marktgetriebene Konkurrenz begrenzen, Start-ups fördern und die infrastrukturellen Voraussetzungen der Digitalisierung schaffen. Man könnte hinzufügen: In Kontinentaleuropa hat er vieles davon auch während der Hochphase des Neoliberalismus getan. Sozialistisch war und ist an alldem aber wenig.

Der europäische Weg der Informatisierung, zu dem Peter Glotz schon vor Jahrzehnten riet[24], mündete, was man dem damaligen Vordenker seiner Partei freilich nicht anlasten kann, in einen »dritten Weg« und in der Bundesrepublik in eine Agenda 2010. Statt sich einem demokratischen Sozialismus anzunähern, ist es sozialdemokratischen und sozialistischen Parteien mit diesem marktaffinen Strategiewechsel gelungen, sich erfolgreich von ihrer einstigen Stammwählerschaft, den Arbeiter:innen zu befreien.[25] Diese soziale Großgruppe schien auf dem absteigenden Ast und die Verankerung in ihr als kulturelles Hindernis, das einer Öffnung für die aufstrebenden, gebildeteren, technikaffinen Schichten im Wege stand. Der Preis, den die Mitte-links-Parteien dafür zahlen mussten, war hoch. Die Gewerkschaften sind ihnen als strategische Partner und Verbündete verloren gegangen, und Teile der Arbeiterschaft suchen ihr Heil heute lieber bei der radikalen Rechten oder üben sich in politischer Abstinenz.[26]

Erzählungen: Digitalisierung, Kontrolle und sozialistische Handlungsfähigkeit

Daraus folgt: Digitalisierung und technologische Entwicklung allgemein reichen allein nicht aus, um den Rohstoff für eine neue »große Erzählung« sozialistischer Politik im 21. Jahrhundert zu liefern. Einiges von dem, was Morozov anmahnt, führt dorthin zurück, wo Peter Glotz schon im alten Jahrtausend einmal war. Worum es über den technologischen Wandel hinaus in der Gegenwart in erster Linie und mit hoher Dringlichkeit geht, hat Wolfgang Schäuble in dem bereits erwähnten programmatischen Artikel deutlich gemacht. Seine Empfehlung, das gesamte Wirtschaftsmodell kritisch zu überprüfen und die »Exzesse der Globalisierung« zu korrigieren, liefe, würde sie umgesetzt, auf eine Neujustierung nicht nur konservativer, sondern europäischer Politik insgesamt hinaus. Gleiches gilt für Schäubles Mahnung, bei der Wiederbelebung der Wirtschaft »besonderes Gewicht auf deren soziale und ökologische Nachhaltigkeit« zu legen.[27]

Es klingt, als hätte der konservative Vordenker die Jenaer These von der ökonomisch-ökologischen Zangenkrise verinnerlicht. Diese

Krise ist, wie die Auseinandersetzung mit Jason Moore und Paul Crutzen erbracht hat, keine »normale Anomalie«.[28] Es handelt sich um einen historisch neuen, epochalen Umbruch. Die Zangenkrise enthält jenen Problemrohstoff, aus dem sich die politischen Philosophien eines neuen Sozialismus speisen müssen, der Nachhaltigkeitsziele zu seinem Hauptanliegen macht. Die Digitalisierung kommt hier entweder als Problemverschärfer oder als Mittel zur Forcierung einer Nachhaltigkeitsrevolution vor. Stichwortgeber der liberal-konservativen Eliten setzen darauf, dass eine erneuerte soziale Markwirtschaft in der Lage ist, die überfällige Wende zur Nachhaltigkeit mithilfe digitaler Technik rasch zu vollziehen.

Die Digitalisierung, so die Botschaft kapitalismusaffiner Technikoptimisten, »verändert – fast – alles«.[29] Alles, so wird hinzugefügt, bis auf den Grundtypus der Gesellschaft. Dass der technologische Wandel große soziale Verwerfungen erzeugen kann, wird keineswegs bestritten. Die Digitalisierung bringe »heikle Herausforderungen mit sich«.[30] Für Arbeitnehmer mit gewöhnlichen Kompetenzen habe es »kaum eine schlechtere Zeit gegeben«.[31] Doch davon sollen wir uns nicht beunruhigen lassen. Jede technologische Sprunginnovation habe ihre Zeit gebraucht, um segensreich zu wirken. Das gelte unverändert auch für die Digitalisierung. Grundsätzlich sei davon auszugehen, »dass der von der Digitaltechnik herbeigeführte Wandel durch und durch positiv ist«: »Für uns bricht eine neue Ära an, die nicht nur anders wird: Sie wird besser, weil wir neben der Vielfalt auch das Volumen unseres Konsums steigern können.«[32] Möglich werde das, weil digitale Güter wirtschaftlichen Grundsätzen unterlägen, »unter denen der Überfluss die Norm ist, nicht der Mangel«.[33] An der Kernstruktur kapitalistischer Gesellschaften soll sich dennoch wenig verändern: »Die Digitalisierung ist eine Revolution. Die Wirtschaftsordnung braucht eher eine Reform.«[34] Nachhaltigkeitsziele seien eben nur mit einer »größeren Technologieoffenheit« zu erreichen, »die allein der Markt fruchtbar machen kann«.[35]

Der Kapitalismus gilt den Produktivkraftoptimisten dieses Schlags noch immer als der bestmögliche Gesellschaftstypus, um technologische Sprunginnovationen hervorzubringen und auch zu bewältigen. Strittig ist allein, welche Regeln ein sozialer Informationskapitalismus benötigt, um die Vorteile digitaler Technik für alle zugänglich zu machen. Auch hier wird, wenig überraschend, Kontinuität im Wandel angemahnt: Die Grundideen eines Ludwig Erhard sollen weiter gültig sein, und die soziale Marktwirtschaft gilt noch immer als das erstrebenswerte Ideal einer wirtschaftlichen Ordnung. Nur ihr »Inhalt muss angepasst werden«[36], behaupten die Anhänger eines wohlfahrtsstaatlich regulierten Kapitalismus. Damit bringen sie sich in einen gewissen Gegensatz zu jenen High-Tech-Eliten, die im Namen der Freiheit zugunsten des Eigennutzes möglichst wenig Regulierung für die Cyberwirtschaft verlangen.

Das Kernproblem solcher Regulierungsstrategien wurzelt indes darin, dass sie den *Grundwiderspruch* der digitalen Ökonomie nicht außer Kraft setzen können. Wissen und Erfahrung lassen sich gesellschaftlich am besten gebrauchen, wenn ihr Wahrheitswert möglichst allen zur Verfügung steht. Die kapitalistische Landnahme von Wissen und die Metamorphose, die es in Form von Eigentumstiteln, Patenten und Waren durchläuft, schränken den gesellschaftlichen Gebrauchswert der vormaligen kognitiven Allmende ein. In der digitalen Ökonomie gesellt sich ein weiteres Problem hinzu. Die Geschäftsmodelle der Netzkonzerne verlangen, dass diese marktbeherrschenden Unternehmen ihre Monopolstellung beständig ausbauen, das heißt die Konzentration von Datennutzung, Informationsgewinnung und -verbreitung wird immer weiter vorangetrieben. Einerseits erscheinen die Zugänge zu Betätigung im Netz niedrigschwellig. Zumindest in Gesellschaften mit hoher Verbreitung entsprechender Technik kann nahezu jede und jeder über die Produktionsmittel verfügen, die eine Teilhabe an der digitalen Ökonomie erlauben. Im Grunde genügt ein Notebook mit entsprechender Ausstattung, um geschäftsfähig zu sein. Die scheinbare Demokratisierung des Zugangs zu Produktionsmitteln korrespondiert jedoch andererseits mit einem hochgradig vermachteten Feld. In ihrem Atlas der Digitalisierung vermitteln Martin Andree und Timo Thomsen einen Eindruck von Konzentrationsprozessen, die sich spontan keineswegs erschließen. Das hängt auch damit zusammen, dass niemand genau zu sagen vermag, wie groß der Anteil der GAFAM-Gruppe[37] und vergleichbarer IT-Konzerne am digitalen Aufmerksamkeitsmarkt tatsächlich ist.

Um einen Eindruck von den Konzentrationsprozessen zu vermitteln, wählen die Autoren ein einprägsames Bild. Sie nutzen den Gini-Koeffizienten[38] als Analogie, um das Ausmaß der Konzentration mit einer Zahl auszudrücken. Ein Gini-Koeffizient von 1 würde bedeuten, dass eine Person alles besitzt; ein Wert 0 steht hingegen für maximale Gleichverteilung. Andree und Thomsen haben nun die Verteilung der gemessenen Aufmerksamkeit auf das von ihnen erhobene Spektrum an 131 000 Angeboten errechnet und kommen auf einen Wert von 0,988; das heißt, ein winziges Spektrum an Angeboten zieht den Großteil der Aufmerksamkeit auf sich.[39] Als Vergleichsmaßstab ziehen die Genannten die Vermögensverteilung heran. Würde man die Konzentration des Internet-Traffic in Vermögensanteile übersetzen, besäßen die 500 wohlhabendsten Personen in Deutschland 85 Prozent des Vermögens, dem großen Rest blieben ganze 14,2 Prozent. Die Ungleichheit der Aufmerksamkeitsverteilung ist damit noch weitaus größer als die der realen Vermögensverteilung.[40]

Von dieser Konzentration bekommen gewöhnliche Internetnutzer in der Regel gar nichts mit. Eine große Vielfalt an Angeboten lässt den Gedanken an Konzentrationsprozesse erst gar nicht aufkommen. Damit entsteht eine Grundproblematik für jede Spielart regulatorischer Politik im Netz. Was, etwa beim Schutz von Urheberrechten, auf Unternehmen zielt, die den Traffic im Netz beherrschen, kann unter Umständen als staatlicher Eingriff in die Freiheiten der Internetnutzer verstanden werden. Hinzu kommt, dass oft gar nicht klar ist, wie und auf welche Wissensbestände, Erfahrungen und Tätigkeiten zugegriffen wird. Die Protagonisten eines digitalen Überwachungskapitalismus, der menschliche Erfahrung als Rohstoff nutzt, agieren im Verborgenen, ihre Geschäfte gedeihen in Nischen, die ihnen der Kapitalismus bietet. Diese Nischen nutzen Tech-Unternehmen, um Datenspuren zu generieren und sie in Verhaltensdaten umzuwandeln: »Ein Teil dieser Daten dient der Verbesserung von Produkten und Diensten, den Rest erklärt man zu proprietärem Verhaltensüberschuss, aus dem man mithilfe fortgeschrittener Fabrikationsprozesse, die wir unter der Bezeichnung ›Maschinen‹- oder ›künstliche Intelligenz‹ zusammenfassen, Vorhersageprodukte fertigt, die erahnen, was sie jetzt, in Kürze oder irgendwann tun.«[41]

Die digitale Ökonomie entfaltet sich nach Shoshana Zuboffs Auffassung in zwei Kreisläufen. Im ersten Kreislauf generiert beispielsweise eine Suchmaschine Verhaltensdaten ausschließlich mit dem Ziel, aus ihnen zu lernen, um so das Dienstleistungsangebot an die Nutzer:innen zu verbessern. An diesen primären Kreislauf ist jedoch ein zweiter Kreislauf angeschlossen, der den in Daten angelegten Verhaltensüberschuss extrahiert, privat verfügbar macht und ihn in besondere Produkte übersetzt, mit denen sich auf besonderen Märkten Überwachungserträge erzielen lassen.[42] Dieser sekundäre, sich weitgehend im Verborgenen vollziehende Kreislauf der Produktion und Distribution von Vorhersageprodukten ist nicht nur hochprofitabel, er ist expansiv, verlangt nach immer größeren Datenmengen und tendiert dazu, Vorhersageprodukte in einer Weise nutzbar zu machen, die es erlaubt, menschliches Verhalten nicht nur vorherzusagen, sondern es durch gezielte Beeinflussung herbeizuführen. Daten, die wir, etwa bei der Nutzung einer Suchmaschine, einer Online-Bestellung oder der Smartphone-Kommunikation, unbeabsichtigt liefern, werden extrahiert und zur Produktion von Vorhersageprodukten verwendet, die dann an externe Anbieter verkauft und von diesen genutzt werden, um beispielsweise das Wahlverhalten im US-amerikanischen Präsidentschaftswahlkampf zu beeinflussen. Je erfolgreicher dieser Überwachungskapitalismus expandiert und je perfekter er funktioniert, desto größer wird die Gefahr, dass die überwachte Mehrheit ihre Entscheidungsfreiheit einbüßt und die Chancen zur eigenständigen Gestaltung ihrer Zukunft verliert.

Für Zuboff ist der Überwachungskapitalismus daher ein Angriff auf die »menschliche Natur«[43], auf die Freiheit jeder Person, autonom zu entscheiden und so die Zukunft mit zu beeinflussen. Dieser Angriff folgt jedoch einer Logik, die noch immer von Menschen bestimmt wird. Präziser: Er ist das Werk kapitalistischer Eliten, die aufgrund besonderer Besitzverhältnisse entstehen und die daraus resultierende Wissens- und Machtasymmetrien zugunsten eigener Interessen nutzen können. In dem Maße, wie dies geschieht, spalten sich die Gesellschaften zunehmend in Überwacher und Überwachte. Die Besitzer:innen von Überwachungskapital verfügen über eine besondere, Zuboff bezeichnet sie als instrumentäre[44], Macht, die ihnen aus den »Mitteln zur Verhaltensmodifikation« [45] zuwächst. Die monopolistische Verfügung über diese Mittel erlaubt es, menschliche Erfahrung als eine

Ware wie jede andere zu behandeln, sie den »Marktmechanismen des Überwachungskapitalismus« zu unterwerfen, um sie als »Verhalten« einer Wiedergeburt zu unterziehen.[46] Um diesen »aus dem Ruder« gelaufenen Überwachungskapitalismus[47] auch nur halbwegs zu bändigen, erscheint die Regulierung des sekundären Kreislaufs der Digitalwirtschaft bereits als riesiger Schritt und positive Vision, bei der von digitalem oder Cybersozialismus noch gar keine Rede ist.

Mit der Tendenz zum Überwachungskapitalismus ist ein Grundproblem sozialistischer Handlungsfähigkeit im Informationsraum der digitalen Ökonomie benannt. Den Strategien, die Erik Olin Wright benennt, muss mit *kollaborativer Technikkompetenz* eine weitere hinzugefügt werden. In einer Zeit, in der die Produktivkraft der Wissensökonomie implizit nach Entledigung ihrer kapitalistischen Fesseln drängt, entsteht ein politisches Vakuum, das mit Technikvisionen allein nicht zu füllen ist. Digitale Technik kann, wenn sie mit dem extensiven Verbrauch seltener Erden, mit einem opulenten Chemikalienmix wie beim 3-D-Druck oder – etwa im Falle der Elektromobilität oder bei Kryptowährungen, die auf Blockchain-Technologie basieren – mit steigenden Energiebedarfen verbunden ist, ökologisch desaströs wirken. Sie kann aber auch eingesetzt werden, um Verkehrsflüsse zu optimieren, Mobilität zu vermeiden und den Saatgut- und Düngemitteleinsatz zu optimieren, und auf diese Weise ökologisch nachhaltig wirken.

Oftmals entscheidet bereits die Technik*genese* darüber, welche Wirkungen entstehen. Auch für die Digitalisierung gilt, dass die Dominanz einer unterkomplexen, einseitig gewinngetriebenen und zugleich expansiven Basisregel der Technologieentwicklung und Technikanwendung ihren Stempel aufdrückt.[48] Ohne die Überwindung kapitalistischer Eigentumsverhältnisse in den großen Tech-Unternehmen lässt sich das nicht ändern. Morozovs digitaler Sozialismus ist dann innovativ, wenn er diese Kausalität offen benennt. Tatsächlich muss der Zugang zum Netz, müssen die Möglichkeiten zur Nutzung digitaler Produktivkräfte zu öffentlichen Gütern werden. Das Internet und seine infrastrukturellen Voraussetzungen gehören in die Hände demokratischer Zivilgesellschaften. Vor dem Zugriff durch oligopolitische Konzerne muss es ebenso geschützt werden wie vor der Willkür unkontrollierter staatlicher Macht.

Dazu kann intelligente Industrie- und Technologiepolitik beitragen. Ein Infrastruktursozialismus[49] mit genossenschaftlichem und kommunalem Eigentum, finanziert über eine gerechte, rückverteilende Steuerpolitik und kombiniert mit ausgebauten öffentlich-sozialen Diensten wäre geeignet, allen Bürgern und Bürgerinnen ein besseres, sorgenfreieres Leben zu ermöglichen. Ein digitales Grundeinkommen[50], das alle, die am und im Netz unbezahlte Datenarbeit verrichten, entschädigt, könnte den Übergang zu einem nachhaltigen Sozialismus zusätzlich forcieren. An heftigen Machtkonflikten mit den Zentren der Digitalisierung, den Tech-Konzernen und ihren staatlichen Verbündeten werden Akteure, die Weichenstellungen in Richtung eines kostenfreien, öffentlichen »Bibliothekswesens« verlangen, aber nicht vorbeikommen. Enteignet Springer, lautete einst eine Losung der 1968er-Bewegung; enteignet Google, sozialisiert Amazon und zerschlagt Facebook könnte der Schlachtruf einer neuen sozialistischen Bewegung sein, die neben radikaler Demokratie und sozial-ökologischer Nachhaltigkeit auch eine planvoll-kontrollierte, menschengerechte Digitalisierung auf ihre Fahnen schreibt.[51]

Bis es so weit ist, werden kritische Netzakteure eine herausragende Kraft bei der Bildung von digitaler Gegenmacht sein. Und sie werden diese Rolle auch in nachhaltig sozialistischen Gesellschaften zu spielen haben, denn in egalitären Ordnungen muss nach wie vor garantiert werden, dass Grundrechte der Persönlichkeit im Netz gewahrt bleiben. Der Chaos Computer Club (CCC) hat »Forderungen für ein lebenswertes Netz« erarbeitet, die in dieser Hinsicht mustergültig sind. Der CCC gewichtet die Selbstheilungskräfte des Internets hoch und favorisiert die Gestaltungskraft der Netzbürger, plädiert aber doch zugunsten einiger wichtiger Regulationen. Dazu gehören unter anderem die Gewährung des Netzzugangs als Grundrecht; eine Vergabe von IT-Großprojekten der öffentlichen Hand nach sinnvollen, also nachhaltigen Kriterien; eine klare Absage an Softwarepatente; das Recht auf Anonymität im Netz; die Verhinderung der Profilbildung über Menschen sowie ein besserer Whistleblower-Schutz.[52] Schon das Bemühen um eine Umsetzung solcher Forderungen würde genügen, um sich der Frage nach einer radikalen gesellschaftlichen Transformation mit dem

Ziel der Überwindung »proprietärer Märkte« zu nähern.

Klar ist aber auch, dass bloßes Vertrauen in die Selbstheilungskräfte des Internets keinesfalls ausreichen wird, um die Machtasymmetrien auch nur jenes erneuten »Strukturwandel[s] der Öffentlichkeit« zu korrigieren, von dem in sozialwissenschaftlichen Digitalisierungsanalysen allenthalben zu lesen ist.[53] Dieser Strukturwandel beschränkt sich keineswegs auf einen Angriff auf die Privatheit, wie ihn Shoshana Zuboff und viele andere beschreiben. Digitale Technik forciert über die Kommodifizierung auch die Machtkonzentration im Medienbereich. In den USA ist dieser Konzentrationsprozess besonders weit fortgeschritten. Dort kontrollierten die 50 größten Unternehmen 1983 90 Prozent der Medien. In der Gegenwart sind es nur noch sechs Konzerne, die über 90 Prozent dessen verfügen, was US-Bürger:innen via Medien zu sehen, zu hören und zu lesen bekommen. 2010 erzielten diese Unternehmen – Comcast, News Corp, Disney, Viacom, Time Warner und CBS – einen Umsatz von insgesamt 275 Milliarden US-Dollar – eine Summe, die davon zeugt, dass der Mediensektor zu einem hochgradig zentralisierten »inneren« kapitalistischen Markt geworden ist.[54]

In Deutschland ist diese Landnahme von Öffentlichkeit noch nicht ganz so weit fortgeschritten, doch es gibt zweifellos Tendenzen, die in die gleiche Richtung weisen. Dem kann nur mithilfe verbindlicher Regeln, das heißt im ersten Schritt mithilfe eines regelsetzenden Staates, entgegengewirkt werden, der sich die Verteidigung und Ausweitung des Öffentlichen und damit auch öffentlich-rechtlicher Medien zum Ziel setzt. Akte einer Selbstverteidigung demokratischer Öffentlichkeit kollidieren damit, dass Netzaktivisten zumeist beides wollen – demokratische Inhalte, aber auch möglichst wenig staatliche Eingriffe in die Architektur des Internets. Dementsprechend widersprüchlich fallen auch die Vorschläge sozialwissenschaftlicher Beobachter:innen aus.[55]

Aus dem Kontrolldilemma, das die Landnahme von Öffentlichkeit erzeugt, führt nur eine konsequente Demokratisierung staatlicher Funktionen und Apparate hinaus. Die Offenlegung sämtlicher Daten, auf die sich staatliche Planungen und Entscheidungen stützen, ist dazu ein erster, unabdingbarer Schritt. Er könnte zu Transparenzgesetzen führen, die zugleich einen Einstieg in transformatives Recht bedeuten würden, weil sie eine beständige Auseinandersetzung mit veränderten

Datenlagen erforderlich machten. Doch auch Transparenz wird noch nicht genügen, um demokratische Kontrolle zu ermöglichen. Wenn wenige Konzerne den Medienmarkt beherrschen, hat das Einfluss auf die Qualität der Informationen. So greift der Murdoch-Konzern auch in der Bundesrepublik nach Privatsendern, die sich in finanziellen Schwierigkeiten befinden. An der Spitze des Konzerns steht ein prominenter Klimaleugner, dessen Einfluss auf die Informationspolitik so groß ist, dass der eigene Sohn aus Protest den Konzern verlassen hat.[56]

Daran zeigt sich, dass die privatkapitalistische Landnahme von Öffentlichkeit geradezu auf eine Zerstörung von Vernunft hinauslaufen kann. Demgegenüber muss ein öffentlich finanzierter Mediensektor der Wahrheitssuche, dem wissenschaftlichen Prinzip von Erkenntnis und Zweifel Raum geben. Seine Inhalte dürfen nicht primär von Einschaltquoten und Zielgruppendiagnosen abhängen; sie müssen neben Unterhaltung und Zerstreuung seriöse Informationsangebote bieten. Dies schließt ein, dass Leitmedien – allen voran der öffentlich-rechtliche Rundfunk – finanziell abgesichert, aber in ihrer Qualität verbessert und demokratisiert werden müssen. Demokratische Kontrolle von Öffentlichkeit könnte eine weitere Aufgabe von Transformations- und Nachhaltigkeitsräten sein, die Pluralismus zu garantieren hätten und die Verteidigung der Meinungsfreiheit nicht privaten Unternehmen überlassen würden. Dies wäre ein Weg hin zum Ausbau positiver Externalitäten, zu denen an erster Stelle demokratische Öffentlichkeiten gehören.

IX Effizienz: Demokratische Planung, humane Arbeit, befreites Leben

Die Begrenzung »instrumentärer Macht« stellt nur einen Ausschnitt dessen dar, was in eine sozialistische Strategie kollaborativer Techniknutzung eingehen muss. Eine an Nachhaltigkeitszielen ausgerichtete Digitalisierung kann für den Umbau der Produktionsregime und ihre Kombination mit nachhaltigen Konsumnormen wichtige Impulse liefern. Werfen wir deshalb einen Blick auf wirtschaftliche Schlüsselsektoren, effiziente Mischungsverhältnisse von Markt und Plan sowie auf innovative Verschränkungen von Arbeit und Leben, die im digitalisierten Kapitalismus bereits vorbereitet sind und in einer nachhaltig sozialistischen Gesellschaft zur Blüte gebracht werden können.

Schlüsselsektoren: Finanzen, Mobilität, Energie, Gebäude, Landwirtschaft

Einige Branchen und Bereiche sind für eine Nachhaltigkeitswende von herausragender strategischer Bedeutung. An erster Stelle zu nennen ist der *Banken- und Finanzsektor*, der in zahlreichen sozial-ökologischen Utopien sträflich vernachlässigt wird. Bei der Finanzindustrie handelt es sich um die Herzkammer der bereits angesprochenen Landnahmen des Sozialen. Sie steht für schuldengetriebenes Wachstum und bildet in der Symbiose mit Tech-Konzernen ein Machtzentrum der globalen Ökonomie. Der Sektor ist Sinnbild für strukturelle Nichtnachhaltigkeit und bleibt es, sofern die private Verfügung fortbesteht, auch dann, wenn Topmanager wie Larry Fink, CEO des Vermögensverwalters BlackRock, sich zu Fürsprechern grüner Klimapolitik machen.

Strukturelle Nichtnachhaltigkeit entsteht aufgrund von internen Funktionsmechanismen der Finanzindustrie. Der Finanzmarktkapitalismus, der sich seit den 1970er Jahren herausgebildet hat, zeichnet sich durch besondere Institutionen, Akteure und Transfermechanismen aus. Dazu zählen die Aktienmärkte (Kapitalisierungsfunktion),

Investmentfonds (Eigentümerfunktion), Analysten und Ratingagenturen (Bewertungs- und Grenzziehungsfunktion) sowie der Markt für Unternehmenskontrolle (Transferfunktion). Auf den Finanzmärkten beobachten verschiedene Akteure »wechselseitig ihre Erwartungs-Erwartungen, die sich auf Basis eines kontinuierlichen Stromes von Informationen bilden«. Anhand »dieser Erwartungs-Erwartungen wird der Risikofaktor geschätzt und damit kann der Preis für ein Zahlungsversprechen ad hoc festgelegt werden (Kurs). In diesem Sinne sind die Finanzmärkte effiziente Maschinen zur Informationsverarbeitung«[1], die Markteilnehmer permanent mit Hinweisen auf gewinnträchtige Anlagemöglichkeiten versorgen.

Allerdings funktioniert diese Maschinerie niemals fehlerfrei. Ihr zentrales Problem besteht darin, dass sie die Komplexität konkreter Gebrauchswerte »nur fiktiv« reduzieren (unanalysierte Abstraktion).[2] Um Aussagen über künftige Erträge treffen zu können, müssen Finanzmarktakteure die Zukunft modellieren. Das können sie aber allenfalls annäherungsweise, weil die Zukunft grundsätzlich nicht vorhersehbar ist. Ihre Prognosen beruhen überwiegend auf Informationen aus Vergangenheit und Gegenwart, die in die Zukunft projiziert werden. Auf modernen Finanzmärkten wird nicht nur mit Wetten auf die Zukunft, sondern auch mit Gegenwetten, von ihnen abgeleiteten Wetten usw. Handel getrieben. Ein zur Finanzierung von Investitionen für die erwarteten Gewinne von morgen an sich sinnvoller Selbststabilisierungsmechanismus beruht somit auf intertemporalen Verflechtungen, die ein hochspekulatives Moment beinhalten. Das erklärt, weshalb »Instabilität aus den normalen Mechanismen« des Finanzmarktkapitalismus heraus entsteht.[3]

Die Expansion des Finanzsektors und seiner spekulativen Funktionen hat die Unsicherheitsproduktion nicht nur verstärkt, sondern dazu beigetragen, dass sie sich über viele Jahre hinweg selbst in den Steuerungsmechanismen der Unternehmen einnisten konnte. Ungeachtet zahlreicher Variationen und Sonderentwicklungen zeichnen sich kapitalmarktorientierte Steuerungsformen (Shareholder-Value-Steuerung) durch eine standardisierte Vielfalt aus, die einem gemeinsamen Grundmuster folgt. Stets geht es darum, die Unberechenbarkeit volatiler Märkte in die strategischen Planungen großer Unternehmen zu integrieren.[4] Statt auf Marktschwankungen nur zu reagieren, sollen diese bei Investitionen, Produktionsvolumen, aber auch bei Beschäftigung und Arbeitsbedingungen so weit wie eben möglich antizipiert werden. Die Unberechenbarkeit der Märkte wird gewissermaßen zum Planungsgegenstand von Unternehmensleitungen, die Spekulation auf die Zukunft zum Maßstab für die Flexibilität von Produktionssystemen und Beschäftigung. Die Personalplanungen orientieren sich an der mittleren Linie einer durchschnittlichen Auslastung. Absatzschwankungen nach oben und unten sollen durch flexibles Personal abgefedert werden. Aus dieser Perspektive wird die Festanstellung zu einer Finanzinvestition, die Kapital für Jahrzehnte bindet. Solche Investitionen sollen in unsicheren Märkten möglichst risikolos getätigt werden. Headcounts (Planungsvorgaben für Beschäftigungsäquivalente) und die strikte Budgetierung von Aktivitäten sind der zentrale Hebel, um derartige Investitionen zu begrenzen. Kommt das dezentrale Management mit den zugebilligten Vollzeitäquivalenten nicht aus, so bleibt nur die Wahl, die Produktionsaufgabe mittels Fremdvergabe, Leiharbeit oder anderen Formen externer flexibler Beschäftigung zu bewältigen.

Innerhalb der Betriebe führt das zu einer dauerhaften Aufspaltung der Belegschaften. Zu den Festangestellten gesellen sich Leiharbeiter, die beim gleichen Unternehmen eingestellt sind. Neben ihnen arbeiten unbefristete De-facto-Leiharbeiter von Subunternehmen, deren Leistungen qua Werkvertrag eingekauft werden. Diese wiederum unterscheiden sich von befristet eingestellten Leiharbeitern der gleichen Werkvertrags-Unternehmen. Auf diese Weise ist eine eigentümliche Stabilität instabiler Beschäftigung entstanden. Um die Stammbelegschaften von Endherstellern in der Autoindustrie gruppieren sich, konzentrischen Kreisen gleich, unterschiedliche Gruppen prekär Beschäftigter, deren Löhne, Sicherheits- und Arbeitsqualitätsstandards mit wachsender Entfernung von den Kernbelegschaften sinken. Vermittelt über den Druck fokaler Unternehmen, die die Lieferketten und Produktionsnetzwerke kontrollieren, über Ausgründungen und Tarifdumping wird die Kapitalmarktorientierung zum Treiber kurzfristiger Gewinnorientierungen. Prekäre, schlecht entlohnte und wenig anerkannte Arbeit lässt sich ausnutzen, um Extraprofite zu generieren.

Dieses System der Finanzialisierung von Unternehmen, das mit unterschiedlichen Formen der Finanzialisierung von Staaten und Privathaushalten korrespondiert, ist wegen seiner Krisenträchtigkeit schon unter kapitalistischen Bedingungen dysfunktional geworden. Spätestens seit dem großen Finanzcrash hat eine Gegenbewegung zu Finanzialisierung und Shareholder-Value-Steuerung eingesetzt.[5] Doch das reicht keineswegs aus, um die strukturelle Nichtnachhaltigkeit hochspekulativer Finanzmärkte zu korrigieren. Vielmehr haben Niedrigzinspolitik, Immobilienhype und die hohe Staatsverschuldung neue Finanzrisiken geschaffen, die strukturelle Nichtnachhaltigkeit zusätzlich fördern. Im Versuch von Tech-Konzernen, die Geldschöpfung mittels Kryptowährungen zu privatisieren, wird das überdeutlich.[6] Kryptowährungen können nur mithilfe der hochgradig energieintensiven Blockchain-Technologie betrieben werden; der jährliche Energieverbrauch des Marktführers Bitcoin liegt, konservativ gerechnet, bei 777 Terrawattstunden. Insgesamt benötigen Rechenzentren, die für das Finanzsystem, die Cloud, das Internet und die Technologiebereiche arbeiten, ca. 200 Terrawattstunden pro Jahr; das Bitcoin-Netzwerk verbraucht davon bereits die Hälfte des Stroms. Tendenz steigend, denn die Miners, die im Netz schürfen und dafür mit Bitcoins belohnt werden, erhöhen ihre Chancen mit immer leistungsstärkeren und deshalb energieintensiven Rechnern.[7] Digitalwährungen wie der Bitcoin treiben strukturelle Nichtnachhaltigkeit gewissermaßen auf die Spitze.

Um das zu ändern, muss das Machtzentrum des Finanzkapitalismus zerschlagen und der Bankensektor mit seinen verbleibenden Funktionen in öffentliches Eigentum überführt werden. Die dazu nötigen Maßnahmen sind seit langem bekannt. James Galbraith hat einige wichtige Strukturreformen in seinem Plädoyer für einen an schwaches Wachstum angepassten Kapitalismus noch einmal benannt. Er schlägt vor, den Umfang der Institutionen, zu deren Fixkosten die materielle Ressourcennutzung gehört, drastisch zu reduzieren, und nennt neben dem Militär an erster Stelle die Großbanken. Der US-Ökonom fordert eine Abkehr vom Dogma der schwarzen Null (ausgeglichene Haushalte), das vor der Coronapandemie in vielen Staaten Verfassungsrang erhalten hatte. Eine Entschuldung armer Staaten und mittelloser Privathaushalte gehört ebenfalls zu einem Programm, das eine drastische Schrumpfung von Bank- und Finanzgeschäften vorsieht.[8] Wenn Branchen schrumpfen müssen, dann sind das an erster Stelle ein Finanzsektor und ein Bankenwesen, dessen Aktivitäten Galbraith als in großen Teilen nutzlos, räuberisch und selbstbezüglich qualifiziert. Dezentralisierung und Entflechtung der Privatbanken, die Beendigung hochspekulativen Transfers und Rückführung auf das eigentliche Kerngeschäft – Einsammeln von Geld, Bildung von Sparguthaben und Kreditvergabe – sollen dem Irrglauben, Werte seien bei Ausblendung von Arbeit und Natur allein mittels Geld zu erzeugen, einen Riegel vorschieben.

Die Ökonomin Grace Blakeley fügt dem einige weitere Reformvorschläge hinzu. Sie spricht sich für eine strengere Regulierung der privaten Kreditvergabe, ein verbindliches Inflationsziel für Immobilien und die striktere Beaufsichtigung von Schattenbanken aus. Ein öffentliches Bankensystem soll strategisch wichtigen Unternehmen im Krisenfall mit Krediten oder Beteiligungen Zeit für die Neuausrichtung ihrer Geschäftsmodelle verschaffen.[10] Blakeley, die, anders als Galbraith, für einen demokratischen Sozialismus wirbt, fügt vieles noch einmal zusammen, was globalisierungskritische Bewegungen als Programmatik einer Finanzwende erarbeitet haben. Zu den Vorschlägen gehören eine Finanztransaktionssteuer (Tobin Tax), die diesen Namen verdient und kurzfristige Währungs- oder Finanzspekulationen mit niedrigen Margen unattraktiv macht; ein Verbot von hochspekulativen Leerverkäufen beim Handel mit Wertpapieren; progressive Steuern auf ererbte Vermögen, die das Recht auf Eigentum in ein Recht auf Zeit verwandeln[11]; demokratisch-politische Kontrolle auch der Staatsfonds; eine progressive Einkommensteuer; demokratisch gesteuerte Zentralbanken; globale Transparenz in den Steuerverwaltungen; einmalige Vermögensabgaben der großen Geldeigentumsbesitzer; eine europäische oder gar globale Steuerpolitik sowie die Nutzung der so gewonnenen Finanzmittel für globale Investitionen in den Klimaschutz sowie zur Bekämpfung von Hunger und absoluter Armut.[12]

Neu ist Blakeleys Idee, eine Investitionsbank für den Green New Deal zu gründen und eine öffentliche Volksvermögensverwaltung als Alternative zu institutionellen Investoren wie BlackRock zu schaffen. Letztgenannte Maßnahme wäre für eine sozialistische Regierung ein »revolutionäre[s] Vorhaben«.[13] Sie wäre es aber nur dann, wenn sich die Investitionspolitik des öffentlichen Anlegers strikt an ökologischen und sozialen Nachhaltigkeitszielen ausrichtete. Dazu müssen die Sparer:innen und kleinen Anleger:innen an den Entscheidungen über Finanztransaktionen beteiligt werden, was eine radikale Demokratisierung auch der internationalen Finanzinstitutionen einschließt.[14] Insgesamt werden sich in sozialistischen Gesellschaften der Zukunft deutlich weniger Aktivitäten um das liebe Geld drehen. Kryptowährungen, die Privatkonzernen zu monopolartiger Kontrollmacht verhelfen und riesige Mengen an Energie verschwenden, werden nicht gebraucht. Auf lokaler und regionaler Ebene können Tauschringe bei der Bereitstellung von Gütern des täglichen Bedarfs wahrscheinlich weitgehend ohne Geld auskommen.

An vielen klugen Plänen für den Finanzsektor fällt jedoch auf, dass sie die Frage unbeantwortet lassen, was aus den Beschäftigten werden soll, wenn die Finanzindustrie tatsächlich in erheblichem Maße schrumpft. Der Einsatz im Planungssystem, in Nachhaltigkeitsräten, Kommunen und Verwaltungen könnte eine Alternative sein.

Entscheidend für die sozial-ökologische Transformation ist jedoch, dass Investitionen den Übergang zu einer nachhaltigen Kreislaufwirtschaft forcieren und belohnen. Für den *Verkehrssektor* bedeutet dies nur in einem ersten Schritt Übergang zu einer Elektrifizierung von Mobilität und Aufbau einer entsprechenden Infrastruktur. Produktionsmodelle, die darauf basieren, jährlich weltweit etwa 70 Millionen neue Autos in den Markt zu schieben oder weiter (Braun-)Kohle zu verbrennen, sind weder ökologisch noch sozial zukunftstauglich. Auch für die Stammbelegschaften der Branche ergibt es letztendlich keinen Sinn, solche Produktionsweisen zu konservieren. Die lange hinausgezögerte Umstellung auf Elektromobilität ändert daran für sich genommen wenig. Solange das Batterie-Recycling nicht in einer geschlossenen Kreislaufwirtschaft erfolgt und Strom mithilfe fossiler Energieträger gewonnen wird, ist die Elektrifizierung des Verkehrs keineswegs ökologisch nachhaltig.

Verbandsvertreter der Autobranche sprechen bereits in der Gegenwart offen davon, dass mit Karosse und Motor mittelfristig kaum noch Geld zu verdienen sein dürfte. Die Wertschöpfung erfolgt absehbar über digitale Technik, Sensorik, Software, also das hochtechnologische

Innenleben eines PKW. Ohne Auto wird Mobilität vor allem auf dem Lande, teilweise aber auch in den Vorstädten großer urbaner Ballungsräume nicht funktionieren. Doch die Autos der Zukunft müssen auf veränderte soziale Bedürfnisse zugeschnitten sein. Nicht jede einzelne Person benötigt einen privaten PKW. Einem kleinen Hundert-Seelen-Dorf mit alternder Bevölkerung genügen wenige einfach zu programmierende Fahrzeuge, die bei Bedarf ausgeliehen werden können, um den Anschluss an soziale Infrastruktur und das öffentliche Leben zu erhalten. Die Fahrt im PKW wird in nachhaltige Mobilitätssysteme eingebettet – in Systeme, die Bahn, kostengünstigen öffentlichen Personennahverkehr, Fahrrad und den Gang zu Fuß in optimaler Weise kombinieren. Eine App, bereitgestellt von einer öffentlichen Plattform, sorgt dafür, dass Mobilität einen individuellen Zuschnitt behält. Über das Smartphone kann jede und jeder genau den Reiseweg wählen, der persönlich am besten passt.

In einigen europäischen Großstädten, allen voran Amsterdam, hat ein Umdenken bereits begonnen.

> Während damit das Narrativ vom Auto als Schlüssel zum privaten Glück langsam verblasst, suchen mehr und mehr Menschen Alternativen. In Berlin ist das Auto nur noch an 25 Prozent aller täglichen Wege beteiligt, der öffentliche Verkehr kommt auf 28 Prozent und das Fahrrad mittlerweile auf knapp 20 Prozent. In anderen europäischen Metropolen sieht es ähnlich aus. Die viele Jahrzehnte gültige ›Komplizenschaft‹ zwischen Hersteller, Staat und Verbraucher:innen bröckelt. Die Ankündigungen vieler Staaten oder anderer Gebietskörperschaften, Fahrzeuge mit Verbrennungsmotoren nach 2030 nicht mehr neu zuzulassen, deutet einen Wandel im bisherigen Regulierungsverständnis an,

schreibt der Mobilitätsforscher Andreas Knie.[15] Für die Gegenwart ist das, an Nachhaltigkeitskriterien gemessen, wahrscheinlich eine zu optimistische Einschätzung. Die Autobranche setzt nach wie vor auf den Erhalt des individuellen PKW-Verkehrs. Der öffentliche Druck, die Emissionslast im Energiesektor drastisch zu senken, wird allerdings rasch zunehmen, weil sich das Zeitfenster für eine Verkehrswende immer weiter schließt. Dass sich hierzulande etwa 60 Prozent der neu zugelassenen Autos in öffentlichem Besitz befinden oder zumindest als Dienstfahrzeuge genutzt werden, bietet Ansatzpunkte für ein rasches Umsteuern.[16]

Wie im Finanzsektor oder anderen Karbonbranchen (Stahlerzeugung und -verarbeitung) läuft eine Verkehrswende unweigerlich auf Stellenabbau im Wertschöpfungssystem Automobil hinaus. Allerdings werden mit der Etablierung intelligenter Mobilitätskonzepte auch neue Arbeitsplätze entstehen. Winfried Wolf geht davon aus, dass im Zuge einer Konversion der Autoindustrie allein bei der Bahn und im Fahrradbau mehr Beschäftigung geschaffen werden kann als infolge des sektoralen Wandels verloren geht.[17] Das ist wahrscheinlich zu optimistisch gedacht und lässt die Frage nach dem sozialen Status, den die neue Beschäftigung ermöglicht, unbeantwortet. Zudem ist die Auto- und Autozulieferindustrie nicht die einzige Karbonbranche, die Arbeitsplätze verlieren wird. Verkehrsvermeidung und -verlagerung, ohne die eine Nachhaltigkeitswende bei der Mobilität nicht möglich sein wird, trifft auch andere Branchen. Mit dem Ende der Subventionierung werden Kurzstreckenflüge alsbald der Vergangenheit angehören. Der Flugverkehr wird insgesamt zurückgehen müssen, sofern nicht grüner Wasserstoff für klimaneutrales Fliegen sorgen kann. Deshalb müssen für alle Karbonbranchen Beschäftigungsalternativen gefunden werden. Ohne die materielle wie auch symbolische Aufwertung aller erziehenden, pflegenden, bildenden und sorgenden Tätigkeiten, die ein intervenierender Staat abzusichern hat, wird das kaum gelingen.

Für den notwendigen Umbau des *Energiesektors* gilt Ähnliches. Elektrifizierung kann nur nachhaltig sein, sofern der Strom mithilfe erneuerbarer Energien erzeugt wird. Das kann in hohem Maße mithilfe dezentraler Stromerzeugung (Sonne, Wind, Wasser, Geothermie) geschehen. Kollektives Selbsteigentum meint in diesem Sektor kommunale und regionale Energiegenossenschaften, die sich von den großen Anbietern weitgehend unabhängig machen. Letztere werden für eine stabile Versorgung und technische Innovationen noch immer benötigt, doch der Einsatz künstlicher Intelligenz kann dafür sorgen, dass Strom nur noch zu Zeitpunkten und passgenau in jenen Mengen geliefert wird, an und in denen er auch gebraucht wird. Intelligente

Energiesysteme können in jeder Fabrik, in jedem Büro und auch in jeder Privatwohnung Anwendung finden. Sie werden dazu beitragen, dass der Energieverbrauch nicht ständig und in absoluten Größenordnungen weiter steigt.

Voraussetzung ist allerdings, dass der Anteil erneuerbarer Energien an der Stromerzeugung möglichst rasch auf 100 Prozent gesteigert wird. In der Bundesrepublik liegt dieser Anteil gegenwärtig bei knapp 20 Prozent. Im Bereich Strom sind es 45,4 Prozent, bei der Wärme 15,2 und beim Verkehr lediglich 7,3 Prozent (jeweils Stand 2020). Das erreichte Niveau liegt über dem Plansoll, aber es ist noch immer viel zu niedrig, um einen nachhaltigen Strommix garantieren zu können. Hier liegt ein ungedeckter Wechsel auf die Zukunft, denn der Ausstieg aus Kohle und Kernenergie läuft neben einem beschleunigten Ausbau der erneuerbaren Energien auch auf eine deutliche Reduktion des Stromverbrauchs hinaus.[18]

Der strategisch ebenso wichtige *Gebäudesektor* muss ebenfalls einen gravierenden Beitrag zur Verringerung von Emissionslast und Ressourcenverbrauch leisten. Hier kann es nicht dabei bleiben, alte Gebäude zu sanieren und sie mit wärmedämmendem Material auszustatten. Die gesamte Bauweise und die Städteplanung müssen sich ändern. Städte wurden lange Zeit für den Primat des individuellen PKW-Verkehrs geplant; nun werden sie zu Heimstätten intelligenter Mobilität. Innenstädte werden zu Fußgängerzonen. Mobilität garantieren, neben Straßen- und U-Bahnen, öffentliche Kleinbusse, die auf Zuruf halten und kostenlos oder zu Minipreisen fahren. Gebaut wird nicht mehr mit Sand und Zement, sondern mit nachwachsenden Rohstoffen. Urban Gardening ist Standard. Auf diese Weise entwickeln sich Städte zu Schadstoffsenken, die, ähnlich wie Wälder und Ozeane, Kohlenstoff speichern. Häuser sind vornehmlich im Besitz von Stiftungen und Genossenschaften, die dafür sorgen, dass Wohnen auch in Ballungszentren zu erschwinglichen Preisen möglich ist. Ein Vorbild in Sachen Nachhaltigkeit wird der Gebäudesektor künftig auch unter ästhetischen Gesichtspunkten sein. Moderne Architektur übersetzt den Grundgedanken des Bauhauses, Dinge funktional, einfach, zugleich aber auch ästhetisch ansprechend zu gestalten, in einen Haus- und Städtebau, der mit Nachhaltigkeitszielen plant.

Vordringlich wird es allerdings darum gehen müssen, alle Bürger:innen mit bezahlbarem Wohnraum zu versorgen. In diesem Bereich hat die Marktsteuerung vollständig versagt. Der finanzmarktgetriebene Immobilienhype lässt die Mietpreise in die Höhe schnellen und verdrängt einkommensschwächere Gruppen zunehmend aus den städtischen Zentren. Weil selbst Gutverdienende beim Hausbau in Kleinstädte oder die ländliche Peripherie ausweichen, beginnen die Immobilienpreise auch dort zu steigen. Deshalb ist es kein Wunder, wenn Sozialisierungsforderungen ausgerechnet im Zusammenhang mit der Wohnungsfrage neue Aktualität erfahren. Handelt es sich doch um einen Bereich, in welchem sekundärer Ausbeutung qua Mietwucher schon immer eine gewichtige Bedeutung zukam. Insofern vermag kaum zu überraschen, dass auch die Wiederentdeckung von Sozialisierungsmaßnahmen, die das Grundgesetz ermöglicht, anhand der Wohnungsfrage erfolgte.[19]

Für den Abbau des Stadt-Land-Gegensatzes, den schon Marx und Engels als eine der wichtigsten Ungleichheitsachsen betrachteten, sorgt die öffentliche Aufwertung der ländlichen Lebensweise. Diese beinhaltet sehr viel mehr als ökologischen Landbau und Abkehr von der Massentierhaltung. Ökologisch nachhaltige Landwirtschaft impliziert keine Rückkehr zur extensiven Landwirtschaft aus vorindustriellen Zeiten. Digitale Technik muss dabei helfen, dass Agrarprodukte ressourcenschonend und artgerecht, aber in hoher Qualität hergestellt werden können. Auch hier spielt kollektives Selbsteigentum eine entscheidende Rolle. Gewinnorientierte Agrarkonzerne sind zu enteignen; der Boden darf ihnen nicht gehören. *Das Land*, gleich ob Nutzfläche oder Brache, gehört, ebenso wie der Wald, *in öffentliche Hände*. Deshalb muss mit ersten Maßnahmen dafür gesorgt werden, dass nicht immer mehr Grund und Boden von großen Agrarkonzernen kontrolliert wird, die das Land in Gestalt gewinnträchtiger Monokulturen bewirtschaften. Der Nahrungsmittelproduktion ist unbedingt Vorrang vor der Herstellung von Biotreibstoffen einzuräumen. Nachhaltig sind Ackerbau und Viehzucht nur, wenn Preise für Produkte erzielt werden, von denen die Erzeuger:innen gut leben können. Die Bevölkerung ländlicher Räume mit ihren besonderen kulturellen Gewohnheiten und Traditionen sollte in ihrer Gesamtheit das Prädikat von Landschaftsgärtnern und -schützern erhalten – ein Prädikat, das öffentliche Förderung verdient.

Damit ließe sich zugleich zeigen, wie ökologische Nachhaltigkeit, substanzielle Gleichheit und hohe Lebensqualität miteinander korrespondieren. Niemand, der die traditionelle toskanische Küche genießt, käme auf die Idee, schlecht und ungesund zu essen. Die Speisen sind einfach und zugleich vielfältig. Wer mag, isst Fleisch, Wurst, Geflügel und Fisch, aber in vertretbaren, kleinen Portionen. Obst und Gemüse werden reichlich und in hoher Qualität bereitgestellt und die Beilagen, allen voran die Pasta, in zahlreichen Variationen serviert. Jedes Dorf hat seine Spezialrezepte und häufig auch einen besonderen Wein, einen Grappa oder eine typische Süßspeise. Das ist im Grunde der Bauhaus-Gedanke, nur in den Speiseplan übersetzt. Selbstverständlich ist das ein Idealbild der Toskana, wie es in der Realität kaum noch Bestand hat. Aber es gibt genügend lokale Initiativen, die sich – gegen Fast-Food-Ketten und Gourmet-Restaurants – auf ebendiese Tradition zurückbesinnen.

Nun werden viele einem Lob der mediterranen Küche, zu der natürlich auch das Olivenöl gehört, sofort zustimmen. Was häufig vergessen wird, ist, dass sich vergleichbare Ausprägungen einer ländlichen Lebensweise mit all ihren Geheimnissen, Traditionen und Spezialitäten auch in Nordhessen, im Schwarzwald oder an der Ostseeküste finden lassen. Wie in der Toskana oder anderen Regionen sind lokale Spezialitäten, Brauchtum und Tradition durch die Expansion von Fast-Food-Ketten und Massentourismus bedroht. Über Markenbildung, die auf der Ausbeutung von Tradition beruht und auf die digitale Aufmerksamkeitsökonomie vertraut, feiern sie Auferstehung für den exklusiven Konsum in Hochpreisnischen oder als serielles Massenprodukt. Dabei geht verloren, was die regionale Vielfalt nachhaltig macht. Ändern lässt sich das, indem die ländlichen Lebensstile *wegen* ihrer Pluralität und Besonderheit zu öffentlich geschützten, aufgewerteten Lebensformen werden.[20] Man könnte auch sagen: Das Prinzip Skellefteå wäre um eine agrikulturelle, landschaftskünstlerische und -schützende Dimension zu erweitern – zwecks Aufwertung und Erhalt regionaler Singularität.

Miteinander vernetzt, konstituieren die genannten strategischen Schlüsselsektoren, zu denen die im Fundamente-Kapitel behandelte

Gesundheits- und Sozialwirtschaft hinzukommen muss, Säulen eines Wirtschaftsstils, der auf nachhaltiger Effizienz beruht. Für alle exemplarisch angeführten Branchen trifft zu, dass Nachhaltigkeit eine kohärente Verzahnung von Produktions- und Konsumnormen erfordert. Am Beispiel des ländlichen Raums zeigt sich, dass Nachhaltigkeit auch unter sozialistischen Vorzeichen ein konservierendes Moment enthält. Die Vielfalt ländlicher Lebensweisen und Traditionen lässt sich eben nur gegen die gleichmacherische Kraft marktgetriebener und zugleich hochgradig normierter Massenproduktion bewahren.

Effizienz, Markt und Plan[21]

Führt man sich die Ausmaße des hier angedeuteten Umbruchs von Produktionsmodellen und Lebensführung vor Augen, wird überdeutlich, dass eine solche Transformation allein mit Marktmechanismen nicht zu bewerkstelligen ist. Deshalb spielen Planungsmechanismen in der Nachhaltigkeitsdiskussion eine bedeutsame Rolle. Schlagen die einen eine Orientierung am amerikanischen New Deal unter Präsident Roosevelt vor und diskutieren neben dessen Stärken auch wichtige Schwachpunkte[22], plädieren andere für eine Orientierung an der britischen Kriegswirtschaft der 1940er Jahre.[23] Doch wenn Planung in neuer Weise und über die ohnehin vorhandenen Planungsmechanismen nötig wird, stellt sich die Frage, warum die Planwirtschaft eine kapitalistische bleiben soll.

Grundsätzlich gilt: Kreative Verbindungen von wirtschaftlicher Effizienz und kultureller Vielfalt benötigen Planung. Digitale Technik kann dabei helfen, strukturelle Probleme bei der Koordination von Markt und Plan zu überwinden. Gegen planwirtschaftliche Konzepte werden mit gleichbleibender Monotonie stets dieselben Argumente vorgebracht. Sozialistische Planung sei bürokratisch, basiere auf unvollständigen Informationen, gehe an den Bedürfnissen sowohl der Produzent:innen als auch der Konsument:innen vorbei, verhalte sich innovationsfeindlich, biete den Arbeitenden keine adäquaten Leistungsanreize und erweise sich als chronisch ineffizient. Solche Stereotype gehen geflissentlich darüber hinweg, dass auch im Kapitalismus jederzeit geplant wird und geplant werden muss. Das Planungssystem von Endherstellern in der Automobilindustrie funktioniert nahezu perfekt; hergestellt wird im optimalen Fall nur, was Kund:innen bestellt haben. Doch diese Planung gilt nur für das unternehmensinterne Subsystem; Überkapazitäten und eine Überproduktion von Fahrzeugen lassen sich auf diesem Wege ebenso wenig vermeiden wie die Vergeudung und Verschwendung von Ressourcen. Dergleichen ist für eine nachhaltige Gesellschaft dysfunktional. Im Kapitel zu den Fundamenten eines nachhaltigen Sozialismus war deshalb von neuen Kombinationen aus Markt und Plan die Rede, welche makroökonomische Rahmenplanung mit relativ großer Autonomie der Unternehmen und vor allem mit einer kooperativen Marktwirtschaft im klein- und mittelbetrieblichen Sektor verbinden. Das ist jedoch nur eine mögliche Variante sozialistischer Planung, die an wirtschaftsdemokratische Konzepte[24] und marktsozialistische Ideen[25] anknüpft. Der Vorschlag hat offengelassen, wie die Abstimmungen von Markt und Plan genau ablaufen sollen und welche Rolle digitale Technik dabei spielen kann. Es liegen aber ausgefeilte Planungskonzepte vor, die sich mit diesen Leerstellen beschäftigen. Drei von ihnen seien exemplarisch vorgestellt und diskutiert.

Einen harsch kritisierten Beitrag zum Verhältnis von Markt und Plan haben Paul Cockshott und Allin Cottrell vorgelegt.[26] Sie sehen die Mängel der Planwirtschaft sowjetischen Typs in einer unzureichenden Entwicklung technischer Produktivkräfte. Es habe den Planer:innen und Planungsinstrumenten schlicht an den notwendigen Informationen gefehlt, um Planziele sinnvoll auf Unternehmen und Betriebe herunterzubrechen. Im Zuge von Computerisierung und Digitalisierung lasse sich diese Schwierigkeit aber beheben, denn nun stünden ausreichende Datenmengen und Kapazitäten für Informationsverarbeitung zur Verfügung, um eine sozialistische Planwirtschaft auf hohem Niveau zu realisieren. Möglich werde eine zentrale und zugleich detaillierte Planung, die sich an Marx' Arbeitswerttheorie orientiere und die Autonomiespielräume für Unternehmen begrenze.[27]

Zentrale Planung sei effizienter als der Markt, denn mit ihrer Hilfe könne eine direkte Berechnung der sozialen Kosten von Güterproduktion in die ökonomischen Kalküle integriert werden. Diese neue

Art der Berechnung solle mittels der gesellschaftlich notwendigen Arbeitszeit als Basiseinheit erfolgen. Eine allmähliche Anhebung des Qualifikationsniveaus sorge für Lohngleichheit, eine Kopfsteuer bewirke, dass jede Person täglich einige Stunden für das Gemeinwohl und einige Stunden für sich arbeite. Knappheit könne im Sozialismus nicht aufgehoben werden, Arbeit bleibe ein knappes Gut. Zu regulieren sei die Knappheit von Ressourcen entweder durch Kontingentierung oder mittels Preisbildung. In Verbrauchermärkten bleibe die Autonomie der Konsument:innen sinnvoll, für Produktionsgüter würden Märkte hingegen nicht mehr gebraucht. Ökologische Zielsetzungen seien in die Planungen einzubeziehen. Ziele für den Kohlenstoffverbrauch könnten beispielsweise die Produktion kohlenstoffintensiver Konsumgüter beschränken, was im Anschluss weitergehende ökologische Transformationen zur Folge hätte.[28]

Dem Bürokratisierungsvorwurf entgegnen Cockshott und Cottrell, dass die Planungsbüros in den kapitalistischen Großunternehmen personell viel üppiger besetzt seien als die Planungsstäbe ehemaliger sozialistischer Staaten. Die beiden Autoren verweisen auf den Engpass Kommunikation in Marktbeziehungen und halten eine zentral geplante Ökonomie letztendlich für das effizientere System, weil sie die privatwirtschaftliche Externalisierung von Kosten vermeidet, die Verschwendung von Ressourcen einschränkt und die Zerstörung gesellschaftlicher Werte in ökonomischen Krisen verhindert. Diese Argumente überzeugen jedoch nur teilweise. Sie erwecken den Eindruck, als sei der Staatssozialismus vor allem an fehlenden Computern und unzureichender Rechnerleistung gescheitert. Die Gefahr einer Überbürokratisierung durch zentralistische Planung wird im Planungsmodell der beiden Autoren letztendlich nicht gebannt, denn zentrale Vorgaben beschränken die Möglichkeit zu dezentraler, demokratischer Entscheidungsfindung. Digitale Technologie eignet sich hingegen auch, um das Problem unvollständiger Informationen in Marktbeziehungen zu beheben. Ebendies wird von kapitalismusaffinen Ökonom:innen als Argument für die Überlegenheit der Marktwirtschaft vorgebracht.

Umso interessanter ist deshalb, dass David Laibman[29] und Pat Devine[30] Konzeptionen einer dezentral-zentralen demokratischen Planung vorgelegt haben, die mit Modellen einseitig zentralistischer Planung brechen. Wie liberale Kritiker:innen des Sozialismus geht Laibman davon aus, dass sozialistische Ökonomien ein Informations- und Komplexitätsproblem zu lösen haben. Diese Problematik ergibt sich aus vielen Millionen Gleichungen, die Ökonomien bearbeiten müssen; einer riesigen Gütermenge, die bedürfnisnah zu produzieren ist; unterschiedlichen Produktionsmethoden; einem häufig spezialisierten und lokal gebundenen Wissen; rapidem und oft unvorhersehbarem Wandel und nicht zuletzt verschieden gut ausgebildeten Menschen mit dynamischen Erwartungen an die Gesellschaft. Diese Komplexität impliziert einen allgegenwärtigen Konflikt um knappe Ressourcen, den es auch ohne kapitalistische Verfügung über die Produktionsmittel und den Arbeitsprozess geben wird. Jede Spielart eines künftigen Sozialismus muss sich den daraus resultierenden Konflikten stellen.[31]

Den Sozialismus begreift Laibman als ein dynamisches System, das sich, wie der Kapitalismus, in unterschiedlichen Phasen entwickelt und klar unterscheidbare Vergesellschaftungsformen kennt. Digitale Technik soll nun einen neuen Reifegrad sozialistischer Ökonomien ermöglichen, der dezentral-zentrale, demokratische Planungsmechanismen zum Inhalt hat. Den entscheidenden Mechanismus seines Modells nennt Laibman *demokratische Koordination*. Sie soll die traditionelle zentrale Planung ersetzen. Koordination statt Planung lautet die Devise, weil das eine genauere Beschreibung jenes kontinuierlichen und dynamischen Prozesses ist, der den spontanen Markt bei der Allokation der Arbeiten, der Wahl von Produktionstechniken und der Verteilung von Produkten nach und nach ersetzt. Planung bleibt jedoch ein entscheidendes Element im Sozialismus und bedeutet nach Laibman, immer größere Teile der Gesellschaft in demokratische Entscheidungen über die wirtschaftliche Entwicklung, die regionale Verteilung ökonomischer Aktivitäten, die soziale Infrastruktur und die natürliche Umwelt einzubeziehen. Demokratisch statt bürokratisch-zentralistisch funktioniert der vorgeschlagene Planungsansatz, weil die zentrale Ebene nur eine unter mehreren ist, auf denen die Koordination erfolgt. Sämtliche Ebenen müssen jedoch demokratisch beeinflussbar sein.

Laibman greift auf den Schlüsselbegriff einer *iterativen Planung* zurück, der anhand eines vereinfachenden Zwei-Ebenen-Modells erklärt werden kann. Die zentrale Ebene koordiniert als übergeordnete Regulierungsstelle die Tätigkeit von Unternehmen. Die dezentrale Ebene, bestehend aus Produktionseinheiten oder Unternehmen, koordiniert vor Ort. Ein Zwei-Ebenen-Modell bildet jedoch nur die Grundstruktur eines, mit Pierre Bourdieu gesprochen, tief gestaffelten ökonomischen Feldes ab, das zahlreiche Unter- und Zwischenebenen umfasst. Ökonomische Koordination erfordert eine sorgfältige Mischung aus allgemeiner sozialer Kontrolle und lokaler Autonomie. Beide Ebenen sowie deren korrespondierende Einheiten sind für eine effiziente Planung notwendig. Unternehmen müssen ihre eigenen detaillierten Produktionsprognosen erstellen – auf der Grundlage ihrer singulären Situation und ihres lokalen Wissens. Diese Prognose reflektiert jedoch zugleich den öffentlichen Status des jeweiligen Unternehmens, das stets auch eine über demokratische Entscheidungen bestimmte, allgemeine Funktion in der Produktion ausübt. Das Unternehmen ist demnach keine selbstständige, autonome Einheit, die ihr eigenes Schicksal unabhängig von anderen Unternehmenseinheiten sucht. Es verfügt über ein allgemeines Mandat zur Produktion von Gütern einer bestimmten Art, das nicht einseitig aufgekündigt werden kann. Allerdings bedeutet demokratische Koordination keineswegs, dass jedes Detail der Unternehmenstätigkeit, etwa das genaue Sortiment des Outputs, rechtzeitig vorgegeben werden muss.

Weder die zentrale noch die dezentrale Ebene können ohne die jeweils andere effektiv und demokratisch funktionieren. Demokratische Beteiligung und Kontrolle sind sowohl auf zentraler als auch auf dezentraler Ebene unerlässlich. Für Laibman handelt es sich um einen Kategorienfehler, zentral und demokratisch als einander ausschließende Alternativen zu begreifen. Dezentralität garantiere nicht Demokratie, wie die historische Existenz lokaler Tyrannei zeige. Umgekehrt könne ein Planungszentrum durchaus demokratisch verfasst sein, indem es organisierten Input der unteren Ebenen, also die Beteiligung von Vertreter:innen der Konsument:innen, lokalen Gemeinschaften und anderer interessierter Gruppen oder auch Referenden der Bevölkerung in seine Entscheidungsfindung einbeziehe. Entscheidend sei eine politische Kultur der Offenheit, die kontroverse Debatten zulasse. Dieser Modus demokratischer Beteiligung habe im sowjetischen Planungsmodell vollständig gefehlt.[32]

Die demokratisch geplante Ökonomie soll mit Basispreisen operieren, die die vollständigen sozialen Kosten einer Produktion ausdrücken. Nur geplante Preise könnten die Externalitäten, also die vollen gesellschaftlichen Reproduktionskosten, in ein Preissystem integrieren. Laibman bezeichnet sie als soziale Reproduktionspreise.[33] Diese Preise bilden im Planungsmodell die Grundlage der Unternehmenseinkommen. Es gibt Wettbewerb zwischen Unternehmen, doch dieser wird nicht mehr über Löhne, sondern über Zuverlässigkeit und Produktqualität ausgetragen. Die Basispreise bleiben über einen längeren Zeitraum konstant, werden aber in einer vernünftigen Frequenz aktualisiert. Der Anteil des erwirtschafteten Nettoeinkommens, der dem Unternehmen verbleibt, soll anhand eines Einkommensanteil-Formierungs-Index berechnet werden, der sich aus verschiedenen Erfolgsindikatoren zusammensetzt. Einige davon entsprechen Indikatoren, mit denen Unternehmen auch in einem spontanen Marktsystem konfrontiert sind. Sie können in einem Indikator zusammengefasst werden, der die realisierte Nettorendite auf den Ressourcenbestand unter der Kontrolle des Unternehmens ausdrückt. Solche Indikatoren stehen für wirtschaftliche Effizienz – die wirtschaftlich rationale Nutzung von Beständen und Strömen, Maximierung der Produktivität und Erzeugung verkaufsfähiger Produkte.

Das sozialistische Unternehmen hat jedoch noch andere Verpflichtungen, die durch zusätzliche Erfolgsindikatoren erfasst werden. Es muss soziale Zielvorgaben zur Eindämmung und Kontrolle negativer externer Effekte, etwa der Naturzerstörung, erfüllen. Indikatoren, die derartige Effekte messen, gehen in den Einkommensanteil-Formierungs-Index ein. Entscheidend ist dabei, dass die demokratische Zivilgesellschaft, die in Vertretungsgremien organisiert ist, die Art und Gewichtung der Indikatoren mitbestimmt und daran beteiligt wird, die Unternehmensleistung anhand der vereinbarten Kriterien zu messen. Gleiches gilt für Indikatoren, die positive externe Effekte messen. Dazu gehören beispielsweise Bemühungen um Gleichstellung, das Einhalten lokaler Verpflichtungen oder Technikkooperationen mit anderen Unternehmen. Solch qualitative Indikatoren können, so sei hinzugefügt, anhand von SDGs erheblich erweitert und konkretisiert werden. Arbeitsanreize basieren nach David Laibman noch immer auf einer hierarchischen Schichtung von Einkommen, die sich im Laufe der Zeit abschwächt. Hervorzuheben ist jedoch, dass es die demokratische Koordination ermöglicht, soziale Ziele in die Belohnungsstruktur der Unternehmen und auch der Lohnstruktur einzubauen.[34] Ein überkommenes Gender-Pay-Gap lässt sich beispielsweise über solche sozialen Mechanismen relativ rasch korrigieren.

Es liegt auf der Hand, dass dieses System dezentraler demokratischer Planung in hohem Maße mit jenen Vorstellungen von Wirtschaftsdemokratie und kollektivem Selbsteigentum korrespondiert, die das Fundament eines nachhaltigen Sozialismus bilden sollen. Das gilt auch für einige der von David Laibman zusätzlich benannten Elemente. Zu diesen gehören *parametrische Formeln*, die es Arbeitskollektiven erlauben, Handlungsweisen als optimalen Kompromiss von Eigeninteressen und sozialen Zielen zu entwickeln. Wie auch im Fundamente-Kapitel vorgeschlagen, sollen *demokratische Abstimmungen über wirtschaftliche Makroaggregate* entscheiden und so beispielsweise Zielkonflikte bei der Einkommensdifferenzierung klären. Besonders interessant ist der Vorschlag, Unternehmen einen gesellschaftlich finanzierten *Innovationsstatus auf Zeit* einzuräumen. Dieser Status soll es erlauben, Innovationen in einem marktsozialistischen Sektor zu entwickeln und zu erproben, der den sozialistischen Kernsektor, in dem demokratische Koordination herrscht, umgibt.

Anregend ist dieses Modell auch wegen der Kombination von lokaler, unternehmensbezogener Detailplanung mit einem Kontraktieren, das horizontal, also zwischen Unternehmen und vermittelnden Entscheidungsebenen erfolgt. Dezentrale Aktivitäten sind allerdings verbindlich und unter Aufsicht eines demokratisch legitimierten Zentrums in das Planungssystem integriert. Marktbeziehungen werden beibehalten, jedoch durch ein System dezentral-zentraler, demokratischer Koordination eingehegt, wobei die Leistungsfähigkeit moderner Informationstechnologie offensiv genutzt werden kann. Ökologische Nachhaltigkeit wird mit genuin planwirtschaftlichen Instrumenten erreicht, die eine Internalisierung positiver wie negativer Externalitäten ermöglichen. Solche Instrumente sind in spontanen Marktsystemen nicht verfügbar. Ein Beispiel: Zum Tönnies-Prinzip kapitalistischer Gegenwartsökonomien gehört die Knebelung von Zulieferern durch mächtige fokale Unternehmen, etwa die Endhersteller in der Autoindustrie. Diese Abhängigkeit ist kaum politisierbar, weil die betroffenen Unternehmen fürchten müssen, ihren Platz in der Wertschöpfungskette zu verlieren. Derartige Machtasymmetrien reduzieren jedoch den Spielraum kleiner und mittlerer Zulieferer, um nachhaltige Geschäftsmodelle einführen zu können. Ein demokratisches Planungssystem würde solche Machtungleichgewichte grundlegend korrigieren, denn nun müsste unter Einschluss externer Entscheider ausgehandelt werden, unter welchen Bedingungen Zulieferer ihre Leistungen zu erbringen haben. Ökologisch nachhaltige Produktionskonzepte würden durch entsprechende Anreizsysteme belohnt.

Selbstverständlich bietet uns Laibman nur ein – freilich sehr elaboriertes – Planungsmodell unter anderen möglichen an. Pat Devines Ansatz setzt noch einmal andere Akzente. Das betrifft vor allem zwei Punkte. So will Devine mit seinem Konzept eines *kollektiven sozialen Eigentums*[35] die Nichteigentümer-Problematik verblichener Staatssozialismen überwinden. Dies geschieht durch ein System ausgehandelter Koordination, das auf allen Entscheidungsebenen ein Maximum an Selbstbestimmung sicherstellt. Devines Ansatz ist mit einem politischen System kompatibel, das auf Pluralismus und Parteienkonkurrenz beruht. Das Modell beinhaltet eine Reihe konkreter Vorschläge für die Integration der demokratischen Zivilgesellschaft und der Beschäftigten in ökonomische Entscheidungsprozesse. Die partizipativ hergestellte Verbindlichkeit dezentral ausgehandelter Planziele für die Unternehmen eignet sich, um die im Fundamente-Kapitel vorgeschlagene Kombination von Markt, Partizipation und Plan zu konkretisieren und hinsichtlich der Autonomiespielräume für Unternehmen auch zu korrigieren.

Insgesamt weisen alle hier exemplarisch diskutierten Konzepte sozialistischer Planung einige Schwächen, aber eben auch erhebliche Stärken auf. Sicher steht ein umfassender Praxistest noch aus. Bei genauer Analyse der gemischten kontinentaleuropäischen Ökonomien wird man allerdings den einen oder anderen Planungsansatz wiederentdecken, den Laibman und Devine allein sozialistischen Ökonomien vorbehalten wollen. Betrachtet man die unterschiedlichen Planungsansätze, entsteht zudem ein Gespür dafür, dass sich künftige Sozialismen nicht mit dem *einen* Planungsmodell zufriedengeben werden. Viel wahrscheinlicher ist eine ständige politische Auseinandersetzung um das beste Verhältnis von Markt und Plan, um besonders effiziente Formen demokratischer Koordination. Doch so unterschiedlich die diskutierten Planungsmodelle auch sein mögen, sie alle zeichnen sich dadurch aus, dass sie sowohl positive als auch negative Externalitäten in die Preisgestaltung und das ökonomische Anreizsystem aufnehmen können. Darin besteht der fundamentale Unterschied zu kapitalistischen Marktwirtschaften. Letztere verlangen als Innovation einen Preis für CO_2. Sie initiieren einen Tauschhandel, mit dessen Hilfe zahlungskräftige Kund:innen sich Anrechte auf Verschmutzung erwerben können, die andere angeblich mit dem Verkauf ihrer Anrechte kompensieren. Ein solches System beruht auf der privaten Externalisierung negativer Effekte. Unternehmen können sich klimafreundlich verhalten und dennoch Treibhausgase ungebremst in die Atmosphäre blasen, solange sie zahlungsfähig sind. Demokratisch koordinierte Preise und Anreize im sozialistischen Planungssystem lassen dergleichen nicht zu. Man könnte auch sagen: Sie kehren das Prinzip kapitalistischer Landnahmen um und schützen so das nichtkapitalisierte Andere. Das macht ihre potenzielle Überlegenheit gegenüber kapitalistischen Marktwirtschaften aus.

Arbeit, Zeit und Lebensweise

Diese Überlegenheit wird sich auch und gerade in neuen Arrangements von Arbeits- und Lebensweisen niederschlagen. Das allerdings in anderer Weise, als es viele Visionen einer sozial-ökologischen Transformation nahelegen. Die antiproduktivistische Standarderzählung beinhaltet die Botschaft, die Digitalisierung werde einen gewaltigen Rationalisierungsschub auslösen und Bullshit-Jobs in großem Ausmaß beseitigen. Deshalb müsse nur noch verteilt werden, was eigentlich im Übermaß vorhanden sei, also vor allem Zeit. Daran ist gewiss etwas Richtiges, doch besser als nur zu erzählen,. ist noch immer, genauer zu analysieren und zu prognostizieren. In ihrer gegenwärtig dominanten Form kostet die Digitalisierung eben nicht nur Jobs in monotoner, repetitiver Teilarbeit. Sie ermöglicht eine Industrialisierung geistiger Arbeit, führt zur Ausbreitung prekärer Beschäftigungsformen in der Plattformökonomie und trägt spontan zu einer Polarisierung der Arbeitsgesellschaften bei.[36] Von Rationalisierung verschont bleiben vorzugsweise besonders hoch- und eben geringqualifizierte Beschäftigtengruppen. Anspruchsvolle geistige Tätigkeiten sind – noch – relativ rationalisierungsresistent. Arbeitskräfte mit ausführenden Tätigkeiten, für die keine besondere Ausbildung nötig ist, können hingegen billig eingekauft werden, weshalb ein Einsatz von Automaten sich nicht lohnt. Unter sozialistischen Bedingungen kann die Tendenz zur Polarisierung von Beschäftigung und Qualifikationen umgekehrt werden. Dreh- und Angelpunkt ist dabei die Zeitsouveränität, die Chance, über die Nutzung von Arbeitsvermögen und Zeitbudgets frei zu entscheiden.

Mit der Digitalisierung rückt zumindest für einen Teil der von Löhnen Abhängigen näher, was Karl Marx als einen Umschlag kapitalistischer Dynamik vor Augen hatte. An diesem Punkt habe »die Surplusarbeit der Masse« aufgehört, »Bedingung für die Entwicklung des allgemeinen Reichtums zu sein, ebenso wie die Nichtarbeit der Wenigen für die Entwicklung der allgemeinen Mächte des menschlichen Kopfes«.[37] Überkommene Trennungen von Hand- und Kopfarbeit werden relativiert; der Mensch verhält sich als »Wächter und Regulator zum Produktionsprozeß«[38], er »tritt neben den Produktionsprozess, statt sein Hauptagent zu sein«.[39] An gleicher Stelle heißt es:

> Das Kapital selbst ist der prozessierende Widerspruch [dadurch], daß es die Arbeitszeit auf ein Minimum zu reduzieren stört [i. e. sucht], während es andrerseits die Arbeitszeit als einziges Maß und Quelle des Reichtums setzt. Es vermindert die Arbeitszeit daher in der Form der notwendigen, um sie zu vermehren in der Form der überflüssigen; setzt daher die überflüssige in wachsendem Maß als Bedingung – question de vie et de mort – für die notwendige.[40]

An diesem Punkt zeige sich: »›*Wealth i*st nicht Kommando von Surplusarbeitszeit‹ (realer Reichtum), ›sondern *disposable time*‹« für »›*jedes Individuum* und die ganze Gesellschaft‹«.[41] Kurz gesagt: Wenn die neue Phase der Digitalisierung hilft, notwendige Arbeit einzusparen, dann vermehrt sich die *disposable* time als eigentlicher individueller und gesellschaftlicher Reichtum, den es gerecht zu verteilen, aber auch für Tätigkeiten außerhalb der Erwerbsarbeit zu nutzen gilt.

Unter kapitalistischen Bedingungen ist eine halbwegs gerechte Verteilung der verfügbaren Zeitbudgets schwer möglich, denn beim Kampf um »jedes Zeitatom«[42], der zwischen Kapital und Arbeit ausgetragen wird, geht es um die kapitalistische Herrschaft selbst:

> Man kann Herrschaft geradezu so definieren, dass sie jederzeit imstande ist, die Regeln vorzugeben, nach denen die Menschen ihre Zeit aufzuteilen gezwungen sind und in welchen Räumen sie sich zu bewegen haben. Herrschaft besteht primär […] in einer Detailorganisation von Raum- und Zeitteilen, die den einzelnen Menschen in seiner Lebenswelt wie in einem Korsett einspannen.[43]

Daran ändert die Digitalisierung zunächst einmal wenig. Sie sorgt vielmehr dafür, dass die Polarisierung von Arbeitszeit weiter zunimmt. Während Vollzeitbeschäftigte häufig überlange Arbeitszeiten haben, leiden viele Teilzeitbeschäftigte an verkürzten Erwerbszeiten. Würde man die unbefriedigten Arbeitszeitwünsche der Unterbeschäftigten mitzählen, wäre die Arbeitslosigkeit in der Bundesrepublik bereits vor der Coronapandemie etwa doppelt so hoch gewesen wie offiziell registriert.[44] Hinzu kommt, dass arbeitsfreie Zeit keineswegs mit Zeitautonomie, mit individueller Verfügung über freie Zeit identisch ist, weil die Flexibilisierung der Erwerbsarbeit ohne geeignete Schutzmaßnahmen für die Arbeitenden Verwertungszwänge und Fremdbestimmung auf Zeitbudgets und Tätigkeiten jenseits bezahlter Lohnarbeit ausweitet. Unter sozialistischen Bedingungen kann diese Fremdbestimmung in verschiedener Hinsicht überwunden werden.

Erstens wird, wie bereits angesprochen, die Arbeitszeit abhängig von Produktivität, Qualifikationsniveau und sozialen Bedürfnissen schrittweise auf 32, 30 und schließlich 28 Wochenstunden reduziert. Es gilt eine Vier-Tage-Woche, die aber nach Bedarf und bei Zustimmung durch die Beschäftigten in einzelnen Unternehmen und Branchen erhöht werden kann. Mehrarbeit wird, sofern gewünscht, im Lebensverlauf durch arbeitsfreie Zeit in künftigen Lebensabschnitten entgolten. Grundsätzlich sind die Arbeitszeiten dem Lebensalter und den

Familienverhältnissen angepasst. Junge arbeiten mehr, Ältere weniger. Die Verkürzung der Wochenarbeitszeit wird mit einer *bedingungslosen Grundzeit für alle* institutionell garantiert.[45] Bedingungslose Grundzeit heißt: Jede und jeder erhält das Recht, für eine bestimmte Zeit aus dem Arbeitsprozess auszuscheiden oder die Arbeitszeit zu verkürzen. Finanziert wird diese Grundzeit aus einem gesellschaftlichen Fonds, in den Unternehmen und Arbeitende einzahlen, oder über eine Abgabe, die alle gesellschaftlichen Gruppen leisten. Die frei verfügbare Grundzeit kann verlängert werden, wenn sie für Weiterbildung oder Arbeit an der Gesellschaft und für die Demokratie (bürgerschaftliches Engagement, unbezahlte Pflegetätigkeit) genutzt wird. Frauen und Männer haben in diesem Arbeitszeitregime gleiche Rechte; die Möglichkeit, sich Sorgearbeiten partnerschaftlich zu teilen, wird mit der Ausweitung individueller Zeitautonomie deutlich verbessert.

Zweitens erlaubt das egalitäre, emanzipatorische Zeitregime, das individuell höchst unterschiedlich gestaltet werden kann, eine sukzessive *Aufhebung gesellschaftlicher Arbeitsteilung*. Die funktionale Arbeitsteilung muss weiter fortbestehen, aber die Möglichkeiten, zwischen verschiedenen Berufszweigen zu wechseln, werden auf der Grundlage einer guten Allgemeinbildung und eines entsprechenden Qualifikationsniveaus deutlich verbessert. Ansatzpunkte bietet das bereits erwähnte Planungsmodell von Pat Devine. Devine unterscheidet (a) verwaltende, leitende und planende Tätigkeiten, (b) kreative Berufe, (c) Fürsorge und Pflege, (d) qualifizierte berufliche Arbeit sowie (e) ungelernte und repetitive Tätigkeiten. Das ist sicherlich ein sehr grobes Schema, in welchem die gesellschaftliche Arbeitsteilung nur unzureichend abgebildet wird. Auch stört, dass Devine in Verkennung des Doppelcharakters der Lohnarbeit problematische Bewertungen der Bereiche vornimmt und den ungelernten Tätigkeiten jegliche Subjekthaftigkeit abspricht. Doch solche Mängel ließen sich durch Verfeinerung des Schemas beheben. Deshalb bleibt der Grundgedanke des Modells bestechend. Über das Arbeitsleben verteilt, werden Tätigkeiten jeweils einmal in einem der genannten Bereiche ausgeübt. Eine berufliche Spezialisierung findet innerhalb der jeweiligen Bereiche statt. Diese Form der Aufhebung von Arbeitsteilung unter Beibehaltung funktionaler Spezialisierung setzt ein offenes Bildungssystem voraus, das es für jede

Lebensphase ermöglicht, die jeweils sinnvollen Qualifizierungsangebote wahrzunehmen. Ein derart flexibles Arbeits- und Bildungssystem stärkt, so jedenfalls eine begründete Hoffnung, auch die individuelle Befähigung, qualifizierte Entscheidungen in allen Gesellschaftsbereichen zu treffen, und kann so maßgeblich zur Erhöhung des gesellschaftlichen Partizipationsniveaus beitragen.[46]

Nur ein derartiges Rotationssystem bietet *drittens* die Chance, dass sich Arbeitszeitverkürzung ökologisch nachhaltig auswirkt. Es ist ein in den Degrowth-Bewegungen weit verbreiteter Irrglaube, eine allgemeine Arbeitszeitverkürzung werde quasi im Selbstlauf auch zur Erreichung ökologischer Nachhaltigkeitsziele beitragen. Mittlerweile liegen Untersuchungen vor, die allzu optimistische Erwartungen dämpfen. In »der Gesamtschau« stellten die unter kapitalistischen Bedingungen verfügbaren Modelle zur Arbeitszeitverkürzung und -gestaltung »eine notwendige, aber keineswegs zureichende Bedingung für eine nachhaltige Wirtschaft und Gesellschaft dar«, fasst Steffen Liebig seine Auswertung der einschlägigen wissenschaftlichen Literatur zusammen.[47] Arbeitszeitverkürzung wirkt nur dann ökologisch nachhaltig, wenn sie zugleich eine Ausweitung des Konsumerismus vermeidet. Verbote und Einschränkungen werden dergleichen kaum leisten. Deshalb stellt sich die Frage, wie und für welche Zwecke die erwerbsarbeitsfreie Zeit verwendet wird.

Sinnvolle Tätigkeiten und Selbstentfaltung in der Arbeit können dazu beitragen, die Sucht nach Gebrauchswertsurrogaten zumindest einzudämmen. Gebrauchswertsurrogate sind Produkte, die anstelle von befriedigenden Sozialbeziehungen und Entfaltung in der Arbeitstätigkeit verkonsumiert werden. Der positionelle, hauptsächlich aus Statusgründen erfolgende Konsum[48] wird geradezu von der Jagd nach Gebrauchswertsurrogaten getrieben. Seinen Ursprung hat er in ungleichen Gesellschaften, in denen die feinen Unterschiede, das ständige Vergleichen mit den sozialen Nachbar:innen Mechanismen symbolischer Herrschaft hervorbringen, die »grobe« Klassenspaltungen überlagern und verdecken. In solchen Gesellschaften zeigt die Höhe des Einkommens »unmittelbar den Status an, manchmal auch Einfluss, Macht und Klassenzugehörigkeit«; es gewährt obendrein »Zugang zu den positionellen oder Statusgütern, die wir so dringend brauchen, um uns in der Gesellschaft Ansehen zu verschaffen«.[49] In egalitären

Gesellschaften wird dieses distinktive Prinzip zumindest abgemildert – insbesondere dann, wenn Selbstentfaltungswünschen andere Optionen offenstehen als ein expansiver Konsumerismus.

Das führt zu einem *vierten* und letzten Punkt. Nachhaltig sozialistische Gesellschaften werden *Produzentengesellschaften* sein. In ihnen wird insgesamt nicht weniger, sondern sehr viel mehr und vor allem kreativer und selbstbestimmter gearbeitet als in den prekären, fremdbestimmten Lohnarbeitsgesellschaften des zeitgenössischen Kapitalismus. Der entscheidende Grund ist die allmähliche Überwindung des Primats der Wertform von Arbeit. Dies geschieht, indem Arbeit als lebenspendender Prozess bewertet und ihr metabolischer Wert, wie gezeigt, in die Preisbildung von Unternehmen (negative und positive Externalitäten) einbezogen wird. Damit wendet sich zugunsten der Arbeitenden, was sich bereits in der kapitalistischen Hülle abzeichnet, die Bestimmung der Wertigkeit von Arbeitstätigkeiten anhand ihres gesellschaftlichen Nutzens.

In der digitalen Ökonomie des Kapitalismus macht sich dieser Prozess als polarisierende Dynamik bemerkbar. Je mehr innerhalb eines Arbeits- und Beschäftigungsverhältnisses an das Selbstproduzieren appelliert wird, desto stärker tendieren die Arbeitenden dazu, auch mehr sein zu wollen, als sie eigentlich sind. Journalist:innen betätigen sich als Schriftsteller:innen und schreiben Bücher, um ihren eigentlichen Wert darzustellen. Sportler agieren als Werbeikonen, Werbegrafiker erzeugen Kunstwerke und dergleichen mehr. Dies kann dazu führen, dass die Nebentätigkeit zur eigentlichen Quelle des Selbstbewusstseins wird:

> Um einen Teil ihres Lebens dem totalen Verwertungszwang zu entziehen, messen die ›Arbeiter des Immateriellen‹ schließlich ihren spielerischen, sportlichen, kulturellen und assoziativen Aktivitäten, bei denen das Sich-selbst-Produzieren ein Selbstzweck ist, eine größere Bedeutung bei als der Arbeit.[50]

Die darin aufblitzende Schwierigkeit, den Wert der Arbeitskraft zu bestimmen, wird unter kapitalistischen Bedingungen mithilfe hierarchischer Kontrollmacht bewältigt. Im Zuge der digitalen Landnahme entsteht ein Arbeits- und Arbeitertypus, dessen Wert vornehmlich auf

Spezialkenntnissen, Spezialqualifikationen, aber auch auf besonderem Wissen und persönlicher Erfahrung beruht, auf Eigenschaften, die sich im Grunde nicht quantifizieren lassen. Dadurch wird es immer schwieriger, den Wert der Ware Arbeitskraft zu bestimmen. Beschäftigte in wissensintensiven Bereichen agieren wie Künstler:innen oder Profifußballer, das heißt, ihre Einzigartigkeit und Besonderheit ist für den Wert ihrer Arbeitskraft ausschlaggebend. Konträr dazu verhält sich die verwertungs- und technikgetriebene Industrialisierung geistiger Arbeit. Industrialisierung geistiger Arbeit im Inneren der Unternehmen bedeutet, dass auch anspruchsvollste Tätigkeiten austauschbar werden. Zwischen dem Innen und dem Außen von Ingenieursarbeit vermittelt die Cloud. Sie ermöglicht, dass die Stammbelegschaft des Unternehmens beständig mit äußeren Leistungsanbietern konkurriert. Selbiges geschieht mit dem Effekt, dass die externen Arbeitskräfte die internen disziplinieren und zur Leistungssteigerung animieren.

Solche Grenzverschiebungen zwischen innen und außen konstituieren ein Kontrollregime, wie es ähnlich in den Beziehungen von Stammbelegschaften und prekär Beschäftigten beobachtet werden kann. Auf seinem höchsten technologischen Niveau offenbart dieses System der Leistungssteigerung, was Rosa Luxemburg vor mehr als einem Jahrhundert als Amalgamierung unterschiedlichster Arbeitsformen beschrieben hat. Hochqualifizierte Ingenieursarbeit wird in digitalisierten Wertschöpfungsketten mit der Tätigkeit digitaler Tagelöhner verknüpft. Derartige Kombinationen beinhalten das genaue Gegenteil dessen, was André Gorz als Nichtquantifizierbarkeit von immaterieller Arbeit behandelt. Nicht die Einmaligkeit künstlerisch-intellektueller Arbeitskraft bestimmt die betrieblichen Nutzungsformen von Wissensressourcen, sondern die Austauschbarkeit ihrer Träger:innen.[51]

Das lässt sich unter sozialistischen Vorzeichen grundlegend ändern. Nachhaltig effiziente Produktionsregime ermöglichen, dass die Nebentätigkeit tatsächlich zur Hauptbeschäftigung werden kann. Anders gesagt, jede und jeder, die oder der will, kann sich der Schriftstellerei hingeben. Jede und jeder, der oder die möchte, kann Musik machen, Theater spielen, Filme drehen, Zeitungen machen, sich in bürgernahen Verwaltungen betätigen, im Sport engagieren und dergleichen mehr. Das Internet bietet all diesen Aktivitäten Foren. Der

Wettbewerb um Aufmerksamkeit wird weitergehen, er wird sich vielleicht noch verschärfen, aber er entscheidet nicht über Existenzen. Die Wertigkeit eines Romans wird sich vielleicht darin ausdrücken, dass er zusätzlich zum digitalen Angebot auch noch gedruckt wird. Und die Singularität eines Songs kann darüber befördert werden, dass er sich zusätzlich zum digitalen Angebot auch noch auf einer Vinyl-LP finden lässt. Doch unabhängig davon bieten sich allen, die wollen, ungeahnte Chancen, sich als *Wachstumssubjekte* zu entfalten.

Wachstumssubjekte im hier gemeinten Sinne verkörpern das Gegenteil jenes Sozialcharakters, den Erich Fromm als Marketingorientierung bezeichnet hat. Der Marketingcharakter ist die subjektive Entsprechung des kapitalistischen Expansionsparadoxons und zeichnet sich durch seine radikale Fokussierung auf die Marktfähigkeit von Produkten und Personen aus:

> Weil es in allen Lebensbezügen in erster Linie um das Marketing geht, wird das Augenmerk immer auf das *Erscheinungsbild des Produkts* bzw. *der eigenen Person* gelenkt […] Gerade wenn es um das Marketing der eigenen Person geht, ist die Veränderung besonders auffällig. Was jemand faktisch tut und leistet, welche Fähigkeiten jemand tatsächlich hat, wer jemand wirklich ist und wie man sich tatsächlich erlebt, spielt – wenn überhaupt – nur eine nachgeordnete Rolle. Viel wichtiger ist, wie man seine behauptete Leistung zur Darstellung bringt, seine Kompetenztrainings, Softskills und Qualitätsmerkmale dokumentieren kann, mit seiner gestylten Persönlichkeit authentisch wirkt, sein selbstbewusstes Image in Szene setzt.[52]

Die Marketingorientierung begünstigt die Fähigkeit zur Selbstvermarktung, untergräbt und zerstört aber zugleich alles, was eine Persönlichkeit authentisch und angenehm für sie selbst und für andere macht. Wachstumssubjekte verkörpern das genaue Gegenteil. Menschen sind immer Wachstumssubjekte, sie können gar nicht anders. Wachstum meint hinsichtlich individueller Subjekte aber etwas völlig anderes als Selbstvermarktung. Befreiter Subjektivität geht es, wie Erich Fromm gezeigt hat, immer um das Wachstum eigener Fähigkeiten, um die Entfaltung wachstumsorientierter Eigenkräfte. Wachstum bedeutet für befreite Subjektivität ausschließlich Wachstum der eigenen Fähigkeiten. Für sie gilt eine Ethik, deren zentrales Postulat darin besteht, dass »der Mensch aller Habgier und allem Verlangen nach Besitztümern entsagen und sich vollständig vom Haben befreien müsse. Alle positiven ethischen Normen wurzeln dementsprechend im Ethos des Seins, des Teilens und der Solidarität.«[53]

Auch wenn man Fromm in seinen Bezügen auf die Ethik des Christentums nicht folgen möchte, trifft er mit seiner Betonung solidarischer Sozialbeziehungen den Nagel auf den Kopf. Der beste Weg zur Überwindung existenzieller Angst ist die Aufhebung gesellschaftlicher Verhältnisse, die Menschen auf die Mehrung von individuellem Besitz programmieren. Wenn das Besitzstreben aufgrund von systemischen Imperativen zum Selbstzweck gerät, wird es zum Auslöser von Realängsten. Auch die Reichen verspüren Angst. Stets müssen sie fürchten, mit ihrem Vermögen zugleich Status, Anerkennung, Einfluss und Geltung zu verlieren. Deshalb ist die Welt der Reichen eine, die von ständigem Unsicherheitsempfinden geprägt ist. Diese Realangst ließe sich überwinden – durch Teilen und Umverteilen.

Wie man ein Ethos des Seins, des Teilens und der Solidarität wirksam in Szene setzt, hat uns der Linksdemokrat Bernie Sanders während des ersten von ihm geführten Vorwahlkampfs um die US-Präsidentschaft beispielhaft demonstriert. In jeder seiner Wahlkampfreden schockte er das Publikum mit einem Bekenntnis zum demokratischen Sozialismus. Auf die Frage, ob er das im Nachhinein bedauere, weil seine volksnahe Botschaft ohne das S-Wort vielleicht besser angekommen wäre, antwortet er:

> Nein, ich bedauere das nicht. Für mich bedeutet demokratischer Sozialismus, dass ich auf dem aufbaue, was Franklin D. Roosevelt sagte, als er dafür kämpfte, allen Amerikanern grundlegende wirtschaftliche Rechte zu garantieren. Und es bedeutet, dass ich auf dem aufbaue, was Martin Luther King im Jahre 1968 sagte: ›In diesem Land gibt es Sozialismus für die Reichen und erbarmungslosen Individualismus für die Armen.‹ […] Für mich bedeutet Sozialismus, dass wir eine Volkswirtschaft aufbauen, die nicht nur für die Reichen, sondern für alle funktioniert.[54]

Fassen wir zusammen: Zweifellos kann die Digitalisierung dem stofflichen Umbau der Produktions- und Reproduktionsmodelle förderlich sein. Für intelligente Mobilitätssysteme ist digitale Technik ebenso unentbehrlich wie für eine nachhaltige, regionalisierte Landwirtschaft oder einen ökologischen Tourismus. Der entscheidende Punkt ist jedoch, dass die digitale Infrastruktur zu einem Gemeingut wird, um allen gleichen Zugang zum Netz zu bieten und Datenspuren vor den Zugriffen eines privaten oder staatlichen Überwachungskapitalismus zu schützen. Nur dann kann sie auch demokratische Koordination und Planung unterstützen, deren wichtigste Funktion darin besteht, positive wie negative Externalitäten in die Preisbildung und die ökonomischen Anreizsysteme zu integrieren. Weil so Krisen und die Verschwendung von Ressourcen vermieden werden können, handelt es sich bei demokratischer Koordination um soziale Mechanismen, die den in kapitalistischen Marktwirtschaften verfügbaren allemal überlegen sind.

Auf der Grundlage nachhaltig effizienter Produktion lässt sich der technologisch ermöglichte Zeitwohlstand erschließen, gerecht verteilen und für eine Pluralität unterschiedlichster Lebensstile nutzen. Die beschäftigungspolitischen Folgen der Digitalisierung sind und bleiben beherrschbar. Die wichtigste Wachstumsbremse wird in Deutschland wie in der gesamten EU das schrumpfende Arbeitskräfteangebot sein. Diese Prognose gilt allerdings nur unter der Voraussetzung, dass es nicht zu einer deutlich ansteigenden Immigration kommt. Das ließe sich ändern, wenn man dem Modell Skellefteå folgen würde. Zugespitzt formuliert: Künftig können nur noch die Regionen langsam, sozial selektiv und nachhaltig wachsen, oder besser: sich entwickeln, die sich gezielt um Zuwanderung bemühen, vorausschauend qualifizieren und ihre ökonomischen Anreizsysteme demokratisieren.

Bleibt es bei dem Szenario des Bundesministeriums für Arbeit und Soziales (BMAS), dann ist Beschäftigung in erster Linie eine Frage der Qualifikation:

> Der Strukturwandel äußert sich auch in den am Arbeitsplatz benötigten Kompetenzen. So wird der Bedarf an Berufen mit sozialinteraktiven, intellektuellen und methodischen Kompetenzen zunehmen. Der Bedarf an physischen Dispositionen, wie Körperkraft

> und Fingerfertigkeit, sinkt hingegen. Beim Umgang mit Technologien nimmt der Bedarf an Kompetenzen im allgemeinen Maschinenumgang ab, hingegen in der IKT-Expertise zu. Ein zunehmender Bedarf an bestimmten Kompetenzen führt nicht zwangsläufig zu Engpässen oder Rekrutierungsschwierigkeiten für Arbeitgeberinnen und Arbeitgeber [...], da sich auch die Kompetenzstruktur des Arbeitsangebotes verändert. Durch die Höherqualifizierung wird das Arbeitsangebot verstärkt in Berufen [zu qualifizieren, KD] sein, die intellektuelle Kompetenzen erfordern [...] Da der Bedarf an IKT-Expertise, Management und Koordinierung und Rechtswesen auch innerhalb von Berufen in der jüngsten Vergangenheit an Bedeutung gewonnen hat, erscheinen sie als besonders bedeutend für die Arbeitswelt der Zukunft.[55]

Ungeachtet der methodischen Probleme, mit denen solche Prognosen stets behaftet sind, ergibt sich aus dem vorgestellten Szenarium, dass ein flexibles Bildungs- und Weiterbildungssystem die Voraussetzungen dafür schaffen muss, dass die intellektuellen und sozial-interaktiven Fähigkeiten jederzeit angeeignet werden können. Das erfordert Zugänge aus der beruflichen Praxis an die Hochschulen. Hierfür können die Voraussetzungen bereits unter kapitalistischen Bedingungen geschaffen werden. Eine Bildungskarenzzeit nach österreichischem Vorbild, die Berufstätigen den Einstieg in ein Studium finanziert, wäre eine erste wichtige Maßnahme. Noch besser würde eine Arbeits- und Bildungsversicherung wirken, die Wechsel zwischen Berufstätigkeit und Weiterbildung absichert.[56]

Qualifizierung, gerechte Verteilung von Arbeitszeit und größere Zeitsouveränität ermöglichen völlig neue Arbeitsarrangements. Praktikabel werden Kombinationen aus Arbeit im Betrieb/Büro, Homeoffice und gelegentlicher Tätigkeit in Co-Working-Spaces. Die Mehrzahl der Beschäftigten möchte größere Rechte, um von zu Hause zu arbeiten. Die Mehrzahl möchte aber auch Face-to-Face-Kontakte mit Kolleg:innen und Vorgesetzten nicht missen. Digitaler Austausch ersetzt weder die direkte Kommunikation noch authentische Sozialbeziehungen am Arbeitsplatz. Das spricht für gemischte Modelle, die einen intelligenten Regelungsrahmen benötigen. Arbeitsgestaltung ist ein originäres Feld gewerkschaftlicher Interessenvertretung. Am besten wird der Umbau der Arbeitswelt gelingen, wenn mit den Beschäftigten *bottom up* intelligente Arbeitsmodelle entwickelt werden. Solche Modelle müssen Regelungen für Leistungsbegrenzung und zum Schutz der Privatsphäre sowie Vereinbarungen für die Datennutzung enthalten. Auf diese Weise kann einem Rückfall in die isolierende Wirkung der Heimarbeit frühindustrieller Zeiten vorgebeugt werden – eine Aufgabe, die ebenfalls bereits unter kapitalistischen Bedingungen ansteht.[57]

Für den Übergang zu einer effizient-nachhaltigen Qualitätsproduktion ist die gesellschaftliche Aufwertung von Sorgearbeiten eine zwingende Voraussetzung. Im ersten Schritt müssen die sozialen Einrichtungen aus Quasimarktbeziehungen und Lohnkonkurrenz herausgenommen werden. Verbindliche Kollektivverträge sind dafür unabdingbar. Eine Gesellschaft, in der die Dynamik von sozialen Dienstleistungen ausgeht, die vor Automatisierung geschützt werden, kann selektiv wachsen – aber eben nur langsam und auf eine Weise, die die Selbstreproduktionsfähigkeit von Ökosystemen nicht gefährdet. Eine effiziente, digitale Qualitätsproduktion wird kulturelle Vielfalt auf der Basis substanzieller Gleichheit von Lebenschancen ermöglichen. Es wird weniger, aber in höherer Qualität konsumiert. Vor allem jedoch werden sich befreite Wachstumssubjekte in vielerlei Hinsicht als Produzent:innen ihrer Lebenswirklichkeit betätigten. Weil tendenziell alle zu Schriftsteller:innen werden können, wird es schwer werden, eine große Leserschar zu finden. Und weil sich immer mehr Personen an der Steuerung, Planung und Koordination der Wirtschaft beteiligen, wird die Trennung von Gesellschaft und Ökonomie allmählich zurückgenommen. Das ist der Weg in eine demokratische, sozial wie ökologisch nachhaltige und deshalb sozialistische Gesellschaft.

X Katastrophen: Sozialismus oder Pandemie

Bringt uns ein äußerer Stoß wie die Coronapandemie einer nachhaltigen Gesellschaft näher? Unmittelbar nach dem Ausbruch der Krankheit Covid-19 und dem ersten weltweiten Lockdown dominierten solche Hoffnungen zumindest die Feuilletons der Qualitätspresse. Das Momentum war auf Seiten von Interventionen, die in der Pandemie ein Sprungbrett sahen, von dem aus sich die Gesellschaften in eine bessere Zukunft katapultieren konnten. In gewisser Weise wiederholte sich, was schon den Crash von 2007–2009 begleitete. Damals schien zwingend nötig, was zuvor als undenkbar galt. Der Staat musste einspringen, um angeschlagene Banken und Unternehmen zu retten, hartgesottene Marktradikale entdeckten Fehler im ökonomischen System, und konservative Minister riefen nach einer Steuer auf kurzfristige Finanztransaktionen, wie sie zuvor nur globalisierungskritische Bewegungen gefordert hatten. Geblieben war davon bereits kurz nach dem Ende der Signalkrise wenig bis nichts. Die Jahre zwischen den großen Krisen wirken im Rückblick wie ein verlorenes Jahrzehnt.

Pandemie und Ideologie

Geht es um die Zeit nach der Pandemie, erschallt der Ruf nach Veränderung nun umso lauter: »Jetzt oder nie: Der Corona-Schock birgt die Chance auf eine bessere Welt«, titelte beispielsweise das Nachrichtenmagazin *Der Spiegel.*[1] Andere Leitmedien folgten. Unterstützung erhielten sie aus der Wissenschaft. Selbst kritische Theoretiker wie Oskar Negt tendierten dazu, die Chancen der Krise zu betonen. Trotz katastrophischer Tendenzen gebe es Anzeichen für ein neues Freiheitsgefühl, das mit der Krise einhergehe. Die Menschen entdeckten, »wie sehr Demokratie und gesellschaftlicher Zusammenhalt von ihrem eigenen Handeln« abhängen, »wie viel in ihrer eigenen Verantwortung, aber auch in ihrer eigenen Handlungsmacht« liege; das berge die große Chance, »Antikörper« gegen demokratiebedrohende Tendenzen zu entwickeln.[2] Wo Oskar Negt noch abwägen wollte, lehnten sich andere deutlich weiter aus dem Fenster. »Wir können die Welt verändern«[3], hieß es. Die Pandemie habe eine zwei Jahrhunderte währende Beschleunigung zum Stillstand gebracht. Nicht das Virus, »wir selbst« hätten die Notbremse gezogen, »im Modus politischen Handelns«[4] und als Akt kollektiver Selbstermächtigung. Schon damals erinnerte der hoffnungsfrohe Post-Corona-Diskurs ein wenig an jene gesellschaftskritische »Deutsche Ideologie«, deren idealistische Ausrichtung Karl Marx und Friedrich Engels zu ihren Lebzeiten höchst polemisch und teilweise überhart attackierten.[5]

Die Protagonist:innen der neuesten deutschen Ideologie würden es überwiegend bestreiten – doch ihre Interventionen wirken häufig so, als sei der Kapitalismus in erster Linie Mentalität und Ideologie. Dieser Kapitalismus »in uns« verhält sich sperrig, doch er lässt sich überwinden, wenn »wir« es nur genügend wollen. Das vereinnahmende »wir« appelliert ausdrücklich an die Eliten. Es geht darum, den Kapitalismus vor allem geistig, theoretisch und qua Einsicht seiner dominanten Akteure zu überwinden. Umso schlimmer für die gesellschaftliche Realität, wenn sie sich weder dem Wünschbaren noch den kunstvoll errichteten Theoriegebäuden fügt. Diesem kritischen Idealismus fehlt, was schon die »heilige Familie«[6] seiner ideengeschichtlichen Vorläufer vermissen ließ. Eine Auseinandersetzung mit verfestigten Macht- und politischen Kräfteverhältnissen zählt nicht zu seinen Stärken. Befreiend wirkt er immer dann, wenn er visionär wird und utopische Kraft entfaltet. Er hilft dabei, Bestehendes infrage zu stellen, sich nicht voreilig vermeintlichen Sachzwängen und Notwendigkeiten zu fügen, und er mobilisiert im besten Falle jene Energien, die unabdingbar sind, wenn es darum geht, verkrustete Strukturen und scheinbar fest zementierte Herrschaftsverhältnisse anzuzweifeln.

Ohne utopischen Überschuss, so habe ich argumentiert, hat Sozialismus im 21. Jahrhundert keine Chance. Doch es kommt etwas anderes hinzu: »Um eine Zukunftsvision zu entwerfen, mag utopisches Denken hilfreich sein – ohne eine Analyse der Macht- und Herrschaftsverhältnisse, die das bestehende System stützen, ist es jedoch bedeutungslos.«[7] Grace Blakeleys Urteil klingt überhart, besitzt aber einen wahren Kern. Denn je länger sich die Pandemie hinzieht, desto wahrscheinlicher ist, dass sich der utopische Überschuss einmal mehr in Katzenjammer und lähmende Depression verwandelt. Wir wären dann in gewisser Weise wieder auf jene diskursive Frontstellung zurückgeworfen, wie sie für Engels' Auseinandersetzung mit dem utopischen Sozialismus charakteristisch war. Die Leiter philosophischer Schulen verwalten ihre scheinbar zeitlosen Wahrheiten mit scholastischer Inbrunst, vertrauen auf die aufklärerische Kraft ihrer Ideen und halten es für ein Problem der unbotmäßigen Realität, wenn diese den Hervorbringungen gelehrter Kapitalismuskritik immer weniger entspricht. Gegen drohenden Realitätsverlust hilft nur, den utopischen Überschuss mit nüchterner Analyse zu verbinden. Zu prüfen ist, wie die Pandemie auf Gesellschaften wirkt, was sie für die Durchsetzung von Nachhaltigkeitszielen und die Überwindung der Zangenkrise bedeutet, wie der Coronastaat agiert und auf welche Weise das Seuchenmanagement sozialistische Handlungsfähigkeit beeinflusst.

Ein Virus der Zermürbung

Beginnen wir mit einigen Fakten. Nach einem Jahr Covid-19 weiß die Welt über das Virus SarsCov-2 einiges mehr, aber noch immer viel zu wenig. Sicher ist nur: Das Virus wirkt aggressiv, kann töten und ist trotz zwischenzeitlicher Lockerung von Abstandsregeln auch in Europa keineswegs besiegt. Schlimmer noch, nach einem langen Plagejahr war die Coronapandemie in Teilen der Welt noch immer oder bereits wieder außer Kontrolle. Die Zahlen der an und mit dem Virus Verstorbenen sind im Zuge von zweiten oder dritten Infektionswellen in vielen Ländern absolut wie auch im Verhältnis zur Einwohnerzahl sprunghaft gestiegen.[8] Weltweit gab es zum Jahreswechsel 82 094 567 registrierte Infektionen und 1,793063 Millionen Tote. Die gute Nachricht ist, dass diese Zahlen noch weit unter den 40 Millionen Opfern liegen, vor denen Virologen bei Ausbruch der Seuche gewarnt hatten. Die schlechte Botschaft besagt, dass vor allem die Todeszahlen seit dem Jahreswechsel 2020/21 in vielen Weltregionen nochmals deutlich zugelegt haben. Anfang Februar 2021verzeichnete die Johns-Hopkins-Universität weltweit bereits mehr als 2,3 Millionen an und mit dem Virus Verstorbene. In der ersten Aprilhälfte 2021 waren bereits weit mehr als 2,9 Millionen Tote zu beklagen, während der letzten Maiwoche kletterte deren Zahl auf mehr als 3,475 Millionen.[9] Allerdings, auch das gehört zur alltäglich gewordenen Unsicherheit, sind die verfügbaren Daten zu Infizierten und bereits Gestorbenen seit Beginn der Pandemie hochgradig ungenau. Hinzu kommt, dass die Langzeitfolgen von Covid-19 noch immer weitgehend unbekannt sind. Wann Impfstoff in ausreichenden Mengen hergestellt und verabreicht werden kann, um die gesamte Erdbevölkerung zu versorgen, entzieht sich genauer Kenntnis; die Weltgesundheitsorganisation rechnet mit Jahren. Wie das Krisenmanagement der Staaten zu bewerten ist, wird ebenfalls erst mit gehörigem zeitlichen Abstand angemessen zu beurteilen sein, zumal mit der Virenmutation neue gesundheitliche Risiken entstehen. Doch auch im Rückblick wird eine angemessene Bewertung der Risikoabwägungen wegen des sogenannten Seuchenparadoxons schwierig werden, denn es kann nur geschätzt werden, wie viele Tote uns durch Lockdowns und Shutdowns erspart geblieben sind. Ausschlaggebend für die Bewertung solcher Maßnahmen ist eben nicht allein die Zahl der Verstorbenen; die wahrscheinlich vor dem Tode Bewahrten müssen als zusätzliches Bewertungskriterium herangezogen werden. So schätzt eine in *Nature* publizierte 11-Länder-Studie, dass bereits mit den Maßnahmen während des ersten Lockdowns mehr als drei Millionen Sterbefälle vermieden werden konnten.[10]

Blick man auf die wirtschaftlichen Verwerfungen, die der Pandemie folgen, zeichnet sich immerhin eine klare Tendenz ab. Der Internationale Währungsfonds (IWF) hatte zunächst von einer »Jahrhundertkrise« gesprochen.[11] Tatsächlich übertraf der Einbruch im ersten Halbjahr 2020 selbst den des Finanzcrashs von 2007–2009. Allein die US-Wirtschaft schrumpfte im zweiten Quartal 2020 um 9,5 Prozent. Bis Juni 2020 wurden im Land offiziell 44,2 Millionen Anträge auf Arbeitslosenhilfe registriert. Bereits zu Beginn der Pandemie waren 81 Prozent der »global workforce« (circa 2,7 Milliarden Menschen) vom Lockdown ganz oder teilweise betroffen. Als besonders verwundbar erwiesen sich weltweit informell und prekär Arbeitende sowie die Belegschaften kleinerer Unternehmen.[12]

Auch die deutsche Wirtschaft wurde hart getroffen, wenngleich der wirtschaftliche Einbruch nicht ganz so dramatisch ausfiel wie der Absturz von 2007–2009. Preisbereinigt war das BIP 2020 ca. 5,0 Prozent niedriger als im Vorjahr; die Langzeitarbeitslosigkeit stieg wieder an.[13] Im Vergleich zum vorangegangenen Quartal waren die Wirtschaftsleistungen im zweiten Quartal 2020 preis-, saison- und kalenderbereinigt um 9,7 Prozent eingebrochen (–11,3 Prozent im Vergleich zum Vorjahresquartal).[14] Einen größeren Rückgang des BIP hatte es in der Bundesrepublik nie gegeben. Für etwa zwölf Millionen Menschen war bis zum Juni 2020 Kurzarbeit angemeldet; real arbeiteten sechs bis sieben Millionen Beschäftigte in reduzierter Zeit. Obwohl die Talsohle des konjunkturellen Abschwungs im Sommer 2020 durchschritten schien, sprach schon damals wenig für einen raschen Aufschwung. Jedes fünfte Unternehmen fürchtete um seine Existenz.[15] Wichtige Konzerne waren bereits dabei, einen großvolumigen Stellenabbau zu betreiben, sie nutzten die Pandemie, um Produktionsverlagerungen zu realisieren, die nicht das Geringste mit Covid-19 zu tun hatten. Zugleich ging die Angst vor einer Insolvenzwelle um. Für die zweite Hälfte 2020 und den Übergang zu 2021 zeichnete sich indessen mehr und mehr das Bild einer gespaltenen Ökonomie ab. Trotz eines zweiten Lockdowns hatte sich die deutsche Exportwirtschaft in Teilen erholt, auch die digitale Ökonomie boomte. Doch in anderen Wirtschaftsbereichen wurden die Existenzsorgen größer. Vor allem das Hotel- und Gaststättengewerbe, die Kulturwirtschaft und Teile des Einzelhandels sahen sich mit schweren wirtschaftlichen Einbußen konfrontiert.

Für die Weltwirtschaft zeichnet der IWF ebenfalls ein zwiespältiges Bild. Staaten mit robusten Gesundheits- und Sozialsystemen, die über genügend Impfstoff verfügen und mit ihren Impfkampagnen rasch vorankommen, bietet sich die Chance zu rascher wirtschaftlicher Genesung. Prognostiziert werden gute bis glänzende Wachstumsaussichten. Mitunter ist bereits von einem neuen Wirtschaftswunder, den goldenen Zwanzigern des 21. Jahrhunderts, die Rede. Für arme Länder, denen die Mittel für ein wirkungsvolles Krisenmanagement fehlen und deren Bevölkerung lange auf Impfstoff warten muss, sind das keine realistischen Prognosen. Vor allem in Staaten, die stark vom Tourismus abhängig sind, ist die Wirtschaft in einem solchen Maße eingebrochen, als habe dort Krieg geherrscht. Diese Länder werden lange benötigen, um auch nur die gröbsten sozialen Schäden der Pandemie und der ihr nachfolgenden Rezession zu beheben. Im Ergebnis wird die Ungleichheit in der Weltwirtschaft zunehmen; die Schere zwischen armen und reichen Ländern öffnet sich immer weiter. Unklar ist noch, was das für transnationale Wertschöpfungsketten heißt. Einiges deutet darauf hin, dass die Dichte globaler ökonomischer Verflechtungen abnehmen wird und regionale Unternehmensnetzwerke wieder an Attraktionskraft gewinnen können. Doch letztendlich stehen sämtliche Prognosen über die Zukunft der Weltwirtschaft unter dem Vorbehalt großer Ungewissheit.[16]

Es gibt indes völlig andere Gründe, die zusätzlich dafür sorgen, dass die Stimmung selbst in reichen Gesellschaften kippt. Das Virus zermürbt, weil die notwendigen Gegenmaßnahmen antisozial wirken. Zunehmend fehlt während des Lockdowns, was das Leben überhaupt lebenswert macht. Die Zugänge zum »Massenschönen«[17], wie der Kultursoziologe Kaspar Maase die Events, Konzerte, Sportveranstaltungen, Theateraufführungen, Bar- und Restaurantbesuche nennt, sind versperrt. Damit fehlen jene Selbstbetätigungsräume, die moderne Gesellschaften zusammenhalten. Dass Medien und digitale Kommunikation Face-to-Face-Kontakte ersetzen könnten, ist eines jener Märchen, deren Glaubwürdigkeit mit der Häufigkeit der Erzählungen abnimmt. Wegen fehlender Kontakte machen sich die sozialen und psychischen Belastungen, die die Pandemie mit sich bringt, immer stärker bemerkbar. Im schlimmsten Fall bewirken sie Einsamkeit und soziale Isolation – beides Ausprägungen einer Prekarität des Lebens, die auch seelisch krank machen kann. In gewisser Weise tickt die pandemische Gesellschaft im Ganzen so, wie es alle, die mit Handicaps umgehen müssen oder Menschen mit Einschränkungen zu versorgen haben, schon immer als Dauerzustand erleben. Folgerichtig ist das »Build back better« der Anfangsphase längst verhallt, die Zustimmung zum Krisenmanagement der Regierungen beginnt zu bröckeln, und es regen sich immer mehr Zweifel, ob die Pandemie tatsächlich dazu beiträgt, dass die gesellschaftliche Entwicklung eine Wende zum Guten nimmt.

Ein Blick auf den Bericht der Vereinten Nationen zur Umsetzung der SDGs, der auch den Einfluss der Pandemie untersucht, kann den Realitätssinn schärfen. Um es vorab zu sagen, die Bilanz ist mit »bestenfalls gemischt«[18] schöngeredet. Die Probleme beginnen bereits mit der Datenerfassung, weil die Pandemie vielerorts verhindert, dass die nötigen Informationen überhaupt erhoben werden. 65 Prozent der Zentren nationaler Statistikämter waren oder sind wegen der Pandemie geschlossen.[19] Doch auch die unvollständigen Daten belegen, dass die Seuche und ihre sozialen Folgen dabei sind, selbst bescheidene Erfolge bei der Umsetzung von SDGs wieder zunichtezumachen. Als Beleg müssen an dieser Stelle einige Fakten genügen, die auf die beiden Hauptachsen der ökonomisch-ökologischen Zangenkrise verweisen – die zunehmende Ungleichheit und den menschengemachten Klimawandel.

So lässt der Bericht keinen Zweifel daran, dass die Pandemie als Ungleichheitsverstärker wirkt. Das Ziel, sämtliche Formen der Armut bis 2030 überall zu beenden (SDG 1), ist in weite Ferne gerückt. Mit hoher Wahrscheinlichkeit wäre es auch ohne Pandemie verfehlt worden. Covid-19 hat nun dafür gesorgt, dass erstmals seit Jahrzehnten alle Ausprägungen von Armut wieder zunehmen. 2020 sind 71 Millionen Menschen zusätzlich in extreme Armut getrieben worden; vier Milliarden verfügten über keinerlei Sozialschutz.[20] Auch die Bekämpfung des Hungers ist ins Stocken geraten. Neben Klimaschocks, Kriegen und der Wanderheuschreckenplage erweist sich Covid-19 als zusätzliche Belastung für die Ernährungssysteme. 144 Millionen (21,3 Prozent) der Kinder unter fünf Jahren werden deshalb voraussichtlich von Wachstumshemmungen betroffen sein.[21] Auch die Geschlechtergleichstellung (SDG 5) leidet. Mit Ausgangssperren nimmt das Gewaltrisiko gegen Frauen und Mädchen zu. Zudem sind hauptsächlich Frauen wegen der Pandemie mit Hausarbeit zusätzlich belastet. Durchschnittlich stellen Frauen 70 Prozent des Personals in den Gesundheits- und Pflegediensten, die von Ansteckung besonders bedroht sind.[22] Drei Milliarden Menschen haben keine einfache Handwaschgelegenheit im Haus und sind deshalb bei den Hygienemaßnahmen strukturell benachteiligt (SDG 6).[23] Zwar hat sich die Einkommensungleichheit während des

Berichtszeitraums in 38 von 84 erfassten Ländern verringert, doch Covid-19 trifft nun die verwundbarsten Gruppen besonders hart. Dazu zählen neben Kindern vor allem Ältere, Menschen mit Handicap sowie Fluchtmigranten. Die Umsetzung des Ziels, die Ungleichheit in und zwischen Ländern zu verringern (SDG 10), wird auch deshalb erschwert, weil die weltweite Rezession die Finanzierung von Entwicklungsprogrammen gefährdet.[24]

Bedenkt man ferner, dass die pandemiebedingte Rezession weltweit bis zu 400 Millionen Arbeitsplätze kosten könnte und 1,6 Milliarden Menschen in der Schattenwirtschaft existenziell bedroht[25], wird deutlich, dass Covid-19 ein altbekanntes Muster gesellschaftlicher Seuchenbewältigung reproduziert. Verschiedene Ausprägungen von Ungleichheit nehmen zu und erschweren deshalb die Erreichung sowohl ökologischer als auch sozialer Nachhaltigkeitsziele. Der Klimawandel bietet Anschauungsunterricht. Nur auf den ersten Blick wirkt Covid-19 ökologisch tatsächlich segensreich. Wie der Crash von 2007 bewirken Lockdown und Wirtschaftskrise »degrowth by disaster«.[26] Tatsächlich haben eingeschränkte Mobilität und zeitweiliger Zusammenbruch der Industrie die Kohlendioxidemissionen in einem Maße reduziert, wie das seit Jahrzenten nicht mehr der Fall gewesen ist.[27] Auch die Bundesrepublik hat ihre Klimaziele 2020 vor allem wegen der Pandemie erreicht. Doch mit der Wiederbelebung der Wirtschaft sind die Emissionen rascher angestiegen als erwartet. Berechnungen der Internationalen Energieagentur (IEA) bestätigen für 2020 einen Rückgang der Emissionen um weltweit etwa 5,8 Prozent; das entspricht dem Ausstoß der gesamten Europäischen Union. Im Energiesektor gingen die Emissionen um 3,3 Prozent zurück, im Bereich Verkehr war es gar ein Minus von 14 Prozent. Doch seit April 2020 sind die Emissionen weltweit wieder angestiegen; im Dezember lagen sie bereits über den Werten des Vergleichsmonats aus dem Vorjahr.[28] Um das 1,5-Grad-Erderhitzungsszenario zu erreichen, wären weltweit Reduktionen des Treibhausgasausstoßes um durchschnittlich 7,6 Prozent jährlich erforderlich – das aber kontinuierlich und eben nicht als Folge eines zeitlich begrenzten Lockdowns. Die IEA befürchtet, dass die historische Chance der Welt, 2019 den globalen Höhepunkt an Emissionen erreicht zu haben, verspielt wird. Das nicht zuletzt, weil in Industriestaaten wie der Bundesrepublik neben dem Fahrrad vor allem der individuelle PKW-Verkehr von den Coronaregeln profitiert, während die Fahrgastzahlen bei der Bahn und im öffentlichen Nahverkehr in Stadt und Land um 70 bis 80 Prozent eingebrochen sind.[29] Offenbar steigert die Coronakrise die Gefahr einer Schädigung von Sektoren, die für eine nachhaltige Verkehrswende unverzichtbar sind. Harte Verteilungskämpfe, wie sie infolge hoher Verschuldung bei gleichzeitig sinkenden Steuereinnahmen allen Gesellschaften bevorstehen, könnten diesen Trend zusätzlich verstärken. In Deutschland plädieren die Wirtschaftsverbände bereits für rigide Sparmaßnahmen, die in erster Linie zulasten von Sozialausgaben gehen sollen.[30] In anderen europäischen Staaten fallen Forderungen der Kapitalverbände noch erheblich radikaler aus.

Von Covid-19 zum »Ökoleninismus«?

Offenbar trägt die Pandemie nichts dazu bei, das Problem der Klimagerechtigkeit zu entschärfen. Im Gegenteil, die Schönen, Wohlhabenden und Privilegierten dieser Welt praktizieren genau das, was die Angehörigen herrschender Klassen in Zeiten der Pandemie schon immer getan haben: »Sobald sich die Seuche ankündigt, brechen die Reichen Hals über Kopf nach ihren Landgütern auf.«[31] Heute wählen manche von ihnen statt der Landgüter gerne eine Privatinsel, die im Privatjet angeflogen wird. Dabei geht selbst der Charme der Diskretion, einst Markenzeichen kapitalistischer Eliten, mehr und mehr verloren. Der eigene Wohlstand wird öffentlichkeitswirksam in Szene gesetzt. Man wüsste gern, was John Lennon dazu sagen würde, hätte er Sir Paul McCartney in Hochzeiten der Pandemie auf der Karibikinsel St. Barth im 28 Grad warmen Meer baden und anschließend auf der 350-Millionen-Euro-Yacht des Oligarchen Roman Abramowitsch dinieren gesehen.[32]

Doch es geht nicht um das Fehlverhalten einzelner Personen, sondern um die systemischen Mechanismen, die dergleichen hervorbringen. Schon die wenigen präsentierten Daten zur Umsetzung der SDGs signalisieren, dass die Coronapandemie gegenwärtig als zusätzlicher Bremsklotz für die überfällige Nachhaltigkeitsrevolution wirkt. Dies festzustellen bedeutet nicht, jegliche Hoffnung auf Gesellschaftsveränderung schon im analytischen Ansatz zu eliminieren. Es geht allein darum, überschießende Hoffnungen davor zu bewahren, angesichts widriger Realitäten von enthusiastischem Überschwang alsbald in Resignation und Ohnmachtsgebärden zu verfallen. Wenn Chancen zu radikalen Veränderungen tatsächlich ergriffen werden sollen, ist, darin stimme ich mit Grace Blakeley vollständig überein, eine realitätstaugliche Analyse gesellschaftlich-politischer Kräfteverhältnisse eine unabdingbare Voraussetzung. In »Ermangelung einer solchen Machtanalyse«, so Blakeley, verkommt selbst die Idee eines demokratischen Sozialismus »zu einer Spielart des Solutionismus, auf den viele Liberale hereinfallen«[33]: »Die Frage, die wir uns heute stellen müssen, lautet: Wie kann eine linke Bewegung die nötige politische Macht entwickeln, um eine demokratisch-sozialistische Wirtschaftsordnung aufzubauen?«[34]

Sozialtheorien, die über einen angemessenen Macht- und Herrschaftsbegriff gar nicht verfügen[35], werden an einem solchen Unterfangen immer wieder scheitern. Allerdings, das sei hinzugefügt, würde die Skepsis des Verstandes ebenfalls für Resignation sorgen, wenn sie nicht schon analytisch für Anknüpfungspunkte für den ebenfalls zwingend gebotenen Optimismus des politischen Willens suchte. Ob die Coronakatastrophe eine historisch einmalige Emanzipationschance oder das genaue Gegenteil bedeutet, wird im politischen Handgemenge entschieden. Aktuell muss vor allem geklärt werden, warum in Sachen Bearbeitung der ökonomisch-ökologischen Zangenkrise derzeit nicht gelingt, was bei der Bewältigung der Pandemie einigermaßen selbstverständlich ist – das entschlossene Handeln eines wirkmächtigen Staates, der sich durchzusetzen weiß. Genau diese Frage hat der Humanökologe und Klimaaktivist Andreas Malm sich und seinen Leser:innen gestellt. Sein brillanter Essay *Klima|x* überzeugt in Bildern, Sprache und Dramaturgie. Doch das Plädoyer für einen »Ökoleninismus«, der den sowjetischen Kriegskommunismus vor 1920 als Folie für eine geeignete Krisenbewältigungsstrategie wählt, zieht aus richtigen Überlegungen höchst problematische Konsequenzen. Das aus mehreren Gründen.

Erstens verdienen der Coronastaat, seine Apparate und sein Handeln während der Pandemie eine genaue Inspektion. Andreas Malm sieht im Management der Coronakrise den Beleg dafür, dass der Staat in krassem Gegensatz zu marktradikalen Ideologien durchaus tiefgreifend in die Wirtschaft intervenieren kann, wenn es die Lage erfordert. Die Pandemie zwingt, so jedenfalls Malm, zu einer Art Kriegswirtschaft. Noch unter Donald Trump wurde in den USA privaten Unternehmen abverlangt, überlebensnotwendige Güter wie Gesichtsmasken und Impfstoff herzustellen. Der intervenierende Coronastaat erscheint als Inkarnation kollektiver Vernunft. Seine Maßnahmen zur Eindämmung der Pandemie bringen, so Malm, »das Beste des modernen bürgerliches Staates zum Vorschein – die Achtung vor dem Leben, die die Achtung vor dem Eigentum übertrumpft«.[36] Dieser Staat pendelt nicht zwischen Demokratie und wirtschaftlicher Effizienz[37]; er beruht auf Kompromissbildungen zwischen kollektivem Gesundheitsschutz und ökonomischer Bestandssicherung. Das gelingt, weil Covid-19 zwar alle unterschiedlich, aber erfahrbar doch alle betrifft.

Bereits im 19. Jahrhundert war die Erkenntnis, dass auch die Flucht aufs Landgut den Reichen keinen vollständigen Schutz vor Seuchen bieten kann, eine Triebkraft für sozial- und gesundheitspolitischen Fortschritt:

> Die wiederholten Heimsuchungen durch Cholera, Typhus, Pocken und andere Epidemien haben dem britischen Bourgeois die dringende Notwendigkeit eingetrichtert, seine Städte gesund zu machen, falls er nicht mit Familie diesen Seuchen zum Opfer fallen will. Dementsprechend sind die […] schreiendsten Mißstände heute beseitigt oder doch weniger auffällig gemacht. Die Kanalisation ist eingeführt oder verbessert, breite Straßenzüge sind quer durch viele der schlechtesten unter den ›schlechten Vierteln‹ angelegt, ›Klein Irland‹ ist verschwunden.[38]

So schildert Friedrich Engels die hygienischen Maßnahmen für den englischen Industriekapitalismus des späten 19. Jahrhunderts. Engels fügt dem jedoch sogleich hinzu: »Die Bourgeoisie hat weitere Fortschritte gemacht in der Kunst, das Unglück der Arbeiterklasse zu verbergen […] Polizeiverordnungen sind so häufig geworden wie die Brombeeren; sie können nur das Elend der Arbeiter einhegen, beseitigen können sie es nicht.«[39]

Auf ungleich höherem Reichtumsniveau agiert der Coronastaat ähnlich wie ein Staat, der dem »Jugendstand der kapitalistischen Ausbeutung entwachsen ist«.[40] Auch dessen Schutzmaßnahmen wirken sozial selektiv. Zudem handelt es sich um einen Ausnahmestaat, der auf dem Boden der Verfassung demokratische Grundrechte einschränkt. Seine Legitimation erlischt spätestens mit dem Ende der Pandemie. Deshalb taugt er nicht als Instanz, die den Klimawandel und die Zangenkrise wirksam zu bekämpfen in der Lage wäre. Schließlich handelte es sich bei einem auf Dauer gestellten Staat des Ausnahmezustands[41] um ein autoritäres Gebilde, das der demokratischen Zivilgesellschaft einschließlich der Klimabewegungen jene Luft zum Atmen nähme, die für die Handlungsfähigkeit einer demokratischen Opposition unentbehrlich ist.

Zweitens verdient der wirtschaftliche Interventionsstaat ebenfalls eine genauere Inspektion. Fiskal-, finanz- und industriepolitisch hat sich tatsächlich Erstaunliches getan. Und das nicht allein auf nationalstaatlicher Ebene, sondern auch im Rahmen der EU-27. Insgesamt 1,8 Billionen Euro wollen die Mitgliedsstaaten der EU aufwenden, um die Wirtschaft neu aufzubauen. 30 Prozent der Gelder sollen für grüne Investitionen ausgegeben werden. Zur Finanzierung des Green Deal nehmen die Länder erstmals gemeinsame Schulden auf. Das ist ein wirtschaftspolitischer Paradigmenwechsel, den manche Verteidiger:innen des nationalen Wohlfahrtsstaates in ihren Analysen ausgeschlossen haben.[42] Im Falle ökologischer Nachhaltigkeitsziele lässt sich Ähnliches konstatieren. Das europäische Parlament hat die Klimaziele auch gegen die Voten mächtiger Wirtschaftslobbyisten deutlich verschärft.

Für EU-Europa zeichnet sich damit ab, was als wirtschaftspolitischer Paradigmenwechsel, so hoffen keynesianische Ökonom:innen, über die Pandemie hinaus Bestand haben wird. Der Staat interveniert. Doch kann diese – gegenwärtig noch fragile – Abkehr vom Marktradikalismus als kollektive Selbstermächtigung gedeutet werden? Zweifel sind angebracht. Wenngleich der neue Wirtschaftsinterventionismus dazu beiträgt, die sozialen Folgen der pandemiebedingten Rezession abzufedern, verfügt der kommende Aufschwung lediglich über ein schwaches politökonomisches Fundament. Er beruht auf einer dramatischen Neuverschuldung von Staaten, die Staatsanleihen und ähnliche

Papiere ausgeben, welche wiederum von den Zentralbanken, allen voran der Europäischen Zentralbank (EZB), aufgekauft werden. Dieser Mechanismus kann nur so lange stabil bleiben, wie die Zinsen auf niedrigem Niveau verharren und die Finanzmärkte mitspielen. Die Risiken einer solchen Finanzpolitik liegen auf der Hand. Einerseits tendiert anlagesuchendes Kapital dazu, zwecks Renditeerwartungen hohe Risiken einzugehen; die Gefahr von Blasen in den Immobilien- und Aktienmärkten wächst. Andererseits wird der Druck auf Löhne und Gehälter zunehmen, sodass sich klassenspezifische Ungleichheiten noch stärker ausprägen werden, als das ohnehin bereits der Fall ist. Hinzu tritt die Gefahr von Zombie-Unternehmen, das Fortexistieren von Betrieben mittels Staatshilfen, die ohne Subventionierung im Wettbewerb keine Überlebenschance besäßen.

Damit ist *drittens* eine markante Verbindung von Pandemie und ökonomisch-ökologischer Zangenkrise angesprochen, die sozialistische Handlungsfähigkeit, vorsichtig gesagt, erschwert. Covid-19 ist der Prototyp eines »äußeren Stoßes« im Sinne Fernand Braudels. Wie andere zoonotische Erkrankungen hat das Virus Sars-Cov-2 seinen Ursprung im Tierreich, also in der außermenschlichen Natur. Der Druck, den Menschen durch Abholzung und Verstädterung auf die Lebensräume von potenziellen tierischen Wirten ausüben, begünstigt nach allem, was bisher bekannt ist, den Spillover.[43] Coronaviren, zu deren bevorzugten Wirten Fledertiere gehören, suchen sich, nach einem Sprung auf tierische Zwischenwirte, menschliche Körper, um zu überleben. Mit der Übertragung auf Menschen wird das exogene Virus endogenisiert, also zu einem sozialen Phänomen. Massentourismus und transnationale Wertschöpfungsketten erzeugen ein Spannungsverhältnis von besserer medizinischer Versorgung auf der einen und rascherer Ausbreitung von Seuchen auf der anderen Seite.[44]

Bereits vor der Coronapandemie machten sich neue Krankheitserreger bemerkbar, deren Ausbreitung durch die Raum-Zeit-Kontraktion der Globalisierung beschleunigt wurde. Ihre Bekämpfung ist, um bei der – allerdings problematischen – Metapher von Andreas Malm zu bleiben, ein »Krieg«, der für *alle* geführt werden muss. Beim Klimawandel verhält es sich anders. Hier handelt es sich zunächst um zeitlich lang gestreckte, graduelle Veränderungen, die allerdings an

Kipppunkten unkontrollierbare Kettenreaktionen auslösen können. Der Klimawandel trifft zuerst die Ärmsten der Armen in peripheren Weltregionen, während die Reichen in den alten und neuen kapitalistischen Zentren noch immer vergleichsweise große Spielräume haben, um sich vor klimabedingten Naturkatastrophen zu schützen. Deshalb entspräche eine radikale Bekämpfung von CO_2-Emissionen einem »Krieg zum Nutzen der eigenen und fremden Bevölkerungen«; sie wäre jedoch zuallererst »ein Krieg zugunsten der Armen«.[45]

Die Pandemie als Ungleichheitsverstärker und Entsolidarisierungstreiber

Damit sind wir bei einem entscheidenden Punkt. Es kann gar kein Zweifel bestehen, dass die kapitalistischen Zentren anders aus Pandemie und weltwirtschaftlicher Rezession hinausgehen werden, als sie in die Verwerfungen hineingelangt sind. Die Frage ist nur, in welche Richtung der Wandel geht und wer die entscheidenden Weichen stellt. Andreas Malm weist mit Recht darauf hin, dass ökologische ohne soziale Nachhaltigkeit nicht zu haben ist. Die tonangebenden politischen Kräfte mitte-rechts und mitte-links im politischen Koordinatensystem wollen den Klimawandel jedoch überwiegend mit marktkonformen Mitteln bekämpfen. Eine soziale Differenzierung der Maßnahmen ist nicht oder allenfalls in homöopathischen Dosen vorgesehen. Ein »Krieg« zugunsten der Armen und des Planeten kann so nicht geführt werden; eher ist das Gegenteil der Fall. Mit zunehmender Dauer der Pandemie setzen sich Bewältigungsmuster durch, wie sie seit Jahrhunderten bekannt sind. Die Pandemie wirkt weltweit als Ungleichheitsverstärker und Entsolidarisierungstreiber.

Diese Einschätzung gilt uneingeschränkt auch für die reichen Gesellschaften im globalen Norden. Ansteckungsgefahren sind überall dort besonders groß, wo materielle Not und räumliche Enge das Abstandhalten erschweren. Wie unter einem Brennglas macht die Coronapandemie all jene Unsicherheiten und Ungleichheiten sichtbar, die in modernen kapitalistischen Gesellschaften seit langem reproduziert werden. Wie mittlerweile auch Virolog:innen und Naturwissenschaftler bestätigen, führt die Verfolgung von Infektionsketten in der Bundesrepublik zu prekären Arbeitsverhältnissen, beengtem Wohnraum und Quartieren mit hohen Anteilen an Menschen im Hartz-IV-Bezug. Das Robert-Koch-Institut kommt in einer Auswertung von Studien zum Sozialprofil der Infizierten zu entsprechenden Ergebnissen. Die Entprekarisierung der Arbeitsgesellschaft wäre daher tatsächlich ein wichtiger Schritt hin zu einem wirksamen Gesundheitsschutz.[46]

Weltweit ist eher das Gegenteil der Fall. Zunächst als Krankheit der Reichen klassifiziert, hat Covid-19 mehr und mehr die Elendszonen der Welt erfasst. Lateinamerika liefert Anschauungsunterricht. In vielen Ländern des Subkontinents sorgen prekäre Lebensverhältnisse, schlechte Ernährung, beengte Wohnverhältnisse und mangelhafte medizinische Versorgung für eine rasche Ausbreitung des Virus. Fahrlässiges Krisenmanagement wirkt als Beschleuniger. Selbst im verhältnismäßig entwickelten Argentinien gibt es begründete Ängste, dass mehr Menschen an den Folgen des Lockdowns sterben werden als an der Pandemie. Covid-19 bedeutet in den meisten lateinamerikanischen Staaten für viele sozialen Abstieg, Verlust der Wohnung und Hunger.[47] Migrant:innen, die in den Städten ihre Einnahmequelle verloren haben und sich wegen des zusammengebrochenen Transportsystems zu Fuß auf den Weg in die Heimat machen, sind der Seuche schutzlos ausgeliefert. Indigene Bevölkerungsgruppen, die, wie in Bolivien, von der Lebensmittelversorgung abgeschnitten werden, sehen sich ebenfalls existenziell bedroht.[48] Ähnliche Muster können in zahlreichen Ländern des globalen Südens beobachtet werden. Gleich ob chinesische oder indische Wanderarbeiter, brasilianische Favelas oder südafrikanische Townships – stets stellt sich die Frage, ob die gesundheitlichen Risiken einen längeren Lockdown und dessen katastrophale Folgen überhaupt rechtfertigen können.[49]

In den Elendszonen sowohl des Nordens als auch des Südens finden wir bestätigt, was für Pandemien schon immer galt. Die Ungleichheit nimmt zu, und sie wird vor allem jenen schaden, die ohnehin zu den Verwundbarsten zählen. Deshalb ist unwahrscheinlich, dass sich der Vorrang von Gesundheit vor Wirtschaftsinteressen dauerhaft durchhalten lässt. Zunehmende Ungleichheit steigert hingegen die Gefahr von Entsolidarisierungen. Donald Trump und seine Regierung haben gezeigt, wie sich ein solches Verhalten zwecks Machtsicherung gezielt schüren lässt. In den USA hat sich über viele Jahrzehnte hinweg eine ethnisch fragmentierte Unterklasse herausgebildet, deren Angehörige den Staat nur noch als repressive Instanz erleben. Die Unterklassenbildung erfolgt qua Kriminalisierung.[50] Binnen vierzig Jahren hat sich die Zahl der Gefängnisinsassen verfünffacht. Dabei handelt es sich überwiegend um Arme, die in schwarzen Communitys leben; einer von neun jungen schwarzen Männern befindet sich in Haft: »Knapp 60 Prozent derer, die keinen High-School-Abschluss erlangen, kommen mit etwa Mitte 30 ins Gefängnis.«[51] Weil Abstandsregeln in Unterklassenmilieus schwer einzuhalten sind, ist die Zahl der Infizierten und Toten dort überdurchschnittlich hoch.

Das hat der mittlerweile abgewählte US-Präsident für sein polarisierendes Krisenmanagement genutzt. Sobald klar war, dass die Seuche vor allem *people of colour*, Arme und Schutzlose dahinrafft, votierte Trump entschieden dafür, die Wirtschaft rasch wieder hochzufahren. Diese Klassenpolitik von oben samt ihrer rassistischen Konnotation ist eine der Ursachen für jene Massenproteste, die nach dem gewaltsamen Tod George Floyds nahezu alle US-amerikanischen Großstädte erfassten. In Portland reagierte Trump gegen das Votum von Gouverneuren und Stadtregierungen mit dem Einsatz von Spezialtruppen. Es folgte die systematische Leugnung seiner Wahlniederlage, verbunden mit Betrugsvorwürfen, die schließlich zur Erstürmung des Kapitols durch einen bewaffneten rechtsradikalen Mob führten.

Brasiliens Bolsonaro-Regierung, die, von der hohen Zahl der Coronatoten unbeeindruckt, an der Grippelegende festhält, verfährt nach einem ähnlichen Strickmuster wie die Trump-Administration. Auch dort spitzen sich gewaltträchtige Konflikte zwischen Regierungsgegnern und -anhängern zu.[52] Und wie in den USA sind die Resultate des fahrlässigen Seuchenmanagements erschreckend. So ist das Gesundheitssystem der Regenwaldmetropole Manaus mit der zweiten Welle der Pandemie erneut zusammengebrochen. Die Intensivstationen waren rasch übervoll, es fehlte trotz einer Notlieferung aus Venezuela an medizinischem Sauerstoff. Mindestens 31 Personen sind mangels Sauerstoff erstickt. Coronainfizierte Menschen »sterben zuhause und inzwischen auch in Warteschlangen vor den Krankenhäusern der

Stadt«.[53] Zwischenzeitlich ist die Zahl der Coronaopfer auf 3000 Tote pro Tag angestiegen, was das Bolsonaro-Regime nicht daran hinderte, auf wirkungsvolle Schutzmaßnahmen zu verzichten. Das Beispiel führt vor Augen, was geschehen kann, wenn das Virus SARS-CoV-2 systematisch verharmlost wird und regierende Coronaleugner anstelle eines wirkungsvollen Krisenmanagements Nekropolitik betreiben.[54]

Fassen wir zusammen: Die alten Bewältigungsmuster von Seuchen, die Fernand Braudel für die Periode des Übergangs vom Feudalismus zum Kapitalismus zwischen dem 15. und 18. Jahrhundert beschrieben hat, hinterlassen trotz sozialen und medizinischen Fortschritts in der Gegenwart noch immer ihre Spuren. Die gesellschaftliche Widerstandsfähigkeit gegenüber der Pandemie hängt entscheidend vom jeweiligen Gesundheitssystem, der Verfügung über halbwegs krisenfeste soziale Netze, von wohlfahrtsstaatlichen Sicherungen und der Finanzkraft von Nationalstaaten ab. Privatisierungen und die finanzielle Ausblutung der Gesundheitssysteme haben die soziale Resilienz zusätzlich derart geschwächt, dass Covid-19 zu einer ernsten Bedrohung der ökonomischen Globalisierung werden konnte. Natürlich lassen sich, wie in jeder Krise, auch zahlreiche Beispiele für solidarisches Handeln und Gemeinsinn entdecken. Wer in häuslicher Quarantäne ist, sieht sich aus der Nachbarschaft gut versorgt. Ältere können sich mitunter vor Hilfsangeboten kaum retten. Universitäten richten Corona-Hilfsfonds für Studierende ein, Gewerkschaften und Betriebsräte sorgen für einen besseren Gesundheitsschutz in Unternehmen, und die geltenden Abstandsregeln können Massenproteste gegen Rassismus, Polizeigewalt und wachsende Ungleichheit nicht verhindern.

Doch am Ende bleibt, dass der Kampf gegen die Pandemie zum Gegenstand imperialer Rivalitäten geworden ist. Nur jenen Staaten, die über genügend Impfstoff verfügen und ihre Impfkampagnen schnell zum Erfolg führen, bietet sich die Chance zu rascher wirtschaftlicher Gesundung. Folgerichtig wird eine globale Gesundheitsgefahr mit Impfstoffnationalismus bekämpft. Allen Solidaritätsbekundungen zum Trotz hatten sich im Frühjahr 2021 ganze zehn Staaten 76 Prozent des verfügbaren Impfstoffs gesichert. 85 einkommensschwache Länder werden möglicherweise erst nach Jahren mit der Immunisierung ihrer Bevölkerungen beginnen können. Das erhöht die Gefahr von Mutationen, die sich gegenüber den Impfstoffen als resistent erweisen. Offenbar ist das kapitalistisch dominierte Staatensystem nicht in der Lage, Impfstoffe als öffentliches Gut zu behandeln, um dem entsprechenden Nachhaltigkeitsziel (SDG 3) Geltung zu verschaffen.

In seiner dominanten Form ist der Coronastaat daher alles andere als ein Garant für Fortschritt in Sachen sozialer und ökologischer Nachhaltigkeit. Es wäre geradezu fahrlässig, wollte man den Staat des Ausnahmezustands als Beweis für die Veränderbarkeit der Welt feiern. Dieser Staat reagiert auf eine medizinische Katastrophe, mit zunehmender Beherrschbarkeit der Pandemie verliert er jegliche Legitimität. Hält die Pandemie hingegen lange an, werden Abstandsgebote für große Bevölkerungsmehrheiten zu einer großen Last, weil sie auf radikale Entgesellschaftung und Entgemeinschaftung hinauslaufen. Alles, was dem Ausnahmestaat positiv zugeschrieben wird – Entschleunigung des Alltags, Konsumverzicht, Verkehrsvermeidung und Zeit für die Sorge um sich selbst –, ließe sich nach dem Abklingen der Pandemie nur noch auf freiwilliger Basis aufrechterhalten. Der erkennbare Drang zur Wiederherstellung einer Vor-Corona-Normalität, wie er sich in vielen Ländern lautstark artikuliert, lässt indes erahnen, wie wenig realitätstauglich derartige Erwartungshaltungen sind. Hoffnungen auf einen therapeutischen Effekt der Pandemie werden auch deshalb enttäuscht, weil der intervenierende Wirtschaftsstaat einer Schrumpfung ökonomischer Aktivität direkt entgegenwirkt. Die Legitimität schuldenfinanzierter Wiederaufbauprogramme bemisst sich am Wachstumserfolg. Insofern ist der Coronastaat ein Hybrid. Der wirtschaftsinterventionistische Staat soll die Suppe auslöffeln, die ihm sein ungleicher Zwilling, der Pandemiestaat, eingebrockt hat.

Exkurs: Wie mit dem Staat umgehen?

Die Auseinandersetzung mit dem Coronastaat ist bestens geeignet, eine Kapitalismuskritik zu irritieren, die sich über einen langen Zeitraum hinweg mit der Verselbstständigung kapitalistischer Märkte auseinandergesetzt hat. Deshalb sei noch einmal in Erinnerung gerufen, wie sich Friedrich Engels und der marxistische Sozialismus zur

Staatsfrage verhalten haben. »Sobald es keine Gesellschaftsklasse mehr in der Unterdrückung zu halten gibt«, schrieb Friedrich Engels, »gibt es nichts mehr zu reprimieren, das eine besondere Repressionsgewalt, einen Staat nötig machte«. Und weiter: »Der erste Akt, worin der Staat wirklich als Repräsentant der ganzen Gesellschaft auftritt – die Besitzergreifung der Produktionsmittel im Namen der Gesellschaft – ist zugleich sein letzter selbständiger Akt als Staat. Das Eingreifen einer Staatsgewalt in gesellschaftliche Verhältnisse wird auf einem Gebiet nach dem anderen überflüssig und schläft dann von selbst ein. An die Stelle der Regierung über Personen tritt die Verwaltung von Sachen und die Leitung von Produktionsprozessen. Der Staat wird nicht ›abgeschafft‹, er stirbt ab.«[55]

Das ist keine etatistische, sondern eine libertäre Vision. Doch was kann ein allmähliches Absterben des Staates im 21. Jahrhundert noch bedeuten? Dazu einige Bemerkungen: Engels bezieht sich auf einen Staat, der in erster Linie Repressionsstaat ist. Ein Wohlfahrtsstaat, der in einem großen Ausmaß gesellschaftliche Regulationsfunktionen wahrnimmt und als politisch hergestelltes Außen, als Selbststabilisierungsmechanismus expansiver Marktvergesellschaftung agiert, war ihm unbekannt. Deshalb ist die Vergesellschaftung staatlicher Funktionen, wie sie sich in ausdifferenzierten Kapitalismen und verzerrter Gestalt vollzieht, für Engels kein Analysegegenstand. Bei einer derartigen analytischen Abstinenz kann man es heute nicht mehr belassen. Der Staat ist in seinem Kern noch immer Repressionsstaat mit besonderer Polizei- und Militärgewalt. Doch seine verschiedenen Apparate, Behörden, Entscheidungsebenen und Beratungsgremien bilden Netzwerke, deren Funktionen unterschiedlich zu beurteilen sind. Im Staatshandeln bewegen sie sich nach jeweils eigenen Regeln und Kräfteverhältnissen. In ihrer Verdichtung bilden sich unterschiedliche Staatsformen und -typen heraus.

Allmähliches Absterben des Staates kann in modernen sozialistischen Gesellschaften deshalb nur bedeuten, dass staatliche Funktionen von möglichst vielen und dann lediglich auf Zeit ausgeübt werden. Das Rotationsprinzip bei der Arbeit in unterschiedlichen Sektoren, wie es Pat Divine in »Participatory Planning Through Negotiated Coordination« vorschlägt, wird dann auch auf den Staat und seine Funktionen ausgedehnt. Das schließt politische Beamte auf Lebenszeit aus. Ein solches Berufsbeamtentum passt nicht zu einem reflexiven, transformativen Recht, wie es Katharina Pistor vorschwebt. Politische Lebenszeitbeamte sind ein bürokratischer Hemmschuh, der im Zweifelsfall dafür sorgt, dass auch bei Regierungswechseln vieles so weitergeht wie in der Vergangenheit. Das ist für dynamische, lernfähige Gesellschaften dysfunktional.

Allerdings muss eine besondere Staatsfunktion bewahrt werden, die in kritischen Staatstheorien häufig untergeht oder doch unterbelichtet bleibt. In Abgrenzung zu marxistischen Theorien definiert Pierre Bourdieu den Staat als eine »wohlbegründete Illusion«, als einen Ort, der »wesentlich deshalb existiert, weil man glaubt, er existiere«.[56] Aus diesem Grund seien alle Sätze, die »den Staat als Subjekt haben, theologische Sätze«.[57] Um der Theologie zu entgehen, schlägt Bourdieu vor, »den Staat durch Handlungen« zu ersetzen, die »man staatliche oder ›Staats‹akte nennen kann – mit dem ›Staat‹ in Anführungszeichen«.[58] Bourdieu hält diese handlungstheoretische Wendung selbst nicht vollständig durch, und seine Kritik am Funktionalismus neomarxistischer Staatstheorien beruht offenkundig auf einer oberflächlichen Rezeption (neo)gramscianischer und hegemonietheoretischer Ansätze.[59] Dass der Staat kein homogener Akteur ist und sich die Aktivitäten staatlicher Apparate und Akteure nicht rein funktionalistisch erklären lassen, ist jedenfalls ein Argument, mit dem man bei reflektierten marxistischen Staatstheoretikern offene Türen einrennen würde. Ungeachtet dessen enthält Bourdieus Staatstheorie einen zentralen Gedanken, der sich für den hier interessierenden Zusammenhang nutzbar machen lässt. Den Staat bestimmt der französische Soziologe »als Monopol der legitimen symbolischen Gewalt«[60], zu dessen allgemeinsten Funktionen »die Produktion und Kanonisierung sozialer Klassifikationen« gehört.[61]

Das ist, gerade mit Blick auf eine pandemische Situation, ein wichtiger Punkt. Der Staat im engeren Sinne kann auch schon unter kapitalistischen Bedingungen etwas, was der demokratischen Zivilgesellschaft jenseits des Kernstaates nicht möglich ist. Er ist in der Lage, verbindliche Maßstäbe zu definieren, die für die Gesellschaft einen Wahrheitsgehalt besitzen und Verständigung ermöglichen. Diese Funktion geht der Herrschaftsausübung voraus. Sie ist nicht ersetzbar und muss auch in nachkapitalistischen Gesellschaften Bestand haben. In einer pandemischen Situation sind die Zivilgesellschaften jenseits des Kernstaates darauf angewiesen, dass auf der Basis wissenschaftlicher Expertise anhand nachvollziehbarer Maßstäbe Regeln formuliert und durchgesetzt werden, die der Seuchenbekämpfung dienen. Diese Regeln können besser oder schlechter ausfallen, sie sind kritisierbar, man kann sie verletzen und in demokratischen Verfahren für andere, bessere Regeln kämpfen. Aber es gibt eine Instanz, die definitionsmächtig und letzten Endes auch durchsetzungsstark ist. In einer pandemischen oder anderweitig katastrophischen Situation kann es deshalb durchaus vorkommen, dass eine sozialistische Opposition mit Staatsaktivitäten übereinstimmt, die seitens der kapitalistischen Eliten durchgesetzt werden. Anders gesagt, die Staatsaktivitäten müssen jeweils genau analysiert werden. Wenn eine pandemische Situation die vorübergehende Einschränkung von Rechten verlangt, dann ist das noch keineswegs Ausdruck einer Diktatur; es kann sich um eine legitime Strategie handeln, sofern es bei Einschränkungen auf Zeit bleibt. Ein wirtschaftlicher Interventionsstaat ist für sich genommen aber ebenfalls kein Ausweis von Demokratisierung und sozialem Fortschritt. Und eine Behörde wie das Umweltbundesamt mit ihren herausragenden fachlichen Fähigkeiten wird man auch benötigen, wenn die Nachhaltigkeitsrevolution unter sozialistischen Vorzeichen praktiziert wird.

Zugespitzt formuliert heißt das: Den Verschränkungen von Pandemie, ökonomisch-ökologischer Zangenkrise und neuem Staatsinterventionismus mittels gängiger Formeln wie der einer Neuerfindung der Moderne begegnen zu wollen, führt weder analytisch noch politisch weiter. Ähnliches konnte man schon in Ulrich Becks *Risikogesellschaft*[62] lesen. Zu klären ist, ob sich mit der Coronakrise als Katalysator ein neuer, staatszentrierter »Naturkapitalismus« herausbildet, der Nachhaltigkeitsziele auf seine Fahnen schreibt und zum Gegenstand von Hegemoniebildung macht. Und zu klären ist ebenfalls, ob es mittelfristig bei einer kapitalistischen Revolution-Restauration bleibt oder ob Weichenstellungen in Richtung postkapitalistischer oder gar ökologisch-sozialistischer Gesellschaften möglich werden. Deshalb überrascht, dass meine alten Mitstreiter Stephan Lessenich und Hartmut Rosa in unserer gemeinsamen Coronadebatte vor dem S-Wort zurückschrecken. Den Begriff selbst nicht zu benutzen, ist das eine, entsprechende Debatten erst gar nicht zu erwähnen, steht auf einem anderen Blatt. Dabei liefern die Pandemie und auch das staatliche Seuchenmanagement implizit eine Fülle an Argumenten, die geradezu nach einer Wiederherstellung sozialistischer Handlungsfähigkeit schreien. Wie die Coronapandemie zeigt, funktionieren Gesellschaften am besten mit einer gut ausgebauten sozialen Infrastruktur, die allen zur Verfügung steht – nicht nur im eigenen Land, sondern überall in Europa und auf der Welt. Für eine soziale Infrastruktur, die Basisgüter bereitstellt, zu streiten, ist daher eines der wichtigen Projekte, um trotz der verheerenden Katastrophe, die Covid-19 für Milliarden Menschen darstellt, Weichenstellungen in Richtung nachhaltiger Gesellschaften zu ermöglichen.

Gesundheit als globales öffentliches Gut

Das Beispiel Seuchenprävention mag veranschaulichen, wovon die Rede ist. Bisher setzten Hygienemaßnahmen in der Regel erst dann ein, wenn die Krankheiten auftraten. Weitdenkende Virolog:innen haben stattdessen angeregt, ein globales Früherkennungssystem zu entwickeln, das potenzielle Pandemien schon während ihrer Entstehung wirksam bekämpft. Ein nachhaltiges Präventionssystem wäre jedoch ausgesprochen teuer.[63] Es müsste weltweit errichtet werden, um zu schützen, und würde daher die Prioritäten öffentlicher Haushalte dramatisch verschieben. Groß angelegte Rüstungsprogramme ließen sich dann nicht mehr finanzieren. Nachhaltige Seuchenprävention liefe daher auf eine deutliche Veränderung der Prioritätensetzung in öffentlichen Haushalten und schließlich auf radikale gesellschaftliche Veränderungen hinaus, denn sie wäre ohne eine demokratische Rückverteilung des gesellschaftlich erzeugten Reichtums nicht zu bewerkstelligen.

Eigentlich, so könnte man hinzufügen, haben alle Staaten, die den SDGs zugestimmt haben, solche Veränderungen längst akzeptiert. Sie sind verpflichtet, sich für die Gesundheit aller Menschen jeden Alters einzusetzen und deren Wohlergehen zu garantieren (SDG 3). Der Bruch mit dem Impfstoffnationalismus wäre dazu ein kleiner Schritt.

Er fiele umso leichter, wenn die Impfstoffproduktion Unternehmen obliegen würde, die für den Gesundheitsschutz statt primär für Gewinnerwartungen produzieren. Bloße Veränderungen der Eigentumsverhältnisse und der Unternehmensverfassungen reichen aber keinesfalls aus, um einen wirksamen Gesundheitsschutz für alle im globalen Maßstab durchzusetzen. Denn ohne Einbindung in einen funktionierenden zwischenstaatlichen Multilateralismus werden auch kollektiv geführte Unternehmen einen Seuchenpräventions-Internationalismus wohl kaum befördern. Die weltweite pandemische Lage wird real von starken Nationalstaaten, aber auch von Unternehmen mit unterschiedlichen Eigentumsverhältnissen bestimmt. Ursprünglich versprach der sogenannte COVAX-Mechanismus, eine globale solidarische Impfstoffverteilung zu gewährleisten. Durch exklusive bilaterale Verträge reicher Staaten mit Impfstoffherstellern wurde dieses Abkommen jedoch ausgehöhlt und unterlaufen. Eine Folge ist, dass ärmeren Ländern der Impfstoff fehlt. Dort kann häufig nicht einmal das Pflegepersonal der Kliniken vor Covid-19 geschützt werden.[64]

Im Impfstoffnationalismus offenbart sich ein Grundmuster der Krisenbewältigung inmitten eines epochalen Umbruchs. Gefahrenlagen wie die der Coronapandemie existieren im globalen Maßstab; letztendlich können sie auch nur im globalen Maßstab bearbeitet und überwunden werden. Gelingt das, wie bei Covid-19, nicht, schlägt das Virus früher oder später zurück. Die Gefahr von Mutationen, die sich auf zuvor scheinbar halbwegs sichere Altersgruppen spezialisieren oder gegenüber Impfstoffen resistent sind, wächst. Impfkampagnen werden damit zu einem Rennen gegen die Zeit, und privatkapitalistisches Eigentum, festgeschrieben in Patenten für Coronatechnologie, erweist sich als Haupthindernis für nachhaltigen Gesundheitsschutz. Deshalb fordern Organisationen wie Ärzte ohne Grenzen ein Aussetzen von Patenten auf Covid-19-Technologie, raschen Technologietransfer in Länder des globalen Südens sowie Impfstoffspenden reicher Staaten, um zumindest die schlimmsten Engpässe auszugleichen. Interventionen dieses Typs sind ein Ausweis sozialistischer Handlungsfähigkeit, hier ausgeübt von Ärzt:innen, die sich wohl überwiegend als Nichtsozialist:innen verstehen.

Darin artikuliert sich ein subversives Moment der Pandemie. Kapitalistische Gesellschaften, denen es nicht gelingt, elementare Schutzbedürfnisse in ihre sozioökonomischen und politischen Funktionsmechanismen zu integrieren, generieren in einer global verflochtenen Welt spürbar und nachvollziehbar ein *Überlebensrisiko*. Dass der Ausnahmezustand, den Covid-19 ausgelöst hat, ein schwarzer Schwan, ein statistisch höchst seltenes Ereignis bleiben wird, ist unwahrscheinlich. In einer globalisierten Welt kann jede Naturkatastrophe, jede Wirtschaftskrise zu einem sozialen Desaster werden, das Notstandsmaßnahmen legitimiert. Islamistischen Terrorismus hat die französische Regierung mit monatelangem Ausnahmezustand beantwortet. Ereignisse wie der Hurrikan Katrina können, wie seinerzeit in New Orleans, ebenfalls Notstandsregime erzwingen. Wird die Realisierung von Nachhaltigkeitszielen blockiert, könnten sich die Anlässe für Ausnahmezustände häufen. Ungebremster Klimawandel bedeutet Zunahme von Wetterextremen, eine höhere Wahrscheinlichkeit von Naturkatastrophen und damit auch von äußeren Schocks, die zu immer neuen Notständen führen könnten. Aufstände und Riots, die mithilfe des Militärs niedergeschlagen werden, könnten eine ähnliche Dynamik auslösen. Moderne kapitalistische Gesellschaften würden dann, ganz so wie Ulrich Beck es einst prognostiziert hatte, zu »Katastrophengesellschaften«[65], in denen der Ausnahmezustand den Alltag regiert.

Deshalb gibt es für übertriebenen Optimismus keinen Anlass. »Durchkommen!« lautet eine Devise, der sich viele verschrieben haben. Grundfalsch wäre es, dem Wünschbaren schon den Rang einer wahrscheinlichen Zukunft zu verleihen. Debatten um alternative Gesellschaftsmodelle sind dringend vonnöten, das waren sie auch schon vor der Pandemie. Doch nur Realitätssinn, gepaart mit der Skepsis des Verstandes, einem klaren Blick für Kräfteverhältnisse, für das Gangbare und das Erreichbare, kann Visionen nachhaltig sozialistischer Gesellschaften den Status glaubwürdiger Alternativen verleihen. Anteilnahme am Schicksal all derer, die an Covid-19 erkranken, sterben oder wegen der Folgen in Not geraten, ist dafür unentbehrlich. Experimentierfreudigkeit mit wissenschaftlicher Expertise zu verbinden, um denen, die andernfalls unsichtbar blieben, eine Stimme zu geben, ist das Mindeste, was eine öffentliche Soziologie der Nachhaltigkeit zu leisten hat.

Als Resümee bleibt: Die Kombination aus Pandemie, Rezession und Zangenkrise ist historisch einzigartig. Sie fügt sich nicht in gängige wissenschaftliche Krisendeutungen. Schon ihre Analyse verlangt nach einer kollektiven Kraftanstrengung, die Grenzziehungen zwischen Sozial- und Naturwissenschaften systematisch überschreitet. Auch deshalb wirkt das stets wiederkehrende Stereotyp von der Krise als Chance, mitsamt der in ihm verborgenen Hoffnung auf eine »Sinnhaftigkeit der Zeit«[66] besonders hohl. Der Bruch in den Gesellschafts-Natur-Beziehungen, wie er sich im Begriff des Anthropozäns, oder konkreter: des Kapitalozäns[67] artikuliert, enthält zwei Botschaften. Die Menschheit kann mittels Überwindung hindernder Strukturen zur bewussten Hüterin der Natur werden, es liegt in ihrer Hand, verkrustete Machtverhältnisse zugunsten sozialer und ökologischer Nachhaltigkeit aufzubrechen. Sie kann das Menschenzeitalter aber auch beenden – durch Ökozid, einen verheerenden Atomschlag oder eine außer Kontrolle geratene Pandemie.[68] Nachhaltiger Sozialismus oder Katastrophenkapitalismus – so könnten die alternativen Schlussfolgerungen lauten, die sich aus dieser Konstellation ergeben.

XI Übergänge: Nachhaltiger Sozialismus jetzt!

Kombiniert man die elementaren Dreiecke des Sozialismus und der Nachhaltigkeit mit den Strategien sozialistischer Handlungsfähigkeit, erhält man einen Kompass, der in unübersichtlichem Gelände Orientierung für emanzipatorische Bestrebungen bieten kann. Mithilfe dieses Kompasses lassen sich Übergänge aufspüren, die von expansiven zu nachhaltigen Gesellschaften führen und als Formationswandel zu konzipieren sind. Wege zu einer ökosozialistischen Formation öffnen sich im Kampf um gesellschaftliche Mehrheiten. Sie können vom erwachenden Selbstbewusstsein einer neuen Lohnabhängigenklasse profitieren. Attraktiv wird ein nachhaltiger Sozialismus, sofern er als rebellische Lebensform begriffen wird, die Veränderungen im Hier und Jetzt durchsetzen will, deshalb gesellschaftliche Kräfteverhältnisse zu beeinflussen sucht und Anknüpfungspunkte in den progressiven Varianten eines globalen Green New Deal und seiner Sicherheitsarchitektur findet. Beginnen wir mit der Problematik des Formationswandels.

Gesellschaftliche Dynamiken und Formationswandel

Gemeinsam bilden die vorgestellten Bausteine für einen nachhaltigen Sozialismus ein Fundament, ein bewusst hergestelltes Anderes, das expansiver kapitalistischer Marktvergesellschaftung und ihren ausbeuterischen Mechanismen Grenzen setzt, ohne in despotische Staatstyrannei zu verfallen. Ein solches Fundament ließe Pluralismus, Parteienkonkurrenz und politische Richtungsentscheidungen über die besten Wege zu ökologischer und sozialer Nachhaltigkeit nicht nur zu, demokratisch ausgetragener Streit wäre geradezu eine Funktionsbedingung ökologisch-sozialistischer Gesellschaften, die sich in hochkomplexen Umwelten nur nach dem Prinzip von Versuch und Irrtum entwickeln können. Wie viel Zentralismus und wie viel direkte Demokratie ermöglicht werden soll, welche Rolle Preise und Marktmechanismen spielen, wie Prioritäten bei der Verwendung des gesellschaftlich erzeugten Mehrprodukts gesetzt werden sollen, auf welche Weise Geschlechtergerechtigkeit herzustellen und Alltagsrassismus zu bekämpfen ist, was Religionen austragen sollen oder wie mit Disparitäten zwischen Stadt und Land oder zwischen Nord und Süd umgegangen werden soll – all das wird zum Gegenstand permanenter Aushandlungen und politischer Kämpfe. Mehr noch, es ist der Inhalt demokratischer Koordination und Partizipation auf unterschiedlichen Entscheidungsebenen. Institutionell garantierte Freiheit ist in einer solchen Gesellschaft stets die der Andersdenkenden. Die verbürgte Verbindlichkeit von Nachhaltigkeitszielen garantiert aber jederzeit, dass sich Freiheit und Autonomie jedes und jeder Einzelnen nicht in der Abwesenheit von Zwang erschöpfen. Auch das jeweils geltende Verhältnis von Freiheitsrechten und Verpflichtungen gegenüber anderen wird daher stets aufs Neue auszubalancieren sein.

Ökologisch-demokratische, sozialistische Gesellschaften verkörpern daher das Gegenteil einer statischen, konfliktfreien Ordnung, denn die umfassende Partizipation aller Gesellschaftsmitglieder, die nicht nur der »Köchin«[1], sondern immer größeren Teilen der zuvor von grundlegenden politischen Entscheidungen Ausgeschlossenen das Mitregieren erlaubt, erzeugt unweigerlich Streit. Allerdings kann dieser Streit dann ohne jede Rücksicht auf jene unterkomplexe Basisregel ausgetragen werden, die derzeit noch die kapitalistischen Gesellschaften unserer Zeit beherrscht. Die Zentralität privaten Gewinnstrebens widerspricht der Vielgestaltigkeit der Gesellschaft und dem Komplexitätsgrad ihrer Krisen. Nur dieses eine Problem wäre in ökosozialistischen Gesellschaften wirklich gelöst. Angesichts der Imperative einer Nachhaltigkeitsrevolution ist das allerdings ein *entscheidendes* Problem. Zwar lassen sich die Ursachen des kapitalistischen Expansionismus keineswegs auf die Eigentumsfrage reduzieren; ohne die Aufhebung von kapitalistischem Besitz als dynamischem Prinzip ist dieser Expansionismus aber nicht zu überwinden.[2] Marktkoordination und privates Gewinnstreben werden aufgrund von Knappheit in einer postkapitalistischen Ordnung über voraussichtlich längere Zeiträume hinweg fortbestehen, sie büßen jedoch ihre Dominanz ein und können subjektiv weiter an Relevanz verlieren, sofern der Sozialismus allmählich zur habitualisierten Lebensform wird. Kein Zweifel, nachhaltig sozialistische Gesellschaften existieren nirgendwo, und sie verkörpern deshalb eine Utopie. Konkret kann diese Utopie nur werden, sofern sie Eingang in das Handeln von sozialen Bewegungen findet, die der bereits im Gang befindlichen Transformation eine nachhaltig sozialistische Richtung geben wollen. Gibt es dafür Anzeichen?

Meine Antwort ist wiederum ein klares Ja! Dieses Ja schließt ein, dass keine der diskutierten Strategien sozialistischer Handlungsfähigkeit allein eine Nachhaltigkeitsrevolution herbeiführen kann. Dafür gibt es eine formationstheoretische Erklärung. Vermutlich wird sich der Übergang vom Kapitalismus zu einer sozialistischen Gesellschaftsordnung, so er denn überhaupt eintritt, in ähnlicher Weise vollziehen wie der Übergang vom Feudalismus zum Kapitalismus. In ihrer kritischen Reflexion der sozialwissenschaftlichen Debatte um die Entstehung des Kapitalismus hat Ellen Meiksins Wood herausgearbeitet, dass der Kapitalismus als Ergebnis vielschichtiger Prozesslogiken entstanden ist, die nicht notwendig auf die Entstehung dieser einen Gesellschaftsordnung hinauslaufen. Der Kapitalismus bildete sich infolge einer Agrarrevolution in England heraus. Die Französische Revolution beförderte seine Entwicklung ebenso wie die Entstehung eines finanzkapitalistischen Zentrums in den Niederlanden, die philosophische Aufklärung unter anderem in Deutschland oder die Herausbildung zentralisierter Nationalstaaten, die sich in Europa auf unterschiedliche Weise vollzog. Doch keine der relativ unverbundenen Ereignisketten hätte den Kapitalismus *zwangsläufig* herbeiführen müssen.[3]

Selbstverständlich haben soziale Konflikte und Klassenkämpfe Einfluss auf den Formationswandel genommen, dies aber häufig über Effekte, die seitens der kämpfenden Parteien gar nicht intendiert waren. Silvia Federici erklärt die Herausbildung des Kapitalismus gar mit einer Konterrevolution, die den subalternen Klassen mit Hexenverfolgung und harter Repression gegen Häretiker jene Freiheitsspielräume nehmen wollte, die nach der schwarzen Pest, der mit dem Massensterben verbundenen Arbeitskräfteknappheit und den daraus resultierenden Konflikten entstanden waren. Klassenkämpfe im Spätfeudalismus hätten aber eine gänzlich andere Richtung einschlagen und postfeudale Gesellschaften nichtkapitalistischen Typs hervorbringen können.[4]

Warum sollte der Übergang zu nachkapitalistischen Gesellschaften weniger vielschichtig und unübersichtlich verlaufen?

Wer eine nachhaltig sozialistische Gesellschaft anstrebt, kann sich weder auf die vermeintliche Zwangsläufigkeit einer dominanten Prozesslogik noch auf bloßen politischen Voluntarismus verlassen. Sich den Übergang zum Sozialismus als Prozess vorzustellen, in dem mit einem singulären Ereignis wie der russischen Oktoberrevolution die Machtfrage geklärt wird, um sodann den Aufbau einer neuen Gesellschaft einzuleiten, war schon zu Beginn des 20. Jahrhunderts realitätsfern. Revolutionärem Voluntarismus abzuschwören, darf aber keinesfalls zu einer passiven Haltung verleiten, die sich darin erschöpft, auf den Zusammenbruch des Kapitalismus zu warten. Wer sich so verhält, wartet mit Samuel Beckett, dem Schöpfer des absurden Theaters, auf Godot. Die Revolution wird ausbleiben und der Kapitalismus nicht mit einem großen Kladderadatsch zusammenbrechen, sondern sich in molekularen Bewegungen allmählich in etwas Anderes, Unbekanntes transformieren. Der Übergang zu nachhaltig sozialistischen Gesellschaften gelingt indes nur, sofern die Weichen aktiv und politisch, das heißt in Kämpfen um die Macht in die entsprechende Richtung gestellt werden. Dies zu behaupten, führt noch einmal zur mehrfach erwähnten Leipziger Studierendenvollversammlung zurück.

Kampf um Mehrheiten

Die Veranstaltung war von ihren Initiator:innen im Ansatz sehr bewusst als ein Kampf um zunächst universitäre, schließlich aber gesellschaftliche Mehrheiten angelegt. Eine solche strategische Ausrichtung greift implizit auf, was Friedrich Engels schon im späten 19. Jahrhundert für unabdinglich hielt: »Wo es sich um eine vollständige Umgestaltung der gesellschaftlichen Ordnung handelt, da müssen die Massen selbst mit dabei sein, selbst schon begriffen haben, worum es sich handelt, für was sie mit Leib und Leben eintreten.«[5] Eine ökologisch-sozialistische Transformation kann nur gelingen, wenn sie sich auf gesellschaftliche Mehrheiten stützt. Radikal ist eine entsprechende Politik, sofern sie Massen und Mehrheiten davon überzeugt, die Übel der ökonomisch-ökologischen Zangenkrise bei ihren Wurzeln zu packen. Bloße Militanz, wie sie der »Ökoleninismus«[6] eines Andreas Malm implizit einklagt, ist, auch weil sie allenfalls von kleinen Minderheiten in den sozialen Bewegungen befürwortet wird, kein Ausweis von Radikalität. Gezielte Regelverletzungen und Formen des zivilen Ungehorsams mögen ein sinnvolles Mittel sein, um Themen und Konflikten Öffentlichkeit zu verschaffen. Im Sinne einer politischen Arbeitsteilung können sie lokalen Konflikten zu einer öffentlichen Aufmerksamkeit verhelfen, die Graswurzelinitiativen vor Ort niemals erreichen würden. Wo Militanz zum Selbstzweck wird und breite Allianzen behindert, wird sie eher zum Ausweis ohnmächtiger Verzweiflung.[7]

Im Unterschied dazu plädierten die Aktiven in Leipzig für Bündnisse mit Beschäftigten und Gewerkschaften besonders in Branchen, die für eine Klima- und Nachhaltigkeitswende unentbehrlich sind. Zu einem Höhepunkt der Vollversammlung geriet der Auftritt eines Betriebsratsvorsitzenden aus dem Bereich des Leipziger Öffentlichen Personennahverkehrs (ÖPNV). Mit der Forderung nach einer möglichst kostengünstigen oder gar kostenfreien Mobilität in der Stadtregion konfrontiert, hatte er auf die negativen Folgen hingewiesen, die geringere Einnahmen für Löhne, Gehälter und Arbeitsbedingungen der Beschäftigten haben können. Der Betriebsrat verlangte aber nicht, auf ökologisch sinnvolle Forderungen zu verzichten. Er rief dazu auf, den Klimaschutz mit einer Unterstützung der ÖPNV-Beschäftigten bei künftigen Tarifrunden zu verbinden.

Der Appell des Interessenvertreters stieß bei den Studierenden auf Begeisterung, und es blieb nicht bei symbolischen Gesten. Als Folge der Leipziger Ereignisse gründeten sich aus Students for Future heraus in mindestens 25 Städten Komitees und Aktionsgruppen, die den zuständigen ver.di-Fachbereich trotz Pandemie während der Tarifrunde tatkräftig unterstützten. Ver.di selbst hatte die Tarifauseinandersetzung bewusst als Kampf für Klimagerechtigkeit angelegt. Dieses ambitionierte Konzept stieß im hauptamtlichen Gewerkschaftsapparat, aber auch an der Mitgliederbasis nur teilweise auf Akzeptanz.[8] Als ein zartes Pflänzchen veranschaulicht es jedoch, was neue Allianzen für Nachhaltigkeit benötigen – einen *labour turn* in den ökologischen Bewegungen und einen *climate turn* bei erwerbsarbeitszentrierten Akteuren und Gewerkschaften, die jeweils das Gemeinsame gegenüber dem Trennenden in den Mittelpunkt politischen Handelns rücken. Dabei handelt es sich um ein Engagement, von dem noch unklar ist, wie weit es trägt. Erstaunlich ist aber, wie rasch das Beispiel innerhalb der Gewerkschaften von sich reden macht.[9]

Wie schon zu Zeiten der 1968er-Bewegungen oder auch der neuen sozialen Bewegungen in den 1980ern geschehen, können Impulse aus dem zivilgesellschaftlichen Bewegungsspektrum zur Repolitisierung in den Gewerkschaften beitragen. Dass dergleichen gelingen kann, belegen Interventionen wie die des Betriebsratsvorsitzenden von VW Kassel-Baunatal Carsten Bätzold. Auf eine progressive Rolle der Gewerkschaften in einer Nachhaltigkeitsrevolution angesprochen, antwortet er:

> Es wäre für die Organisation [gemeint ist die IG Metall] nicht so schwer, das zu tun. Dazu braucht es aber erst mal Diskussionen: Welche Geschäftsmodelle stellen wir uns vor? Welche gesellschaftlichen Voraussetzungen braucht es? Wollen wir den Wandel blockieren, oder macht es mehr Sinn, diesen Weg zu gestalten, und zwar mit der Kraft, die uns noch zur Verfügung steht? Denn das ist ja auch klar: Diese Kraft wird immer kleiner. Wir können ja gar nicht so schnell gucken, wie wir Betriebe verlieren. Ich will damit aber nicht sagen, dass alles nur den Bach runtergeht. Wir können vielleicht wieder neue Stärke gewinnen – aber nur, wenn wir den Kopf nicht in den Sand stecken. Meine Erfahrung ist, dass unsere Leute von uns erwarten, dass wir mit ihnen ehrlich über Alternativen diskutieren. Dann sind sie auch bereit, zusammenzustehen und etwas zu riskieren.[10]

Zweifelsohne ist das eine gewerkschaftliche Minderheitenposition. Sehr selbstbewusst trägt sie jedoch ein Interessenvertreter vor, dessen Werk im Zuge der Umstellung auf Elektromobilität voraussichtlich Tausende von Arbeitsplätzen verlieren wird. Dennoch wird die Betriebsratspolitik von der großen Mehrheit der Belegschaft mitgetragen. Sie bietet ein praktisches Beispiel für transformatives Interessenhandeln, ja, für eine ökologische Klassenpolitik. Gemeint ist eine Politik, die auf ein progressives Transformationsziel gerichtet ist, zugleich die Beschäftigungs- und Sicherheitsinteressen von Belegschaften aus einer Karbonbranche aufgreift, nach sinnvollen Beschäftigungsalternativen sucht und so zunächst um unternehmensinterne, letztendlich aber auch um gesellschaftliche Mehrheiten ringt.

Erwachendes Selbstbewusstsein einer neuen Lohnabhängigenklasse

Nachhaltig sozialistische (Klassen-)Politik beinhaltet allerdings weit mehr als Bündnisse von Klimabewegungen mit den progressivsten Repräsentant:innen der gewerkschaftlich organisierten Arbeiterschaft. Klassenbewusstsein ist in erster Linie kollektives Selbstbewusstsein. Die Leipziger Studierendenvollversammlung zeugte vom erwachenden Klassenbewusstsein einer neuen, akademisch qualifizierten Lohnarbeitsklasse.

> Die Durchschlagskraft der Arbeiterbewegung marxistischen Ursprungs beruhte darauf, daß sie sich als ›allgemeine Klasse‹ verstanden hat. Nicht in dem dümmlichen Sinn, sich zur Vertreterin von allen oder – noch schlimmer – einer ›Mehrheit‹ zu erklären, sondern in dem Sinne, daß von den Beziehungen, die bei der Organisation der existenznotwendigen Produktion zwischen Menschen entstehen, ihre Freiheit abhängt, daß sich hier Kräfteverhältnisse herausbilden, aus denen sich die Gesetze, die Kulturen und die Gesamtheit der Machtverhältnisse ableiten lassen oder sich mit ihnen verbinden. Der Begriff ›links‹ ist zum politischen Synonym für die Verteidigung und letztendlich Befreiung der Arbeit geworden, um aus ihr ein Subjekt statt eine Ware zu machen. Und es war klar, daß ihre Verteidigung – als Beschäftigung, Berufskompetenz, Entlohnung – gleichzeitig auch die Verteidigung des entscheidenden politisch-sozialen Subjekts bedeutete, das ein tiefes eigenes Interesse an einer Gesellschaft freier Bürger hatte, in der Männer und Frauen endlich von der Fremdbestimmung durch den Herrscher, die Kirche oder das Eigentum entbunden sind,

haben Pietro Ingrao und Rossana Rossanda das klassische marxistische Verständnis sozialistischer Klassenpolitik in einem Selbstverständigungsversuch nochmals auf den Punkt gebracht.[11]

Im Kontext des sozial-ökologischen Transformationskonflikts ist mehr als fraglich, ob die bloße Verteidigung des sozialen Status von Beschäftigten, die über Sozialeigentum[12] verfügen, noch genügend Ansatzpunkte bietet, um das allgemeine Interesse an einer befreiten Gesellschaft zu unterstützen. In den entwickelten Kapitalismen haben sich die von Löhnen abhängigen Klassen ausdifferenziert. An ihrer Stellung im Produktionsprozess gemessen, gehören die Aktiven in der Klimabewegung wahrscheinlich überwiegend zum Nachwuchs einer expandierenden und in erheblichen Teilen akademisch gebildeten Klasse von Lohnabhängigen, die dabei ist, ein kollektives Selbstbewusstsein zu entwickeln. Diese Klasse verfügt mehrheitlich noch über berufliche Positionen, die von der alltäglichen Sorge um Einkommens- und Beschäftigungssicherheit dauerhaft entlasten.

Im Zuge der Digitalisierung dürfte die quantitative und qualitative Bedeutung dieser Klasse weiter zunehmen. Zugleich wird diese professionelle Lohnarbeitsklasse aber in Teilen zum Objekt einer Rationalisierung und Kommodifizierung ihrer Tätigkeiten. Die angesprochene Industrialisierung geistiger Arbeit trifft in erster Linie diese Klasse. Individuelle Zugänge zu klassenspezifischen Positionen erfolgen häufig über Formen akademischer Prekarität. Kennzeichnend sind Berufsstolz, Fachkenntnisse und ein ausgeprägtes Expertentum. In ihren sozialen Positionierungen und Lebensstilen entsprechen diese Lohnabhängigen, die mehrheitlich über die Hochschulreife oder gar über eine akademische Bildung verfügen, jener expandierenden Großgruppe, die in den 1960er Jahren als neue Arbeiterklasse von sich reden machte.[13] Ihr wurde zeitweilig eine besondere Militanz in Arbeitskämpfen attestiert. Die Berufsgruppe der Sozialarbeiter kann dieser Klasse ebenso zugerechnet werden wie Naturwissenschaftler, Techniker:innen oder Ingenieur:innen, die ohne Kontrollbefugnisse in Forschungseinrichtungen, staatlichen Behörden und privaten Unternehmen arbeiten.

Vermutlich engagieren sich Angehörige dieser neuen Lohnabhängigenklasse weitaus stärker in den Klima- und Umweltbewegungen als abstiegsbedrohte Fraktionen der konventionellen Arbeiterklasse. Vielleicht erweist sich diese neue Großgruppe künftig geradezu als Avantgarde ökologischer Klassenpolitik, denn im Unterschied zur konventionellen Industriearbeiterschaft verfügen ihre Mitglieder über ein professionelles Wissen, das sich über den Arbeitsplatz hinaus auf komplette Produktionsprozesse erstreckt. Gerecht ist für diese Klasse eine Gesellschaft, die qualifikationsadäquate berufliche Perspektiven mit Möglichkeiten zur Selbstentfaltung in der Arbeitstätigkeit verbindet. Als nachhaltig gilt ihr nur das, was professioneller Expertise standhält.[14]

Lange traf zu, dass die Angehörigen der neuen Lohnarbeitsklasse in der technischen Rationalität ihrer Profession gefangen blieben. Das beginnt sich seit einiger Zeit zu ändern. Infolge von Klimawandel und ökonomisch-ökologischer Zangenkrise provozieren naturwissenschaftliche Konzepte wie das des Anthropozäns, aber auch der Ökonomisierungsdruck, der auf vielen akademisch qualifizierten Berufsgruppen lastet, eine Politisierung von Fachwissen. Insofern ist es kein Zufall, wenn sich weitsichtige Naturwissenschaftler hinsichtlich der gesellschaftlichen Konsequenzen einer Nachhaltigkeitsrevolution weitaus klarer positionieren als die Mehrzahl ihrer Kolleginnen und Kollegen in den Sozial- und Geisteswissenschaften:

> Wir müssen offensichtlich über neue Gesellschaftsmodelle nachdenken. Wir müssen rauskommen aus der Privatisierungsschleife, bei der am Ende anonyme Investoren die Rendite einer gesellschaftlichen Anstrengung abschöpfen, nur weil sie das Kapital besitzen, während der Einzelne vor sich hinstrampelt. Selbstverständlich müssen große Vermögen besteuert werden, um mit Umverteilung wieder mehr gesellschaftliche Prozesse hinzubekommen,

erklärt beispielsweise der populäre Astrophysiker Harald Lesch in einem Interview.[15]

Auch ohne Nennung des S-Worts ist das im Grunde ein Plädoyer für eine – nachhaltig sozialistische – Gesellschaft. Angesichts einer derart klaren Positionierung fühlt man sich unweigerlich an jenen spontanen Materialismus erinnert, den schon Friedrich Engels bei herausragenden Vertreter:innen der sogenannten exakten Wissenschaften zu erkennen glaubte. Dergleichen als Selbstinszenierung einer modischen Life-Style-Linken abtun zu wollen, verkennt die tiefgreifenden Veränderungen in der Klassenstruktur entwickelter Kapitalismen und übersieht die Chancen für neue progressive Allianzen, die in sozial-ökologischen Transformationskonflikten angelegt sind. Von der politischen Ausrichtung der neuen Lohnarbeitsklasse hängt vieles ab. Gegenwärtig überspannt sie mit ihren Parteipräferenzen alle politischen Lager. Von herausragender Bedeutung wird sein, ob sie Nachhaltigkeitsziele mit dem Blick nach oben oder dem Blick nach unten verfolgt. Deshalb ist es analytisch wie politisch fahrlässig, diese Großgruppe pauschal der sozialen Mitte zuzuordnen oder sie als Zwischenklasse zu begreifen. Denn nur der Blick nach unten beinhaltet die Chance, zumindest größere Teile dieser Klasse in einen historischen Block sozialistischer Nachhaltigkeit zu integrieren.[16]

Zu einem solchen Block müssen auch die ansprechbaren Gruppen aus den städtischen Unterklassen gehören, deren wichtigstes gemeinsames Merkmal darin besteht, dass sie an oder unterhalb einer Schwelle gesellschaftlicher Respektabilität leben. In den alten kapitalistischen Zentren umfasst diese Klasse mittlerweile bis zu 15 Prozent der Bevölkerung.[17] In ihrer Zusammensetzung an sich sehr heterogen, werden die Mitglieder dieser Unterklasse durch eine Art negativer Vergesellschaftung[18], durch stigmatisierende Klassifikationen, Abwertung, Rassismus und nicht zuletzt durch staatliche Grenzziehungspolitiken zusammengezwungen. In diesem Sinne bilden sie eine neue Unterklasse, überwiegend ohne positive Klassenidentität, die sich von anderen subalternen Klassen in ihrer sozialen Zusammensetzung, ihren Lebens- und Habitusformen deutlich unterscheidet. So sich Mitglieder dieser Klassen zu kollektivem Handeln bereitfinden, geschieht das neben organisierter Selbsthilfe oftmals in Gestalt spontaner Revolten, *riots* und anderen Formen nichtnormierter Konflikte.[19] In peripheren Quartieren und Regionen findet ein »bargaining by riots« statt, das trotz der unbestreitbaren Relevanz ethnischer oder geschlechtsspezifischer Konstruktionen als Ausdruck von »Brotkonflikten«, von meist spontanem, mitunter aber auch von organisiertem Klassenhandeln jenseits der gewerkschaftlichen und politischen Arbeiterbewegung analysiert werden kann.[20]

Das soziale Zentrum eines historischen Blocks der Arbeit, Letztere hier verstanden als lebenspendender Prozess, sind aber noch immer Lohnabhängige, die den konventionellen Arbeiterklassen ihrer Länder zuzurechnen sind. Abhängig von den Zuordnungskriterien machen sie 40 bis gut 60 Prozent der Erwerbstätigen aus. Mit den Klassenmodellen Erik Olin Wrights erfasst, gehören in Deutschland 46 Prozent (Hauptkriterium Kontrollmacht im Arbeitsprozess) oder 63 Prozent (Hauptkriterium Ausbeutung von Lohnarbeit) der Erwerbstätigen zur Arbeiterklasse.[21] Daniel Oesch weist in seinem Fünf-Klassen-Modell Anteile von 13,5 Prozent ungelernten Arbeiter:innen, 31,8 Prozent Facharbeitern, 22,8 Prozent Angehörigen der niedrigeren und 23 Prozent der höheren Dienstleistungsklasse aus. Hinzu kommen 8,9 Prozent Kleinunternehmer.[22] In allen Klassenmodellen stellen Industrie- und Produktionsarbeiter im engeren Sinne nur noch eine Minderheit dar. In Deutschland umfasst diese Großgruppe 16,6 Prozent der Erwerbstätigen.[23]

Doch gleich wie man zuordnet, ist festzustellen, dass soziale Lagen für sich genommen noch wenig über alltägliche Gesellschaftsbilder und subjektive politische Orientierungen aussagen. Weil eine große Klasse aller Lohnabhängigen als strukturiertes und zugleich strukturierendes Kollektiv nicht mehr existiert, kann sozialistische Handlungsfähigkeit nur noch innerhalb eines temporären, politisch immer wieder neu herzustellenden sozialen Blocks unterschiedlicher Lohnarbeitsklassen und -fraktionen entstehen. Die Vorstellung einer großen, allumfassenden Lohnarbeitsklasse erzeugt beständig das Problem, dass begründet werden muss, weshalb deren Fraktionen vermeintlich nicht auf der Höhe ihrer Arbeitstätigkeit agieren, gewerkschaftliche Organisierung verweigern, in ihren männlichen Teilen in überdurchschnittlichem Maße für konservative oder gar rechtspopulistische Parteien votieren und andere Handlungsstrategien für realitätstauglicher halten als eine Beteiligung am organisierten Klassenkampf. Will man solche analytischen Schwierigkeiten vermeiden, lässt sich »Einheit« mit dem Konzept eines sozialen Blocks abhängiger Klassen besser analysieren als mit einer statistischen Klasse, die allenfalls auf dem Papier und in Zahlen existiert. Die Einheit eines solchen Blocks kann mit Antonio Gramsci nur politisch gedacht werden. Sie muss über hegemoniefähige Projekte und unter Berücksichtigung von realen Interessenunterschieden immer wieder neu hergestellt werden. Klasse ist in diesem Zusammenhang eine analytische Kategorie, aber nur im Ausnahmefall ein Begriff, der für soziale und politische Mobilisierungen taugt. Gramscis Hegemoniekonzept beruht auf der Einsicht, dass sich soziale Klassenlagen niemals in homogene politische Orientierungen übersetzen. Die vermittelnden Instanzen – Klassenethos, lebensweltliche Bindungen, Bewegungen, Organisationen, Ideologien, Programmatiken und Diskurse – sind zu komplex, als dass sich politische Meinungen und Orientierungen unmittelbar auf soziale Lagen und Interessen rückbeziehen ließen.[24]

Die Schwierigkeiten bei der politischen Herstellung von Gemeinsamkeiten werden mit der Unterscheidung von drei lohnabhängigen Klassen keineswegs behoben. Die Problematik von »Klasseneinheit« und politischer Blockbildung wird aber analytisch klarer benannt. Zugleich wird ein Grundfehler von Schichtungsmodellen vermieden, die dazu tendieren, die soziale Mitte aufzublähen.[25] Was auf den ersten Blick spitzfindig erscheinen mag, besitzt praktisch-politische Relevanz. So reicht es beispielsweise nicht aus, rückläufigen Einfluss der politischen Linken in der gewerkschaftlich organisierten Industriearbeiterschaft mit dem Hinweis relativieren zu wollen, dass der Zustrom an neuen Mitgliedern ohnehin aus den urbanen, akademisch gebildeten Milieus stamme. Ebenso wenig kann Einflussverlust in der Industriearbeiterschaft durch Geländegewinne im Dienstleistungssektor kompensiert werden. Gibt man spezifische Klassenlagen von Industrie- und Produktionsarbeitern politisch preis, sind linke Hegemonie und Mehrheitsfähigkeit unwahrscheinlich. Gleiches gilt umgekehrt aber umso mehr, wenn sich Strategien sozialistischer Handlungsfähigkeit auf die verbliebene und zudem schrumpfende Industriearbeiterschaft beschränken. Neu erwachtes Facharbeiterbewusstsein in den Sozialberufen, Streiks in Kindertagesstätten und Kliniken, bei der Post-Logistik und in Unternehmen wie Amazon zeugen davon, dass Ansätze gewerkschaftlicher Konflikt- und sozialistischer Handlungsfähigkeit mittlerweile in Dienstleistungsbranchen entstehen, in denen man sie wenige Jahre zuvor kaum erwartet hätte.[26] Eine Konzentration auf die noch immer bedeutsame, aber künftig weiter schrumpfende Großgruppe der Industriearbeiter würde hingegen darauf hinauslaufen, ausgerechnet die dynamischsten Teile lohnabhängiger Klassen aus dem Blick zu verlieren.

Nachhaltig sozialistische Politik kann, auch das hat die Leipziger Vollversammlung gezeigt, jederzeit und sofort beginnen, wenn sie solidarische Sozialbeziehungen zu einer kollektiven Erfahrung werden lässt. Anders gesagt, sie hat dann die Chance, massenwirksam zu werden, sofern sie Wachstumssubjekte im Sinne Erich Fromms anspricht und Fremdbestimmung auch im Alltag nachvollziehbar überwindet. Shoshana Zuboff verortet die zentrale kulturelle Widersprüchlichkeit des digitalisierten Kapitalismus in Reibungen, die zwischen einem verbreiteten kulturellen Individualitätsbegehren und dessen Aushöhlung durch soziale Ungleichheit und ökonomische Entsicherung entstehen:

> Es ist dies der existentielle Widerspruch unserer Zeit, der unsere Lebensbedingungen definiert: Wir wollen die Kontrolle über unser Leben, sehen aber unsere einschlägigen Bemühungen allenthalben konterkariert. Da schickt uns die Individualisierung auf die Suche nach den Ressourcen für ein effektives Leben, und dann sehen wir uns auf Schritt und Tritt gezwungen, uns mit einer Wirtschaft, mit einer Politik herumzuschlagen, aus deren Sicht wir lediglich Ziffern sind.[27]

Das verbreitete Streben nach Selbstwirksamkeit, aus dem Hartmut Rosas Resonanztheorie ihre Überzeugungskraft bezieht, kollidiert mit erlebten Kontrollverlusten und Selbstinszenierungen im digitalen Raum, die in immer neue Enttäuschungserfahrungen münden. Dem lässt sich bereits im Alltag entgegenwirken – durch erfüllte Sozialbeziehungen, die das Konkurrenzprinzip überwinden und erfahrbar machen, dass solidarisches Handeln wirklichen Lebenssinn stiftet.[28] Nur wenn Sozialist:innen dieses Grundprinzip bereits in der Gegenwart auf sich selbst und auf ihre Organisationen anwenden, können sie Glaubwürdigkeit beanspruchen. Die Entfernung der Gewerkschaften und linken Parteien vom Grundprinzip der Alltagssolidarität, von der genossenschaftlichen Hilfe zur Selbsthilfe, ist ein wesentlicher Grund für ihre schwindende Attraktivität. Ereignisse wie die erfolgreiche Gründung von Students for Future bieten ein Kontrastprogramm mit Anziehungskraft. Die Leipziger Veranstaltung war von einem Geist der Solidarität getragen, der für viele einem Erweckungserlebnis gleichkam und bewirkte, dass sich Teilnehmende erstmals in ihrem Leben für ein längerfristiges politisches Engagement entschieden haben.

Solche Erfahrungen sind an vielen Orten und mithilfe eines »Ökosystems«[29] zivilgesellschaftlicher Organisationen möglich. Sie entstehen nicht ausschließlich, ja in der Gegenwart wohl nicht einmal in erster Linie anhand von Konflikten, die auf der Achse von Kapital und Arbeit angesiedelt sind. Auseinandersetzungen, die Gleichstellung und rassistische Diskriminierung zum Inhalt haben oder sich, wie die Klimabewegungen, auf den ökologischen Gesellschaftskonflikt beziehen, sind häufig deutlich mobilisierungsfähiger. Oftmals weisen diese Kämpfe gemeinsame Schnittmengen mit Klassenkonflikten auf; sie lassen sich aber keinesfalls auf Klassenauseinandersetzungen reduzieren. Deshalb verfolgen Autorinnen wie Cinzia Arruzza, Tithi Bhattacharya und Nancy Fraser in ihrem beispielhaften Manifest *Feminismus für die 99 %* einen Politikansatz, der ein kritisches Verhältnis zu allen Formen von Ausbeutung und Unterdrückung einschließt:

> Der Feminismus, der uns vorschwebt, verzichtet auf halbherzige Maßnahmen und ist bestrebt, die kapitalistischen Ursachen einer metastasierenden Barbarei anzugehen. Indem er sich weigert, das Wohlergehen der vielen der Freiheit der wenigen zu opfern, verteidigt er die Bedürfnisse und Rechte der vielen – von armen Frauen und Frauen aus der Arbeiterklasse, von rassifizierten und migrantischen Frauen, von Queer-, Trans- und körperbehinderten Frauen, von Frauen, die man ermutigt, sich zur Mittelschicht zu zählen, obgleich das Kapital sie ausbeutet. Doch damit nicht genug. Dieser Feminismus beschränkt sich nicht auf Frauenthemen, wie man sie traditionell definiert hat. Er vertritt die Sache aller, die ausgebeutet, beherrscht und unterdrückt werden, und hofft, eine Hoffnungsquelle für die gesamte Menschheit zu sein. Deswegen sprechen wir von einem *Feminismus für die 99 Prozent.*[30]

Die Autorinnen des Manifests sehen ihr wichtigstes Subjekt in der internationalen Frauenstreikbewegung, die in kurzer Zeit eine erstaunliche politische Ausstrahlungskraft gewonnen hat, und sie lassen keinen

Zweifel daran, dass es ihnen beim Feminismus für die 99 Prozent um die Aneignung sozialistischer Handlungsfähigkeit geht: »Indem er darum kämpft, die Zerstörung der Erde durch den Kapitalismus umzukehren, ist der Feminismus für die 99 Prozent ein ökosozialistischer.«[31] Das ist die Position, von der aus die Autorinnen alle radikalen Bewegungen dazu aufrufen, »sich in einem gemeinsamen, antikapitalistischen Aufstand zusammenzuschließen«.[32] So klingt es, wenn kluge Feministinnen sozialistische Handlungsfähigkeit definieren und praktizieren.

In jedem Satz des Manifests spürt man die Überzeugtheit der Autorinnen. Welch ein Unterschied zum Jammerton einer Sahra Wagenknecht, die ausgerechnet Nancy Fraser und deren These vom Ende des progressiven Neoliberalismus zur Begründung ihres antiliberalen Links-rechts-Populismus machen möchte![33] Sozialismus, das lassen Arruzza und Kolleginnen uns spüren, ist zunächst einmal eine Grundhaltung, eine solidarische und zugleich rebellische Lebensform, deren Energie sich aus zahlreichen Quellen speist. Diese Energie kann auch aus den vermeintlich apathischen, desorganisierten Unterklassen heraus entstehen. Spontane Riots, Aufstände oder Revolten können Funken schlagen, die, wie das Movement for Black Lives, bisweilen weit in andere Klassen hinein ausstrahlen und weltweite Protestbewegungen auslösen. Diese nichtnormierten Konflikte, die jenseits institutionalisierter Verfahren ausgefochten werden, sind in vielen Ländern des globalen Südens die Normalform kollektiven Aufbegehrens. Sie können zu einem bedeutsamen Katalysator sozialistischer Handlungsfähigkeit werden, gerade weil sie, wie #BlackLivesMatter, von Lebenszusammenhängen ausgehen, die zutiefst »von Rasse, Gesellschaftsklasse, Gender, Sexualität, Behinderung und religiöser Anschauung« geprägt sind.[34]

Mit ihrem Gespür für die Verschränkungen unterschiedlicher Herrschaftsformen sind die Aktiven in den Bewegungen des frühen 21. Jahrhunderts den Urvätern des marxistischen Sozialismus deutlich überlegen. In den Arbeiten von Marx und auch von Engels finden sich Passagen, die ressentimentgeladene Abwertungen des sogenannten Lumpenproletariats enthalten. Engels ließ sich in seiner ansonsten großartigen Analyse zur Lage der arbeitenden Klasse in England mehr als despektierlich über die irische Einwanderung aus. Er sah in »diesen Leuten, fast ohne alle Zivilisation aufgewachsen«[35], vor allem eine Konkurrenz für die englischen Arbeiter:innen, die mit ansehen mussten, wie irische Migrant:innen auch noch die niedrigsten Löhne und die schlechtesten Wohnungen akzeptierten und damit für eine frühe Form des Sozialdumpings sorgten. Problematisch daran ist, dass Engels gelegentlich realistische Beschreibung und vorurteilsbeladene Abwertung ineinanderfließen lässt. Das wird deutlich, wenn der »Erfinder des Marxismus«[36] sich über den Nationalcharakter der Iren auslässt und selbst negative Klassifikationen bemüht, die er zuvor bei Thomas Carlyle kritisiert hat:

> Der südliche, leichtsinnige Charakter des Irländers, seine Roheit, die ihn wenig über einen Wilden stellt, seine Verachtung aller menschlichen Genüsse, deren er eben wegen der Rohheit unfähig ist, sein Schmutz und seine Armut, alles das begünstigt bei ihm die Trunksucht [...] Mit einem solchen Konkurrenten hat der englische Arbeiter zu kämpfen – mit einem Konkurrenten, der auf der niedrigsten Stufe steht, die in einem zivilisierten Land überhaupt möglich ist [...].[37]

Bei oberflächlicher Lektüre würde sich Engels heute damit den Vorwurf des Klassismus, der gezielten Abwertung deprivilegierter Gruppen einhandeln.[38] Ich würde das eher als immanente Widersprüchlichkeit einer insgesamt bahnbrechenden Klassenanalyse interpretieren, denn an anderer Stelle verteidigt Engels die Arbeiterschaft insgesamt gegen Ressentiments wie das der Trunksucht, die das Bürgertum der ausgeschlossenen Klasse zuschreibt. Zudem sieht Engels durchaus, dass die kulturellen Besonderheiten der irischen Einwanderung, ihre Neigung zu »verrückten«, weil aussichtslosen Kämpfen einer bewussten Klassenbildung und Organisierung durchaus förderlich sein können.[39] Dennoch hält sich im marxistischen Sozialismus, aber auch in der Sozialdemokratie und den Gewerkschaften eine ungute produktivistische Tradition, die Abgrenzungen vom angeblich leistungsunwilligen »Bodensatz« vornimmt, um die eigentliche Arbeiterklasse oder die fleißigen, leistungsbewussten Arbeitnehmer umso strahlender erscheinen zu lassen.[40] Von solchen Vereinseitigungen muss sich ein nachhaltiger Sozialismus bereits im Bewegungsstadium befreien. Die sozialtheoretischen Voraussetzungen für eine solche Korrektur sind heute deutlich besser als zu Friedrich Engels' Zeiten.

Die Pluralität gesellschaftlicher Konfliktlinien, Ausbeutungs- und Herrschaftsformen führt uns zu einer weiteren Koordinate möglicher Übergangsstrategien. Das Geschehen während der Leipziger Vollversammlung war in einem positiven Sinne politisch, weil dessen Initiator:innen, anders als eine in Teilen politikabstinente radikale Linke, bewusst auf eine Veränderung gesellschaftlicher Kräfteverhältnisse hinarbeiten wollen. Davon lässt sich lernen. Anstatt den alten Streit um Reform und Revolution mit der immer gleichen Redundanz zu führen, entsteht sozialistische Handlungsfähigkeit auch über Vorschläge, die, an Nachhaltigkeitszielen gemessen, sofort Verbesserungen mit sich bringen und doch an Systemgrenzen heranführen. Naomi Klein hat das Grundprinzip solcher Programmatiken treffend auf den Punkt gebracht. Einerseits lässt die populäre Autorin keinen Zweifel daran, dass »der Kapitalismus, nicht die ›menschliche Natur‹« uns »die historische Chance im Kampf gegen den Klimawandel verbaut«.[41] Andererseits vermeidet sie abstrakte Debatten über die (Un-)Möglichkeit systemkonformer Nachhaltigkeit. Im Sinne eines radikalen Pragmatismus plädiert sie eindringlich dafür, den Kapitalismus und seine Eliten immer wieder auf die Probe zu stellen. Kleins »Fruchtkapsel für einen Green New Deal«[42] will einfachen Leuten die Angst vor dringend nötigen Veränderungen nehmen. Der Green Deal werde ein »enormer Jobmotor sein«[43], er mache »Schluss mit dem Aufschieben« ökologischer Nachhaltigkeit[44], sei konjunktursicher und vor Rückschlägen gefeit. Er werde allein wegen seiner enormen Kosten, die private Unternehmen nicht schultern könnten, zu einer gerechteren Wirtschaft führen. Deshalb sei dieser Green New Deal »unsere Bestimmung«[45], formuliert Klein ihre Botschaft mit einem leidenschaftlichen Unterton. Wichtig daran ist vor allem die Überzeugung, dass die sozial-ökologische Transformation zu einer besseren Gesellschaft für alle führen kann.

In Deutschland und Europa mangelt es nicht an ähnlichen und teilweise weitaus elaborierteren Entwürfen. Sie alle weisen große gemeinsame Schnittmengen auf. Nachhaltige Verkehrs- und Energiewende, Sicherheitsgarantien für Beschäftigte aus den Karbonbranchen, Umverteilung mittels gerechter Steuerpolitik, Aufwertung von Sorgearbeit,

Arbeitszeitverkürzung, eine armutsfeste Grundsicherung, Bekämpfung prekärer Beschäftigung sowie ein neuer Multilateralismus, der Aufrüstung und Kriege vermeidet, indem er einer gerechten Weltwirtschaftsordnung zum Durchbruch verhilft, gehören zum Standardrepertoire der meisten Entwürfe.[46]

Bereits diese Auflistung zeigt, dass es einem ökologischen, demokratischen Sozialismus des 21. Jahrhunderts weniger an Konzepten als am politischen Willen mangelt, das Wünschenswerte auf seine Praxistauglichkeit und Durchsetzbarkeit hin zu testen. Zu den Schwierigkeiten auf der Mikroebene gesellt sich die große Frage nach der sozialräumlichen Reichweite sozialistischer Politik. Auf welcher Entscheidungsebene soll sie ansetzen? Ist der Nationalstaat die entscheidende Arena? Muss europäisch oder gar global gedacht werden? Oder geht es eher um Graswurzelinitiativen, die den Kapitalismus praktisch und nachvollziehbar auf lokaler und regionaler Ebene verändern? Die Antwort kann nur lauten, dass jedwedes Entweder-oder stört. Von den ökologischen Gefahren über die zunehmenden Ungleichheiten bis hin zu Migrationsströmen und Kriegsgefahr sind die Ursachen und Triebkräfte jeweils von globaler Reichweite; es handelt sich um Repulsionen einer außer Kontrolle geratenen Hyperglobalisierung. Angehen lassen sich die Konflikte jedoch nur, indem sie auf allen genannten Ebenen ausgetragen werden. Ausschlaggebend ist nicht wo, sondern mit welcher Stoßrichtung Politik gemacht wird. Die Nachhaltigkeitsrevolution ist ein vielschichtiger, häufig ungleichzeitiger Prozess, der auf sämtlichen politischen Entscheidungsebenen angestoßen werden muss. Internationalistisch kann sozialistische Politik auf allen diesen Ebenen angelegt sein. Global denken, lokal handeln, lautet noch immer eine treffende Formel für emanzipatorische Bestrebungen aller Art.

Selbstverständlich bleibt der Nationalstaat noch immer eine herausragende Politikarena, denn reiche Zivilgesellschaften existieren im Grunde nur innerhalb nationaler Grenzen. Doch die zivilgesellschaftlichen Akteure dürfen nicht national borniert operieren. Ein Beispiel mag das veranschaulichen. Um die Aufnahme von Klimaflüchtlingen in Europa zu befördern, wäre – wie in der einleitenden Vision angesprochen – eine neue Form des Nansen-Passes ein Mittel der Wahl. Selbstverständlich müsste eine entsprechende Regelung in nationalen

Parlamenten eine Mehrheit finden und mit europäischem Recht übereinstimmen. Für die Aufnahme und die demokratische Einbindung der Geflüchteten wären dann aber Regionen und Kommunen zuständig, die im optimalen Fall so funktionieren wie das wohlfahrtsstaatlich robuste und für Einwanderung offene nordschwedische Skellefteå, von dem bereits mehrfach die Rede war. So zu operieren, hätte wenig mit Altruismus, aber viel mit interessengeleiteter Zukunftsfähigkeit zu tun. Denn in den alternden europäischen Gesellschaften könnte ein schrumpfendes Arbeitskräftepotenzial schon bald Weichenstellungen für eine nachhaltige Entwicklung blockieren.

Eine nachhaltige Sicherheitsarchitektur für die Welt

Gleichwohl besitzt die Utopie eines nachhaltigen Sozialismus nur dann eine Realisierungschance, wenn es in der Welt zwischenstaatlicher Beziehungen zu einer neu justierten Entspannungs- und Abrüstungspolitik kommt. Offenkundig ist, dass mit der Intensivierung imperialer Rivalitäten auch die Gefahr von bewaffneten Auseinandersetzungen und Kriegen steigt. An den Grenzen rivalisierender Imperien werden, wie etwa im Fall der Ukraine, bereits asymmetrische Kriege geführt. In gewisser Weise ähnelt die Situation der Spätphase des klassischen Imperialismus zu Beginn des 20. Jahrhunderts. Diesmal konkurrieren imperiale Mächte nicht um Kolonien, wohl aber um Absatzmärkte, Rohstoffe und Technologieführerschaft. Und sie sind bestrebt, die – in ihrem Inneren äußerst ungleichen – Wohlfahrtszonen gegenüber Migrationsbewegungen und vor ökonomischer Konkurrenz abzuschotten. In einer Welt ohne eindeutig hegemoniale Führungsmacht ist nationale (oder transnationale, europäische) militärische Stärke noch mehr als zuvor ein zentrales Mittel der Außenpolitik. Struktur gewordener Militarismus, das wusste bereits Rosa Luxemburg, treibt letztendlich zur Erprobung seiner Waffen und damit zum Krieg.

Es mutet paradox an, dass sich in der Gegenwart ausgerechnet Rechtspopulisten zum Sprachrohr einer »Friedensbewegung« erklären, die sich eine Versöhnung des Westens mit Putins Russland auf die Fahnen schreibt. In verzerrter Form und politisch brandgefährlich, verweist die radikale Rechte damit auf einen strukturellen Mangel in der europäischen Sicherheitsarchitektur. Bei der Konstitution der neuen Weltordnung nach dem Zusammenbruch der Sowjetunion wurden die Interessen der einstigen Supermacht von den Siegermächten schlicht übergangen. Man muss nicht zu den Beschönigern expansiver Bestrebungen des autoritären Putin-Regimes gehören, um anzuerkennen, dass Russland nach den Erfahrungen des Zweiten Weltkriegs ein legitimes Interesse daran hat, seine Außengrenzen nicht mit konkurrierenden Militärbündnissen wie der NATO teilen zu müssen. Europa ist eben größer als die Europäische Union. Nachhaltige Entspannungspolitik schließt die Anerkennung basaler Sicherheitsinteressen der Russischen Föderation zwingend ein.

Um das zu erreichen, benötigt jede Spielart sozialistischer Außenpolitik Europa und das heißt auch: die Europäische Union. Zu einem Europa, das den Ländern an der südlichen Peripherie eine Austeritätspolitik aufoktroyiert, die deren Gesellschaften zerstört, muss sie sich indes oppositionell verhalten. Ein solidarisches Europa bedarf keines Europäischen Gerichtshofs, der sich entgegen seiner eigentlichen Aufgaben anmaßt, soziale Rechte von Lohnabhängigen mit einem Federstrich zu beseitigen. Sozialistische Politik, die den noch immer institutionalisierten Marktradikalismus kritisiert, ist daher keineswegs antieuropäisch. Die Europäische Union wird als ökonomischer Verflechtungsraum nur eine Zukunft haben, wenn sie zu einer sozial und ökologisch nachhaltigen Union wird. Dazu benötigt sie demokratische Reformprojekte von oben und den Druck sozialer Bewegungen von unten.

Mit dem europäischen Green Deal und der Formulierung von verbindlichen Nachhaltigkeits- und Dekarbonisierungszielen gibt es Anknüpfungspunkte sowohl für einen neuen Multilateralismus als auch für die Forcierung einer Nachhaltigkeitswende. Ohne den Druck sozialer Bewegungen und einer starken sozialistischen Opposition in den Parlamenten wird es jedoch nicht einmal für Weichenstellungen in Richtung eines »Naturkapitalismus« reichen. Denn kaum sind Nachhaltigkeitsziele beschlossen, trachten die Kräfte politischer Beharrung schon wieder danach, sie zu verwässern. In manchen Politikfeldern (Migration) sind progressive Ansätze noch gar nicht zu sehen – auch das macht die europäische Politikebene zu einem umkämpften Feld.

Über die Umgestaltung der Europäischen Union hinaus hat eine Entspannungspolitik für das 21. Jahrhundert mindestens drei Überlegungen zu berücksichtigen.[47] Sie muss (1) innerhalb der nationalen Gesellschaften geerdet werden, das heißt das Aggressionspotenzial, das aus wachsender Ungleichheit und der Kumulation ökologischer Gefahren resultiert, gehört auch aus außenpolitischen Gründen abgebaut. Um- und Rückverteilung gesellschaftlichen Reichtums ist zwingender Bestandteil einer neuen Entspannungspolitik. In einer globalen Welt müssen Umverteilungspolitiken mehrdimensional agieren. Es geht um Rückverteilung von Reich zu Arm, von Nord nach Süd, von den europäischen Zentrumsstaaten an die europäischen Krisenländer und von den geschützten zu den verwundbarsten Gruppen – den Millionen Geflüchteten, von denen nur winzige Minderheiten die kapitalistischen Zentren erreichen.

Eine schrittweise Absenkung von Rüstungsausgaben würde (2) zusätzlich Finanzmittel für globale Investitionen in den Klimaschutz, in die Bekämpfung von Hunger und absoluter Armut, in eine Öffnung des Zugangs zu lebenswichtigen Gütern einschließlich elementarer Bildung auch in den armen Ländern des globalen Südens freisetzen. Entspannungspolitik wird von Staaten und Regierungen gemacht. Ökologische Gefahren, ökonomische Krisen, Fluchtbewegungen und Kriege verlangen nach einer »Weltinnenpolitik« (Ulrich Beck). Dergleichen ist aber nur möglich, wenn Gegensätze zwischen Staaten und Weltregionen wechselseitig anerkannt und kooperativ, vor allem aber ohne militärische Gewalt bearbeitet werden.

Die Durchsetzung eines Modus globaler Kooperation, der auch das innergesellschaftliche Aggressionspotenzial wirksam eindämmt, indem soziale und ökologische Ungleichheit wirksam bekämpft wird, ist gegenwärtig nicht in Sicht. Es gibt keine Vorzeigestaaten, die sich darum bemühen. Auch darin ähnelt die aktuelle Situation der spätimperialistischen Phase des frühen 20. Jahrhunderts. Allerdings stehen demokratisch legitimierte Eliten und die von ihnen repräsentierten Staaten sozialistischen Bewegungen in jedem Falle näher als despotische Regime, die den oppositionellen Kräften im Inneren elementare Grund- und Freiheitsrechte vorenthalten.[48] Auch für demokratische Gesellschaften gilt jedoch, dass relevante Teile der kapitalistischen Eliten sich einer kritischen Evaluation von Kriegen und Militäreinsätzen verweigern. Würde man beispielsweise die Operation Enduring Freedom, den Militäreinsatz in Afghanistan, genau auswerten, fiele die Bilanz, an den ursprünglichen Zielsetzungen gemessen, wohl verheerend aus. Soldat:innen, die ihr Leben zu riskieren haben, ist das durchaus bewusst. Sie blicken auf den Scherbenhaufen einer Politik, der ihren lebensgefährlichen Einsatz völlig sinnlos erscheinen lässt.

So richtig es ist, auf pragmatische zwischenstaatliche und multilaterale Abkommen zur Kriegsvermeidung und Abrüstung zu drängen, so notwendig ist es deshalb (3), außenpolitischen Pragmatismus von Staaten mit Bewegungspolitik von unten zu verbinden. Die Notwendigkeit einer weltweiten sozialen Bewegung, die mehr Demokratie wagen will, die ökologische Nachhaltigkeit und soziale Gerechtigkeit einklagt und sich deshalb mit dem Machtzentrum der globalen Ökonomie, den transnationalen Konzernen, anlegt, hat inzwischen auch der Club of Rome erkannt: »In einer echten Demokratie würden die Marktmacht dieser [großen, transnationalen, KD] Firmen und deren Anteilseigner vom Gesetzgeber beschränkt, um sicherzustellen, dass sie im Interesse der Mehrheit handeln und keinesfalls dem Gemeinwohl schaden. Der Staat würde Arbeitnehmer, wo auch immer, vor Ausbeutung schützen, sich um die Umwelt kümmern und Voraussetzungen für einen echten Wettbewerb schaffen«[49], heißt es in einem bemerkenswerten Bericht, der gesellschaftliche Anpassung an geringes Wachstum verlangt. Eine globale Bewegung für »mehr Demokratie«[50] existiert bisher nur in Ansätzen. Das gilt es zu verändern. Globale Bewegungen für ökologische Nachhaltigkeit und soziale Gerechtigkeit überließen die Debatte um Systemfehler des Kapitalismus nicht der radikalen Rechten. Denn ohne den Druck eines starken Antagonisten, der eine nachhaltig sozialistische Systemalternative bietet, haben letztendlich nicht einmal die pragmatischsten Reform- und Abrüstungsvorschläge Aussicht auf Erfolg.

Nachhaltigkeit durch Sozialismus

Als Sozialistinnen und Sozialisten verstehen sich auch in der Gegenwart und im besten Falle nur diejenigen, die, wie es bereits im *Manifest der Kommunistischen Partei* heißt, der »entschiedenste immer weitertreibende Teil der Arbeiterparteien aller Länder«[51] sind. Sie unterstützen »überall jede revolutionäre Bewegung gegen die bestehenden gesellschaftlichen und politischen Zustände«.[52] Von anderen Strömungen unterscheiden sie sich nur dadurch, dass sie die »gemeinsamen, von den Nationalitäten unabhängigen Interessen« und damit »stets das Interesse der Gesamtbewegung vertreten«.[53]

Heute müssen Sozialist:innen alles entschieden unterstützen, was einer Nachhaltigkeitsrevolution zum Durchbruch verhilft. Im Unterschied zu den Zeiten des Manifests hat sich die emanzipatorische Kraft des K-Worts erschöpft. Sozialist:innen betätigen sich heute in den Bewegungen der Empörten, die schon lange nicht mehr auf Arbeiterparteien zu reduzieren sind.[54] »Engagiert euch!«[55] lautet der Schlüsselsatz, mit dem jegliche Veränderung beginnt. Um diese Botschaft zu vermitteln, benötigen Sozialist:innen nicht einmal eine eigene politische Partei. Sie verfügen über solidarische Netzwerke und damit über Organisiertheit, doch man findet sie in unterschiedlichen Strömungen und Bewegungen. Manche von ihnen organisieren sich bei den Grünen, in der Sozialdemokratie oder in sozialistischen Linksparteien. In NGOs, Umweltverbänden, Fraueninitiativen, Menschenrechtsorganisationen und den Gewerkschaften sind sie ebenfalls präsent. Und auch in christlichen Strömungen und den Kirchen betätigen sie sich – über das katholische Milieu hinaus von päpstlicher Wachstums- und Kapitalismuskritik inspiriert – aktiv. Die meisten von ihnen nennen kein Parteibuch ihr Eigen, und nicht wenige handeln wie Sozialist:innen, ohne sich bewusst als solche zu verstehen.

Vor allem jedoch findet man sie in beiden Lagern des »Geistes von Porto Allegre« (Weltsozialforum)[56], in welchen sich die Opposition gegen die kapitalistische Hyperglobalisierung im 21. Jahrhundert formiert. Politische Kräfte, die eine Kontinuität der alten sozialistischen und Arbeiterbewegungen repräsentieren (vertikale Organisation, Kampf um die Macht, an selektivem Wachstum interessiert), verorten sich überwiegend auf der Achse von Kapital-Arbeit-Konflikten. Das konkurrierende Lager libertärer Strömungen und Bewegungen setzt hingegen auf Selbstorganisation (funktionale Dezentralisierung), lehnt ökonomisches Wachstum als Ziel emanzipatorischer Politik grundsätzlich ab und agiert neben den Achsen Ethnie/Nationalität und Geschlecht hauptsächlich auf dem

Feld des ökologischen Gesellschaftskonflikts. Zahlreiche Spaltungen innerhalb wie zwischen beiden Lagern blockieren die Herausbildung wirkmächtiger politischer Allianzen von unten seit Jahren. Das ist ein Hauptgrund für politische Stagnation. Aufgabe von Sozialist:innen ist es, in beiden Lagern und innerhalb aller Fraktionen und Strömungen dafür zu werben, dass Gräben überwunden, interne Konflikte beigelegt und das Trennende hintangestellt wird. Künftig hat das Verbindende die politische Agenda zu bestimmen. Nur wenn wechselseitige, lagerübergreifende Verständigung gelingt, besteht die Chance, den reformwilligen Teil der kapitalistischen Eliten, das liberal-konservativ-grüne Spektrum des »Geistes von Davos« (Weltwirtschaftsforum), herauszufordern, um so das Tor für eine Nachhaltigkeitsrevolution weit aufzustoßen.

Polarisierende Frontstellungen zwischen Klassen- und sogenannter Identitätspolitik sind dafür das denkbar schlechteste Rezept. Die Bewegungen der späten 1960er Jahre bezogen ihre Kraft aus der Verbindung von politökonomischem Egalitarismus und kulturellem Libertinismus. Die Rekonstruktion klassenorientierter sozialistischer Strömungen in Gewerkschaften und politischen Parteien schuf zugleich günstige Voraussetzungen für eine Durchsetzung von Frauenrechten, eine größere Akzeptanz unterschiedlicher sexueller Orientierungen und Geschlechteridentitäten, für Antirassismus und nachhaltige Umweltpolitik. Kombinationen aus national fixierter Sozialpolitik und Antilibertinismus werden die Spaltungslinien zwischen den Lagern hingegen vertiefen. Das simplifizierende Bild von nationalen Beutegemeinschaften, die es sich auf Kosten der armen Länder des globalen Südens gut gehen lassen, trägt ebenfalls wenig dazu bei, solche Gräben zu überwinden. Gegen alle Vereinseitigungen, Konkurrenzen, Spaltungen und wechselseitigen Demütigungen ist es Aufgabe von Sozialist:innen, das Gemeinsame zu betonen und interne politische Differenzen sachlich zu diskutieren. Auf neue Weise heben sie deshalb die »Eigentumsfrage« als »Grundfrage der Bewegung hervor«.[57] Denn das dynamische Prinzip eines kapitalistischen Besitzes, der sich beständig vermehren muss, um fortzubestehen, steht einer Nachhaltigkeitsrevolution strukturell im Wege.

Das kapitalistische Perpetuum mobile funktioniert nicht mehr. Immer mehr nähern sich selbst seine Profiteure jener Erkenntnis, die, wie Hannah Arendt schreibt, schon den Vordenker des britischen Imperialismus, Sir Cecil Rhodes, und nach ihm immer mehr Menschen erschreckte, »nämlich die Begrenztheit der Erde«[58]:

> Es war, als seien die Bedingungen des irdischen menschlichen Lebens selbst in Konflikt geraten mit dem von Menschen losgelassenen Prozess, den man weder anhalten noch stabilisieren konnte, sondern der, sollte nicht alles zugrunde gehen, auf immer höhere Touren getrieben werden musste, und der daher, wenn er erst die Grenzen des Erdballs erreichte, notwendigerweise umschlagen und zerstörerisch werden musste.[59]

Dieser Punkt ist längst erreicht, ja er ist überschritten. Deshalb kann es künftig nicht mehr nur um die Verteilung des erwirtschafteten Kuchens gehen. Es geht um die Zutaten, die Rezeptur, die Qualität der Backwaren und damit letztendlich um die gesamte Bäckerei. Ein strukturell expansiver Kapitalismus ist mit ökologischer und sozialer Nachhaltigkeit letztendlich unvereinbar; er passt nicht mehr zum Anthropozän. Deshalb wird sein Fortbestehen zu einem unkalkulierbaren Risiko, einer globalen Großgefahr. Visionen eines hochtechnologischen »Naturkapitalismus« haben, das zeigt sich immer wieder, angesichts realer Verwerfungen, Krisen und Katastrophen nur eine geringe Halbwertszeit. Doch »kann sich eine moderne Gesellschaft erlauben, auf positive Gestaltungsziele zu verzichten, um sich nur noch auf den Umgang mit den unweigerlichen Katastrophen zu konzentrieren?«[60] Sie kann und darf es nicht, denn in einem solchen Fall wäre sie von der Angst als bestimmender Kraft getrieben. Überwindung von Angst setzt Hoffnung auf Besserung voraus. Deshalb kommt es darauf an, »das Hoffen zu lernen«.[61] Es ist gewiss kein Zufall, dass der Philosoph Alfred Schmidt in seiner kritischen Auseinandersetzung mit Engels die verloren gegangene Utopiefähigkeit der Marx'schen Theorie ausgerechnet auf dem Feld der Gesellschafts-Natur-Beziehungen wiederzuentdecken suchte. Wie Bloch begreift Schmidt Marx als »einen der größten Utopisten der Geschichte der Philosophie«, der »eine künftige menschliche Wirklichkeit nach Maßgabe der im Bestehenden angelegten realen Möglichkeit« antizipiert.[62] Die »Arbeit gegen die Lebensangst und die Umtriebe der Furcht«[63] muss sich, wie Ernst Bloch argumentiert, gegen deren Urheber richten. Auch eine emanzipatorische Praxis kann jedoch nicht im lediglich Negativen verharren. Hoffnung entsteht nur, wo es begründete Aussichten auf die Besserung von Gesellschaft gibt, die sich auf »reale Möglichkeiten« beziehen.

Der Kapitalismus in seiner gegenwärtigen Form ist, das habe ich zu zeigen versucht, ein strukturell expansives und eben deshalb marodes Gesellschaftssystem. Mit seinen fortwährenden Landnahmen und seiner Krisenträchtigkeit beruht es auf einer Zirkularität aus Fehlallokationen, Vergeudung, Verschwendung, Überproduktivität und Übernutzung, die einen ständigen Reparaturbedarf erzeugt. An der Schwelle zum Anthropozän muss dieser Zirkel aufgebrochen werden. Geschieht dies nicht, ist das neue Erdzeitalter von ausgesprochen kurzer Dauer. Einen nachhaltigen, vom Zwang zu ständigen Landnahmen befreiten Kapitalismus kann es nicht geben. Deshalb ist es an der Zeit, dass ein demokratischer, ökologisch und sozial gerechter Sozialismus an seine Stelle tritt. Die Utopie des Sozialismus enthält eine mögliche Antwort auf die »Politik des Negativen«. Nicht mehr, aber auch nicht weniger. Wer den Kapitalismus bewahren will, muss nicht nur überzeugendere Visionen bieten, sondern auch beweisen, dass die Überwindung von Alternativlosigkeit innerhalb der Systemgrenzen möglich ist. Mit meinem Essay verfolge ich sowohl aus analytischen als auch aus normativen Gründen eine andere, der Systembewahrung entgegengesetzte Absicht. Stets, so Alfred Schmidt in seinem Grundlagenwerk,

> geht das Bewusstsein als tätiger Geist in die von ihm reproduzierte Wirklichkeit ein. Vor ihr, die wie eine steinerne Wand um die Menschen herumsteht, nicht zu kapitulieren, ist die Aufgabe der Erkenntnis. Indem sie die in den ausgemachten Fakten erloschenen menschlichgeschichtlichen Prozesse wieder verlebendigt, erweist sie die Wirklichkeit als von Menschen hervorgebracht und folglich veränderbar: Praxis als wichtigster Erkenntnisbegriff schlägt um in den politischer Aktion.[64]

Im besten Falle motiviert Erkenntnis zu *realer* politischer Aktion, der, so ist zu hoffen, Koordinaten nachhaltig sozialistischer Handlungsfähigkeit die Richtung weisen werden.

Zum Schluss: Sozialismus im Handgemenge

Noch vor Erscheinen dieses Essays habe ich die zugrunde liegende Argumentation in einer Reihe von Veranstaltungen erprobt. Dadurch ausgelöste Kontroversen bewegen mich dazu, vier Fragen aufzugreifen, die immer wieder gestellt werden.

1. Ist der nachhaltige Sozialismus nicht genauso altbacken wie seine musikalischen Referenzen? Kann man damit junge Leute wirklich erreichen?

In meiner privaten Radio-Show sind selbstverständlich auch zeitgenössische Klänge zu hören. Ambrose Akinmusire, Run the Jewels, Anna Calvi, Sons of Kemet, Childish Gambino, Kamasi Washington, Jamie Branch, Frank Ocean und Kendrick Lamar sind ebenso dabei wie The Chats, Tony Allen, Nérija, Black Pumas, Viagra Boys oder auch Kate Tempest, Princess Nokia, die Dresden Dolls und Mal Élevé, um nur einige zu nennen. Am liebsten sind mir freilich Interpret:innen und Bands, die viele Jahre überstehen, musikalisch und in ihren Aussagen aber auf originelle Weise mit der Zeit gehen. Der leider viel zu früh verstorbene Guz und seine Aeronauten, Marian Faithful, die wegen Covid-19 den Gesang aufgeben muss, die Sterne und MCR (Modena City Ramblers), aber auch die Violent Femmes und Klaus Doldingers Passport gehören unbedingt dazu. Den Soundtrack für die Abschlussveranstaltung des DFG-Kollegs »Postwachstumsgesellschaften«, dessen Sprecher ich war, lieferte das Bottom Orchestra mit seinen *Songs of Work*. Kaspar von Grüningen hat komponiert, arrangiert und herausragende Musiker:innen zum Einsatz gebracht. Die Texte der Stücke, die auf einer CD erschienen sind, basieren auf einer Veröffentlichung des Kollegs. Zu hören ist Avantgarde-Free-Jazz der Spitzenqualität.[1]

Für eine befriedigende Antwort auf die Frage nach der Attraktivität des S-Worts wird diese musikästhetische Selbstverortung aber kaum genügen. Deshalb habe ich drei junge Leute aus meinem persönlichen

Umfeld exemplarisch nach ihren Vorstellungen einer nächsten Gesellschaft gefragt. Hören wir ihnen zu:

> In was für einer Gesellschaft will ich leben? In meiner Utopie stelle ich mir eine Welt ohne Ausbeutung, Unterdrückung und Diskriminierung vor; eine ökologisch nachhaltige und sozial gerechte (Welt) Gesellschaft. Grundlage sind die allgemeinen Menschenrechte, und zwar neben politischen Freiheitsrechten insbesondere die sozialen Rechte sowie Kollektiv- bzw. Solidarrechte. Ich träume von einer solidarischen und pluralistischen Gesellschaft. Mit solidarisch meine ich, dass Menschen füreinander einstehen und aufeinander Rücksicht nehmen, einen wertschätzenden Umgang pflegen. Jedoch bedeutet solidarisch für mich auch, dass Individualinteressen nicht zulasten des Wohls der Gesamtgesellschaft – zum Beispiel durch Ausbeutung, sozialen Ausschluss, Umweltzerstörung etc. – gehen. Ich will hier nicht missverstanden werden und »der« Gesellschaft einen vermeintlichen »Einheitswillen« unterstellen, sondern gehe hier von einem Ordnungsrahmen für menschliches Zusammenleben und Wohlbefinden aus, der demokratisch ausgehandelt werden muss (und nicht hinter die Menschenrechte zurückfallen darf). Ich wünsche mir eine pluralistische, durchaus kontroverse Gesellschaft, die unterschiedliche Lebensweisen und -vorstellungen, Arbeitsweisen etc. achtet und einen offenen Umgang mit Diversität übt, gleichzeitig aber auch Probleme und Widersprüche im gesellschaftlichen Zusammenleben demokratisch bearbeitet. Konkreter geht es mir hier um eine öffentliche Thematisierung, Diskussion und Bekämpfung von Macht- und Herrschaftsverhältnissen. Die vielfältigen und verschränkten Unterdrückungsmechanismen wie Klasse, Rassismus, Sexismus, Diskriminierung etc. werden durch eine emanzipatorische Praxis von Betroffenen und durch eine kritisch reflektierende Zivilgesellschaft bekämpft mit dem Ziel von Chancengerechtigkeit. Damit meine ich nicht vermeintliche Chancengleichheit: Nicht alle müssen gleich behandelt werden, sondern jede*r soll die Bedingungen bekommen, die er:sie braucht, damit am Ende alle die gleichen Bedingungen haben, die ihnen ein »gutes Leben« ermöglichen. (Was ein »gutes Leben« ausmacht, überlasse ich an dieser Stelle mal der

Kreativität …) [… Ich träume] von einer Ermutigung und Motivation zu einer emanzipatorischen Praxis: Grundlage ist ein Bildungssystem, dessen Kern humanistische und politische Bildung ist, die zu Partizipationsprozessen befähigt und dadurch Selbstwirksamkeitserfahrungen ermöglicht. Wichtig ist, immer wieder zu fragen »in was für einer Gesellschaft will ich, wollen wir leben?« Eine kritische Auseinandersetzung mit Macht- und Herrschaftsstrukturen sowie Empowerment, diesen entgegenzuwirken, wird gefördert. Die Beziehung zur Natur und der Erhalt unserer natürlichen Lebensgrundlage – gegen einen Raubbau an Natur, Mensch und Tier – spielen eine wesentliche Rolle. Ich stelle mir das als ewigen Prozess vor. Es sind Ziele, um die beständig materiell wie diskursiv gerungen und gekämpft werden muss.
Anna M., wissenschaftliche Mitarbeiterin

Die Utopie einer perfekten Gesellschaft auf wenige Punkte herunterzubrechen erscheint mit fast unmöglich. Wenn ich aber absolut subjektiv und aus dem Bauch heraus beurteilen müsste, was der ausschlaggebende Faktor sein könnte, dann wäre das wohl Zeit. Und Zeit ist bekanntlich Geld. Welcher Typ, der für einen Hungerlohn in einem Scheißjob arbeitet und vielleicht auch noch eine Familie durchfüttern muss, hat schon Zeit, sich mit Problemen wie beispielsweise Klimawandel, Rechtsruck oder Sexismus zu beschäftigen? Ich kann mir nicht vorstellen, dass bestimmte Diskurse jemals (bzw. nicht rechtzeitig) über ausgewählte Gesellschaftsschichten hinaus geführt werden, solange es Leute gibt, die am Existenzminimum leben müssen oder ewig mit der Angst kämpfen, dort irgendwann zu landen. Wenn grundlegende gesellschaftliche Ungleichheiten, zum Beispiel bezüglich Bildungschancen etc. beseitigt würden, Arbeit gerechter entlohnt und diese nicht mehr die alleinige sinnstiftende, weil lebensnotwendige Tätigkeit im Leben vieler Menschen sein würde, dann hätte man Zeit. Man hätte Zeit, sich mit Problemen abseits des unmittelbaren Arbeitsalltags zu beschäftigen und (z. B.) an politischen Diskursen zu partizipieren. Manche Themen, so scheint es für mich, zirkulieren ansonsten immer in einer Blase, die ich irgendwie als »linksalternativ« und »grün« beschreiben würde.

Oft habe ich bei Diskussionen, etwa beim Thema Gendern, in beliebigen Studenten-WG-Küchen schon das Gefühl gehabt, der ganze Diskurs existiere nur innerhalb des jeweiligen Zimmers. Dumm gesagt: Warum sollte sich Henriette für ein Gendersternchen in ihrer Berufsbezeichnung interessieren, wenn ihr fauler Kollege Hans mehr Geld für den gleichen Job kassiert, den er auch noch schlechter macht? Ich verstehe, dass Sprache eine diskriminierende Macht besitzt (ist natürlich leicht gesagt als weißer/männlicher/hetero Typ), denke aber, dass fundamentalere Ungleichheiten als die innerhalb der Sprache zunächst beseitigt werden müssen, um den Diskurs zu Themen wie diesem für alle Menschen zu öffnen. Das Problem von Henriette ist nicht, dass sie keinen Bock hat, sich mit dem Gendersternchen, dem Klimawandel usw. zu beschäftigen, sie hat einfach keine Zeit. Oder anders ausgedrückt, sie hat nicht das Privileg, in einer Studentenblase abzuhängen, wo diskriminierungsfreie Sprache gerade das dringlichste Problem ist und wo jeder genügend Ressourcen hat, sich eingehend mit den Hintergründen dieser Problematik zu beschäftigen. Egal welches Diskussionsthema, so was wird, finde ich, oft verkannt. Mein Punkt ist also, dass eine utopische Gesellschaft, so wie du sie im Teil »Visionen« andeutest, auch als Gesellschaft »erdacht« werden muss. Rein vom Gefühl her passiert das für mich eben aufgrund fehlender Zugänge zum Thema vornehmlich in bürgerlich-studentischen Kreisen. Besser kann ich es (für mich) auf die Schnelle nicht zusammenfassen [...].
Andy, Rapper

Alle die, die den Sachen gerne auf den Grund gehen, die intuitiv forschen und verstehen wollen, werden diesem Bedürfnis grenzenlos nachgehen. Die einen lernen, was die Natur in einem bestimmten Gebiet eigentlich für einen Umgang erfordert, die anderen studieren, wie Empathie funktioniert, die nächsten befassen sich mit den verschiedenen Formen des Zusammenlebens, und die nächsten entwickeln Maschinen, die gut und nachhaltig das herstellen, was wir zum Leben brauchen. Alle, denen das Forschen zu öde, zu sehr am Logos orientiert ist, alle, die schnelle Wendungen und Affekte in den Vordergrund stellen, arbeiten an Bildern, Geschichten, Ausdrücken,

Schauspielen, die ihre Mitmenschen zum Lachen und zum Weinen bringen. Nach einiger Zeit wird der Gesellschaft klar, dass Wissenschaft und Kunst eigentlich nicht als zwei Bereiche verstanden werden können, die Forschenden sind mehr und mehr geleitet von ihren und den Bedürfnissen ihrer Mitmenschen, die Spielenden erforschen und begleiten während des Spiels die Gefühle und die Bedürfnisse ihrer Umwelt. Die, die Lust aufs Organisieren haben, kümmern sich um den politischen Rahmen. Gefüllt wird er von allen. Die »Wissenschaftler« stecken den Umfang ab, in dem gebaut, konsumiert, gereist werden kann. Die Kreativen steuern kollektive und individuelle Lustmomente bei, sie erdenken das nächste Spiel für die ganze Gemeinde oder schlagen die Architektur für das neue Gebäude im Ort vor. Die auf das Soziale Spezialisierten werten das Zusammenleben der letzten Monate aus und bringen neue Umgangsformen ins Spiel. Die derzeitigen Organisatoren entwickeln auf dieser Grundlage Vorschläge für die Entwicklungen der nächsten Monate. Der ganze Rest übt Kritik, Vorschläge werden angepasst und ausprobiert.

Die Prinzipien sind klar: Es ist das Glück jeder:s Einzelnen auf der Welt, das Dreh- und Angelpunkt sein muss. Es sind die Naturgrenzen, die den Rahmen dessen, was geht, abstecken. Es ist die Entwicklung aller, die gefördert werden will. Auf Rotationsprinzipien im Politischen, Wissensweitergabe im Theoretischen, emotionale Entwicklung zugunsten eines liebevollen Umgangs mit den Mitmenschen wird dabei gesetzt. Das Leben wird zu einer Angelegenheit unendlicher Fülle und für die meisten zum Gegenteil von Gleichförmigkeit. Ein paar Stunden am Tag geht die technisch Interessierte dem Bau einer neuen Zugstrecke nach, in ein paar Stunden soll jede:r von einer Region in eine ganz andere reisen können. Wenn der Kopf qualmt, hört man auf mit der Kopfarbeit, geht zu den Kindern, mit denen ein anderer im Wald spielt, und erklärt, was heute entwickelt wurde. Alle, die Lust haben, packen am nächsten Tag mit an und legen das erste Gleis. Am Nachmittag lernt man eine neue Sprache, schult sich im Massieren, liest alle Bücher der Weltgeschichte, kocht gemeinsam. Liebe wird zu einer vielfältigen Angelegenheit. Das Bedürfnis nach emotionaler und körperlicher Nähe ist bei allen unterschiedlich erfüllt: Einige leben zu zehnt in einem Haus und

genießen das Gruppengefühl, die anderen leben mit vielen Generationen zusammen. Wieder anderen ist es zu trubelig, sie leben zu zweit im Dachgeschoss eines Hauses. Eine ›Trennung‹ vollzieht sich organisch. Ich kann gerade nicht so viel mit dir sein, ich muss etwas anderes ausprobieren. Ich komme aber vielleicht wieder. Keiner bleibt zurück, denn keiner war jemals so fokussiert auf eine kleine Beziehung oder Familie, alle haben zahlreiche Kontakte und Menschen, mit denen sie über tiefe Gefühle sprechen oder aufregende Dinge erleben können. Ob ich einen oder mehrere Menschen gleichzeitig ganz nah an mir dran habe, liebe, ist vollkommen unterschiedlich. Die Natur erholt sich, die Krebsraten gehen zurück, Kriege werden zum Gegenstand der Gruselgeschichten der vorangegangenen Generationen. Das Leben ist nicht ohne Liebeskummer, Streit oder nervige Aufgaben. Aber das Leben ist eines ohne Arbeitslosigkeit, mit deutlich weniger Krankheiten, mit Liebe zu den Mitmenschen, mit spannenden Entdeckungen, mit lebenslangem Lernen, mit Gemeinschaft. Und zwar nicht für einige wenige auf diesem Planeten. Sondern für alle. Unvorstellbar, aber bestimmt möglich, warum auch nicht?
Julia, Klimaaktivistin

Das sind drei sehr unterschiedliche Stimmen zu einer Gesellschaft der Zukunft. Sie sind alles andere als repräsentativ und stammen ausschließlich aus dem universitären Milieu. Die Statements haben also keinerlei empirische Beweiskraft. Als Eindruck bleibt dennoch, und für mich durchaus überraschend, dass das S-Wort die drei Befragten, allesamt im Durchgangsstadium akademischer Prekarität, zu experimentellem Denken anregt. Wäre es nach Anna, Andy und Julia gegangen, trüge der Essay einen anderen Titel. »Sozialismus – von der Wissenschaft zur Utopie«, allenfalls mit einem vorangestellten »nachhaltig« versehen, hätte den Buchdeckel geziert. »Das sagt am klarsten, worum es geht«, lautete die Begründung der drei. Diese Grundhaltung gibt mir Hoffnung. Gut möglich, dass meine Botschaft ungehört verhallt; es bliebe dann bei der Wortmeldung eines soziologischen Einzelkämpfers aus einer politischen Generation, für die abzutreten zur vornehmsten Aufgabe geworden ist. Es kann aber auch ganz anders kommen. Vielleicht gelangt die Flaschenpost an die richtigen Adressat:innen. Dann wird es dem Sozialismus ebenso ergehen wie, sagen wir: Duke Ellington und John Coltrane mit dem Rap. Unversehens tauchen die beiden Jazzlegenden wieder auf, wo sie niemand vermuten würde – mit *In a sentimental mood* als Beat für *Kippen und Suff* der Deutschrapper von Amne$ie.[2]

Ökosozialismus wirkt heutzutage über Zukunftsentwürfe und Visionen, die sich vorsichtig und teilweise unbeabsichtigt den Systemgrenzen nähern. Unverhohlen sprechen nun auch führende Klimaforscher von einer »Nachhaltigkeitsrevolution«, die erforderlich sei, um das 1,5-Grad-Erderhitzungsszenario doch noch zu erreichen.[3] Debatten um eine neue Gemeinwirtschaft, wie sie Olaf Bandt und der BUND empfehlen[4], um »Nachhaltigkeit als Utopie«[5] oder die Rede vom »Planeten« als »neue[r] humanistische[r] Kategorie«[6] signalisieren, dass der Übergang zu einem neuen Erdzeitalter die systemischen Grenzen kapitalistischer Marktvergesellschaftung berührt. Auch ohne sozialistisches Selbstverständnis wird dabei immer wieder die Eigentumsfrage berührt.[7] Sozialismus als Utopie kann dazu beitragen, die Radikalität des bevorstehenden gesellschaftlichen Wandels mit der Aussicht auf ein besseres Leben für alle zu verbinden. Es genügt eben nicht, nur die Notbremse zu ziehen, denn wenn der Zug mit der Begleiterscheinung struktureller Nichtnachhaltigkeit zum Stillstand kommt, muss das gesellschaftliche Leben in anderer Weise weitergehen.

2. Warum ist so wenig von imperialer Lebensweise und Lebensstilveränderungen die Rede? Es stimmt doch, dass wir alle verzichten müssen, um für eine ökologisch nachhaltige Welt zu sorgen!

Selbstverständlich schließt radikale Gesellschaftsveränderung immer auch Selbstveränderung ein. Schriftkundige führen als Beleg gerne einen Auszug aus Marx' dritter Feuerbachthese an. »Das Zusammenfallen des Ändern[s] der Umstände und der menschlichen Tätigkeit oder Selbstveränderung kann nur als revolutionäre Praxis gefaßt und rationell verstanden werden«, heißt es dort.[8] Folgt man dieser These, erschöpft sich revolutionäre Praxis keineswegs in der – zweifellos nötigen –Veränderung des eigenen Lebensstils. Den Trend zu vegetarischer oder veganer Ernährung in allen Ehren – vor den zerstörerischen Folgen des Klimawandels wird er die Welt nicht retten. Es geht um die grundlegende Veränderung basaler gesellschaftlicher Strukturen, um Macht- und Herrschaftsfragen. Dergleichen wird in Konzepten wie dem einer imperialen Lebensweise zwar angesprochen, aber das, was daraus folgt, überzeugt analytisch wie politisch nur sehr bedingt. Zwar ist immer wieder von Produktionsweisen, Klassenverhältnissen und Herrschaftsmechanismen die Rede, doch der damit verbundene analytische Anspruch wird höchst selten eingelöst. Aus dem Blickfeld gerät genau jener Bereich von Gesellschaft, der für die Begründung eines nachhaltigen Sozialismus ausschlaggebend ist – die Produktionssphäre und die durch sie begründeten strukturellen Ungleichheiten. Statt gründlich über alternative Produktionsweisen und Besitzverhältnisse nachzudenken, wird vor allem thematisiert, was nicht mehr geht, was wir nicht mehr dürfen, worauf wir verzichten sollen und dergleichen mehr. Die Konturen einer künftigen Gesellschaft bleiben hingegen merkwürdig blass.

Das hängt auch mit einer Fehlkonstruktion von Subjektivität zusammen. Unter Wachstumssubjekt wird im Postwachstumsdiskurs häufig das genaue Gegenteil dessen verstanden, was ich in Anlehnung an Erich Fromm mit diesem Begriff bezeichne. Es geht um die Habitualisierung einer hegemonialen, vermeintlich allumfassenden und deshalb zerstörerischen Lebensweise. Doch wie sollen Multimilliardäre und Menschen im Hartz-IV-Bezug eine gemeinsame Lebensweise verinnerlichen können? Zwischen dem Überlebenshabitus ausgegrenzter Langzeiterwerbsloser und dem inkorporierten Luxus herrschender Klassenfraktionen liegen selbst in reichen Gesellschaften Welten. Das »Immer mehr und nie genug« des Wachstumskapitalismus war im Übrigen noch nie ein bestimmendes Moment der Lebensführung subalterner Klassen(fraktionen) und ist es – empirisch nachweisbar – bis heute nicht.[9] Deshalb zweifle ich daran, dass mit dem Konstrukt einer imperialen Lebensweise als Kompass radikale gesellschaftliche Veränderungen tatsächlich angegangen werden können.[10]

Sofern von Verzicht in subalternen Klassen die Rede ist, muss das mit großer analytischer Sorgfalt und ohne stigmatisierende Abwertung geschehen. Ich habe deshalb an anderer Stelle für eine »revolutionäre

Austerität« plädiert, den Begriff wegen seiner Missverständlichkeit dann aber wieder fallen gelassen.[11] Revolutionäre Austerität, die im Übrigen auf den Ausbau des Öffentlichen und eine dadurch ermöglichte Abkehr vom individuellen Konsumerismus zielt, hat indes nicht das Geringste mit einer erzwungenen Verzichtspolitik zu tun, die nach dem großen Finanzcrash Millionen Menschen ins Elend gestürzt hat. Dennoch ist es unmöglich, eine Transformationsstrategie aus den 1990er Jahren nahtlos auf die Gegenwart zu übertragen. Verlorengegangenes Wissen wiederzugewinnen, es aufzubereiten, um es für die im Gange befindliche Transformation zu nutzen, kann sich jedoch als fruchtbar erweisen und gehört deshalb zu den Aufgaben eines *democratic marxism*, der den Blick zurück und sodann wieder nach vorn zu richten gewillt ist.[12]

Entscheidend ist jedoch etwas anderes. Gleich, welche Zahlenkolonnen zu Klimagerechtigkeit aufgefahren werden, in Diskussionsveranstaltungen findet sich immer jemand, der die Frage nach der Mallorca-Reise fliegender Putzfrauen stellt. »Gib doch zu, dass solche Reisen künftig nicht mehr gehen und auch die Putzfrau Verzicht zu üben hat!«, lautet das suggestive, häufig mit Emphase vorgetragene Argument.[13] Doch die Heftigkeit des Vortrags ändert nichts daran, dass die darin mitschwingende Behauptung eines allgemeinen Verzichts nicht einmal zur Hälfte stimmt. Auch in den reichen Ländern ist es keineswegs erforderlich, der Putzfrau die Mallorca-Reise und dem Daimler-Arbeiter das Häuschen zu nehmen oder gar Personen im Hartz-IV-Bezug den Regelsatz beschneiden zu wollen. Wer den Gürtel aus ökologischen Gründen enger schnallen soll, muss schon wegen basaler Gerechtigkeitserwägungen erwarten können, dass dergleichen in ausreichendem Maße von der wachsenden Gruppe der Reichen und Superreichen verlangt wird.

Diese Problematik wird, wie ich an anderer Stelle kritisiert habe, in Stephan Lessenichs Konzept der Externalisierungsgesellschaft – leider – weitgehend ausgeblendet.[14] Behauptet wird eine Superdependenz, der zufolge jeder soziale Fortschritt im reichen Norden qua Externalisierung der Kosten zwangsläufig zu Rückschritten im beherrschten Süden führt. Für ein solches Nullsummenspiel, wie es Stephan Lessenich vielleicht in bewusster publizistischer Übertreibung umrissen hat[15], gibt es keine tragfähigen wissenschaftlichen Belege. Im

Grunde reproduziert die Nullsummenkritik eine Weltsicht, wie sie der Philosoph Peter Sloterdijk mit dem Bild einer Kristallglocke, welche die »Komfortzone« des reichen Nordens von den Ausgeschlossenen des darbenden Südens trennt, sehr anschaulich dargestellt hat.[16] Die radikale Rechte hat sich dieses Bild zu eigen gemacht, um der fiktiv höherwertigen Kulturstufe, sprich: den Nutznießern der imperialen Lebensweise das Recht zuzusprechen, ihre »Komfortzone« gegen fremde Eindringlinge vermeintlich niederer Zivilisationsstufen zu verteidigen.

Die Nullsummenthese stellt das Bild als solches nicht infrage, bewertet es jedoch mit umgekehrten Vorzeichen und wendet es gegen alle, die wohlfahrtsstaatliche Arrangements in der nationalen Arena zumindest ansatzweise verteidigen. Mit universalistischem Gestus vorgetragen, tendieren solche Interpretationen dazu, außerhalb der »Komfortzone« vornehmlich Opfer, in ihrem Inneren hingegen in erster Linie Täter zu verorten. Zwar hat Stephan Lessenich seine Heuristik inzwischen erheblich verfeinert, doch es wirkt noch immer so, als würden dem Hauptwiderspruch, der Nord und Süd spaltet, einige differenzierende Nebenwidersprüche hinzugefügt.[17] Folgerichtig gilt die Kritik einer »großen Koalition der Wohlstandbewahrer«, deren Interesse vornehmlich darin bestehe, ihre »privilegierten Lebensverhältnisse« gegen die Ausgeschlossenen jenseits der Kristallglocke zu verteidigen.[18] In einem solch bipolaren Schema werden auch noch die Elendesten im Inneren der Kristallglocke zu – dann subalternen – »Profiteuren« der herrschenden Weltordnung erklärt. Das ist fatal, weil die starke Relativierung von Ausbeutung, Entfremdung, Ungleichheit und Unsicherheit im Inneren der Kristallglocke dann mit einer analytisch wie politisch kaum minder problematischen Homogenisierung der vermeintlichen Opfer außerhalb derselben zusammenfällt.

Wo Herrschende und Beherrschte der reichen Länder tendenziell zu einem ausbeuterischen Block verschmelzen, der dem darbenden Süden im wahrsten Sinne des Wortes die Luft zum Atmen nimmt, werden die herrschenden Eliten des globalen Südens von ihrer Verantwortung für soziale Verwerfungen und ökologische Destruktion in ihren Ländern tendenziell freigesprochen. An derartigen Vereinfachungen war bereits die Dependenztheorie gescheitert. Es gibt keinen Grund, dergleichen zu wiederholen, denn nichts fürchten progressive soziale Bewegungen im Süden mehr als den stereotypen und zugleich fatalistischen Verweis auf Abhängigkeiten, die angeblich allein der reiche Norden zu verantworten hat.[19] Doch auch in den wohlhabenden Gesellschaften verfehlen eindimensionale Externalisierungsdiagnosen die Widersprüchlichkeit globaler kapitalistischer Marktvergesellschaftung. Das finanzkapitalistische Tönnies-Prinzip ermöglicht zwar Tiefstpreise; es schlägt jedoch über Standortkonkurrenzen, Tarifdumping, Arbeitsplatzverluste, die Erosion kollektiver Sicherungssysteme, Druck auf Löhne und Arbeitsbedingungen sowie last but not least in Gestalt zunächst ungesehener ökologischer und gesundheitlicher Nebenfolgen auf die beherrschten Klassen in den reichen Ländern zurück. In einer globalisierten Welt ist Externalisierung letztendlich unmöglich, denn sie läuft darauf hinaus, dass ganze Gesellschaften ausbaden müssen, was privatkapitalistische Akteure in ihren betriebswirtschaftlichen Kalkülen ausblenden.

Womit wir wieder beim Klimawandel und der »fliegenden Putzfrau« wären. Um die Größenverhältnisse bei Konsumbeschränkungen noch einmal deutlich zu machen: Legt man das 1,5-Grad-Erderhitzungsziel zugrunde, müsste die untere Hälfte der europäischen Haushalte ihre Emissionslast in etwa halbieren; das reichste Prozent hätte seinen Treibhausgasausstoß hingegen auf ein Dreißigstel zu reduzieren. In Mallorca-Reisen umgerechnet hieße das: Die Putzfrau müsste auf jede zweite Reise verzichten, das sollte machbar sein, sofern die Gründe gut vermittelt werden. Wer zum reichsten Prozent gehört, hätte hingegen 29-mal auf das Mallorca-Ticket zu verzichten, bevor überhaupt wieder eine Flugreise zur Urlaubsinsel möglich wäre. Das zu erreichen, ist ein weitaus schwierigeres Problem. Wird die Sache ausschließlich über den Preis geregelt, sprengt jede Flugreise das Urlaubsbudget der Putzfrau. Flüge werden dann endgültig zu dem, was sie laut Statistik ohnehin schon sind – ein Privileg des einkommensstärksten Dezils der Haushalte, die bereits in weit überdurchschnittlichem Maße an Langstreckenflügen partizipieren und zur Vielfliegerei tendieren.

Allerdings sagen derartige Vergleiche über die reale Klima*un*gerechtigkeit noch immer viel zu wenig aus. Tatsächlich ist die ökologische Austerität für die kleinen Portemonnaies längst Wirklichkeit. Preissteigerungen für Strom, Verbrauchsgüter und Mieten treffen vor allem die unteren Einkommensgruppen hart. Setzt sich dieser Trend fort, wird sich die soziale Frage umso heftiger bemerkbar machen – als konfliktgeladene Bremse ökologischer Nachhaltigkeit. Das sollte bedenken, wer sozial-ökologische Transformation vor allem mit Umverteilung *innerhalb* »der« lohnabhängigen Klasse verbindet. Verringerung von Einkommensungleichheit ist ein wichtiger Indikator für hohe Lebensqualität und zugleich eine Voraussetzung ökologischer Nachhaltigkeit. Nicht das allgemeine Absenken der Einkommen auf Mindestlohnniveau, sondern *living wages*, Löhne und Einkommen, die den Konsum hochwertiger Güter erlauben und subjektive Ansprüche an Zeitwohlstand sowie an gute Arbeitsbedingungen fördern, tragen auch zur Durchsetzung ökologischer Ziele bei. Wer hingegen den ohnehin Deprivilegierten Wasser predigt, selbst aber heimlich Wein trinkt, sprich: SUV fährt und im Flieger um den Erdball jettet, bleibt letztendlich in klassistischer Abwertung gefangen und muss sich den Vorwurf der Doppelmoral gefallen lassen.[20] Wenn das Bild von der Köchin als Staatslenkerin »am Ende doch noch das Tor zur Utopie einer befreiten Welt« öffnet[21], so dient das ressentimentgeladene Stereotyp einer umweltvergessenen Putzfrau dem Utopieverzicht. Weil man eine gerechte Rückverteilung gesellschaftlichen Reichtums im Grunde für wenig aussichtsreich hält und zudem sich selbst misstraut, ist es die Niedriglohnbezieherin als Teil der »fliegenden Klasse«, die das eigene Gewissen beruhigen soll.

3. Was geschieht, wenn die Nachhaltigkeitsrevolution ausbleibt? Müssen wir uns gezielt auf das Schlimmste vorbereiten?

Sicher können wir scheitern. Der Übergang zu einem Katastrophenkapitalismus ist eine reale Gefahr, die sich nicht von der Hand weisen lässt. David Harvey hat ein solches Szenario mit großer Klarheit skizziert. Historisch betrachtet sei es der Kapitalseite immer wieder gelungen, ökologische Widersprüche in überwindbare Barrieren zu transformieren. Bedacht werden müsse, dass Natur, also unzerstörbare Materie, immer wieder neu in die Kapitalkreisläufe integriert werden könne: »Die Eigenschaften und Elemente der Natur sind Teil der Kapitalakkumulation und der Geldfluss eine ökologische Variable. Andersherum kann der Transport von Nährstoffen durch ein Ökosystem zugleich einen Wertfluss darstellen.«[22] Deshalb gelinge es spezifischen Kapitalfraktionen immer wieder, aus Umweltfragen ein profitables Geschäft zu machen. Umwelttechnologie sei längst zu einem Renner an den internationalen Börsen geworden, und Naturschutz werde zur Akkumulationsstrategie.

Strategien des kapitalkonformen Umweltschutzes zeitigten zwiespältige Resultate. So sei der Markt für den Emissionshandel zum Anlagefeld für Spekulanten und Hedgefonds geworden, trage aber viel zu wenig zur Reduktion der Kohlendioxide bei. In anderen Fällen, etwa beim Umsteuern auf erneuerbare Energien oder dem Schutz von Fischbeständen, könnten aber auch positive Wirkungen beobachtet werden. So zynisch das klinge, eigneten sich selbst Umweltdesaster als profitables Anlagefeld. Menschenopfer seien aus der Kapitalperspektive hingegen kein großes Problem. Noch immer stelle die Natur ein großes Reservoir an Gebrauchswerten bereit, sie sei eine riesenhafte Tankstelle, die immer neuen kapitalistischen Landnahmen den Brennstoff liefere. Das kapitalistische Ökosystem könne noch lange expandieren. Die größten Gefahren für dessen Fortbestand erzeuge eine finanzkapitalistische Rentierklasse, die Mangelsituationen herbeizuführen in der Lage sei, um die Preise für Böden und Nahrungsmittel hochzutreiben. Dies – und nicht die vermeintliche Knappheit an Boden – könne Hungerrevolten und Aufstände auslösen. Externalitäten seien eben Realkosten, für die das Kapital nicht aufkommen müsse. Dies könne dazu führen, dass Sanierungsmaßnahmen so lange verschleppt würden, bis es zu spät sei. Kostenabwälzung provoziere jedoch regelmäßig Streit zwischen Kapitalfraktionen. Deshalb agierten Raubbau und umweltfreundliche Methoden im Ökosystem des Kapitals durchaus in gelegentlich unfriedlicher Koexistenz.

Auch wenn die kapitalistische Verwertung ökologischer Destruktionskraft weniger einfach ist, als es bei David Harvey anklingt, handelt es sich bei dieser Auseinandersetzung mit dem ökologischen Gesellschaftskonflikt meiner Auffassung nach um eine realitätsnahe Beschreibung des Status quo. Allerdings bieten die geschilderten Widersprüchlichkeiten keine Garantie dafür, dass ein ökologischer Kollaps ausbleibt. Vor allem verweisen Harveys Überlegungen jedoch auf Handlungsspielräume für Reformen, die auch unter kapitalistischen Bedingungen bestehen. Apokalyptische Visionen haben den gesellschaftlichen Linken noch nie zu Deutungsmacht verholfen. Dies aus einem doppelten Grund. Einerseits kann als Kontrast zur Negativutopie jeder noch so begrenzte Fortschritt beim Klima oder den Ressourcen – die Lachse im Rhein, Dächer mit Sonnenkollektoren oder der gelegentlich wieder blaue Himmel über der Ruhr – als praktische Widerlegung hermetischer Untergangszenarien erscheinen.[23] Andererseits lässt sich der angeblich kurz bevorstehende Weltuntergang von Verschwörungstheoretikern und Sekten ausbeuten, die alles beim Alten belassen wollen und sich für den anstehenden Survival of the Fittest rüsten.[24] Dergleichen vor Augen zu haben, ist kein Grund, die Lage schönzureden. Bis spätestens 2050 muss die globale Ökonomie dekarbonisiert sein, andernfalls stehen unkontrollierbare Disruptionen bevor. Gerade deshalb sind Utopien einer besseren, weil nachhaltig sozialistischen Gesellschaft so wichtig, denn sie bieten eine positive Orientierung, über die der »kapitalistische Realismus«[25] nicht mehr verfügt.

4. Ist die Vision einer sozialistischen Transformation im Rahmen einer demokratischen Verfassung nicht viel zu blauäugig? Die Herrschenden werden niemals freiwillig abdanken und auch Gewalt einsetzen, um ihre Privilegien zu erhalten.

Ehrlich gesagt, vermag ich mir ein freiwilliges Abdanken herrschender Klassen nur schwer vorzustellen. Die Gefahr, dass das autoritäre Lager des »Geistes von Davos« einen Systemerhalt mit gewaltsamen, faschistoiden Mitteln sicherstellen will, ist real. Selbst für gemäßigte Demokrat:innen wie die Ex-Außenministerin der USA Madeleine Albright liegt ein neuer Faschismus im Bereich des Möglichen.[26] Und der bewaffnete Sturm auf das Kapitol, der die Wahlniederlage Donald Trumps rückgängig machen sollte, hat die militante, gewalttätige Praxis eines möglichen Faschismus aller Welt vor Augen geführt.

Doch was folgt daraus? Friedrich Engels gab, in anderen Zeiten und mit Blick auf die zuvor illegalisierte deutsche Sozialdemokratie, seinen Genoss:innen einen Ratschlag, über den nachzudenken sich noch immer lohnt:

> Versucht muß werden, vorderhand mit gesetzlichen Kampfmitteln auszukommen. Das tun nicht nur wir, das tun alle Arbeiterparteien aller Länder, wo die Arbeiter ein gewisses Maß an gesetzlicher Bewegungsfreiheit haben, und zwar aus einem einfachen Grunde, weil dabei am meisten für sie herauskommt. Das hat aber zur Voraussetzung, daß die Gegenpartei ebenfalls gesetzlich verfährt. Versucht man, sei es durch neue Ausnahmegesetze, durch rechtswidrige Urteile und Reichsgerichtspraxis, durch Polizeiwillkür und durch sonstige ungesetzliche Übergriffe der Exekutive, unsre Partei tatsächlich außerhalb des gemeinen Rechts zu stellen, so treibt man die deutsche Sozialdemokratie abermals auf einen ungesetzlichen Weg, als den einzigen der ihr noch offensteht.[27]

Anders gesagt: Notwehr ist berechtigt, wenn die Gegenseite den verfassungsgemäßen Rahmen sprengt, die Demokratie beseitigt und zu gewalttätiger Unterdrückung übergeht. Doch beim heutigen Stand der Waffentechnik muss genau überlegt werden, was Notwehr bedeutet. Wie der südafrikanische Soziologe Karl von Holdt eindrucksvoll offengelegt hat, ist der bewaffnete Kampf des ANC gegen die Rassentrennung auch für die Postapartheidgesellschaft noch immer eine schwere Hypothek. Diese militante Strategie hat eine Habitusform mit hervorgebracht, die Gewalt gegen Personen noch immer als legitimes Mittel der Konfliktaustragung nahelegt.[28] Dergleichen muss zu denken geben. Ein bewaffneter Kampf ist heute nichts mehr, was zu sozialistischer Handlungsfähigkeit positiv beiträgt. Notwehr kann nur heißen: Kampf um die Staatsapparate, die Justiz, das Militär und die Polizei; massenhafter ziviler Ungehorsam; gezielte Regelverletzung und Streiks oder auch die Unterbrechung von Logistikketten und Informationswegen als Bestandteile einer verletzlichen Infrastruktur. Eine demokratische Zivilgesellschaft ist niemals wehrlos; in hochkomplexen, störanfälligen Gesellschaften findet sie Mittel, sich gegen diktatorische Bestrebungen zu wappnen. Das gelingt am besten, wenn der reformwillige Teil der kapitalistischen Eliten, angetrieben von Motiven des Selbsterhalts und des Drucks sozialer Bewegungen, auf die Seite revolutionärer Nachhaltigkeit gezogen wird.

»Ein schöner, aber realitätsferner Wunschtraum!«, schallt es mir in Diskussionsveranstaltungen immer wieder entgegen. Und auch wissenschaftlich gibt es gravierende Einwände. So hat Perry Anderson Antonio Gramscis Hegemonietheorie einer radikalen Kritik unterzogen, weil sie, so jedenfalls der Vorwurf, die Gewaltträchtigkeit kapitalistischer Herrschaft in gefährlicher Weise unterschätzt. Hauptgrund ist für Anderson das Spannungsverhältnis von nationaler und internationaler Politikebene: »Bei innenpolitischen Hegemonien, auf denen das ganze komplexe System aufbaut, befinden sich Konsens und Zwangsausübung, wie schon Gramsci erkannte, typischerweise am ehesten im Gleichgewicht, während auf den höheren Ebenen mal das eine, mal das andere überwiegt.«[29] Doch bedeutet die Tatsache, dass sich die beiden Ebenen »im Zuge der Globalisierung des Kapitals« immer stärker verzahnen[30], dass Systemveränderung auf demokratischem Weg unmöglich wird?

Ich halte an der Gegenthese fest. Vielleicht liefert die Volksbewegung in Chile, die für das Land eine neue Verfassung erzwungen hat, den Beweis. In Chile begann mit dem Militärputsch gegen den demokratisch gewählten Präsidenten Salvador Allende und seine Regierung der Unidad Popular zugleich der Siegeszug des Neoliberalismus.[31] Nach dem Ende der Diktatur garantierte eine vom Pinochet-Regime verfügte Verfassung, die nur mit einer Zwei-Drittel-Mehrheit zu verändern war, dass die politischen Spielräume für eine Korrektur des Marktradikalismus eng blieben. Zwei Mitte-links-Regierungen, die von Michelle Bachelet geführt wurden, sahen sich deshalb außerstande, einen grundlegenden politischen Kurswechsel durchzusetzen. Das Ergebnis eines kaum unterbrochenen Marktradikalismus ist eine zerstörte Gesellschaft, eine *precarious society*, in der selbst gesellschaftliche Basisinstitutionen instabil geworden sind.

Das extraktivistische Produktionsmodell, das zeitweilig zweistellige Wachstumsraten garantierte, ist an seine Grenzen gestoßen, die Ungleichheit explodiert, das Rentensystem ist zusammengebrochen, und gut qualifizierte junge Akademiker:innen finden keine adäquaten Jobs. Der verbreitete Unmut kulminierte und kulminiert noch immer in Massenprotesten; ein Referendum ergab eine klare Mehrheit für eine neue Verfassung. Die Wahlen zur verfassungsgebenden Versammlung endeten mit einem großen Triumph für unabhängige und linke Kandidat:innen.

Entscheidend ist jedoch etwas anderes. Die Massenbewegung repräsentiert alle Felder und Konfliktlinien der ökonomisch-ökologischen Zangenkrise, die sich auch in Chile und anderen lateinamerikanischen Staaten bemerkbar macht.[32] Indigene Gruppen sind in ihr ebenso vertreten wie Frauenrechtler:innen oder Repräsentant:innen von Ökoinitiativen und Menschenrechtsgruppen. Sofern linke Kandidat:innen oder, wie ausgerechnet im Finanzdistrikt von Santiago de Chile, gar Kommunist:innen gewählt werden, geschieht das nicht wegen ihrer Parteizugehörigkeit, sondern aufgrund ihrer Rolle, die sie in der Volksbewegung spielen. Vom bestehenden Parteiensystem und den Gewerkschaften fühlen sich diejenigen, die auf die Straße gehen und dabei ihre Freiheit und ihre berufliche Position riskieren, kaum repräsentiert. Ihr Engagement zielt auf die Veränderung gesellschaftlicher Kräfteverhältnisse, doch es ist zugleich wertgebunden und schließt machtgeleiteten Opportunismus bisher weitgehend aus. Diese bunte Massenbewegung mit ihren vielen Gesichtern war auch von einer autoritär-konservativen Regierung und ihrem brutalen Durchgreifen nicht aufzuhalten. Sie agierte und agiert in Teilen militant – mit Streiks, Straßensperren, Barrikaden, Blockaden, zivilem Ungehorsam, verzichtet aber auf Waffengewalt. Möglich ist, dass ihre gewählten Vertreter:innen eine Verfassung ausarbeiten werden, die transformatives Recht für eine sozial-ökologische Transformation praktisch zu erproben erlaubt. Ist denkbar, dass ein diktatorischer Backlash, unterstützt von einer US-Regierung unter Biden, einen solchen Prozess erneut zum Erliegen bringt?

Man kann nichts ausschließen, doch ich hege Zweifel. Vielleicht zünden die Massenproteste in Chile, die längst auch andere lateinamerikanische Staaten erfasst haben, jenen Funken, den eine weltweite Demokratiebewegung so dringend braucht. Doch gleich, was geschieht, mit einer demokratischen chilenischen Verfassung kommt ein – globaler – Kampf- und Protestzyklus zum Abschluss, der infolge des Pinochet-Putschs einsetzte und mit der endgültigen Beseitigung von Überresten der Diktatur zu Ende gehen wird. Die Konstitution von Gegenhegemonie hat dann nahezu ein halbes Jahrhundert gedauert. So lange kann die Nachhaltigkeitsrevolution nicht mehr warten. Dennoch lässt sich, wieder einmal, vom chilenischen Beispiel lernen. Ihre soziale und politische Vielfalt sowie ihre thematische Intersektionalität verleihen der Volksbewegung eine enorme Kraft. Wird das rasch und lagerübergreifend erkannt, hat die Nachhaltigkeitsrevolution im globalen Maßstab eine echte Chance.

Post Scriptum

Wenn dieser Essay erscheint, hat die DFG-Kollegforschungsgruppe »Landnahme, Beschleunigung, Aktivierung – zur (De-)Stabilisierung moderner Wachstumsgesellschaften« ihre Arbeit beendet. Von Beginn an als ein Institut auf Zeit geplant, konnte das »Postwachstumskolleg«, wie es in- und außerhalb des Fachs genannt wird, die konstruktive Kontroverse als methodologisches Prinzip etablieren. Wir haben uns gestritten, dabei aber das Ziel verfolgt, bei Deutungen und Handlungsempfehlungen Gemeinsamkeiten herauszuarbeiten. Als Abschluss der Forschungen sollte ein Buch, eine Art Kompass entstehen, in welchem die drei Initiatoren des Kollegs – Hartmut Rosa, Stephan Lessenich und ich selbst – Wege in demokratische Postwachstumsgesellschaften ausloten wollten. Zu einer solchen Veröffentlichung wird es nicht mehr kommen. Die Gründe dafür sind, wie in derartigen Fällen häufig, vielfältig. Nach einer langjährigen Zusammenarbeit mit viel Auf und Ab ist der intellektuelle Anreiz zu aufwendigen Auseinandersetzungen nicht mehr so gegeben, wie das zu Beginn der Kollegforschungen einmal war. Die Argumente wiederholen sich, die Stimmen erklingen, aber sie werden, um es in der Terminologie Hartmut Rosas zu sagen, wechselseitig nur noch selten gehört. Die Methodik einer konstruktiven Kontroverse bleibt indes hochaktuell. Und klar zu benennen ist, was mit ihrer Hilfe in naher Zukunft angegangen werden muss. Ein Kapitalismus mit »neuem Gesicht« ist im Entstehen, den es analytisch zu durchdringen und mit glaubwürdigen Gegenentwürfen zu versehen gilt. Beides verlangt nach einer strategischen Neuausrichtung aller Lager, Strömungen und Fraktionen des »Geistes von Porto Alegre«.[33] Jene eingangs erwähnte Hermeneutik des Verdachts, die Spaltung, Chaos und Ohnmacht auslöst, erledigt sich von selbst, sobald diese Aufgabe mit gebotener Ernsthaftigkeit angegangen wird.

Das Zeitfenster schließt sich! Nachwort zur 2. Auflage

Der jüngste Bericht des Weltklimarates IPCC lässt keine Zweifel. Etwa die Hälfte der Menschheit leidet bereits unter den Folgen des anthropogenen Klimawandels.[1] UN-Generalsekretär Guterres erkennt darin kriminelles Versagen beim Klimaschutz. Obwohl sich das Zeitfenster für wirksame Gegenmaßnahmen schließt, steht bereits fest, dass die Hürden für eine Nachhaltigkeitsrevolution künftig noch höher werden. Hauptgrund ist der Krieg. Am 24. Februar 2022 hat die Russische Föderation mit einem völkerrechtswidrigen Angriff auf die Ukraine begonnen. Städte unter Raketenbeschuss, Millionen Geflüchtete, Gefechte an Atomkraftwerken, Zerstörung überlebenswichtiger Infrastruktur sowie tausende Tote und Verletzte auch unter Zivilisten – das ist die Schreckensbilanz der ersten Kriegswochen.

Seit dem Überfall steht im Westen Versorgungssicherheit politisch wieder vor Klimaschutz. Ein rascher Ausstieg aus der Kohleverstromung ist fraglich geworden, selbst verlängerte Laufzeiten für Atomkraftwerke sind wieder eine Option. Vorrang vor einer friedlichen, inklusiven Gesellschaft (SDG 16) hat nun auch in Deutschland die Aufrüstung. Laut Bundesregierung soll das Zwei-Prozent-Ziel der NATO bei den Rüstungsausgaben noch übertroffen und dem Militär zusätzlich ein Sondervermögen von 100 Milliarden Euro verfügbar gemacht werden. Kanzler Scholz hat diese Entscheidung von oben verfügt. Dennoch scheint Aufrüstung als Antwort auf die Aggression des Putin-Regimes mehrheitlich akzeptiert und politisch alternativlos zu sein. Derweil wird die Grenze zwischen Krieg und Frieden unscharf. Auch in Deutschland ist der Grundsatz, keine Waffen in Krisengebiete zu liefern, außer Kraft gesetzt. Wann die Schwelle überschritten ist, an der waffenliefernde Staaten zur Kriegspartei werden und der Bündnisfall eintritt, entscheidet im Grunde der Aggressor. Geradezu schlafwandlerisch könnte die internationale Staatengemeinschaft in einen dritten Weltkrieg, ja in eine nukleare Auseinandersetzung hineinschlittern. Macht es angesichts solcher Bedrohungen noch Sinn, einer »Utopie des Sozialismus« das Wort zu reden? »Nun herrscht also wieder Krieg in Europa. Die Suche nach gesellschaftlichen Alternativen wird dadurch ja aber nur noch wichtiger«, schreibt mir Pascal Zwicky, Koordinator des Schweizer Think-Tanks Denknetz, anlässlich eines Videos zu meinem Sozialismus-Buch.[2] Trotz Zustimmung möchte ich andeuten, was künftig dennoch neu zu durchdenken und analytisch präziser zu fassen ist.

Meine *erste* Überlegung betrifft die ökonomisch-ökologische Zangenkrise und die imperialen Rivalitäten, die zum Ukraine-Krieg geführt haben. Bemühungen, sich in Putins Kopf zu versetzen, übersehen zumeist eine zentrale Ursache der Eskalation. Die Russische Föderation ist ein Staatengebilde mit nur noch semiperipherem Status. Auf den »Festungssozialismus«[3] der Sowjetunion folgte nach einem Übergangsstadium mit Offenheit für unterschiedliche Entwicklungswege ein oligarchischer Festungskapitalismus, dessen ökonomische Leistungsfähigkeit hauptsächlich auf dem Export fossiler Energieträger beruht. Bis zu 43 Prozent seiner Einnahmen verdankt Russland dem Erdöl und dem Erdgas. Diese Abhängigkeit von seinen Naturressourcen impliziert, dass die Russische Föderation ohne radikalen wirtschaftlichen Strukturwandel unweigerlich zu den Verlierern einer Nachhaltigkeitswende in den Abnehmerstaaten gehören würde. Je rascher dort die Abkehr von fossiler Energie gelingt, desto wertloser werden russische Öl- und Gasvorkommen. Das dürfte einer der Hauptgründe dafür sein, dass die Zukunftsszenarien jenes Machtzirkels, mit dem sich der Autokrat Putin umgibt, ausgesprochen düster ausfallen. Die besondere Aggressivität dieses Regimes hat hier eine ihrer wesentlichen Ursachen, denn das Zeitfenster zur Überwindung des semiperipheren Status Russlands schließt sich ebenfalls. Militär und Bereitschaft zu brutalem Angriffs-Krieg sind die verbleibende Machtressource, die sich halbwegs erfolgreich jedoch nur anwenden lässt, solange der Gegner von russischem Gas und Erdöl abhängig ist.

Mit der Aggression gegen die Ukraine forciert das Putin-Regime deshalb *zweitens* eine Entwicklung, die ich im Buch im Anschluss an James Galbraith als »Würgehalsband-Effekt« bezeichnet habe. In unsicheren Zeiten machen hohe Fixkosten für Gas und Öl die besondere Verwundbarkeit einer auf steigendem Ressourcenverbrauch basierenden Wirtschaftsweise aus. Wie das Würgehalsband bei einem Hund verhindert wirtschaftliche und politische Instabilität nicht unbedingt jegliches Wirtschaftswachstum, doch die Preise steigen schnell an und die Profitabilität fällt, die Investitionsbereitschaft der Unternehmen sinkt rapide und Verteilungskämpfe gewinnen an Intensität. Der Putinismus verfolgt eine aggressive Hochrisikostrategie, um sich diesen Effekt zunutze zu machen und schadet damit letztendlich sich selbst. Schließlich ist die EU Russlands wichtigster Handelspartner. Durch Sanktionen forciert, werden Krieg und steigende Preise mit destruktiver Wucht auf die Ökonomie auch der Russischen Föderation zurückschlagen. Das könnte dem Expansionismus Putins allmählich die Massenloyalität entziehen, doch der Westen wird ebenfalls Schaden nehmen. Chinas Nominalkommunisten, die sich mit eigenen Machtambitionen als Makler zwischen eigener Bevölkerung und ausländischen Kapitalinteressen betätigen, möchten die lachenden Dritten sein.

Damit stellt sich *drittens* die Frage, wie das Putin-Regime analytisch einzuordnen ist. Um es zugespitzt zu formulieren: Die Gründe für den praktizierten Angriffskrieg lassen sich weder auf ökonomische Ursachen reduzieren noch alleine in der zweifelsohne hoch problematischen Ost-Ausdehnung der NATO finden. Der expansive Charakter des Putinismus beruht auf einem Willen zur Akkumulation politischer Macht, dem derzeit weder eine demokratische Zivilgesellschaft noch das politische System Grenzen setzt. Das unterschiedet den Putinismus vom Trumpismus, der – zumindest vorläufig – in einer demokratischen Wahl unterlegen ist. Der Putinismus entfaltet sich frei von solchen Möglichkeiten zu politischer Selbstkorrektur. Wie im Buch in Anlehnung an Hannah Arendt gezeigt, kann sich das imperiale Streben nach Ausdehnung des eigenen Herrschaftsbereichs gegenüber ökonomischen Interessen verselbstständigen oder diesen Interessen gar vorauseilen. Allerdings handelt es sich beim Putin-Regime keineswegs um klassischen Imperialismus und schon gar nicht um eine Renaissance des Sowjetkommunismus. Putin personifiziert einen *exterministischen Autoritarismus*, der unter den Bedingungen der Zangenkrise auf den Niedergang der einstigen Supermacht Sowjetunion reagiert. Exterminismus, eine Wortschöpfung des marxistischen Historikers E. P. Thompson, bezeichnet diejenigen Mechanismen von Volkswirtschaften, politischen Ordnungen und Ideologien, die »als Schubkraft in eine Richtung wirken, deren Resultat die Auslöschung großer Menschenmassen sein muss«.[4] Der Exterminismus Putins mischt Versatzstücke zaristischen Großmachtstrebens mit panslawistisch-völkischem Nationalismus, Sowjetnostalgie und einem Weltbild, das dem Freund-Feind-Schema eines Carl Schmitt entspricht. Diese zusammengebastelte Ideologie soll expansive Absichten legitimieren, doch sie besitzt nichts Attraktives und verfügt über keinen Gesellschaftsentwurf, der positiv ausstrahlen könnte. Ihre Massentauglichkeit beruht auf Repression, kombiniert mit Führerverehrung, Gefolgschaft qua Unwissen und verbreiteter Leidensfähigkeit der Bevölkerung. Als nackter Kern des Putinismus bleibt sein Streben nach Ausweitung von Einflusssphären, gepaart mit dem Wunsch nach Totalisierung politischer Macht. Es ist dieses Streben, das Madeleine Albright, wie im Buch zitiert, als Hauptmerkmal eines neuen Faschismus bezeichnet. Eines Faschismus, der, das sei hinzugefügt, die Bereitschaft zum eigenen Untergang als Option in seine machtpolitischen Kalkulationen stets einbezieht.

Die zerstörerischen Kräfte eines exterministischen Autoritarismus vor Augen, werden Auseinandersetzungen um einen Nachhaltigkeits-Kompass umso dringlicher. Deshalb freut es mich, dass mein Buch zu einer nur scheinbar unzeitgemäßen Sozialismus-Debatte beigetragen hat. Wie nicht anders zu erwarten, wird diese Diskussion äußerst kontrovers geführt.[5] Da es an dieser Stelle unmöglich ist, die zahlreichen Kommentare, Kritiken und weiterführenden Vorschläge zu würdigen, belasse ich es bei einer Schlussbemerkung. Gleich wie sich Krieg und Konfrontation entwickeln, sie werden das Ende des Marktradikalismus beschleunigen. Nicht einmal Aufrüstung und Kriegswirtschaft lassen sich ohne Planung betreiben. Der britische Kriegskapitalismus, der den Zweiten Weltkrieg überdauerte, bietet eine historische Folie für das, was an Staatsinterventionismus auch innerhalb der EU vermutlich kommen wird. An diesem Staatsinterventionismus können, ja müssen demokratische Gegenkräfte ansetzen. Ein Beispiel: Trotz russischer Aggression gibt es für gigantische Aufrüstungsprogramme keinen Grund. Schon jetzt übersteigen die Rüstungsetats der NATO-Staaten das entsprechende Budget der Russischen Föderation um ein Vielfaches.[6] Waffensysteme, die erst noch entwickelt werden sollen, werden der Ukraine in ihrem Überlebenskampf kaum nützen. Streitkräfte mit strikt defensiven Aufgaben, aber stark genug, exterministischen Regimen die Stirn zu bieten, ließen sich selbst mit reduzierten Wehretats gut finanzieren. Doch weshalb gibt es kein Sondervermögen für einen nachhaltigen Klimaschutz? Stellt man die Frage so, führt das zu Ansatzpunkten für einen nachhaltigen Infrastruktursozialismus[7], der mit Investitionen in die Ökonomie des Alltagslebens und die Daseinsvorsorge unmittelbar praktisch werden kann. Selbstverständlich gibt es keine Gewähr dafür, dass entsprechende Weichenstellungen tatsächlich gelingen. Die Geschichte ist offen, sie kennt kein Ziel; einen Determinismus, der zum Sozialismus führt, gibt es nicht. Ein konditionierter Voluntarismus sei dennoch erlaubt. Offenbar ist die profitzentrierte Basisregel kapitalistischer Systeme derart unterkomplex, dass sie den Stabilitätsanforderungen ausdifferenzierter Gesellschaften immer weniger zu genügen vermag. Denn auch das zeigt der Ukraine-Krieg: Die hohen Energiepreise, mit denen wegen des Konflikts an den internationalen Börsen gehandelt wird, sind für den privaten Verbrauch schlicht unbezahlbar. Hält die inflationäre Entwicklung länger an, wird sie die Residualeinkommen – Geld, das nach Abzug von Steuern, Sozialabgaben und Fixkosten für Miete, Heizung etc. übrigbleibt, – dramatisch senken. Einmal mehr wird sich dann zeigen, dass kapitalistischer Besitz als expansives dynamisches Prinzip zur Evolution immer aufwendigerer Schutzmechanismen zwingt. Nachhaltigkeit bedeutet letztendlich, dieses Besitzprinzip außer Kraft zu setzen – durch kollektive Eigentumsformen, die Selbstverantwortung stärken, mit einer auf die Wirtschaft ausgeweiteten Demokratie sowie durch solidarische Rückverteilung des gemeinsam erzeugten Reichtums, partizipative Planung und einen Übergang zu nachhaltigen Produktions- und Lebensweisen. In den Klimabewegungen, in Gewerkschaften, Umweltverbänden, politischen Parteien und der *scientific community* werden solche Alternativen mittlerweile ernsthaft diskutiert. Das signalisiert den Gebrauchswert konkreter Utopien, über den Oscar Wilde schreibt: »Eine Weltkarte, in der Utopia nicht verzeichnet ist, ist keines Blickes wert, denn sie unterschlägt die Küste, an der die Menschheit ewig landen wird.« Weiter heißt es: »Ungehorsam ist für jeden Geschichtskundigen die eigentliche Tugend des Menschen. Durch Ungehorsam entstand der Fortschritt, durch Ungehorsam und Aufsässigkeit.«[8]

Klaus Dörre, Jena, 8. März 2022

Anmerkungen

Zur Einführung, Selbstverortung eingeschlossen

1 Dazu aus der Perspektive von Students for Future: Kaiser, Julia (2020): #Wir fahren zusammen. Die Allianz von Fridays for Future und ver.di im Bereich Nahverkehr als Exempel ökologischer Klassenpolitik, in: Dörre, Klaus/Holzschuh, Madeleine/Köster, Jakob/Sittel, Johanna (Hg.) (2020): Abschied von Kohle und Auto? Sozial-ökologische Transformationskonflikte um Energie und Mobilität. Frankfurt a. M., S. 267–283.

2 Urban, Hans-Jürgen (2009): Die Mosaik-Linke. Vom Aufbruch der Gewerkschaften zur Erneuerung der Bewegung, in: Blätter für deutsche und internationale Politik, H. 5/2009, S. 71–78.

3 Misik, Robert (2019): Die falschen Freunde der einfachen Leute. Berlin.

4 In den Wahlprogrammen deutscher Parteien, die sich links der Mitte verorten, wird man vergeblich nach dem Sozialismusbegriff fahnden. Die Linkspopulistin Sahra Wagenknecht, einst bei der Kommunistischen Plattform aktiv, gibt sich inzwischen mit sozialer Marktwirtschaft, Gemeinwohl und Gemeinsinn zufrieden. Demgegenüber ziehen führende Köpfe der antiproduktivistischen Linken die Postwachstumsgesellschaft dem belasteten S-Wort vor.

5 Gehring, Hans (1914): Die Begründung des Prinzips der Sozialreform. Eine literarhistorische Untersuchung über Manchestertum und Kathedersozialismus. Jena.

6 Theweleit, Klaus (2019 [1977/78]): Männerphantasien. Berlin.

7 Freiburger Thesen zur Gesellschaftspolitik. Beschlossen auf dem Bundesparteitag der Freien Demokratischen Partei in Freiburg vom 25./27. Oktober 1971, S. 11, http://fdp-damme.de/2017/Freiburger%20Thesen-LD-V201609.pdf. Zugriff: 4.5.2021. Die Erinnerung an die Freiburger Thesen verdanke ich einem Hinweis in: Ringger, Beat/Wermuth, Cedric (2020): Die Service Publik Revolution. Zürich.

8 Braudel, Fernand (1986 [1979]): Sozialgeschichte des 15.–18. Jahrhunderts. Aufbruch zur Weltwirtschaft. München, S. 720.

9 Engels, Friedrich (1963 [1895]): Einleitung zu Karl Marx' *Klassen-*

kämpfe in Frankreich 1848 bis 1850, in: MEW (= Marx-Engels-Werke) 22, Berlin, S. 509–527, hier: S. 525.

10 Engels zweifelte allerdings daran, dass die Herrschenden eine Machtübernahme durch Mehrheiten für die Sozialistische Partei bei Wahlen akzeptieren würden »Ich habe im Gegenteil betont, die Aussichten stünden zehn zu eins dafür, daß die Herrschenden noch lange vor diesem Zeitpunkt gegen uns Gewalt anwenden werden; das aber würde uns vom Boden der Stimmenmehrheiten auf den Boden der Revolution führen«, schrieb Engels an Giovanni Bovio, in: MEW 22, Berlin, S. 280.

11 Luxemburg, Rosa (1979 [1925]): Zur russischen Revolution, in: Gesammelte Werke, Bd. 4. Berlin, S. 332–365, hier: S. 355 f.

12 Als Beispiel: Brennan, Jason (2017): Gegen Demokratie. Warum wir die Politik nicht den Unvernünftigen überlassen dürfen. Berlin. Zur Kontroverse siehe auch: Ketterer, Hanna/Becker, Karina (Hg.) (2019): Was stimmt nicht mit der Demokratie? Eine Debatte mit Klaus Dörre, Nancy Fraser, Stephan Lessenich und Hartmut Rosa. Berlin sowie: Becker, Karina/Dörre, Klaus (Hg.) (2018): Demokratie ohne Wachstum? Berliner Journal für Soziologie, Jg. 28, H. 1–2.

13 Ich habe dazu an anderer Stelle argumentiert. Vgl. Dörre, Klaus (2018a): Neo-Sozialismus oder: Acht Thesen zu einer überfälligen Diskussion, in: Blätter für deutsche und internationale Politik 6/2018, S. 105–115. Siehe auch die Debatte in: Dörre, Klaus/Schickert, Christine (Hg.) (2019): Neosozialismus. Solidarität, Demokratie und Ökologie vs. Kapitalismus. München.

14 Zelik, Raul (2020): Wir Untoten des Kapitals. Über politische Monster und einen grünen Sozialismus. Berlin.

15 Heyer, Jakob (2020): Grundprobleme einer postkapitalistischen Produktionsweise. Masterarbeit. Jena (unveröffentlichtes Manuskript).

I Visionen: »Pandemie stoppt Klimawandel!«

1 Der Nansen-Pass war ein Reisedokument für staatenlose Flüchtlinge und Emigrant:innen. Er wurde 1922 vom Hochkommissar des Völkerbundes für Flüchtlingsfragen, Fridtjof Nansen, für russische Flüchtlinge entworfen und war zunächst von 31, später von 53 Staaten anerkannt. In kritischen Kommentierungen wurde er als »minderwertiges Dokument« bezeichnet; das darf für einen neuen Nansen-Pass keinesfalls gelten.

2 Morus, Thomas (1980 [1516]): Utopia. Stuttgart, insbesondere S. 71.

3 Rosa, Hartmut (2020): Pfadabhängigkeit, Bifurkationspunkte und die Rolle der Soziologie. Ein soziologischer Deutungsversuch der Corona-Krise. Berliner Journal für Soziologie 30, S. 191–213, https://doi.org/10.1007/s11609-020-00418-2. Zugriff: 3.5.2021.

4 Weber, Max (1905): Die protestantische Ethik und der »Geist« des Kapitalismus, in: Archiv für Sozialwissenschaft und Sozialpolitik 21, S. 1–110, hier: S. 4.

5 Das gilt für die Klimabewegungen insgesamt. Vgl. dazu: Haunss, Sebastian/Sommer, Moritz (Hg.) (2020): Fridays for Future – die Jugend gegen den Klimawandel. Konturen der weltweiten Protestbewegung. Bielefeld.

6 Einen guten Überblick bieten: Schmelzer, Matthias/Vetter, Andrea (2019): Degrowth/Postwachstum zur Einführung. Hamburg.

7 Cantzen, Rolf (2020): Die ökologische Sensibilität, Wachstumskritik und anarchistische Utopien, in: Görgen, Benjamin/Wendt, Björn (Hg.): Sozial-ökologische Utopien. Diesseits oder jenseits von Wachstum und Kapitalismus? München, S. 287–301, hier: S. 290.

8 Ebd., S. 290 f.

9 Malm, Andreas (2020): Klima|x. Berlin.

10 Cantzen (2020), Ökologische Sensibilität, S. 288. Siehe auch: Amberger, Alexander (2014): Bahro – Harich – Havemann. Marxistische Systemkritik und politische Utopie in der DDR. Paderborn.

11 Guérin, Daniel (1971): Anarchismus. Begriff und Praxis. Frankfurt a. M.

12 Arendt, Hannah (2006): Elemente und Ursprünge totaler Herrschaft. Antisemitismus, Imperialismus, totale Herrschaft. 11. Aufl. München, S. 313.

II Begriffe: Radikaler Humanismus, Postwachstum, Neosozialismus?

1 Mason, Paul (2019): Klare, lichte Zukunft. Eine radikale Verteidigung des Humanismus. Berlin, S. 303.

2 Ebd.

3 Hobsbawm, Eric (1994): Zeitalter der Extreme. Frankfurt a. M.

4 Schmelzer/Vetter (2019), Degrowth, S. 179.

5 Ebd. Die zehn Kernpunkte sind: Schuldenschnitt für alle, außer für Reiche; Arbeitszeitverkürzung auf 32 Stunden; Grund- und Maximaleinkommen; ökologische Steuerreform; Beendigung umweltschädlicher Subventionen und Investitionen; Unterstützung des kooperativen, nicht gewinnorientierten Wirtschaftssektors; Optimierung von Gebäudenutzung; Reduktion von Werbung; ökologische Obergrenzen für CO_2 und natürliche Ressourcen; Abschaffung des BIP als Indikator für wirtschaftlichen Fortschritt.

6 Rosa, Hartmut (2016): Resonanz. Eine Soziologie der Weltbeziehungen. Berlin, S. 722–738. Was Hartmut Rosa vorschlägt, ist nicht falsch. Ich habe an anderer Stelle bis in die Zitationen hinein ähnlich argumentiert. Vgl. Dörre, Klaus (2015a): Social Capitalism and Crisis: From the Internal to the External Landnahme, in: Dörre, Klaus/Lessenich, Stephan/Rosa, Hartmut (Hg.): Sociology – Capitalism – Critique. London/New York, S. 247–277. Mit der Adaption solcher Überlegungen verortet Hartmut Rosa seine Resonanztheorie eindeutig antikapitalistisch und links. Das ist aus meiner Sicht mehr als ehrenwert. Allerdings – und da liegt das Problem – besteht zwischen wirtschaftsdemokratischen Zielsetzungen und Resonanztheorie allenfalls eine lose Wahlverwandtschaft; das eine geht nicht logisch aus dem anderen hervor. Deshalb besteht immer die Gefahr, dass die Resonanztheorie auch völlig andere Wahlverwandtschaften zulässt.

7 Glättli, Balthasar/Niklaus, Pierre-Alain (2014): Die unheimlichen Ökologen. Sind zu viele Menschen das Problem? Zürich, S. 99 ff.

8 Nassehi, Armin (2015): Die letzte Stunde der Wahrheit. Warum rechts und links keine Alternativen mehr sind und Gesellschaft ganz anders beschrieben werden muss. Hamburg, insbesondere S. 26–66.

9 Dörre, Klaus (2017): Nach dem schnellen Wachstum: Große Transformation und öffentliche Soziologie, in: Aulenbacher, Brigitte/Burawoy, Michael/Dörre, Klaus/Sittel, Johanna (Hg.): Öffentliche Soziologie. Wissenschaft im Dialog mit der Gesellschaft. Frankfurt a. M./New York, S. 33–67.

10 In seiner Kritik zählt Hubertus Buchstein eine Reihe von Begriffsverwendungen auf, die von Hendrik de Mans *planisme* über den *neosocialisme* der französischen extremen Rechten bis hin zu diversen zeitgenössischen Verschwörungstheorien reicht. Er schlussfolgert, dass der Begriff Neosozialismus »[i]m libertären politischen Lager« heute »als eine Schreckensformel fungieren« muss. Vgl. Buchstein, Hubertus (2019):

Zwischen Neosozialismus und Retrosozialismus?, in: Dörre/Schickert (Hg.), Neosozialismus, S. 33–52, hier: S. 45. Unerwähnt bleibt ausgerechnet jene Traditionslinie, die für mich maßgeblich ist: »In den siebziger Jahren gingen ebenso eine Reihe undogmatische und antiautoritäre Gruppen wie auch einige K-Gruppen aus der außerparlamentarischen Opposition hervor. Eine der einflussreichsten Organisationen war das sozialistische Büro Offenbach. Sie vertraten den Neo-Sozialismus und grenzten diesen deutlich gegen den Realsozialismus und die Sozialdemokratie ab.« Vgl. Marxistische-Bibliothek.de, https://www.marxistische-bibliothek.de/neo-sozialismus/. Zugriff: 4.5.2021.

11 Wright, Erik Olin (2019): Mit realen Utopien den Kapitalismus überwinden, in: Dörre/Schickert (Hg.), Neosozialismus, S. 113–127.

12 Jessop, Bob (2019): Kapitalismus, Staat, Transformation: Neosozialismus oder demokratischer Ökosozialismus?, in: Dörre/Schickert (Hg.), Neosozialismus, S. 97–110, hier: S. 107.

13 Zu einem ersten Versuch, soziale und ökologische Nachhaltigkeitsziele politisch zu definieren, siehe: United Nations (1987): Our Common Future. Report of the World Commission on Environment and Development. Transmitted to the General Assembly as an Annex to document A/42/427. Zur Begriffsgeschichte: Grober, Ulrich (2013): Die Entdeckung der Nachhaltigkeit. Kulturgeschichte eines Begriffs. München.

14 Burawoy, Michael (2003): For a Sociological Marxism: The Complementary Convergence of Antonio Gramsci and Karl Polanyi, in: Politics and Society 31 (2), S. 193–261.

15 Williams, Michelle/Satgar, Vishwas (Hg.) (2013): Marxisms in the 21st Century. Crisis, Critique & Struggle, Johannesburg, S. III.

16 Williams, Michelle (2019): Die schwierige Ehe der Demokratie mit dem Kapitalismus, in: Ketterer/Becker (Hg.), Demokratie, S. 52–65.

17 Haug, Wolfgang Fritz (2015): Marxismus, in: Historisch-Kritisches Wörterbuch des Marxismus, Bd. 8/II. Berlin, S. 1843–1877.

18 Hall, Stuart (1989): Das »Politische« und das »Ökonomische« in der Marxschen Klassentheorie, in: Hall, Stuart: Ausgewählte Schriften. Ideologie, Kultur, Medien, Neue Rechte, Rassismus. Hamburg, S. 11–55, hier: S. 12.

19 Eagleton, Terry (2011), Warum Marx recht hat. Berlin, S. 14.

20 Ebd.

21 Wright, Erik Olin (2009): Understanding Class. Towards an Integrated Analytical Approach, in: New Left Review 60, Nov/Dec 2009, S. 101–116, hier: S. 101.

22 Wright (2019): Utopien.

23 Bourdieu, Pierre (1993): Über einige Eigenschaften von Feldern, in: ders. (Hg.): Soziologische Fragen. Frankfurt a. M., S. 107–114, hier: S. 107.

24 Vgl. Boltanski, Luc/Chiapello, Ève (2003): Der neue Geist des Kapitalismus. Konstanz, S. 526.

25 Märkte sind für Bourdieu voraussetzungsvolle soziale Konstrukte mit je besonderen Machtrelationen und Spielregeln, die im Feld der Unternehmen primär von den first movers oder market leaders bestimmt werden. Erscheinen Unternehmen in der makroökonomischen Perspektive als relativ homogene Akteure, findet man, sobald die *black box* ihres Feldes für neue Ebenen geöffnet wird, »abermals eine Struktur«, und zwar jene »des Feldes *des* Unternehmens, das relative Autonomie gegenüber den aus der Position im Feld *der* Unternehmen herrührenden Zwänge besitzt«. Die Beziehung zwischen Unternehmen und Betrieb oder auch zwischen Betrieb und Profitcenter oder Abteilung lässt sich analog beschreiben. Insgesamt erweist sich das ökonomische Feld somit als eine historisch gewachsene, relationale Struktur mit ineinander verschachtelten Teilfeldern (Branche, Unternehmen, Betrieb, Abteilung/Center/Fraktal etc.), die sich durch je spezifische, relativ autonome Machtbeziehungen und Kräfteverhältnisse auszeichnen. Bourdieu, Pierre (1998): Das ökonomische Feld, in: ders.: Der einzige und sein Eigenheim. Schriften zu Politik und Kultur. Hamburg, S. 162–204, hier: S. 183 ff., S. 191. Herv. i. O.

26 Bourdieu, Pierre (2000): Die zwei Gesichter der Arbeit. Interdependenzen von Zeit- und Wirtschaftsstrukturen am Beispiel einer Ethnologie der algerischen Übergangsgesellschaft. Konstanz, insbesondere S. 15, 17, 19.

27 Deppe, Frank (2017): 1917/2017. Revolution & Gegenrevolution. Hamburg.

28 Šik, Ota (1979): Humane Wirtschaftsdemokratie. Ein dritter Weg. Hamburg.

29 Magris kleine Geschichte des PCI dokumentiert am Ende den Antrag »Eine neue kommunistische Identität« von 1987, der beim Parteitag niemals zur Abstimmung gelangte. Eine Relektüre lässt erahnen, wo die sozialistische Linke programmatisch bereits einmal war. Vgl. Magri, Lucio (2014): Der Schneider von Ulm. Berlin, S. 405–449.

30 Ebermann, Thomas/Trampert, Rainer (1984): Die Zukunft der Grünen. Ein realistisches Konzept für eine radikale Partei. Hamburg; Lipietz,

Alain (1993): Towards a New Economic Order. Postfordism, Ecology and Democracy. Cambridge.

31 Boltanski/Chiapello (2003), Kapitalismus, S. 35.

32 Global Policy Forum (Hg.) (2020): Agenda 2030: Wo steht die Welt? 5 Jahre SDGs – eine Zwischenbilanz. Bonn, https://www.globalpolicy.org/home/265-policy-papers-archives/53260-agenda-2030-wo-steht-die-welt.html. Zugriff: 4.5.2021.

33 Luxemburg (1979), Russische Revolution, S. 364. »Es hieße von Lenin und Genossen Übermenschliches verlangen, wollte man ihnen auch noch zumuten, unter solchen Umständen die schönste Demokratie [...] hervorzuzaubern. [...] Das Gefährliche beginnt dort, wo sie aus der Not die Tugend machen, ihre von diesen fatalen Bedingungen aufgezwungene Taktik nunmehr theoretisch in allen Stücken fixieren und dem internationalen Proletariat als das Muster der sozialistischen Taktik zur Nachahmung empfehlen wollen.«

34 Arruzza, Cinzia/Bhattacharya, Tithi/Fraser, Nancy (2019): Feminismus für die 99 %. Ein Manifest, Berlin.

35 Piketty, Thomas (2020): Kapital und Ideologie. München.

36 Brie, Michael/Thomasberger, Claus (2018): Karl Polanyi's Vision of a Socialist Transformation. Montréal.

37 Aulenbacher, Brigitte (2019): Sozialismus reloaded? Zur Neuordnung der Gesellschaft angesichts der Transformation des Kapitalismus, in: Dörre/Schickert (Hg.), Neosozialismus, S. 53–72.

38 Morozov, Evgeny (2020): Digitaler Sozialismus. Wie wir die Sozialdemokratie ins 21. Jahrhundert holen, in: Blätter für deutsche und internationale Politik 1/2020, S. 100–106.

39 Buchstein, Hubertus/Seubert, Sandra (Hg.) (2016): John Stuart Mill: Über Sozialismus. In der Übersetzung von Sigmund Freud. Hamburg.

40 Honneth, Axel (2015): Idee des Sozialismus. Berlin.

III Heuristik: Sozialismus, Wissenschaft und Utopie

1 Engels, Friedrich (1962 [1880]): Die Entwicklung des Sozialismus von der Utopie zur Wissenschaft, in: MEW 19, Berlin, S. 177–228.

2 Engels, Friedrich (1971 [1878]): Herr Eugen Dührings Umwälzung der Wissenschaft [»Anti-Dühring«], in: MEW 20, Berlin, S. 1–303.

3 Engels (1962), Sozialismus, in: MEW 19, Berlin, S. 189.

4 Ebd., S. 200.
5 Ebd.
6 Wissenschaftliche Kritik benötigt, wie Luc Boltanski hervorhebt, zwingend eine Verankerung in der Alltagskritik lebendiger Subjekte und sozialer Bewegungen: »Die Vorstellung einer nicht an der Erfahrung eines Kollektivs angelehnten, gleichsam für sich, will heißen: für niemanden bestehenden kritischen Theorie ist haltlos.« Boltanski, Luc (2010): Soziologie und Sozialkritik. Frankfurter Adorno-Vorlesungen 2008. Berlin, S. 21.
7 Harvey, David (2011): Marx' *Kapital* lesen. Hamburg, S. 23.
8 Wright, Erik Olin (2010): Envisioning real utopias. London/New York.
9 Saito, Kohei (2016): Natur gegen Kapital. Marx' Ökologie in seiner unvollendeten Kritik des Kapitalismus. Frankfurt a. M., S. 231.
10 Patel, Raj/Moore, Jason (2018): Entwertung. Eine Geschichte der Welt in sieben billigen Dingen. Berlin.
11 In diesem zentralen Argument stimme ich mit Bruno Kern und anderen Ökosozialist:innen überein; deren häufig allzu pauschaler Industrialismus- und Wachstumskritik folge ich jedoch nicht. Das gilt insbesondere für das Schrumpfungspostulat: »Die Wirtschaft wird in Zukunft nicht nur nicht mehr wachsen, sondern zwangsläufig schrumpfen! Politisch stehen wir vor der Aufgabe, diesen Schrumpfungsprozess gerecht und solidarisch zu gestalten.« Kern, Bruno (2019): Das Märchen vom grünen Wachstum. Plädoyer für eine solidarische und nachhaltige Gesellschaft. Zürich, S. 33. Diese These ist problematisch, weil sie a) verkennt, dass der Kapitalismus in seinen alten Zentren längst zu einem Postwachstumskapitalismus geworden ist, b) die Schrumpfungsthese die Notwendigkeit der Ausdehnung von Sektoren ignoriert, die ökologische und soziale Nachhaltigkeit überhaupt erst herzustellen vermögen, c) die Bedürfnisse der Bevölkerungen armer Länder ignoriert, deren Ökonomien sich entwickeln und in diesem Sinne auch »wachsen« müssen, um einigermaßen erträgliche Lebensbedingungen für alle garantieren zu können.
12 Engels (1962), Sozialismus, in: MEW 19, Berlin, S. 214.
13 Ebd., S. 215.
14 Foster, John B./Clark, Brett/York, Richard (2011): Der ökologische Bruch. Der Krieg des Kapitals gegen den Planeten. Hamburg, S. 395. Hier findet sich auch der Begriff vom elementaren Dreieck des Sozialismus.

15 Engels (1971 [1878]), Anti-Dühring, S. 259.
16 Ebd.
17 Hilferding, Rudolf (1974 [1909]): Das Finanzkapital. Basis Studienausgaben. Eingeleitet von Eduard März. 3. unveränd. Ausgabe, 2 Bände, Bd. 2. Köln, S. 457–458, hier: S. 322.
18 Ebd., S. 321 f.
19 Ebd., S. 323.
20 Lenin, Wladimir Iljitsch (1977 [1916]): Der Imperialismus als höchstes Stadium des Kapitalismus. Gemeinverständlicher Abriß, in: Gesammelte Werke (LW), Bd. 22. Berlin, S. 189–309.
21 Ebd., S. 305.
22 Ebd., S. 306.
23 Engels, Friedrich (1974 [1893]): Interview Friedrich Engels' mit dem Korrespondenten der Zeitung Le Figaro am 8. Mai 1893, in: MEW 22, Berlin, S. 538–543, hier: S. 542. Herv. i. O.
24 Rehmann, Jan (2013): Max Weber: Modernisierung als passive Revolution. Hamburg (2. Auflage).
25 Lukács, Georg (1997 [1923]): Geschichte und Klassenbewusstsein. Reprint der Erstausgabe von 1923. London, S. 97 f.
26 Ebd., S. 113.
27 Gramsci, Antonio (1991 ff.): Gefängnishefte, Bd. 1–10. Hamburg, S. 120, 515, 991 f., 1310, 1610.
28 Buci-Glucksmann, Christine (1981): Gramsci und der Staat. Für eine materialistische Theorie der Philosophie. Köln, S. 76.
29 Wood, Ellen Meiksins (2010): Demokratie contra Kapitalismus. Beiträge zur Erneuerung des historischen Materialismus. Köln, S. 268 ff.
30 Deppe, Frank (2008): Politisches Denken im Kalten Krieg. Teil 2: Systemkonfrontation, Golden Age, antiimperialistische Befreiungsbewegungen. Hamburg, S. 123 ff.
31 Wright, Erik Olin (2012): Transformation des Kapitalismus, in: Dörre, Klaus/Sauer, Dieter/Wittke, Volker (Hg.): Kapitalismustheorie und Arbeit. Neue Ansätze soziologischer Kritik. Frankfurt a. M./New York, S. 462–487, hier: S. 463.
32 Ebd., S. 464 f.
33 Ebd., S. 470.
34 Silver, Beverly J. (2005): Forces of Labor. Arbeiterbewegungen und Globalisierung seit 1870. Berlin.
35 Wright (2012), Transformation, S. 486.

36 Ebd.

37 Referenzbegriff ist allerdings in der Regel der einer sozialen Marktwirtschaft – eine Kategorie, die sich bei Wright so nicht findet.

IV Diagnose: Landnahme, Zangenkrise, Anthropozän

1 Engels (1971), Anti-Dühring, in: MEW 20, Berlin, S. 262.

2 Engels, Friedrich (1972 [1892]): Vorwort zur deutschen Ausgabe von 1892 *Die Lage der arbeitenden Klasse in England*, in: MEW 2, Berlin, S. 637–650, hier: S. 647.

3 Dörre, Klaus/Lessenich, Stephan/Rosa, Hartmut (2015): Sociology – Capitalism – Critique. London/New York.

4 Turban, Manfred (1980): Marx'sche Reproduktionsschemata und Wirtschaftstheorie. Die Diskussion ihres analytischen Gehalts in verschiedenen wirtschaftswissenschaftlichen Forschungstraditionen. Berlin.

5 Milanovic, Branko (2017): Haben und Nichthaben. Eine kurze Geschichte der Ungleichheit. Stuttgart, S. 123.

6 Harvey, David (2014): Das Rätsel des Kapitals entschlüsseln. Den Kapitalismus und seine Krisen überwinden. Hamburg, S. 32.

7 Priewe, Jan (2016): Stagnation, Nullwachstum, immerwährendes Wachstum – wohin driftet der entwickelte Kapitalismus?, in: Hagemann, Harald/Kromphardt, Jürgen (Hg.): Keynes, Schumpeter und die Zukunft der entwickelten kapitalistische Volkswirtschaften. Marburg, S. 69–108, hier: S. 102.

8 Luxemburg, Rosa (1975a [1913]): Die Akkumulation des Kapitals. Ein Beitrag zur ökonomischen Erklärung des Imperialismus, in: Gesammelte Werke, Bd. 5. Berlin, S. 5–411, hier: S. 305 f.

9 Ebd., S. 305.

10 Ebd., S. 411.

11 Ebd.

12 Ebd.

13 Dörre, Klaus (2018b): Rosa Luxemburg. Die Akkumulation des Kapitals (1913), in: Brocker, Manfred (Hg.): Geschichte des politischen Denkens. Das 20. Jahrhundert. Frankfurt a. M., S. 80–95.

14 Löwy, Michael (2013): Westlicher Imperialismus gegen Urkommunismus, in: Schmidt, Ingo (Hg.): Rosa Luxemburgs »Akkumulation des

Kapitals«. Die Aktualität von ökonomischer Theorie, Imperialismuserklärung und Klassenanalyse. Hamburg, S. 53–62, hier: S. 54; van der Linden, Marcel (2017): Workers of the World. Eine Globalgeschichte der Arbeit, Frankfurt a. M./New York, S. 412.

15 Braudel (1986), Sozialgeschichte: Aufbruch, S. 66.

16 Ebd.

17 Lutz, Burkart (1984): Der kurze Traum immerwährender Prosperität. Eine Neuinterpretation der industriell-kapitalistischen Entwicklung im Europa des 20. Jahrhunderts. Frankfurt a. M./New York, S. 213.

18 Morus (1980 [1516]), Utopia, S. 28 f.

19 Arendt (2006), Elemente und Ursprünge, S. 328.

20 Luxemburg (1975a), Akkumulation, S. 312.

21 Ebd., S. 328.

22 Luxemburg, Rosa (1975b [1925]): Einführung in die Nationalökonomie, in: Gesammelte Werke, Bd. 5. Berlin, S. 524–778, hier: S. 670.

23 Luxemburg (1975a), Akkumulation, S. 364.

24 Ebd., S. 315.

25 Foster, John B. (2000): Marx's Ecology. Materialism and Nature. New York, S. 160. [eigene Übersetzung]

26 Engels, Friedrich (1972 [1845]): Die Lage der arbeitenden Klasse in England. Nach eigener Anschauung und authentischen Quellen, in: MEW 2, Berlin, S. 225–506, hier etwa am Beispiel von Bradford, S. 272 ff.

27 »Wenn man sieht, wie hier in London allein eine größere Menge Dünger als das ganze Königreich Sachsen produziert, Tag für Tag unter Aufwendung ungeheurer Kosten – in die See geschüttet wird, und welche kolossalen Anlagen nötig werden, um zu verhindern, daß dieser Dünger nicht ganz London vergiftet, so erhält die Utopie von der Abschaffung des Gegensatzes zwischen Stadt und Land eine merkwürdig praktische Grundlage.« Engels, Friedrich (1973 [1872]): Zur Wohnungsfrage, in: MEW 18, Berlin, S. 209–287, hier: S. 280.

28 Engels, Friedrich (1971 [1886/1925]): Dialektik der Natur, in: MEW 20, Berlin, S. 305–455, hier: S. 452 f.

29 Horkheimer, Max/Adorno, Theodor W. (1969 [1944]): Dialektik der Aufklärung. Philosophische Fragmente. Frankfurt a. M., S. 19.

30 Sarkar, Saral (2009): Die Krisen des Kapitalismus. Eine andere Studie der politischen Ökonomie. Mainz.

31 Dörre, Klaus (2019a): Risiko Kapitalismus. Landnahme, Zangenkrise, Nachhaltigkeitsrevolution, in: Dörre, Klaus/Rosa, Hartmut/Becker,

Karina/Bose, Sophie/Seyd, Benjamin (Hg.): Große Transformation? Zur Zukunft moderner Gesellschaften. Sonderband des Berliner Journals für Soziologie. Wiesbaden, S. 3–34.

32 Zum Begriff: Itoh, Makoto (2021): Value and Crisis. New York, S. 58 ff.

33 Aglietta, Michel (2000): Ein neues Akkumulationsregime. Die Regulationstheorie auf dem Prüfstand. Hamburg.

34 Kocka, Jürgen (2013): Geschichte des Kapitalismus. München, S. 83.

35 Dieses Problem wird auch nicht dadurch behoben, dass man sich, wie Stephan Lessenich vorschlägt, für die jüngere Vergangenheit auf »mindestens vier« global-makrosoziale Krisen beschränkt. Vgl. Lessenich, Stephan (2020): Soziologie – Corona – Kritik, in: Berliner Journal für Soziologie 30, S. 215–230, hier: S. 217, https://doi.org/10.1007/s11609-020-00417-3. Zugriff: 3.5.2021. Zudem würde ich für die globale Migrationsproblematik behaupten, dass es sich nicht einmal um eine Krise handelt. Die Fluchtmigration als Krise zu deuten, sitzt einer ideologischen Verzerrung auf, die geflissentlich ignoriert, dass es den alternden europäischen Gesellschaften auch ökonomisch zugutekommen würde, einige Millionen Geflüchtete zusätzlich aufzunehmen.

36 Crutzen, Paul J. (2019): Das Anthropozän. München.

37 »Was aus dem Anthropozän als Begriff und geologischem Zeitalter wird, ist unsicher. Die wissenschaftliche Debatte kreist immer noch um die verschiedenen Vorschläge, ein ›Zeitalter der Menschen‹ zu definieren, wobei auch durchaus möglich ist, dass die Einführung eines Anthropozän gänzlich verworfen wird.« Ellis, Erle C. (2020): Anthropozän. Das Zeitalter des Menschen – eine Einführung. München, S. 7.

38 Moore, Jason W. (2015): Capitalism in the Web of Life. London/New York, S. 1; in der deutschen Ausgabe: Moore, Jason (2019): Kapitalismus im Lebensnetz. Ökologie und die Akkumulation des Kapitals. Berlin, S. 8.

39 Ebd., S. 262.

40 Ebd.

41 Adloff, Frank/Neckel, Sighard (Hg.) (2020): Gesellschaftstheorie im Anthropozän. Frankfurt a. M.

42 Schellnhuber, Hans-Joachim (2015): Selbstverbrennung. Die fatale Dreiecksbeziehung zwischen Klima, Mensch und Kohlenstoff. München, S. 703.

43 Müller, Michael (2019a): »Ich möchte dazu beitragen, dass es keine Scheinlösungen gibt.« Ein Gespräch mit Paul J. Crutzen, in: Crutzen (2019), Anthropozän, S. 213–220, hier: S. 219.

44 Lesch, Harald/Kamphausen, Klaus (2016): Die Menschheit schafft sich ab. Die Erde im Griff des Anthropozän. München, S. 416.

45 Ebd.

46 Müller, Michael (2019b): Paul J. Crutzen – ein Jahrhundertmensch, in: Crutzen (2019): Anthropozän, S. 11–60, Moore spricht zwar von einer Krise nicht nur des Kapitalismus, sondern der Moderne, die Kategorie des Kapitalozäns reflektiert diese Weiterung aber nicht.

47 Welzer, Harald (2018): Das Zeitalter des Geldes, in: Süddeutsche Zeitung vom 5. Juni 2018.

48 Lessenich (2020), Corona, S. 219. Lessenich bezieht diese Aussage auf die Coronakrise und kritisiert meine Behauptung, das Virus Sars-Cov-2 und die von ihm ausgelöste Krankheit Covid-19 seien ein »äußerer Stoß« im Sinne Fernand Braudels. Dabei übergeht er, was ich zur Endogenisierung des Exogenen ausgeführt habe. Die Virenmutation ist eben kein gesellschaftliches Binnenverhältnis, sie ist ein Vorgang in der außermenschlichen Natur. Erst wenn ein Virus auf menschliche Wirte überspringt und Krankheiten wie Covid-19 verursacht, wird es in seinen Folgewirkungen zu einem sozialen Phänomen. Dass ein »äußerer Stoß« oder »exogener Schock« immer gesellschaftlich wirkt, macht Fernand Braudel am Beispiel biologischer Ordnungen von langer Dauer deutlich. Vgl. Braudel (1985): Sozialgeschichte: Alltag, S. 88.

49 Moore, Jason (2019): Kapitalismus im Lebensnetz. Ökologie und die Akkumulation des Kapitals. Berlin, S. 8. Herv. i. O. An anderer Stelle heißt es: »Wenn wir die doppelte Internalität der menschlichen Organisation als Leitfaden nehmen, können wir damit beginnen, die Narrative zweier *simultaner* Bewegungen nachzubilden. Bei der ersten handelt es sich um die im Kapitalismus waltende Internalität des Lebens und der Prozesse auf der Erde, wodurch fortwährend neue Lebensaktivität in den Orbit des Kapitals und kapitalistischer Macht getragen wird. Die zweite ist die Internalität des Kapitalismus in der Biosphäre, durch die vom Menschen angestoßene Projekte und Prozesse Einfluss auf das Lebensnetz ausüben und es mitgestalten. Dieser Leitfaden – als doppelte Internalität formuliert – erlaubt es uns, über eine Art ›milden‹ Dualismus hinauszugehen, wie ihn die Dialektik von menschlicher und außermenschlicher Natur als Alternative zu NATUR/GESELLSCHAFT verkörpert.« Ebd., S. 27.

50 Meier, Frederike (2021): Ist das noch Wetter oder schon der Klimawandel?, in: Frankfurter Rundschau vom 20./21. März 2021. Siehe auch: Deutscher Wetterdienst (2021): Klimatologischer Rückblick auf 2020:

Eines der wärmsten Jahre in Deutschland und Ende des bisher wärmsten Jahrzehnts. Stand 7.1.2021, https://www.dwd.de/DE/klimaumwelt/aktuelle_meldungen/201230/Deutschland_Klimarueckblick_2020.html;jsessionid=BCE11567EFF9B7A8D9. Zugriff: 4.5.2021.

51 Braudel (1985), Sozialgeschichte: Alltag, S. 88.

52 Moore (2019), Kapitalismus, S. 27.

53 Ebd., S. 28.

54 Ebd.

55 McCarthy, Thomas (2015): Rassismus, Imperialismus und die Idee menschlicher Entwicklung. Berlin, S. 375.

56 Grober (2013), Entdeckung der Nachhaltigkeit, S. 269.

57 Foster et al. (2011), Der ökologische Bruch, S. 396.

V Gründe: Warum nachhaltiger Sozialismus?

1 Europäische Investitionsbank (2017): Investitionsbericht 2017/18. Von der Erholung zu nachhaltigem Wachstum, https://www.eib.org/attachments/efs/economic_investment_report_2017_key_findings_de.pdf. Zugriff: 4.5.2021.

2 Gordon, Robert J. (2016): The Rise and Fall of American Growth. The U.S. Standard of Living Since the Civil War. Princeton.

3 Patel/Moore (2018): Entwertung.

4 Galbraith, James K. (2016): Wachstum neu denken. Was die Wirtschaft aus der Krise lernen muss. Zürich, S. 136.

5 Ebd.

6 Piketty, Thomas (2014): Das Ende des Kapitalismus im 21. Jahrhundert?, in: Blätter für deutsche und internationale Politik 12/2014, S. 41–52.

7 Gallagher, Kevin P./Kozul-Wright, Richard (2019): A New Multilateralism for Shared Prosperity. Geneva Principles for a Global Green New Deal. Geneva, S. 12.

8 International Monetary Fund (IMF) (2017): World Economic Outlook. Gaining Momentum. Washington.

9 Kaelble, Hartmut (2017): Mehr Reichtum, mehr Armut: soziale Ungleichheit in Europa vom 20. Jahrhundert bis zur Gegenwart. Frankfurt a. M./New York, S. 176.

10 Fratzscher, Marcel (2016): Verteilungskampf. Warum Deutschland immer ungleicher wird. München.

11 Eurofounds (2020): Industrial relations: Developments 2015–2019. Challenges and prospects in the EU series. Publication office of the European Union. Luxemburg.

12 Brettner, Johannes/Hausmann, Judith/Lenhardt, Uwe/Kuhn, Joseph/Reusch, Jürgen (2021): Demokratie in der Arbeitswelt. Eine vergessene Dimension der Arbeitspolitik? Daten, Schwerpunkte, Trends, in: Schmitz, Christoph/Urban, Hans-Jürgen (Hg.): Demokratie in der Arbeit. Eine vergessene Dimension der Arbeitspolitik? Köln, S. 293–377, hier: S. 302 f.

13 Große Gewerkschaften wie die IG Metall und ver.di, die ihre betriebsaktive Mitgliedschaft stabilisieren oder sogar vergrößern konnten, haben während der Coronapandemie Mitglieder verloren. Vgl. DGB (2021): Mitgliederzahlen 2020, https://www.dgb.de/uber-uns/dgb-heute/mitgliederzahlen/2020-2029. Zugriff: 4.5.2021. Der Mitgliederrückgang bei der IG Metall setzte allerdings bereits 2019 und damit vor der Pandemie ein. Vgl. Statista (2021): Anzahl der Mitglieder in den Gewerkschaften des Deutschen Gewerkschaftsbunds (DGB) im Zehnjahresvergleich der Jahre 2009 und 2019, https://de.statista.com/statistik/daten/studie/5837/umfrage/mitgliederzahlen-der-gewerkschaften/. Zugriff: 4.5.2021.

14 Weizsäcker, Ernst Ulrich von (2020): Eine spannende Reise zur Nachhaltigkeit. Naturkapitalismus und die neue Aufklärung, in: Görgen/Wendt (Hg.): Sozial-ökologische Utopien, S. 81–95, hier: S. 82.

15 IPCC (2018): Special Report. Global Warming of 1,5 ° C. Bonn; Rogelj, Joeri/Forster, Piers/Kriegler, Elmar/Smith, Chris/Séférian, Roland (2019): Estimating and tracking the remaining carbon budget for stringent climate targets, in: Nature 571, S. 335–342; UNEP (2019): Emissions Gap Report 2019. Nairobi.

16 Fischer Weltalmanach (2019). Frankfurt a. M., S. 18 f.; DWD (2021).

17 Mein Vortrag, der die ökonomisch-ökologische Zangenkrise auf dem Kongress in Caxambu 2017 thematisierte, wurde zwar beklatscht, doch beim gemeinsamen Mittagessen äußerten einige der anwesenden Kolleg:innen sich dezidiert kritisch. Während der Clacso-Konferenz in Buenos Aires 2018 erging es mir ähnlich. »Bei uns sterben Hungernde auf der Straße, das hat es hier noch nie gegeben. Da komm mir nicht mit einem steigenden Meeresspiegel«, äußerte sich ein geschätzter Kollege unverblümt.

18 Zu globalen ökologischen Risiken noch immer lesenswert: Beck, Ulrich (1986): Risikogesellschaft. Auf dem Weg in eine andere Moderne. Frankfurt a. M.

19 Von Weizsäcker (2020), Nachhaltigkeit, S. 81.

20 Gallagher/Kozul-Wright (2019), Multilateralism, S. 5.

21 Ivanova, Diana/Wood, Richard (2020): The unequal distribution of household carbonfootprints in Europe and its link to sustainability, in: Global Sustainability 3, e18, S. 1–12, https://doi.org/10.1017/sus.2020.12. Zugriff: 3.5.2021.

22 Oxfam (2020): Confronting Carbon Inequality in the European Union. Why the European Green Deal must tackle inequality while cutting emissions. Authors: Tim Gore, Mira Alestig, https://www.oxfam.org/en/research/confronting-carbon-inequality-european-union, S. 1, 3. Zugriff: 15.12.20.

23 Ebd., S. 5. Legt man das 1,5-Grad-Erderwärmungsziel zugrunde, müsste die untere Hälfte der Haushalte ihre Emissionslast in etwa halbieren; das reichste Prozent hätte seine Last hingegen auf ein Dreißigstel zu reduzieren.

24 Ther, Philipp (2014): Die neue Ordnung auf dem alten Kontinent. Eine Geschichte des neoliberalen Europas. Frankfurt a. M., S. 18.

25 Bieling, Hans-Jürgen (2013): Die krisenkonstitutionalistische Transformation des EU-Imperiums: zwischen autoritärer Neugründung und innerem Zerfall, in: Das Argument, Jg. 55, H. 1/2, S. 34–46; Jessop, Bob (2012): Ist Demokratie noch die »denkbar beste politische Hülle des Kapitalismus«? Bemerkungen zur Postdemokratie-These, in: Nordman, Jürgen/Hirte, Katrin/Ötsch, Walter O. (Hg.): Demokratie! Welche Demokratie? Postdemokratie kritisch hinterfragt. Marburg, S. 35–60.

26 Osterhammel, Jürgen (2013): Die Verwandlung der Welt. Eine Geschichte des 19. Jahrhunderts. München, S. 607–610.

27 Blyth, Mark (2013): Austerity: the history of a dangerous idea. Oxford, S. 317–348.

28 Galbraith (2016), Wachstum, S. 227, 245.

29 Freeland, Chrystia (2013): Die Superreichen. Aufstieg und Herrschaft einer neuen globalen Geldelite. Frankfurt a. M., S. 218.

30 Arendt (2006), Elemente und Ursprünge, S. 312.

31 Mann, Michael (2014): Das Ende ist vielleicht nah – aber für wen?, in: Wallerstein, Immanuel/Collins, Randall/Mann, Michael/Derlugian, Georgi/Calhoun, Craig (Hg.): Stirbt der Kapitalismus? Fünf Szenarien für das 21. Jahrhundert. Frankfurt a. M., S. 89–122.

32 Beck (1986), Risikogesellschaft, S. 30.

33 Chancel und Piketty berechnen das Verhältnis von Ungleichheit und klimaschädlichen Emissionen anhand des Theil-Index. 2008 lag die Komponente des Theil-Index, die die Ungleichheit innerhalb von Ländern anzeigt, bei 0,35, die zwischen Ländern bei 0,40; das heißt Ungleichheit zwischen Ländern machte 53 Prozent der gesamten vom Theil-Index gemessenen Ungleichheit aus. Vgl. Chancel, Lucas/Piketty, Thomas (2015): Carbon and inequality: From Kyoto to Paris. Trends in the global inequality of carbon emissions (1998–2013) & prospects for an equitable adaptation fund. Paris: Paris School of Economics, http://piketty.pse.ens.fr/files/ChancelPiketty2015. Zugriff: 19.5.2021. Der Theil-Index ist ein Ungleichverteilungsmaß, das der statistischen Beschreibung von Einkommens- und Vermögensverteilungen dient und zur Beschreibung der Ungleichheit innerhalb und zwischen Gruppen verwendet werden kann.

34 Collier, Paul (2013): Exodus. Warum wir Einwanderung regeln müssen. München.

35 »Trotz stark zunehmender Wanderungsgelegenheiten und der Durchdringung der Welt mit ›westlichen‹ Werten, Lebensstilen und Bildern des Wohlstands ist die Zahl der Migranten in den vergangenen Jahrzehnten nur langsam gestiegen. Migration ist also bei weitem nicht der ›Normalfall‹, sondern die Ausnahme.« Luft, Stefan (2016): Die Flüchtlingskrise. Ursachen, Konflikte, Folgen. München, S. 11.

36 Castel, Robert (2005): Die Stärkung des Sozialen. Leben im neuen Wohlfahrtsstaat. Hamburg, S. 67 f.

37 Dörre, Klaus (2020a): In der Warteschlange. Arbeiter*innen und die radikale Rechte. Münster.

38 Eribon, Didier (2016): Rückkehr nach Reims. Berlin, S. 122.

39 Mooser, Josef (1984): Arbeiterleben in Deutschland 1900–1970. Frankfurt a. M.

40 Leite, Macia de Paula/Biavaschi, Magda/Salas, Carlos/Lima, Jacob (2020): O trabalho em crise: flexibilidade e precariedades. Resenha EBC Agência Brasil; Schmalz, Stefan/Sommer, Brandon (Hg.) (2019): Confronting Crisis and Precariousness. Organized Labour and Social Unrest in the European Union. London.

41 Gallagher/Kozul-Wright (2019), Multilateralism, S. 7.

42 Baecker, Dirk (2018): 4.0 oder: Die Lücke, die der Rechner lässt. Leipzig, S. 94.

43 Beck (1986), Risikogesellschaft, S. 105.

44 Am Beispiel der Pharma-Industrie und von Big Data zeigt Mariana Mazzucato, »wie kostspielig ein unklarer und irreführender Ansatz zum Wertkonzept sein kann, insofern er großen Monopolen gestattet, immense Renten auf Kosten der Gesellschaft allgemein zu beziehen«. Mazzucato, Mariana (2018): Wie kommt der Wert in die Welt? Von Schöpfern und Abschöpfern. Frankfurt a. M./New York, S. 295.

45 Die systemrelevanten Tätigkeiten, deren wirkliche Bedeutung während der Coronapandemie offensichtlich geworden ist, zeichnen sich durch drei Merkmale aus. Erstens wird ein Großteil dieser Arbeiten in öffentlichen Diensten oder privaten Haushalten erbracht, zweitens handelt es sich häufig um unbezahlte Arbeit, die von Kapital und Staat gratis vereinnahmt wird, und drittens werden diese Tätigkeiten überwiegend von Frauen verrichtet, die schlecht bezahlt werden und wenig anerkannt sind. Ringger/Wermuth (2020), Service Publik Revolution, S. 81.

46 Morozov, Evgeny (2018): Silicon Valley oder die Zukunft des digitalen Kapitalismus, in: Blätter für deutsche und internationale Politik 1–18, hier: S. 93–104.

47 Mazzucato, Mariana (2013): Das Kapital des Staates. Eine andere Geschichte von Innovation und Wachstum. München, S. 17.

VI Nachhaltigkeit: Eine neue Rechtfertigungsordnung

1 Zu den 17 SDGs siehe: https://sdgs.un.org/goals https://unric.org/de/17ziele/. Zugriff: 19.5.2021.

2 Rosa, Hartmut (2019): Demokratie und Gemeinwohl. Versuch einer resonanztheoretischen Neubestimmung, in: Ketterer/Becker (Hg.), Demokratie, S. 160–188.

3 Siehe: Kontroverse. Ein Gespräch zwischen Klaus Dörre, Nancy Fraser, Stephan Lessenich, Hartmut Rosa, Karina Becker und Hanna Ketterer, in: Ketterer/Becker (Hg.) (2019), Demokratie, S. 203–253, hier: S. 229.

4 Ebd., S. 230.

5 Ebd., S. 229 f.

6 Kielmannsegg, Peter Graf (2018): Wie der Bundestag im Fall der Ehe für alle versagt hat, in: Frankfurter Allgemeine Zeitung vom 1. Februar 2018, https://www.faz.net/aktuell/politik/staat-und-recht/gastbeitrag-von-peter-graf-kielmansegg-oeffnung-der-ehe-war-parlamentarisches-versagen-15426474.html. Zugriff: 4.5.2021.

7 Kontroverse, in: Ketterer/Becker (Hg.) (2019), Demokratie, S. 229.

8 Dazu wieder lesenswert, wenngleich mit einer hochproblematischen Argumentation, die den Bogen von der Aufklärung bis zum deutschen Faschismus schlägt: Lukács, Georg (1954): Die Zerstörung der Vernunft. Berlin. Kritisch: Bermbach, Udo/Trautmann, Günter (1987): Georg Lukács. Opladen.

9 Strange, Susan (1994 [1988]): States and Markets. Zweite Ausgabe. London.

10 Vgl. UN (United Nations) (2015): Transforming our world: The 2030 Agenda for Sustainable Development, https://sdgs.un.org/2030agenda. Zugriff: 19.5.2021.

11 Sachs, Wolfgang (2020): Die Ära der Entwicklung. Das Ende eines Mythos, in: Blätter für deutsche und internationale Politik 8/2020.

12 Boltanski und Thévenot weisen darauf hin, dass gesellschaftlichen Akteuren, die in unbestimmten Handlungssituationen auf Prinzipien von Gerechtigkeit (justice) und Richtigkeit/Wahrhaftigkeit (justesse) zurückgreifen, nur eine begrenzte Anzahl an gerechtigkeitsbegründenden Vorstellungen von Gemeinwohl (cités) zur Verfügung steht, um Dispute und Konflikte zu bewältigen. Vgl. Boltanski, Luc/Thévenot, Laurent (1991 [2007]): Über die Rechtfertigung. Eine Soziologie der kritischen Urteilskraft. Hamburg (Neuauflage der dt. Ausgabe von 2007).

13 Ebd., S. 368.

14 Jackson, Tim (2009): Prosperity without Growth. Economics for a Finite Planet. London, S. 128.

15 Köster, Jakob/Bose, Sophie/Dörre, Klaus/Lütten, John (2020): Nach der Braunkohle. Konflikte um Energie und regionale Entwicklung in der Lausitz, in: Dörre et al. (Hg.): Abschied von Kohle und Auto?, S. 71–127.

16 Roose, Jochen (2020): Wirtschaft ist Heimat. Regionaler Strukturwandel in Biografien und Erwartungen der Bevölkerung. Berlin, in: KAS, 6.8.2020, https://www.kas.de/de/einzeltitel/-/content/wirtschaft-ist-heimat. Zugriff: 19.5.2021.

17 Hartmut Rosa argumentiert: »Wer mit der Natur [...] in einem stabilen Resonanzverhältnis lebt, muss sich nicht zwingen, sie zu schonen oder nachhaltig zu bewirtschaften.« Wer hingegen ein extrahierendes, instrumentelles Verhältnis zur Natur habe, könne Resonanzbeziehungen nicht entwickeln. Vgl. Rosa, Demokratie und Gemeinwohl (2019), S. 169. Die Bergleute in der Lausitz widerlegen beides. Ihre Tätigkeit ist extraktiv, dennoch möchten sie die Region und ihre Natur nicht

missen. Nur wegen eines Jobs fortzuziehen, bedeutet für die meisten das Gegenteil eines guten Lebens. Bei den Braunkohle- und Tagebaugegnern bewirkt die resonante Naturbeziehung Gegenteiliges. Die Zukunft der Region kann für sie nur eine ohne Braunkohleabbau und -verstromung sein. Doch beide Lager sind an verbindlichen Entscheidungen interessiert, denn Klimawandel wie Beschäftigungsinteressen verlangen, dass inhaltlich rasch gefüllt wird, was aus der Region werden soll.

18 Höcke, Björn (2017): Die letzte evolutionäre Chance. Dresdener Rede vom 17. Januar 2017. Nachgedruckt in: Compact Edition (Hg.) (2020): Höcke. Interviews, Reden, Tabubrüche, S. 52–71.

19 Falkner, Thomas/Kahrs, Horst (2019): Der AfD-Wahlerfolg in Brandenburg bei der Landtagswahl am 1. September 2019. RLS, Berlin, https://www.rosalux.de/fileadmin/rls_uploads/pdfs/sonst_publikationen/Falkner-Kahrs-2019_AfD-Wahlerfolg-in-Brandenburg.pdf. Zugriff: 31.5.2021.

20 Lorenz, Astrid/Träger, Hendrik (2020): Die Landtagswahlen 2019 in der Lausitz. Ausdruck eines neuen Zentrum-Peripherie-Konflikts?, in: Aus Politik und Zeitgeschichte, 6–7/2020, S. 23–31.

21 Gemeinsam mit den Automobilherstellern hatten die IG Metall und der DGB eine solche Prämie gefordert. Die Bundesregierung und vor allem die in ihr vertretene Sozialdemokratische Partei lehnten ab. Daraufhin wurden die Sozialdemokraten seitens der Gewerkschaftsspitzen in schroffer Weise attackiert. Vgl. Dörre, Klaus (2020): Gesellschaft in der Zangenkrise. Vom Klassen- zum sozial-ökologischen Transformationskonflikt, in: Dörre et al. (Hg.), Abschied von Kohle und Auto?, S. 23–69.

22 Gemeint ist ein weltanschauliches Prinzip indigener Völker. Es steht für die soziale und spirituelle Zufriedenheit aller Mitglieder der Gemeinschaft, die aber nicht zulasten anderer Mitglieder und der natürlichen Lebensgrundlagen gehen darf. Das Prinzip hat Eingang in die Präambel der Verfassung Ecuadors gefunden und steht für ein Zusammenleben in Vielfalt und Harmonie mit der Natur. Vgl. Foster et al. (2011), Der ökologische Bruch, S. 397–401.

23 Gates, Bill (2021): Wie wir die Klimakatastrophe verhindern. München.

24 Tjaden, Karl Hermann (1984): Gesellschaftliche Produktivkraft und ökonomische Gesellschaftsformation, in: Dialektik 9. Beiträge zu Philosophie und Wissenschaften. Köln, S. 60–72.

25 Dazu grundlegend: Wood, Ellen Meisksins (2015): Der Ursprung des Kapitalismus. Eine Spurensuche, Ausgewählte Werke, Bd. 1. Hamburg, S. 124–130.

26 Foster et al. (2011), Der ökologische Bruch, S. 393. Der Begriff stammt eigentlich von: Salleh, Ariel (1997): Ecofeminism as Politics: Nature, Marx, and the Postmodern. London.

27 Prognos, Öko-Institut, Wuppertal-Institut (2020): Klimaneutrales-Deutschland. Studie im Auftrag von Agora Energiewende, Agora Verkehrswende und Stiftung Klimaneutralität, S. 14, https://static.agora-energiewende.de/fileadmin/Projekte/2020/2020_10_KNDE/A-EW_195_KNDE_WEB.pdf. Zugriff: 14.7.2021.

28 Gates (2021), Klimakatastrophe, S. 247.

29 Ebd., S. 249.

30 Diese Problematik vor Augen hat sich auch der Weltklimarat dafür ausgesprochen, wo nicht anders möglich für eine Übergangszeit und in beschränktem Umfang die Atomenergie zu nutzen.

31 Als ein gutes Beispiel: Fatheur, Thomas/Fuhr, Lili/Unmüßig, Barbara (2015): Kritik der grünen Ökonomie. München.

32 Jackson, Tim (2011): Wohlstand ohne Wachstum. München, S. 129.

33 Fücks, Ralph (2013): Intelligent wachsen. Die grüne Revolution. München.

34 Wright (2012), Transformation, S. 478.

35 Ebd., S. 480.

36 Fücks, Ralf/Köhler, Thomas (2019): Vorwort, in: dies. (Hg.): Soziale Marktwirtschaft ökologisch erneuern. Berlin, S. 7–12, hier: S. 11.

37 Schäuble, Wolfgang (2020): Aus eigener Stärke, in: Frankfurter Allgemeine Zeitung vom 6. Juli 2020, https://www.faz.net/aktuell/politik/inland/gastbeitrag-wolfgang-schaeuble-aus-eigener-staerke-16846887.html. Zugriff: 3.5.2021.

38 Leopoldina, Nationale Akademie der Wissenschaften (2019): Klimaziele 2030. Wege zu einer nachhaltigen Reduktion der CO_2-Emmissionen, https://www.leopoldina.org/uploads/tx_leopublication/2019_Stellungnahme_Klimaziele_2030_Final.pdf. Zugriff: 3.5.2021; Leopoldina, Nationale Akademie der Wissenschaften (2020): Coronavirus-Pandemie – Die Krise nachhaltig überwinden, https://www.leopoldina.org/uploads/tx_leopublication/2020_04_13_Coronavirus-Pandemie-Die_Krise_nachhaltig_überwinden_final.pdf. Zugriff: 3.5.2021.

39 Der ökologische Fußabdruck misst den Verbrauch natürlicher Ressourcen und drückt in globalen Hektaren (gha) die Fläche aus, die für

die Produktion dieser Ressourcen notwendig wäre. Die Maßeinheit zeigt, welche ökologische Produktionsfläche erforderlich wäre, damit eine Region, ein Land oder die gesamte Menschheit die eigenen Bedürfnisse decken und die Abfälle neutralisieren kann. Beinahe dreimal die Erde wäre erforderlich, wenn alle wie die Schweizer Bevölkerung leben würden. Mit 1,6 globalen Hektaren (gha) pro Person ist der Konsum nicht nachhaltig; auch die Schweiz lebt auf Kosten künftiger Generationen und anderer Erdteile. Vgl. Bundesamt für Statistik (2020): Der ökologische Fußabdruck der Schweiz, https://www.bfs.admin.ch/bfs/de/home/statistiken/nachhaltige-entwicklung/weitere-indikatoren-achhaltige-entwicklung/oekologischer-fussabdruck.html. Zugriff: 3.5.2021.

40 Ringger/Wermuth (2020), Service Publik Revolution, S. 19 f.

41 Wright (2012), Transformation, S. 474.

42 Engels, Friedrich (1974 [1891]): Einleitung zu: Der Bürgerkrieg in Frankreich von Karl Marx, in: MEW 22, Berlin, S. 188–199, hier: S. 199.

43 Poulantzas, Nicos (1978 [2002]): Der Staat, die Macht und der Sozialismus. Hamburg.

VII Fundamente: Konturen nachhaltig sozialistischer Gesellschaften

1 Heyer (2020), Grundprobleme, S. 4.

2 Ebd.

3 Ähnlich, aber mit anderer Stoßrichtung: Neupert-Doppler, Alexander (2018): Vorwort: Kritik, Utopie und Kairós, in: ders. (Hg.): Konkrete Utopien. Unsere Alternativen zum Nationalismus, S. 7–22, hier: S. 13. Neupert-Doppler weist darauf hin, dass sich Adorno nur gegen eine »letzte Utopie« wandte, die zugleich das Ende der Geschichte bedeuten würde.

4 In den Folgekapiteln werden weitere Bausteine skizziert. Dazu gehören effiziente Produktion, demokratische Planung, die Verinnerlichung einfacher Lebensweisen, eine Ästhetik der Nachhaltigkeit sowie die Verpflichtung zu einem neuen Multilateralismus von Staaten, der den Verzicht auf Gewaltanwendung und Krieg zum zentralen Inhalt hat.

5 Pistor, Katharina (2020): Der Code des Kapitals. Wie das Recht Reichtum und Ungleichheit schafft. Berlin, S. 361.

6 Dörre, Klaus/Haubner, Tine (2018): Landnahme through Tests: A Useful Concept for the Sociology of Work, in: Dörre, Klaus/Mayer-

Ahuja, Nicole/Sauer, Dieter/Wittke, Volker (Hg.): Capitalism and Labor. Towards Critical Perspectives. Erschienen in der Reihe International Labour Studies – Internationale Arbeitsstudien, Bd. 16. Frankfurt a. M./New York, S. 71–112.

7 Zu den bekanntesten Vorschlägen zählt: Stiglitz, Joseph/Sen, Amartya/Fitoussi, Jean-Paul (2009): Report by the Commission on the Measurement of Economic Performance and Social Progress. Einen kritischen Überblick bietet: Raith, Dirk (2016): BIP. Kritik und Alternativen. Hg. vom Impulszentrum Zukunftsfähiges Wirtschaften. Graz, https://imzuwi.org/dokumente/rip_bip/dossier_bip_kritik_alternativen.pdf. Zugriff: 4.5.2021.

8 Artikel 14, GG, lautet:

»(1) Das Eigentum und das Erbrecht werden gewährleistet. Inhalt und Schranken werden durch die Gesetze bestimmt.

(2) Eigentum verpflichtet. Sein Gebrauch soll zugleich dem Wohle der Allgemeinheit dienen.

(3) Eine Enteignung ist nur zum Wohle der Allgemeinheit zulässig. Sie darf nur durch Gesetz oder auf Grund eines Gesetzes erfolgen, das Art und Ausmaß der Entschädigung regelt. Die Entschädigung ist unter gerechter Abwägung der Interessen der Allgemeinheit und der Beteiligten zu bestimmen. Wegen der Höhe der Entschädigung steht im Streitfalle der Rechtsweg vor den ordentlichen Gerichten offen.«

9 Abendroth, Wolfgang (1972 [1966]): Das Grundgesetz. Eine Einführung in seine politischen Probleme. Pfullingen. Dritte erweiterte Auflage.

10 Abendroth (1972), Das Grundgesetz, S. 66.

11 Ebd.

12 Dazu ausführlich: Fisahn, Andreas (2016): Die Saat des Kadmos. Staat, Demokratie und Kapitalismus. Münster, S. 386 ff.

13 Es war der liberale Journalist Rainer Hank, selbst Gegner von Sozialisierungsideen, der die Forderung des FDP-Vorsitzenden Lindner, den Paragrafen 15 aus dem Grundgesetz zu streichen, als »Armutszeugnis« bezeichnete. Hank, Rainer (2019): Wer schützt die Marktwirtschaft, in: Frankfurter Allgemeine Sonntagszeitung vom 5. Mai 2019. Siehe auch: Monath, Hans/Woratschka, Rainer/Ismar, Georg (2019): FDP-Vorschlag zu Grundgesetz-Änderung »Der blanke Hohn gegenüber den Bürgern«. FDP-Chef Christian Lindner will den Enteignungs-Artikel 15 aus dem Grundgesetz streichen, in: Tagesspiegel vom 25. April 2019.

14 Zum Begriff der metabolischen Macht siehe: Dörre, Klaus (2020b): Machtressourcen und Transformationskonflikte: Eine Schlussbetrachtung, in: Dörre et al. (Hg.), Abschied von Kohle und Auto?, S. 285–306, hier: S. 290 ff.

15 Schulz-Nieswandt, Frank (2020): Gemeinwirtschaft und Gemeinwohl. Eine Diskurseröffnung. Baden-Baden.

16 Zu den Commons grundlegend: Helfrich, Silke (2014): Commons. Für eine Neue Politik jenseits von Markt und Staat. Bielefeld.

17 Arendt (2006), Elemente und Ursprünge, S. 328.

18 Vitali, Stefania/Glattfelder, James B./Battiston, Stefano (2011): The network of global corporate Control, in: PloS one, Nr. 6, S. 1–36.

19 Gemeint ist die GAFAM-Gruppe mit Google, Amazon, Facebook, Apple und Microsoft.

20 Zuletzt: Blakely, Grace (2021 [2019]): Stolen. So retten wir die Welt vor dem Finanzmarktkapitalismus. Berlin. Siehe auch: Windolf, Paul (Hg.) (2005): Finanzmarkt-Kapitalismus. Analysen zum Wandel von Produktionsregimen. Wiesbaden.

21 Arendt (2006), Elemente und Ursprünge, S. 329.

22 Engels, Anti-Dühring, in: MEW 20, Berlin, S. 261.

23 Ebd.

24 Ebd., S. 260.

25 Ebd.

26 Diesen Begriff schlägt Tilo Wesche vor; die Kategorie bleibt allerdings sehr abstrakt, ihr fehlt die operative Dimension. Vgl. Wesche, Thilo/Rosa, Hartmut (2018): Die demokratische Differenz zwischen besitzindividualistischen und kommunitären Eigentumsgesellschaften, in: Berliner Journal für Soziologie 28, 1–2, S. 237–261. Siehe auch: Wesche, Tilo (2014): Demokratie und ihr Eigentum. Von der Marktfreiheit zur Wirtschaftsdemokratie, in: Deutsche Zeitschrift für Philosophie 62 (3), S. 443–486.

27 Rifkin, Jeremy (2019): Der Globale Green New Deal. Frankfurt a. M./New York, S. 259.

28 Wenn ich es richtig sehe, entspricht eine solche Vorgehensweise genau dem Vorschlag von Mariana Mazzucato. Letztere schreibt: »In vielen Fällen kann Unternehmertum sehr wohl unproduktiv sein, zum Beispiel, wenn es bei Innovationen Rent-Seeking involviert oder bislang nicht genutzte, aber nichtsdestoweniger effektive rechtliche Manöver entdeckt, die es gegen die Mittwettbewerber [sic!] einsetzen kann. Das

Patentsystem bietet heute zahlreiche Möglichkeiten für diese Art ›unproduktiven Unternehmertums‹. Patente können Monopole stärken und den Missbrauch der Marktmacht intensivieren; sie können die Verbreitung von Wissen ebenso blockieren wie Folgeinnovationen; außerdem erleichtert es die Privatisierung von öffentlich finanzierter kollektiver Forschung.« Mazzucato, Mariana (2018), Wert, S. 269 f. Rent-Seeking bezeichnet Strategien von Marktakteuren, die das eigene Einkommen zulasten des Einkommens anderer Marktteilnehmer steigern wollen.

29 Mazzucato, Mariana (2021): Don't defund the BBC, in: Social Europe, veröffentlicht am 4.3.2021, https://www.socialeurope.eu/dont-defund-the-bbc. Zugriff: 5.4.2021.

30 Wright (2012), Transformation, S. 484 ff., S. 470 ff.

31 Climate Accountability Institute (2019): Press Release on Carbon Majors Update, 1965–2017, 9 October 2019.

32 Luxemburg, Rosa (1974 [1899]): Sozialreform oder Revolution, in: Gesammelte Werke, Bd. 1/1. Berlin, S. 367–466, hier: S. 387.

33 Ebd., S. 386.

34 Braudel (1986), Sozialgeschichte: Aufbruch, S. 706 f.

35 Ebd., S. 66.

36 Vgl. Der Richta-Report enthielt eine – teilweise implizite – Krisenanalyse des Staatsbürokratischen Sozialismus vor dem Hintergrund der sogenannten wissenschaftlich-technischen Revolution. Nach der gewaltsamen Niederschlagung des Prager Frühlings wurde er verboten. Sein Namensgeber, Radovan Richta, widerrief. 1971 erschien, unterstützt durch den Initiativausschuss Freiburger Studierender, eine deutsche Übersetzung. Die Veröffentlichung erfolgte mit dem Ziel, dogmatischen Tendenzen innerhalb der Studierendenbewegung entgegenzuwirken.

37 Piore, Michael/Sabel, Charles F. (1985): Das Ende der Massenproduktion. Studie über die Requalifizierung der Arbeit und die Rückkehr der Ökonomie in die Gesellschaft. Berlin, S. 295.

38 Ebd., S. 300.

39 Schmalz, Stefan/Hinz, Sarah/Singe, Ingo/Hasenohr, Anne (2021): Abgehängt im Aufschwung: Demografie, Arbeit und rechter Protest in Ostdeutschland. Frankfurt a. M./New York.

40 Wright (2012), Transformation, S. 476 f.

41 »Der Kern dieses politischen Widerspruchs des Kapitalismus ist folgender: Eine legitime und wirksame öffentliche Gewalt ist eine Be-

dingung der Möglichkeit für eine nachhaltige Kapitalakkumulation. Andererseits führt der Drang des Kapitalismus zur unbegrenzten Akkumulation langfristig dazu, eben genau diese öffentliche Macht zu destabilisieren, von der sie abhängt.« Fraser, Nancy (2019): Die Krise der Demokratie: Über die politischen Widersprüche des Finanzmarktkapitalismus jenseits des Politizismus, in: Ketterer/Becker (Hg.), Demokratie, S. 77–99, hier: S. 82.

42 Schumann, Michael (2013): Das Jahrhundert der Industriearbeit. Soziologische Erkenntnisse und Ausblicke. Weinheim/Basel.

43 Krenn, Manfred (2019): Kuba – eine prekarisierte Postwachstumsgesellschaft ohne Zukunft?, in: Dörre et al. (Hg.), Große Transformation?, S. 349–363.

44 Vor dem Hintergrund des Versagens der Leistungspolitik in der staatssozialistischen DDR: Hinke, Robert (2020): Tarif-, Lohn- und Leistungspolitik in Ostdeutschland (1945–2004). Eine Untersuchung des Konflikts um Lohn und Leistung in der SBZ, der DDR und den Neuen Bundesländern – am Beispiel der Metall- und Elektroindustrie. Jena (Dissertation, MS).

45 Zu solchen Vorschlägen siehe bereits: Šik (1979), Humane Wirtschaftsdemokratie.

46 Dafür plädiert auch der Ökonom Anthony Atkinson, der regionale Wirtschafts- und Sozialräte vorschlägt. Atkinson, Anthony B. (2018): Ungleichheit. Was wir dagegen tun können. Stuttgart.

47 Vgl. Gesellschaft für innovative Beschäftigungsförderung (2018): G.I.B.-Info 2/18, S. 76–105.

48 Viele anregende Ideen für die Realisierung ökologischer Nachhaltigkeit in der Arbeitswelt finden sich in: Schröder, Lothar/Urban, Hans-Jürgen (Hg.) (2018): Gute Arbeit. Ausgabe 2018: Ökologie der Arbeit – Impulse für einen nachhaltigen Umbau. Frankfurt a. M.

49 Winker, Gabriele (2015): Care Revolution. Schritte in eine solidarische Gesellschaft, Bielefeld. »Service Publik Revolution« lautet der Begriff, den Beat Ringger und Cedric Wermuth für Schweizer Verhältnisse bevorzugen.

50 Negt, Oskar/Kluge, Alexander (1993): Geschichte und Eigensinn. 1. Entstehung der industriellen Disziplin aus Trennung und Enteignung. Frankfurt a. M., S. 107.

51 Der Begriff ›kurze Vollzeit‹ stammt ursprünglich von dem Arbeitszeitforscher Helmut Spitzley und wird mittlerweile in den deutschen

Gewerkschaften breit diskutiert. Siehe dazu auch: Lehndorff, Steffen (2019): Erste Schritte auf einem langen Weg: Kurze Vollzeit als Element eines neuen Normalarbeitsverhältnisses, in: Ludwig, Carmen/Simon, Hendrik/Wagner, Alexander (Hg.): Entgrenzte Arbeit, (un)begrenzte Solidarität. Münster, S. 32–46.

VIII Produktivkräfte: Digitaler Sozialismus?

1 Man kann die Geschichte der Digitalisierung weit nach hinten datieren und sie beispielsweise mit dem Buchdruck beginnen lassen. Für die Frage nach einem digitalisierten Sozialismus bringt das wenig. Deshalb unterscheide ich eine erste Phase der digitalen Ökonomie, die mit der Computerisierung und der Durchsetzung des Internet verbunden ist, von einer zweiten Phase, die auf stagnative Tendenzen von Postwachstumskapitalismen neben neuen technologischen Möglichkeiten vor allem mit ideologischem Solutionismus und Wachstumsversprechen reagiert. Einen völlig neuen, digitalen Kapitalismus bringt auch der jüngste Kapitalismus nicht hervor. Um zu betonen, dass es sich keineswegs um eine völlig neue kapitalistische Formation, sondern um einen ungleichzeitig verlaufenden Prozess handelt, spreche ich deshalb lieber von einem *digitalisierten* Kapitalismus.

2 Morozov (2020), Digitaler Sozialismus. Siehe auch als grundlegendes Werk der Digitalisierungskritik: Morozov, Evgeny (2013): Smarte neue Welt. Digitale Technik und die Freiheit des Menschen. München.

3 Staab, Philipp (2019): Digitaler Kapitalismus. Markt und Herrschaft in der Ökonomie der Unknappheit. Berlin. Der Autor behauptet, ein digitaler Kapitalismus, der sich auf Marktbesitz gründe, beinhalte einen Bruch mit dem neoliberalen Kapitalismus. Staab ist allerdings klug genug, auf einer längeren Übergangsphase zu beharren und sich so gegen empirisch fundierte Kritik zu wappnen: »Natürlich sind Fragmente neoliberaler Unternehmensführung, Wirtschafts-, Fiskal- oder Sozialpolitik überall auf der Welt hochgradig lebendig. Es handelt sich dabei aber nur noch um die verstreuten Truppen einer Armee, die kein Land mehr zu verteidigen hat. Die Ruinen des Neoliberalismus rauchen noch. Im Aufstieg begriffen ist ein anderes Modell, das jedoch – trotz der großen Machtfülle einzelner Konzerne – noch weit davon entfernt ist, hegemonialen Charakter beanspruchen zu können«, S. 292.

4 Fuchs, Christian (2018): Industry 4.0. The Digital German Ideology, in: tripleC 1(1), S. 280–289.

5 Morozov (2018), Silicon Valley, S. 95. Zu den Verflechtungen von Finanzkapital und Digitalwirtschaft siehe auch: Vogl, Joseph (2021): Kapital und Ressentiment. Eine kurze Theorie der Gegenwart. München, S. 26 f. Für die erste Phase der Digitalisierung und empirisch unterlegt: Huffschmid, Jörg (2002): Politische Ökonomie der Finanzmärkte. Hamburg.

6 Mason (2019), Klare, lichte Zukunft.

7 Groos, Jan (2020): Unsere neue sozialistische Ökonomie, in: Jacobin Nr. 2, Herbst 2020. Die Zukunft, S. 34–39, hier: S. 37.

8 »Massive Konzentrationsprozesse, die Herausbildung von Winner-take-all-Märkten und die Etablierung neuer natürlicher Quasi-Monopole, die das Web heute sowohl in ökonomischer als auch in sozialer Hinsicht prägen, sind die weithin sichtbaren Folgen dieser großflächigen Landnahme«, beschreibt Ulrich Dolata die zurückliegende Digitalisierungsetappe. Vgl. Dolata, Ulrich (2019): Plattform-Regulierung. Koordination von Märkten und Kuratierung von Sozialität im Internet, in: Berliner Journal für Soziologie 29 (2019), S. 179–206, hier: S. 183.

9 Philipp Staab skizziert vier Kontrollstrategien, die der Herausbildung proprietärer Märkte dienen: Informationskontrolle, Zugangskontrolle, Preiskontrolle und Leistungskontrolle. Vgl. Staab (2019), Digitaler Kapitalismus, S. 209 f.

10 Fuchs (2018), Industry 4.0.

11 Gordon (2016), American Growth.

12 Brynjolfsson, Erik/McAfee, Andrew (2014): The Second Machine Age. Kulmbach, S. 102.

13 Gorz, André (2004): Wissen, Wert und Kapital. Zur Kritik der Wissensökonomie. Zürich, S. 50.

14 Ebd., S. 45, 129: Gorz grenzt das an menschliche Körper und persönliche Erfahrungen gebundene »lebendige« von formalisierbarem »totem« Wissen ab. Damit gewinnt er ein Kriterium, das ihm eine fundierte Kritik der sogenannten künstlichen Intelligenz erlaubt. Intelligenz kann es nach Gorz' Auffassung nur in ihrer Verknüpfung mit »lebendigem Wissen« geben, als rein maschinelle ist Intelligenz nicht herstellbar.

15 »Um als Ware verkäuflich und als Kapital verwertbar zu sein, muss Wissen folglich in Privateigentum verwandelt und verknappt werden.« Ebd., S. 11.

16 Gorz (2004), Wissen, S. 74 f.
17 Ebd., S. 49, Hervorhebungen im Original.
18 Boes, Andreas/Kämpf, Tobias/Langes, Barbara/Lühr, Thomas (2015): Landnahme im Informationsraum. Neukonstituierung gesellschaftlicher Arbeit in der »digitalen Gesellschaft«, in: WSI Mitteilungen 2/2015, S. 77–85, hier: S. 85.
19 Gorz (2004), Wissen, S. 105.
20 Zuboff, Shoshana (2019): Das Zeitalter des Überwachungskapitalismus. Frankfurt a. M./New York, S. 33.
21 Tooze, Adam (2018): Crashed. Wie zehn Jahre Finanzkrise die Welt verändert haben. München, S. 19.
22 Wambach, Achim/Müller, Hans Christian (2018): Digitaler Wohlstand für alle? Frankfurt a. M./New York.
23 Staab (2019), Digitaler Kapitalismus, S. 290.
24 Glotz, Peter (1999): Die beschleunigte Gesellschaft. Kulturkämpfe im digitalen Kapitalismus. München. Peter Glotz darf man sicher nicht für Schröders Arbeitsmarktreformen verantwortlich machen. Sein Plädoyer für eine »rheinische Strategie« ähnelt in manchem dem, was Morozov für einen digitalen Sozialismus empfiehlt. Entscheidend ist für Glotz, ob die politische Führung das untere Drittel der Gesellschaft einbinden oder ausgrenzen will: »Einschluß bedeutete Grundeinkommen für das dritte Drittel, klassenübergreifende kommunikative Strukturen, Knowledge-Sharing und Toleranz zwischen unterschiedlichen Lebensstilen und Weltbildern.« Ebd., S. 154.
25 Rennwald, Line (2015): Partis Socialistes et Classe Ouvrière: Ruptures et continuités du lien électoral en Suisse, en Autriche, en Allemagne, en Grande-Bretagne et en France (1970–2008). Neuchâtel.
26 Dörre (2020a), Warteschlange.
27 Schäuble (2020), Aus eigener Stärke.
28 Steg, Joris (2020): Normale Anomalie. Die Coronakrise als Zäsur und Chance, in: Blätter für deutsche und internationale Politik, 65 (6), S. 71–79, hier: S. 71.
29 Wambach/Müller (2018), Digitaler Wohlstand, S. 11.
30 Brynjolfsson, Erik/McAfee, Andrew (2014), The Second Machine Age, S. 20.
31 Ebd.
32 Ebd., S. 19.
33 Ebd.

34 Wambach/Müller (2018), Digitaler Wohlstand, S. 15.

35 Schäuble, Wolfgang (2021): Grenzerfahrungen. Wie wir an Krisen wachsen. München, S. 140.

36 Ebd.

37 Die GAFAM-Gruppe umfasst mit Google, Amazon, Apple, Facebook und Microsoft einige der reichsten Unternehmen der Welt. Diese Konzerne verwerten die Verhaltensdaten von Milliarden Menschen. Herausgefordert werden sie gegenwärtig allenfalls durch chinesische IT-Konzerne, die ebenfalls monopolartige Organisationsformen aufweisen. Vgl. Andree, Martin/Thomsen, Timo (2020): Atlas der digitalen Welt. Frankfurt a. M./New York.

38 Der Gini-Koeffizient ist ein von dem italienischen Statistiker Corrado Gini entwickeltes Maß, das den Grad der Ungleichheit in der Einkommensverteilung eines Landes, einer Region oder einer anderen Bezugsgröße nach dem häuslichen Pro-Kopf-Einkommen angibt.

39 Ebd., S. 30.

40 Ebd., S. 19 f.

41 Zuboff (2019), Überwachungskapitalismus, S. 22.

42 Ebd., S. 121.

43 Ebd., S. 404.

44 Zuboff versteht unter Instrumentarismus Macht, die als »Instrumentierung und Instrumentalisierung von Verhalten zum Zweck seiner Modifizierung, Vorhersage und Monetarisierung« benutzt werden kann. Ebd., S. 412.

45 Ebd., S. 352.

46 Ebd., S. 125.

47 Ebd., S. 33.

48 Joseph Vogl spricht gar davon, dass die Kommerzialisierung des Internets zur »Anpassung der Netzarchitektur an die Kontrollstrukturen der jüngsten Kapitalformen« geführt habe. Vogl (2021), Kapital und Ressentiment, S. 94.

49 Vgl. Foundational Economy Collective (2019): Die Ökonomie des Alltagslebens. Für eine neue Infrastrukturpolitik. Berlin.

50 Diesen Vorschlag verdanke ich Uwe Bunk, Leiter des Bunk-Verlags in Hamburg.

51 Dörre, Klaus (2019b): Demokratie statt Kapitalismus oder: Enteignet Zuckerberg!, in: Ketterer/Becker (Hg.) (2019), Demokratie, S. 21–51.

52 Chaos Computer Club (2010): Forderungen für ein lebenswertes Netz,

https://www.ccc.de/de/updates/2010/forderungen-lebenswertes-netz. Zugriff: 4.5.2021.

53 Exemplarisch dazu: Nassehi, Armin (2019): Muster. Theorie der digitalen Gesellschaft. München, S. 300 ff.

54 Sanders, Bernie (2017): Unsere Revolution. München. Sanders bezieht sich auf Daten von: https://www.freepress.net/. Der Mediensektor in den USA hat sich seither verändert, 2020 ist jedoch noch immer die Rede von sechs Konzernen, die 90 Prozent »of the media outlets in America« kontrollieren. Louise, Nickie (2020): These 6 corporations control 90% of the media outlets in America. The illusion of choice and objectivity, in: TechStartups, 18. September 2020, https://techstartups.com/2020/09/18/6-corporations-control-90-media-america-illusion-choice-objectivity-2020/. Zugriff: 25.5.2021.

55 Auch dafür liefert Armin Nassehi ein beredtes Beispiel. Einerseits polemisiert er gegen die Vorstellung, »dass man staatliche Schutzrechte gegenüber dem Staat einfordern« könne, der sich mit digitalisierten Daten versorge, seit es »eine zentrale Planung von Bevölkerungen« gebe. Nassehi (2019), Muster, S. 310. Andererseits ist es dann doch Evgeny Morozov, der »konsequent und richtig« einen Weg zur Repolitisierung der Probleme weisen soll (ebd., S. 316). Der Systemtheoretiker Nassehi als heimlicher Fan eines »digitalen Sozialismus«? Die Welt ist voller Überraschungen …

56 Waterson, Jim (2020): James Murdoch criticises father's news outlets for climate crisis denial, in: The Guardian vom 14. Januar 2020, https://www.theguardian.com/media/2020/jan/14/james-murdoch-criticises-fathers-news-outlets-for-climate-crisis-denial. Zugriff: 25.5.2021.

IX Effizienz: Demokratische Planung, humane Arbeit, befreites Leben

1 Windolf, Paul (2005): Was ist Finanzmarkt-Kapitalismus?, in: ders. (Hg.), Finanzmarkt-Kapitalismus, S. 20–57, hier: S. 31.

2 Ebd. Mit der unanalysierten Abstraktion ist gemeint, dass Analysten und Ratingagenturen bei ihren Bewertungen und Prognosen doch wieder auf Gebrauchswerteigenschaften von Gütern, Branchenbesonderheiten etc. zurückgreifen müssen, von denen sie mit ihren Produkten eigentlich abstrahieren wollen und abstrahieren müssen.

3 Minsky, Hyman P. (2011): Instabilität und Kapitalismus. Zürich, S. 33.
4 Blakeley (2021), Stolen, S. 82 ff.
5 Dörre, Klaus (2015b): Beyond Shareholder Value? The Impact of Capital Market-Oriented Business Management on Labor Relations in Germany, in: Weller, Christian E. (Hg.): Inequality, Uncertainty, and Opportunity. The Varied and Growing Role of Finance Relations. Champaign: Labor and Employment Relations Association (LERA), Cornell University Press, S. 85–117.
6 Vogl (2021), Kapital und Ressentiment, S. 106.
7 Der unersättliche Stromfresser: Bitcoin, https://www.dw.com/de/energie-stromverbrauch-bitcoin-mining/a-56589030. Zugriff: 25.5.2021.
8 Galbraith (2016), Wachstum, S. 265 ff.
9 Arendt (2006), Elemente und Ursprünge, S. 312.
10 Blakeley (2021), Stolen, S. 349–369.
11 Der Vorschlag stammt von: Piketty (2020), Kapital und Ideologie.
12 Zusammenfassend: Dörre, Klaus/Rackwitz, Hans (2016): Finanzmarkt-Kapitalismus. Entstehung, Dynamik, Krisenpotentiale, in: Politikum, 2/2016, S. 4–16, hier: S. 16.
13 Blakeley (2021), Stolen, S. 371.
14 Zur kontroversen Debatte darüber siehe bereits: Dörre, Klaus/Brinkmann, Ulrich (2005): Finanzmarkt-Kapitalismus: Triebkraft eines flexiblen Produktionsmodells?, in: Windolf (Hg.), Finanzmarkt-Kapitalismus, S. 85–116, hier: S. 111.
15 Knie, Andreas (2020): Gemeinsam in den Abgrund. Das Auto, die Politik und wir. Text für das Forschungskolloquium. Berlin (MS, unveröffentlicht). Zum Einstieg in den Abschied vom privaten PKW siehe auch: Canzler, Weert/Knie, Andreas (2021): Auslaufmodell Privatauto – von der Notwendigkeit, mentale Pfadabhängigkeiten zu überwinden, in: Flore, Manfred/Kröcher, Uwe/Cycholl, Claudia (Hg.): Unterwegs zur neuen Mobilität. Perspektiven für Verkehr, Umwelt und Arbeit. München, S. 53–73. Siehe auch: Blöcker, Antje/Dörre, Klaus/Holzschuh, Madeleine (Hg.) (2020): Auto- und Zulieferindustrie in der Transformation. Beschäftigtenperspektiven aus fünf Bundesländern. Ein Projekt der Stiftung Neue Länder in der Otto Brenner Stiftung. Frankfurt a. M.
16 Darauf verweist der ehemalige VW-Manager Daniel Goeudevert. Ders. (2020): Wie Wirtschaft und Politik den Wandel verschlafen. Köln, S. 256.

17 Wolf, Winfried (2021): Tempowahn. Vom Fetisch der Geschwindigkeit. Wien.

18 Zu den Daten: BMU (2020): Klimaschutz in Zahlen. Fakten, Trends und Impulse deutscher Klimapolitik. Ausgabe 2020: https://www.bmu.de/publikation/klimaschutz-in-zahlen-2020/. Zugriff: 26.5.2021; Umweltbundesamt (2021): Erneuerbare Energien in Zahlen. https://www.umweltbundesamt.de/themen/klima-energie/erneuerbare-energien/erneuerbare-energien-in-zahlen. Zugriff: 26.5.2021; Prognos, Öko-Institut, Wuppertal-Institut (2021): Klimaneutrales Deutschland 2045. Wie Deutschland seine Klimaziele schon vor 2050 erreichen kann. Zusammenfassung im Auftrag von Stiftung Klimaneutralität, Agora Energiewende und Agora Verkehrswende: https://static.agora-energiewende.de/fileadmin/Projekte/2021/2021_04_KNDE45/A-EW_209_KNDE2045_Zusammenfassung_DE_WEB.pdf. Zugriff: 14.07.2021.

19 Drohsel, Franziska (2020): Exempel Deutsche Wohnen: Der Kampf um die materiale Demokratie, in: Blätter für deutsche und internationale Politik 11/20, S. 37–40. Zu Recht verweist Drohsel auf die Aktualität von Abendroths Grundgesetz-Interpretation. Die Tatsache, dass das Bundesverfassungsgericht einen länderspezifischen Mietendeckel für verfassungswidrig erklärt hat, unterstreicht zusätzlich, wie bedeutsam der Kampf um die Interpretation des Rechts für die sozial-ökologische Transformation ist.

20 Diese Idee verdanke ich der IBA Thüringen und insbesondere ihrer Leiterin Marta Doehler-Behzadi. Zu einigen Modellprojekten siehe: IBA Thüringen (2019): StadtLand. Magazin zur Zwischenpräsentation der IBA Thüringen. Ausgabe 5/2019; IBA Thüringen (2017): Arch+. Der neue Rurbanismus. Weimar.

21 Dieses Unterkapitel beruht auf Vorarbeiten, die Jakob Heyer angefertigt hat.

22 Galbraith, James K. (2020): Mehr New Deal wagen. Joe Biden und die Gefahr des alten Denkens, in: Blätter für deutsche und internationale Politik 11/2020, S. 71–78; Lehndorf, Steffen (2020): New Deal heißt Mut zum Konflikt. Was wir von Roosevelts Reformpolitik der 1930er Jahre heute lernen können. Hamburg.

23 Herrmann, Ulrike (2019): Schrumpfen in Schönheit, in: TAZ vom 12. Oktober 2019, https://taz.de/Abschied-vom-Wachstum/!5629125/. Zugriff: 26.5.2021. Dazu kenntnisreich: Devine, Pat (1988): Democracy

and Economic Planning. Cambridge, S. 29 ff. Devine diskutiert Erfahrungen mit der britischen Kriegsökonomie, die eine weitgehend geplante kapitalistische Wirtschaft mittels ausgehandelter Koordination möglich gemacht habe.

24 Grundlegend: Naphtali, Fritz (1928): Wirtschaftsdemokratie. Ihr Wesen, Weg und Ziel. Berlin; kritisch: Abendroth, Wolfgang (1954): Die deutschen Gewerkschaften. Weg demokratischer Integration. Berlin. Für mich besonders anregend: Šik (1979), Humane Wirtschaftsdemokratie. Zur neuen Debatte um Wirtschaftsdemokratie siehe auch: Demirović, Alex (2007): Demokratie in der Wirtschaft. Positionen. Probleme. Perspektiven. Münster; Martens, Helmut (2010): Neue Wirtschaftsdemokratie. Anknüpfungspunkte im Zeichen von Ökonomie, Ökologie und Politik. Hamburg; Bontrup, Heinz J. (2005): Arbeit, Kapital und Staat. Plädoyer für eine demokratische Wirtschaft. Köln; Krätke, Michael (2008): Eine andere Demokratie für eine andere Wirtschaft. Wirtschaftsdemokratie und Kontrolle der Finanzmärkte, in: Widerspruch 55, S. 5–16.

25 Grundlegend: Lange, Oscar (1936): On the Economic Theory of Socialism: Part One, in: The Review of Economic Studies, Vol. 4, No. 1. Oxford, S. 53–71; ders. (1937): On the Economic Theory of Socialism: Part Two, in: The Review of Economic Studies, Vol. 4, No. 2. Oxford, S. 123–142. Siehe auch: Wemheuer, Felix (Hg.) (2021): Marktsozialismus. Eine kontroverse Debatte. Wien; sowie: Krüger, Stephan (2012): Keynes & Marx. Kritik der Politischen Ökonomie und Kapitalismusanalyse, Bd. 4. Hamburg, S. 356–397.

26 Cockshott, Paul/Cottrell, Allin (1997): Value, Markets and Socialism, in: Science & Society, Vol. 61, No. 3. New York, S. 330–357.

27 Ebd., S. 334.

28 Ebd., S. 348 f.

29 Laibman, David (2002): Democratic Coordination: Towards a Working Socialism For the New Century, in: Science & Society, Vol. 66, No. 1. New York, S. 116–129.

30 Devine, Pat (2002): Participatory Planning Through Negotiated Coordination, in: Science & Society, Vol. 66, No. 1. New York, S. 72–85; Devine (1988), Democracy and Economic Planning.

31 Laibman (2002), Democratic Coordination, S. 117.

32 Ebd., S. 121.

33 Ebd.

34 »The socialist enterprise, however, has other obligations, and these are captured by additional success indicators. The enterprise must meet social targets for abating and controlling negative external effects of its activity: pollution, environmental damage. Indicators measuring this aspect of the enterprise's performance can enter into the share-forming index, and – a crucial point – members of wider social constituencies, organized in their own representative bodies, can play a role in determining *both* the nature of the success indicators and the weights to be attached to them, *and* the evaluation of enterprise performance on the basis of them. This applies also to indicators for positive external effects (only ›external‹, following an obsolescing terminology, in relation to the ›traditional‹ goals of firms): these are, for example, measures of the enterprise's efforts to recruit and promote women; to recruit and promote people from culturally disadvantaged groups; to relate to the communities in which they exist, by (for example) working with schools and other community organizations; to associate with other enterprises in disseminating skills and technical information — the list is undoubtedly incomplete. These indicators are essentially qualitative. Again, representatives of the various constituencies affected are drawn into the process of creating the measures of success, establishing their relative weights, and evaluating enterprises using them. These activities require additional organization, on both central and decentral levels; the possibility of organizational hyperextension and inefficiency, and of political deterioration of the process, is clearly present, and must be faced. The important point to note is that comprehensively coordinated socialist structures make it possible to build social goals into the very reward structure of work collectives.« Ebd., S. 124.

35 Das Kollektive macht den Unterschied zum individuellen Sozialeigentum aus, das in kapitalistischen Wohlfahrtsstaaten verfügbar ist.

36 Frey, Carl B./Osborne, Michael A. (2013): The Future of Employment. Oxford. September 17, 2013, https://www.oxfordmartin.ox.ac.uk/downloads/academic/The_Future_of_Employment.pdf. Zugriff: 3.5.2021. Für die USA gehen die beiden Ökonomen davon aus, dass 47 Prozent der vorhandenen Jobs infolge der Digitalisierung hochgradig rationalisierungsgefährdet sind. Ein Versuch, die Studie auf Deutschland zu übertragen, kommt zu folgendem Ergebnis: »In Deutschland arbeiten 42 % der Beschäftigten in Berufen, die nach Frey

und Osborne mit einer hohen Wahrscheinlichkeit in den nächsten 10 bis 20 Jahren automatisierbar sein werden. Genau genommen sind aber Tätigkeiten und nicht Berufe als solche automatisierbar. Berücksichtigt man dies, so sind in Deutschland nur 12 % der Beschäftigten durch Automatisierung betroffen. Geringqualifizierte und geringverdienende Beschäftigte sind durch die Automatisierung stärker gefährdet.« Bonin, Holger/Gregory, Terry/Zierahn, Ulrich (2015): Research Report. Übertragung der Studie von Frey/Osborne (2013) auf Deutschland. ZEW Kurzexpertise, No. 57. Mannheim, S. 23, https://www.econstor.eu/handle/10419/123310. Zugriff: 3.5.2021.

37 Marx, Karl (1974 [1857–1859]): Grundrisse der Kritik der politischen Ökonomie, S. 593.

38 Ebd., S. 592.

39 Ebd., S. 593.

40 Ebd.

41 Ebd., S. 594.

42 Negt, Oskar (1986): Lebendige Arbeit, enteignete Zeit. Frankfurt a. M./New York, S. 27.

43 Ebd., S. 21.

44 Fischer, Gabriele/Gundert, Stefanie/Kawalec, Sandara/Sowa, Frank/Stegmaier, Jens/Tesching, Karin/Theuer (2015): Situation atypisch Beschäftigter und Arbeitszeitwünsche von Teilzeitbeschäftigten. Quantitative und qualitative Erhebung sowie begleitende Forschung. IAB-Forschungsprojekt im Auftrag des Bundesministeriums für Arbeit und Soziales. Endbericht 2015, http://doku.iab.de/grauepap/2015/Forschungsprojekt_Atypik_V2_35.pdf. Zugriff: 26.5.2021.

45 Schäfer, Claus (2011): Wir brauchen die »Bedingungslose Grundzeit«, in: WSI Mitteilungen 2/2011, S. 91–94.

46 Devine (2002), Participatory Planning, S. 73 f.

47 Liebig, Steffen (2021): Arbeitszeitverkürzung als Konvergenzpunkt? Sozial-ökologische Arbeitskonzepte, Wachstumskritik und gewerkschaftliche Tarifpolitik. Frankfurt a. M./New York, S. 340.

48 »Die Höhe des Einkommens zeigt unmittelbar den Status an; manchmal auch Einfluss, Macht und Klassenzugehörigkeit. […] Wie wir mittlerweile wissen, gewährt das Einkommen den Zugang zu den ›positionellen‹ Gütern oder Statusgütern, die wir so dringend brauchen, um uns in der Gesellschaft Ansehen zu verschaffen.« Jackson (2011), Wohlstand, S. 69.

49 Ebd.
50 Gorz (2004), Wissen, S. 27.
51 Vgl. Boes et al. (2015), Landnahme.
52 Funk, Rainer (2007): Das Leben selbst ist eine Kunst. Einführung in das Leben und Werk von Erich Fromm. Freiburg, S. 151. Herv. i. O.
53 Fromm, Erich (2018 [1976]): Haben oder Sein. Die seelischen Grundlagen einer neuen Gesellschaft. München, S. 73.
54 Interview mit Bernie Sanders, in: Balhorn, Loren/Sunkara, Bhaskar (Hg.) (2018): Jacobin. Die Anthologie. Berlin, S. 282 f.
55 IAB/BiBB/GWS (2021): Aktualisierte BMAS-Prognose »Digitalisierte Arbeitswelt«. Berlin, S. 13.
56 Interessante Überlegungen dazu finden sich in: BMAS (2021): Von der Arbeitslosenversicherung zur Arbeits- und Bildungsversicherung. Berlin. Stand: 27. Januar 2021.
57 Zur Debatte um mobiles Arbeiten siehe: Stache, Stefan (2021): Selbstbestimmung und Solidarität im Mobilen Arbeiten. Gespräch mit Björn Böhning, Klaus Dörre und Sarah Nies, in: spw 1/2021, S. 79–87.

X Katastrophen: Sozialismus oder Pandemie

1 Der Spiegel, Nr. 17 vom 18. April 2020.
2 Negt, Oskar (2020): »Es entsteht auch eine neue Freiheit«, in: Frankfurter Rundschau vom 27. Mai 2020.
3 Rosa, Hartmut (2020b): »Wir können die Welt verändern«, in: Die Zeit vom 29. April 2020.
4 Rosa, Harmut (2020c): »Wir können das Hamsterrad anhalten«, https://www.uni-jena.de/200403_Rosa_Interview. Zugriff: 4.5.2021.
5 Marx, Karl/Engels, Friedrich (1969 [1845/46]): Die deutsche Ideologie. Kritik der neuesten deutschen Philosophie in ihren Repräsentanten Feuerbach, B. Bauer und Stirner, und des deutschen Sozialismus in seinen verschiedenen Propheten, in: MEW 3, Berlin, S. 5–530, hier: S. 9 ff.
6 Marx, Karl/Engels, Friedrich (1972 [1845]): Die heilige Familie oder Kritik der kritischen Kritik gegen Bruno Bauer und Konsorten, in: MEW 2, Berlin, S. 3–223.
7 Blakeley (2021), Stolen, S. 349.
8 Für Zahlen zu Toten und Infizierten vgl. z. B. das stetig aktualisierte Zahlenwerk der Johns-Hopkins-Universität: https://coronavirus.jhu.

edu/map.html (Zugriff: 4.5.2021) oder das Zahlenwerk des Robert-Koch-Instituts.

9 Stand: Ende Mai 2021.

10 »We find that across 11 countries 3.1 (2.8–3.5) million deaths have been averted owing to interventions since the beginning of the epidemic.« Flaxman, Seth et al. (2020): Estimating the effects of non-pharmaceutical interventions on COVID-19 in Europe, in: Nature 584, S. 257–261, hier: S. 260, https://doi.org/10.1038/s41586-020-2405-7. Zugriff: 26.5.2021.

11 IMF (International Monetary Fund): World economic outlook update, June 2020. A Crisis like no other, an uncertain recovery. Washington 2020, https://www.imf.org/en/Publications/WEO/Issues/2020/06/24/WEOUpdateJune2020. Zugriff: 26.5.2021.

12 ILO (International Labour Organisation): ILO Monitor, zweite Auflage: Covid-19 and the world of work. Updated estimates and analysis, https://www.ilo.org/wcmsp5/groups/public/---dgreports/---dcomm/documents/briefingnote/wcms_740877.pdf. Zugriff: 26.5.2021.

13 Destatis (2021): Bruttoinlandsprodukt im Jahr 2020 um 5,0 % gesunken. Pressemitteilung Nr. 020 vom 14. Januar 2021.

14 Destatis (2020): Bruttoinlandsprodukt: Ausführliche Ergebnisse zur Wirtschaftsleistung im 2. Quartal 2020, https://www.destatis.de/DE/Presse/Pressemitteilungen/2020/07/PD20_287_811.html. Zugriff: 26.5.2021.

15 Ifo Institut, Konjunkturumfragen. Juni 2020, https://www.ifo.de/node/56337. Zugriff: 5.4.2021.

16 IMF (2021): World Economic Outlook Managing Divergent Recoveries. April 2021, https://www.imf.org/en/Publications/WEO/Issues/2021/03/23/world-economic-outlook-april-2021. Zugriff: 12.4.2021.

17 Maase, Kaspar (Hg.) (2008): Die Schönheiten des Populären. Ästhetische Erfahrung der Gegenwart. Frankfurt a. M./New York.

18 Global Policy Forum (Hg.) (2020): Agenda 2030: Wo steht die Welt? 5 Jahre SDGs – eine Zwischenbilanz. Bonn, https://www.globalpolicy.org/home/265-policy-papers-archives/53260-agenda-2030-wo-steht-die-welt.html. Zugriff: 4.5.2021.

19 United Nations (UN) (2020): Ziele für nachhaltige Entwicklung. Bericht 2020, https://www.un.org/Depts/german/pdf/SDG%20Bericht%20aktuell.pdf. Zugriff: 4.5.2021, S. 4.

20 Ebd., S. 6.

21 Ebd., S. 7.

22 Ebd., S. 10.
23 Ebd., S. 11.
24 Ebd., S. 15, 22.
25 Ebd., S. 13.
26 Victor, Peter A. (2008): Managing without growth: Slower by design, not disaster. London.
27 IEA (International Energy Agency) (2020): Global energy review 2020. Paris, https://www.iea.org/reports/global-energy-review-2020. Zugriff: 4.5.2021.
28 IEA (2021): Global Energy Review: CO_2 Emissions in 2020. Understanding the impacts of Covid-19 on global CO_2 emissions. Paris, https://www.iea.org/articles/global-energy-review-co2-emissions-in-2020. Zugriff: 4.5.2021.
29 Prätorius, Gerhard (2020): Die Mobilitätswende im Lichte der Corona-Krise. Verkehr und Technik, 6/2020, S. 191–194.
30 Stopp für die Grundrente, die Eingrenzung sachgrundloser Befristung und die Rente mit 63, Rückabwicklung der paritätischen Finanzierung von Krankenversicherungsbeiträgen und Begrenzung der Leiharbeit sowie Einschränkung von Mitbestimmungsrechten lauten die Forderungen des für die Metallwirtschaft zuständigen Branchenverbandes. Vgl. Gesamtmetall (Hg.) (2020): Wiederhochfahren und Wiederherstellung. Vorschläge für die 2. und 3. Phase der Corona-Krise. Berlin.
31 Braudel (1985), Sozialgeschichte: Alltag, S. 83.
32 Trotz Corona – so genießen die Stars ihre Luxusferien, in: Ostthüringer Zeitung vom 4. Januar 2021.
33 Blakeley (2021), Stolen, S. 349.
34 Ebd.
35 Als Beispiel: Rosa (2016), Resonanz, S. 757 ff.
36 Malm (2020), Klima|x, S. 38.
37 Lessenich (2020), Soziologie – Corona – Kritik, in Anlehnung an die Spätkapitalismus-These Claus Offes, S. 230 f.
38 Engels (1972), Vorwort, in: MEW 2, Berlin, S. 640.
39 Ebd.
40 Ebd.
41 Eine frühe Definition von Ausnahmezustand und Ausnahmestaat geht auf Carl Schmitt zurück. »Souverän ist, wer über den Ausnahmezustand entscheidet«, lautet das Diktum seiner politischen Theorie, die stets von den Extremen her gedacht wird und nur den Staat für gesund

hält, der Freund und Feind klar zu unterscheiden weiß. Schmitt, Carl (1922): Politische Theologie. Vier Kapitel von der Lehre zur Souveränität. Berlin, S. 13. Ein Aktualisierungsversuch, der nahezu alle autoritären Regime erfasst, findet sich bei: Agamben, Giorgio (2004): Ausnahmezustand. Homo saccer II.1. Berlin. Mit Blick auf den Coronastaat folge ich diesen Definitionen nicht oder nur teilweise. Der Coronastaat ist in seiner demokratischen Herrschaftsform noch immer ein verfassungsmäßig legitimer Staat. Er ist keine Diktatur, wie Verschwörungstheoretiker und Coronaleugner häufig behaupten. Zum Begriff des Ausnahmezustands siehe auch: Frankenberger, Günter (2017): Im Ausnahmezustand, in: Kritische Justiz 50, H. 1, S. 3–18. Für eine Kritik an Schmitts politischer Theorie siehe: Deppe, Frank (2003): Politisches Denken im 20. Jahrhundert, Bd. 2: Politisches Denken zwischen den Weltkriegen. Hamburg, S. 157–206.

42 Streeck, Wolfgang (2013): Gekaufte Zeit. Die vertagte Krise des demokratischen Kapitalismus. Frankfurter Adorno-Vorlesungen. Berlin.

43 Die genaue Entstehung der Coronapandemie ist noch immer ungeklärt. Die Weltgesundheitsorganisation schließt eine Entstehung in Forschungslaboren aus. Doch die Informationen aus Wuhan und China sind unvollständig und die genauen Übertragungswege noch immer unbekannt. Deshalb sollte man allen Sozialwissenschaftlern misstrauen, die »sicher« zu wissen glauben, was die Seuche verursacht hat und was nicht. Vgl. Zoll, Patrick (2021): Die WHO kritisiert China – aber nur ganz, ganz zögerlich, in: Neue Zürcher Zeitung vom 31. März. 2021, https://www.nzz.ch/international/die-who-veroeffentlicht-ihren-bericht-ueber-die-mission-nach-china-ld.1609367. Zugriff: 4.5.2021.

44 Reinhard, Wolfgang (2016): Die Unterwerfung der Welt. Globalgeschichte der Europäischen Expansion 1415–2015. München, S. 1257.

45 Malm (2020), Klima|x, S. 40.

46 Das bestätigen Studien, die dem Armut-Reichtumsbericht der Bundesregierung zugrunde liegen. Darunter: BMAS (2020): Soziale Folgen der COVID-19-Pandemie. Ergebnisse einer repräsentativen Befragung. Aufzurufen unter: https://www.armuts-und-reichtumsbericht.de/DE/Service/Studien/studien.html. Zugriff: 26.5.2021.

47 Blecha, Laurin (2020): Pragmatismus in Argentinien. amerika21. Nachrichten und Analysen aus Lateinamerika, 19. Juni 2020, https://amerika21.de/analyse/240702/corona-pragmatismus-argentinien. Zugriff: 4.5.2021.

48 Vgl. Clacso, Teoria & Cambio social. La crisis mundial del covid-19 (I), https://www.clacso.org/boletin-1-la-crisis-mundial-por-el-covid-19-del-grupo-de-trabajo-teoria-social-y-realidad-latinoamericana/. Zugriff: 26.5.2021; Clacso, Teoria & Cambio social. La crisis mundial del covid-19 (II), https://www.clacso.org/boletin-2-la-crisis-mundial-por-el-covid-19-ll-del-grupo-de-trabajo-teoria-social-y-realidad-latinoamericana/. Zugriff: 26.5.2021.

49 Vgl. CEPAL (Comisión Económica para América Latina y el Caribe): Evitar una crisis alimentaria frente al COVID-19: Acciones urgentes contra el hambre, https://www.cepal.org/sites/default/files/presentation/files/version_final_200616_ppt_covid19-fao-cepal.pdf. Zugriff: 26.5.2021.

50 Wacquant, Loïc (2009): Die Wiederkehr des Verdrängten – Unruhen, »Rasse« und soziale Spaltung in drei fortgeschrittenen Gesellschaften, in: Castel, Robert/Dörre, Klaus (Hg.): Prekarität, Abstieg, Ausgrenzung. Die soziale Frage am Beginn des 21. Jahrhunderts. Frankfurt a. M./New York, S. 85–112.

51 Goffman, Alice (2015): On the run. Die Kriminalisierung der Armen in Amerika. München.

52 Vgl. Braga, Ruy (2017): A rebeldia do precaridado. Sao Paulo; Ganter, Julia (2020): Brasilien im Katastrophenmodus. Lateinamerika Nachrichten, 552/2020, https://lateinamerika-nachrichten.de/artikel/brasilien-im-katastrophenmodus/. Zugriff: 26.5.2021.

53 Steinburg, Eva von (2021): Impfstart in Brasilien, Gericht untersucht Krise in Manaus, in: amerika21.

54 Die Entwicklung der Pandemie in Indien übertrifft offenbar alles noch einmal deutlich, was in Brasilien und anderen lateinamerikanischen Staaten an Schrecken zu besichtigen ist. Angesichts hoher Infektions- und Todeszahlen sprechen Berichte von einer »Hölle auf Erden«. Siehe: Bayerischer Rundfunk (2021): »Hölle auf Erden«: Verheerende Folgen der Pandemie in Indien. BR24 vom 6. Mai 2021, https://www.br.de/nachrichten/deutschland-welt/corona-in-indien-verheerende-folgen-fuer-das-land,SWcRuIo. Zugriff: 26.5.2021.

55 Engels (1971), Anti-Dühring, in: MEW 20, Berlin, S. 262.

56 Bourdieu, Pierre (2014): Über den Staat. Vorlesungen am Collège de France 1989–1992. Berlin, S. 30.

57 Ebd., S. 31.

58 Ebd.

59 Vgl. Jessop, Bob/Sum, Ngai-Ling (2013): Towards Cultural Political Economy: Putting Culture in its Place in Political Economy. Cheltenham.

60 Bourdieu (2014), Staat, S. 19.

61 Ebd., S. 29.

62 Beck (1986), Risikogesellschaft.

63 Wolfe, Nathan (2020): Virus. Die Wiederkehr der Seuchen. Hamburg, S. 273.

64 »Ärzte ohne Grenzen« kritisieren »Impfstoffnationalismus«!, in: Ärzte-Zeitung vom 15. April 2021, https://www.aerztezeitung.de/Panorama/Aerzte-ohne-Grenzen-kritisieren-Impfstoffnationalismus-418836.html. Zugriff: 4.5.2021.

65 Beck (1986), Risikogesellschaft, S. 105.

66 Steil, Armin (1993): Krisensemantik. Wissenssoziologische Untersuchungen zu einem Topos moderner Zeiterfahrung. Opladen, S. 11; zu soziologischen Krisendiagnosen allgemein: Müller, Hans-Peter (2021): Krise und Kritik. Klassiker der soziologischen Zeitdiagnose. Berlin.

67 Moore (2015), Capitalism in the Web of Life, S. 71.

68 Crutzen (2019), Anthropozän, S. 173.

XI Übergänge: Nachhaltiger Sozialismus jetzt!

1 Das Lenin zugeschriebene Bild von der Köchin, die den Staat mitregieren soll, verweist auf die immanente Widersprüchlichkeit überkommener marxistischer Sozialismusvorstellungen. Einerseits schlägt es »eine emanzipatorische Schneise für Frauen und orientiert zugleich hin auf eine sozialistisch-demokratische Politik als Lernprojekt«. Andererseits kommt das vielschichtige Köchinnen-Diktum »weitgehend ohne Kenntnis der Koch- und Hausarbeit« aus, so dass »hier eine Quelle fürs Vergessen der Hausarbeit im Marxismus ausgemacht werden kann.« Haug, Frigga (2010): Köchin, in: Historisch-kritisches Wörterbuch des Marxismus, Bd. 7/II, S. 1077–1096, hier: S. 1077, 1093.

2 Deutschmann, Christoph (2019): Disembedded Markets. Economic Theology and Global Capitalism. London.

3 Meiksins Wood (2015), Ursprung des Kapitalismus.

4 Federici, Silvia (2015): Caliban und die Hexe. Frauen, der Körper und die ursprüngliche Akkumulation. Budapest. 3. Aufl., S. 59 ff.

5 Engels, Friedrich (1963 [1895]): Einleitung zu Marx' *Klassenkämpfe in Frankreich*, in: MEW 22, Berlin, S. 509–527, hier: S. 523.

6 Malm (2020), Klima|x.

7 Wir haben das am Lausitz-Beispiel empirisch zeigen können. Ebenjenen Sturm auf das Kraftwerk »Schwarze Pumpe«, der für Andreas Malm ein Erweckungserlebnis war, lehnen ansässige Braun- und Tagebaugegner als politisch kontraproduktiv ab: »Haben wir damals vor Jahren schon versucht, ihnen [Ende Gelände, d. A.] klarzumachen, dass es aus unserer Sicht, ich sage mal höflich, suboptimal ist, im weißen Kampfanzug […] durch Hausfriedensbruch auf die Bänder zu steigen oder Bagger zu besetzen. Wir mühen uns so sehr ab und haben es so schwer, mit sachlichen Argumenten durchzukommen. Sie bedienen damit sofort die typische, sage ich mal, Lausitzer Mentalität. ›Diese Verbrecher, die haben ja vor nichts Respekt‹ und so. Deshalb habe ich gesagt, nach dieser Erfahrung und dem Versuch, mit Ende Gelände Verbindlichkeiten zu erzeugen und zu sagen: ›Lasst uns bitte hier an diesem Punkt mit Augenmaß arbeiten.‹ Wir sind aus meiner Sicht gescheitert. Ende Gelände hat sich an keine Vereinbarung gehalten. Ich lehne das persönlich ab. Ich mache seit zwei Jahren nichts mit Ende Gelände.« Innerhalb des Bündnisses Ende Gelände ist die Aktion allerdings ebenfalls hoch umstritten. Siehe dazu: Bose, Sophie/Dörre, Klaus/Köster, Jakob/Lütten, John (2020): Nach der Kohle II. Konflikte um Energie und regionale Entwicklung in der Lausitz. Rosa-Luxemburg-Stiftung (Hg.). Berlin, hier: S. 23.

8 Steffen Liebig hat den Tarifkonflikt in mehreren Städten empirisch untersucht. Dabei hat sich gezeigt, dass die Zusammenarbeit von Gewerkschaft und Klimabewegung äußerst vielschichtig ist und vor Ort sehr unterschiedlich verläuft. Die Ergebnisse der Untersuchung werden in einer kleinen Studie publiziert.

9 Barthe, Gwendolyn (2020): Neue Allianzen: Wenn Gewerkschaften und Umweltakteure zusammenarbeiten, in: Einblick vom 7. April 2020, https://www.dgb.de/themen/++co++0d4fe720-97a8-11eb-b94d-001a4a160123. Zugriff: 4.5.2021; siehe auch: Kaiser (2020), Wir fahren zusammen, S. 275, 285 sowie: Ball, Mira (2021): Eine ›systemrelevante Branche‹ attraktiv machen, in: Flore et al. (Hg.), Unterwegs zur neuen Mobilität, S. 207–220.

10 Bätzold, Carsten (2021): »Elektro-SUVs lösen kein Problem«. Interview mit Jörn Boewe und Johannes Schulten, in: Der Freitag, Ausgabe 12/2021, S. 11.

11 Ingrao, Pietro/Rossanda, Rossana (1996): Verabredungen zum Jahrhundertende. Eine Debatte über die Entwicklung des Kapitalismus und die Aufgaben der Linken. Hamburg, S. 110.

12 Gemeint ist ein kollektives Eigentum zur Existenzsicherung in Gestalt von Mitbestimmung, tariflichen Normen und sozialen Rechten. Begriffsschöpfer ist Robert Castel: »Das soziale Eigentum ließe sich als Produktion äquivalenter sozialer Sicherungsleistungen bezeichnen, wie sie zuvor allein das Privateigentum lieferte.« Castel (2005), Die Stärkung des Sozialen, S. 41f. Diese Definition von Sozialeigentum als »Besitz« der Lohnabhängigen im Kapitalismus unterscheidet sich von Pat Devines Bezeichnung für kollektives Selbsteigentum, das in Kapitel IX diskutiert wurde.

13 Mallet, Serge (1964): La nouvelle classe ouvrière. Paris.

14 Dazu allerdings unter einem irreführenden Titel: Baethge, Martin/Denkinger, Joachim/Kadritzke, Ulf (1995): Das Führungskräfte-Dilemma. Manager und industrielle Experten zwischen Unternehmen und Lebenswelt. Frankfurt a. M./New York.

15 Mika, Bascha (2020): Gespräch mit Astrophysiker Harald Lesch und Pfarrer Thomas Schwarz. Corona in der Gesellschaft: »Für die meisten Menschen beginnt die Pandemie erst jetzt«, in: Frankfurter Rundschau vom 9. Dezember 2020.

16 An dieser Stelle muss eine ausführliche Klassenanalyse unterbleiben. Zur Begründung meines Konzepts einer Dreiteilung lohnabhängiger Klassen siehe: Dörre (2020c), Transformationskonflikt, S. 58 f. Ausführlich dazu: Dörre, Klaus (2021a): Die demobilisierte Klassengesellschaft. Frankfurt a. M./New York.

17 Mann (2014), Das Ende ist vielleicht nah – aber für wen?, S. 115.

18 Hund, Wulf D. (2014): Negative Vergesellschaftung. Dimensionen der Rassismusanalyse. Münster.

19 Wacquant (2009), Die Wiederkehr des Verdrängten.

20 Gertel, Jörg/Ouaissa, Rachid (Hg.) (2014): Jugendbewegungen. Städtischer Widerstand und Umbrüche in der arabischen Welt. Bielefeld; Schmalz, Stefan/Liebig, Steffen (2014). Ein neuer Protestzyklus? Zum Wandel des sozialen Konflikts in Westeuropa, in: Dörre, Klaus/Jürgens, Kerstin/Matuschek, Ingo (Hg.): Arbeiten in Europa: Marktfundamenta-

lismus als Zerreißprobe, S. 229–245. Frankfurt a. M./New York, S. 229–245.

21 Leiulfsrud, Håkon/Bison, Ivano/Jensberg, Heidi (2005): Social class in Europe. European Social Survey 2002/3. Trondheim.

22 Oesch, Daniel (2007): Zur Analyse der Klassenstruktur von Dienstleistungsgesellschaften: soziale Schichtung in Deutschland und der Schweiz, in: Widerspruch 52/2007, S. 59–74.

23 Nach Berechnungen auf Basis des Mikrozensus: Dörre (2020a), Warteschlange, S. 28.

24 Zu den Vermittlungen siehe: Bourdieu, Pierre (1988): Die feinen Unterschiede. Kritik der gesellschaftlichen Urteilskraft. Frankfurt a. M., S. 655–659.

25 Dazu anregend: Kadritzke, Ulf (2017): Mythos »Mitte«. Oder: Die Entsorgung der Klassenfrage. Berlin.

26 Zur Formierung neuer Arbeiterbewegungen siehe: Azzellini, Dario (Hg.) (2021): If Not Us, Who? Workers against authoritarianism, fascism and dictatorship. Hamburg; zur Erneuerung von Gewerkschaften: Martin, Alice/Qick, Annie (2020): Unions Renewed. Building Power in an Age of Finance. Cambridge.

27 Zuboff (2019), Überwachungskapitalismus, S. 65.

28 Ringger/Wermuth (2020), Service Publik Revolution, S. 206.

29 Srnicek, Nick/Williams, Alex (2016): Die Zukunft erfinden. Berlin.

30 Arruzza et al. (2019), Feminismus für die 99 %, S. 24. Herv. i. O.

31 Ebd., S. 63.

32 Ebd., S. 71.

33 Vgl. Wagenknecht, Sahra (2021): Die Selbstgerechten. Frankfurt a. M./New York, S. 44. In deutlichem Kontrast zu Wagenknecht: Fraser, Nancy (2017): Für eine neue Linke oder: Das Ende des progressiven Neoliberalismus, in: Blätter für deutsche und internationale Politik, 62(2)/2017, https://www.blaetter.de/ausgabe/2017/februar/fuer-eine-neue-linke-oder-das-ende-des-progressiven-neoliberalismus. Zugriff: 4.5.2021.

34 Davis, Angela (2018): Vorwort, in: Khan-Cullors, Patrisse (2018): #BlackLiversMatter. Köln, S. 9–12, hier: S. 10. Siehe auch: Joseph, Jamal (2020): Es ist dieselbe Maschinerie. Interview in der Süddeutschen Zeitung vom 4. Juni 2020, https://www.sueddeutsche.de/kultur/proteste-usa-blackout-tuesday-1.4925557?reduced=true. Zugriff: 4.5.2021.

35 Engels (1972), Lage, in: MEW 2, Berlin, S. 320.

36 Krätke, Michael (2020): Friedrich Engels oder: Wie ein Cotton-Lord den Marxismus erfand. Berlin.

37 Engels (1972), Lage, in: MEW 2, Berlin, S. 322 f.

38 »Klassismus umfasst ideologische Strukturen, die auch in anderen Unterdrückungsformen Anwendung finden. Er funktioniert über Naturalisierung, Kulturalisierung, dichotome Oben-Unten-Konstruktionen, Institutionalisierung und sprachliche Zuschreibungen.« Kemper, Andreas/Weinbach, Heike (2020 [2009]): Klassismus. Eine Einführung. Münster, S. 23 f. Ein Problem dieser Definition ist, dass mit ihr sämtliche Arbeiter:innen, die ein dichotomes Gesellschaftsbild artikulieren, des Klassismus überführt wären.

39 Ebd., S. 351. E. P. Thompson hat nachgewiesen, dass die Entstehung der organisierten Arbeiterbewegung tatsächlich von einer »radikalen Volkskultur« profitierte, die Engels allenfalls ansatzweise beschreibt. Siehe: Thompson, Edward P. (1987): Die Entstehung der englischen Arbeiterklasse. Zwei Bände. Frankfurt a. M., hier: S. 807 ff.

40 Dazu ausgezeichnet und viel zu wenig beachtet: Bescherer, Peter (2013): Vom Lumpenproletariat zur Unterschicht. Produktivistische Theorie und politische Praxis. Frankfurt a. M./New York.

41 Klein, Naomi (2019): Warum nur ein Green New Deal unseren Planeten retten kann. Hamburg, S. 273.

42 Ebd., S. 317.

43 Ebd., S. 318.

44 Ebd., S. 323.

45 Ebd., S. 329.

46 Als zusätzliche Beispiele zu den bereits genannten siehe: Riexinger, Bernd (2020): System Change. Plädoyer für einen linken Green New Deal. Hamburg; Hirschl, Dierk (2020): Das Gift der Ungleichheit. Wie wir die Gesellschaft vor einem sozial und ökologisch zerstörerischen Kapitalismus retten können. Bonn.

47 Dazu anregend: Brandt, Peter/Braun, Reiner/Müller, Michael (Hg.) (2019): Frieden! Jetzt! Überall! Ein Aufruf. Frankfurt a. M.

48 Anregend auch: Schäfer, Paul (2021): Progressive Außenpolitik. Abrüstung. Nachhaltige Entwicklung. Menschenrechte, in: Sozialismus.de, Supplement zu Heft 5/2021. Für die Schwierigkeiten progressiver Außenpolitik aus der Perspektive eines politischen Praktikers exemplarisch: Volmer, Ludger (2013): Kriegsgeschrei und die Tücken der deutschen Außenpolitik. Berlin.

49 Randers, Jorgen/Maxton, Graeme (2016): Ein Prozent ist genug. Mit wenig Wachstum soziale Ungleichheit, Arbeitslosigkeit und Klimawandel bekämpfen. München, S. 239.
50 Ebd.
51 Marx, Karl/Engels, Friedrich (1977 [1848]): Manifest der Kommunistischen Partei, in: MEW 4, Berlin, S. 459–493, hier: S. 474.
52 Ebd., S. 493.
53 Ebd., S. 474.
54 Harvey (2014), Rätsel des Kapitals, S. 251.
55 Hessel, Stéphane (2011): Engagiert euch! Im Gespräch mit Gilles Vanderpooten. 2. Auflage. Berlin.
56 Wallerstein, Immanuel (2014): Die strukturelle Krise oder Warum der Kapitalismus sich nicht mehr rentieren könnte, in: Wallerstein et al., Stirbt der Kapitalismus?, S. 17–48, hier: S. 44 f.
57 Marx/Engels (1977), Manifest, MEW 4, Berlin, S. 493.
58 Arendt (2006): Elemente und Ursprünge, S. 327.
59 Ebd., S. 327 f.
60 Reckwitz, Andreas (2021): Die neue Politik des Negativen, in: Der Spiegel vom 6. März 2021, S. 42.
61 Bloch, Ernst (1976 [1954]): Das Prinzip Hoffnung. Erster Band. 3. Aufl., Frankfurt a. M., S. 1.
62 Schmidt, Alfred (2016 [1962]): Der Begriff der Natur in der Lehre von Marx. Überarbeitete und ergänzte Neuausgabe, 5. Auflage. Hamburg, S. 147.
63 Bloch (1976), Prinzip Hoffnung, S. 1.
64 Schmidt (2016), Begriff der Natur, S. 223.

Zum Schluss: Sozialismus im Handgemenge

1 Bottom Orchestra. Songs of Work. WhyPlayJazz 2019. Whyplayjazz.com. Die KD-Radioshow ist zu hören unter: aut 107, 90 MHZ (cable) or: UKW 103, 4 MHZ via stream: http://radio-okj.de/wp-content/themes/radiookj/okj-player.html. Am besten die Seite des OKJ (https://radio-okj.de/) aufrufen und dort den Web-Player betätigen. Oder – ganz klassisch – über UKW 103, 4 MHZ. Einzelne Sendungen können bestellt werden bei: Anna Mehlis: annamehlis@googlemail.com.
2 https://youtu.be/8kfTand1N5A, Zugriff: 31.5.2021.

3 Warszawski, Lila/Kriegler, Elmar/Lenton, Timothy M./Gaffney, Owen/Jacob, Daniela/Klingenfeld, Daniel/Koide, Ryu/Costa, María Máñez/Messner, Dirk/Nakicenovic, Nebojsa/Schellnhuber, Hans Joachim/Schlosser, Peter/Takeuchi, Kazuhiko/van der Leeuw, Sander/ Whiteman, Gail/Rockström, Johan (2021): All options, not silver bullets, needed to limit global warming to 1,5°C: a scenario appraisal. Environmental Research Letters. DOI:10.1088/1748-9326/abfeec, Zugriff: 28.5.2021. Siehe auch: Will, Joachim (2021): Der Fensterspalt für das 1,5-Grad-Limit, in: Frankfurter Rundschau vom 18. Mai 2021, S. 27.

4 Bandt, Olaf (2020): Ökologisch-soziale Gemeinwirtschaft. Wege aus der Umweltkrise, in: spw 6/2020, S. 17–21.

5 Sommer, Bernd (2020): Nachhaltigkeit als Utopie? Zur Bedeutung von Zukunftsbildern für eine sozial-ökologische Transformation, in: Görgen/Wendt (Hg.), Sozial-ökologische Utopien, S. 65–79. Beide Autoren vermeiden das S-Wort, dennoch schließen sie an Erik Olin Wrights Strategien sozialistischer Handlungsfähigkeit an.

6 Chakrabarty, Dipesh (2020): Der Planet als neue humanistische Kategorie, in: Adloff/Neckel (Hg.), Gesellschaftstheorie, S. 23–53.

7 Leibinger, Jürgen (2021): Nachdenken über Eigentum, in: Das Blättchen (In der Tradition der Weltbühne), Nr. 11 vom 24. Mai 2021. Leibinger weist darauf hin, dass auch Teile der kapitalistischen Eliten über ein »Verantwortungseigentum« als Baustein der sozialen Marktwirtschaft nachdenken. Mit ihrem Leistungseigentum knüpft Sahra Wagenknecht an diese Debatte an.

8 Marx, Karl (1969 [1845]): Thesen über Feuerbach, in: MEW 3, Berlin, S. 3–7, hier: S. 6.

9 Zu wachstumskritischen Orientierungen im Alltagsbewusstsein von Lohnabhängigen zuletzt: Dörre (2020a), Warteschlange, S. 157–161; am Beispiel von Beschäftigten im Braunkohlerevier siehe auch: Bose, Sophie/Dörre, Klaus/Köster, Jakob/Lütten, John/Dörre, Nelson/Szauer, Armin (2019): Braunkohleausstieg im Lausitzer Revier. Sichtweisen von Beschäftigten, in: Rosa-Luxemburg-Stiftung (Hg.): Nach der Kohle. Alternativen für einen Strukturwandel in der Lausitz, S. 89–112.

10 Vgl. Brand, Ulrich/Wissen, Markus (2017): Imperiale Lebensweise. Zur Ausbeutung von Mensch und Natur im Globalen Kapitalismus. München. Dazu kritisch: Dörre, Klaus (2019c): Imperiale Lebensweise – eine hoffentlich konstruktive Kritik, in: Book, Carina/Huke, Nicolai/

Klauke, Sebastian/Tietje, Olaf (Hg.): Alltägliche Grenzziehungen. Das Konzept der »imperialen Lebensweise«, Externalisierung und exklusive Solidarität. Münster, S. 242–264.

11 Das ist der Begriff für eine Politik, die eine bewegungsorientierte Minderheit innerhalb der italienischen kommunistischen Partei (PCI) nach dem Scheitern des historischen Kompromisses entwarf. Vgl. Magri (2014), Schneider, S. 319.

12 Am Beispiel von Wien und dessen Arbeiterbewegungstraditionen: Novy, Andreas (2011): Unequal diversity – on the political economy of social cohesion in Vienna, in: European Urban and Regional Studies, Jg. 18, H. 3, S. 239–253.

13 In den Diskussionen meines Beitrags, den ich zu einem hochinteressanten Band über die Verkehrsproblematik beisteuern durfte, ist mir die »fliegende Putzfrau« mit einer solchen Vehemenz begegnet, dass ich das Beispiel gerne noch einmal aufgreife. Siehe: Dörre, Klaus (2021b): Gewerkschaften in der Großen Transformation – konservierende oder transformierende Interessenpolitik?, in: Flore et al. (Hg.), Unterwegs zur neuen Mobilität, S. 225–246.

14 Lessenich, Stephan (2016): Neben uns die Sintflut. Die Externalisierungsgesellschaft und ihr Preis. Berlin.

15 Lessenich, Stephan (2017): Grenzen der Ausbeutung. Wie der globale Norden über die Verhältnisse des Südens lebt, in: ISW-Report 109, S. 56–64, hier besonders: S. 57. Es gibt allerdings einen deutlichen Unterschied zwischen dem schriftlichen und dem mündlichen Lessenich, der mündliche ist deutlich differenzierter und auch in seiner Polemik moderater. Lieber Stephan, wir bleiben in der Diskussion!

16 Sloterdijk, Peter (2006): Zorn und Zeit. Politisch-psychologischer Versuch. Frankfurt a. M.

17 Lessenich, Stephan (2019): Mitgegangen, mitgefangen. Das große Dilemma der Großen Transformation, in: Dörre et al. (Hg.), Große Transformation?, S. 57–73.

18 Lessenich, Stephan (2018): Der Klassenkampf der Mitte, in: Süddeutsche Zeitung vom 2. Januar 2018.

19 Vgl. dazu: Gonçalves, Guilherme L. (2018): On Capital-Imperialism. An Interview with Virginia Fontes, in: Global Dialogue, Vol. 8.1, April 2018, S. 6–9; vgl. dazu auch: Boris, Dieter (2017): Imperiale Lebensweise? Ein Kommentar (zum Buch von Uli Brand und Markus Wissen), in: Sozialismus 7/8 2017, S. 63–65.

20 Für die in der Presse kolportierte Behauptung, Wähler:innen der Grünen kauften überdurchschnittlich häufig SUVs, fehlen die empirischen Belege. Sie besitzen SUVs nur genauso häufig wie die Anhänger:innen von SPD, FDP und Union. Siehe: Wichmann, Moritz (2021): SUV-Fakenews, in: Neues Deutschland vom 21. Mai 2021. Doch macht das die Sache wirklich besser?

21 Haug (2010), Köchin, S. 1094.

22 Harvey (2015), Siebzehn Widersprüche, S. 289.

23 Noch immer lesenswert: Grün, Josef/Wiener, Detlev (1984): Global denken, vor Ort handeln. Weltmodelle von Global 2000 bis Herman Kahn. Freiburg, S. 228. Kontrastiv: Bahro, Rudolf (1987): Logik der Rettung. Wer kann die Apokalypse aufhalten? Stuttgart.

24 Schroeder, Vera (2021): »Wut ist gut, um aktiv zu werden«. Der Geophysiker Michael E. Mann über neue Bremstaktiken der Gegner im Kampf ums Klima, in: Süddeutsche Zeitung vom 21. April 2021, S. 15.

25 Fisher, Mark (2020): Kapitalistischer Realismus ohne Alternative? Hamburg.

26 Albright, Madeleine (2018): Faschismus. Eine Warnung. Köln.

27 Engels, Friedrich (1974 [1890]): Abschiedsbrief an die Leser des *Sozialdemokrat*, in: MEW 22, Berlin, S. 76–79, hier: S. 78.

28 Holdt, Karl von (2012): Bodies of Defiance, in: Burawoy, Michael/Holdt, Karl von (Hg.): Conversations with Bourdieu. The Johannesburg Moment, Johannesburg, S. 67–73.

29 Anderson, Perry (2018): Hegemonie. Berlin, S. 241.

30 Ebd.

31 Ein kritischer, nostalgiefreier Rückblick auf die Allende-Regierung und die Pinochet-Diktatur findet sich in: Mardones, Orlando (2020): »Mensch, du lebst noch?« Ein chilenischer Arbeiter erzählt von der Zeit Allendes und Pinochets. Bodenburg.

32 Siehe: Cuevas Valenzuela, Hernán/Julián Véjar, Dasten/Rojas Hernández, Jorge (Hg.) (2019): América Latina. Expansión capitalista, conflictos sociales y ecológicos. Santiago; zur kritischen Auseinandersetzung mit dem Extraktivismus allgemein: Svampa, Maristella (2020): Die Grenzen der Rohstoffausbeutung. Umweltkonflikte und ökoterritoriale Wende in Lateinamerika. Bielefeld.

33 Eine Zeitschrift, die bezeichnenderweise »Sozialismus« heißt, hat immerhin mit der Diskussion begonnen. Siehe: Lieber, Christoph (2021): Von der Landnahme zur ›Zangenkrise‹, in: Sozialismus.de, H. 3/2021,

S. 53–57; Bischoff, Joachim/Müller, Bernhard: Ende des Interregnums? Über Pandemie, Rezession und Doppelzangenkrise, in: Sozialismus.de, H. 3/2021, S. 58–63; Troost, Axel (2021): Ansätze und Kontroversen alternativer Wachstumspolitik, in: Sozialismus.de, H. 3/2021, S. 64–66. In den Folgeheften 5/21 und 6/21 wurde die Debatte mit weiteren Beiträgen fortgesetzt. Eine vergleichbare Debatte hatte Mitte der 1980er Jahre um die Krise des Fordismus und die Herausbildung postfordistischer Gesellschaften stattgefunden. Zu den wichtigsten Büchern gehörten damals unter anderem: Aglietta, Michel (1979): A Theory of Capitalist Regulation. The US-Experience. London; Hirsch, Joachim/Roth, Roland (1986): Das neue Gesicht des Kapitalismus. Vom Fordismus zum Post-Fordismus. Hamburg; Offe, Claus (Hg.) (1984): Arbeitsgesellschaft. Strukturprobleme und Zukunftsperspektiven. Frankfurt a. M./ New York; Lutz, Burkart (1984): Der kurze Traum immerwährender Prosperität. Eine Neuinterpretation der industriell-kapitalistischen Entwicklung im Europa des 20. Jahrhunderts. Frankfurt a. M./New York; Kern, Horst/Schumann, Michael (1984): Das Ende der Arbeitsteilung? München sowie ein Jahrzehnt später: Altvater, Elmar/Mahnkopf, Birgit (1996): Grenzen der Globalisierung. Münster.

Nachwort

1 International Panel on Climate Change (IPCC, 2022): Climate Change 2022. Impacts, Adaption and Vulnerability. https://report.ipcc.ch/ar6wg2/pdf/IPCC_AR6_WGII_SummaryForPolicymakers.pdf. Zugriff: 6.3.2022.

2 Das Gespräch mit Pascal Zwicky findet sich unter: https://www.denknetz.ch/.

3 Derlugian, Georgi (2014): Was war der Kommunismus?, in: Wallerstein, Immanuel/Collins, Randall/Mann, Michael/Derlugian, Georgi/ Calhoun, Craig (Hg.): Stirbt der Kapitalismus? Fünf Szenarien für das 21. Jahrhundert. Frankfurt a. M., S. 123–161, hier: S. 131.

4 Albrecht, Ulrich (1997): Exterminismus, in: Historisch-Kritisches Wörterbuch des Marxismus, Bd. 3, S. 1188–1192, hier: S. 1190.

5 Ein Überblick zu Rezensionen, Podcasts, Rundfunksendungen und neuen Texten zur „Utopie des Sozialismus“ findet sich auf meiner Homepage: https://www.klaus-doerre.de/.

6 Vgl. dazu die Datenbank des Sipri: https://www.sipri.org/databases/milex. Zugriff: 7.3.2022. Mit 778 Milliarden Dollar haben die USA 2020 mit einem Anteil von etwa 39 Prozent der globalen Militärausgaben den mit Abstand größten Wehretat. Mit 252 Milliarden und 13 Prozent der weltweiten Militärausgaben folgte China auf dem zweiten Platz. Russland steigerte seine Militärausgaben auf 61,7 Milliarden Dollar, gab jedoch 6,6 Prozent weniger Geld aus als im Verteidigungsbudget geplant. Deutschland folgte mit 52,8 Milliarden US-Dollar auf Platz sieben und wies den stärksten Zuwachs (5,2 Prozent Steigerung gegenüber dem Vorjahr) unter den ersten zehn Ländern auf. Laut Sipri lag der Anteil der deutschen Militärausgaben am Bruttoinlandsprodukt (BIP) 2020 bei 1,4 Prozent.

7 Zur Fundamentalökonomie und Infrastruktursozialismus siehe: Dörre, Klaus (2021c): Land in Sicht! Nachhaltiger Infrastruktursozialismus als Ausweg aus der Zangenkrise, in: Kurswechsel 4/2021, hrsg. von Oliver Prausmüller, S. 83–94.

8 Wilde, Oscar (2004): Die Seele des Menschen unter dem Sozialismus, in: ders., Essays. Band 3 der Neuen Zürcher Ausgabe. Frankfurt a. M. Den Hinweis verdanke ich Konstantin Weckers Album „Utopia“ und dem darin enthaltenen Song „Willy 2021“.

Literaturverzeichnis

Abendroth, Wolfgang (1972 [1966]): Das Grundgesetz. Eine Einführung in seine politischen Probleme. Pfullingen. Dritte erweiterte Auflage.

Abendroth, Wolfgang (1954): Die deutschen Gewerkschaften. Weg demokratischer Integration. Berlin.

Adloff, Frank/Neckel, Sighard (Hg.) (2020): Gesellschaftstheorie im Anthropozän. Frankfurt a. M.

Agamben, Giorgio (2004): Ausnahmezustand. Homo saccer II.1. Berlin.

Aglietta, Michel (2000): Ein neues Akkumulationsregime. Die Regulationstheorie auf dem Prüfstand. Hamburg.

Aglietta, Michel (1979): A Theory of Capitalist Regulation. The US-Experience. London.

Albrecht, Ulrich (1997): Exterminismus, in: Historisch-Kritisches Wörterbuch des Marxismus, Bd. 3, S. 1188–1192.

Albright, Madeleine (2018): Faschismus. Eine Warnung. Köln.

Altvater, Elmar/Mahnkopf, Birgit (1996): Grenzen der Globalisierung. Münster.

Amberger, Alexander (2014): Bahro – Harich – Havemann. Marxistische Systemkritik und politische Utopie in der DDR. Paderborn.

Anderson, Perry (2018): Hegemonie. Berlin.

Andree, Martin/Thomsen, Timo (2020): Atlas der digitalen Welt. Frankfurt a. M./New York.

Arendt, Hannah (2006): Elemente und Ursprünge totaler Herrschaft. Antisemitismus, Imperialismus, totale Herrschaft. 11. Aufl. München.

Arruzza, Cinzia/Bhattacharya, Tithi/Fraser, Nancy (2019): Feminismus für die 99 %. Ein Manifest. Berlin.

Atkinson, Anthony B. (2018): Ungleichheit. Was wir dagegen tun können. Stuttgart.

Aulenbacher, Brigitte (2019): Sozialismus reloaded? Zur Neuordnung der Gesellschaft angesichts der Transformation des Kapitalismus, in: Dörre, Klaus/Schickert, Christine (Hg.): Neosozialismus. Solidarität, Demokratie und Ökologie vs. Kapitalismus. München, S. 53–72.

Azzellini, Dario (Hg.) (2021): If Not Us, Who? Workers against authoritarianism, fascism and dictatorship. Hamburg.

Baecker, Dirk (2018): 4.0 oder: Die Lücke, die der Rechner lässt. Leipzig.

Baethge, Martin/Denkinger, Joachim/Kadritzke, Ulf (1995): Das Führungskräfte-Dilemma. Manager und industrielle Experten zwischen Unternehmen und Lebenswelt. Frankfurt a. M./New York.

Bahro, Rudolf (1987): Logik der Rettung. Wer kann die Apokalypse aufhalten? Stuttgart.

Balhorn, Loren/Sunkara, Bhaskar (Hg.) (2018): Jacobin. Die Anthologie. Berlin.

Ball, Mira (2021): Eine ›systemrelevante Branche‹ attraktiv machen, in: Flore, Manfred/Kröcher, Uwe/Cycholl, Claudia (Hg.): Unterwegs zur neuen Mobilität. Perspektiven für Verkehr, Umwelt und Arbeit. München, S. 207–220.

Bandt, Olaf (2020): Ökologisch-soziale Gemeinwirtschaft. Wege aus der Umweltkrise, in: spw 6/2020, S. 17–21.

Barthe, Gwendolyn (2020): Neue Allianzen: Wenn Gewerkschaften und Umweltakteure zusammenarbeiten, in: Einblick vom 7.4.2020, https://www.dgb.de/themen/++co++0d4fe720-97a8-11eb-b94d-001a4a160123. Zugriff: 4.5.2021.

Bätzold, Carsten (2021): »Elektro-SUVs lösen kein Problem«. Interview mit Jörn Boewe und Johannes Schulten, in: Der Freitag, Ausgabe 12/2021, S. 11.

Bayerischer Rundfunk (2021): »Hölle auf Erden«: Verheerende Folgen der Pandemie in Indien. BR24 vom 6. Mai 2021, https://www.br.de/nachrichten/deutschland-welt/corona-in-indien-verheerende-folgen-fuer-das-land,SWcRuIo. Zugriff: 26.5.2021.

Beck, Ulrich (1986): Risikogesellschaft. Auf dem Weg in eine andere Moderne. Frankfurt a. M.

Becker, Karina/Dörre, Klaus (Hg.) (2018): Demokratie ohne Wachstum? Berliner Journal für Soziologie, Jg. 28, H. 1–2.

Bermbach, Udo/Trautmann, Günter (1987): Georg Lukács. Opladen.

Bescherer, Peter (2013): Vom Lumpenproletariat zur Unterschicht. Produktivistische Theorie und politische Praxis. Frankfurt a. M./New York.

Bieling, Hans-Jürgen (2013): Die krisenkonstitutionalistische Transformation des EU-Imperiums: zwischen autoritärer Neugründung und innerem Zerfall, in: Das Argument, Jg. 55, H. 1/2, S. 34–46.

Bischoff, Joachim/Müller, Bernhard: Ende des Interregnums? Über Pandemie, Rezession und Doppelzangenkrise, in: Sozialismus.de, H. 3/2021, S. 58–63.

Blakely, Grace (2021 [2019]): Stolen. So retten wir die Welt vor dem Finanzmarktkapitalismus. Berlin.

Blecha, Laurin (2020): Pragmatismus in Argentinien. amerika21. Nachrichten und Analysen aus Lateinamerika, 19. Juni 2020, https://amerika21.de/analyse/240702/corona-pragmatismus-argentinien. Zugriff: 4.5.2021.

Bloch, Ernst (1976 [1954]): Das Prinzip Hoffnung. Erster Band. 3. Aufl. Frankfurt a. M.

Blöcker, Antje/Dörre, Klaus/Holzschuh, Madeleine (Hg.) (2020): Auto- und Zulieferindustrie in der Transformation. Beschäftigtenperspektiven aus fünf Bundesländern. Ein Projekt der Stiftung Neue Länder in der Otto Brenner Stiftung. Frankfurt a. M.

Blyth, Mark (2013): Austerity: the history of a dangerous idea. Oxford.

BMAS (2021): Von der Arbeitslosenversicherung zur Arbeits- und Bildungsversicherung. Berlin. Stand: 27. Januar 2021.

BMAS (2020): Soziale Folgen der COVID-19-Pandemie. Ergebnisse einer repräsentativen Befragung. Aufzurufen unter: https://www.armuts-und-reichtumsbericht.de/DE/Service/Studien/studien.html. Zugriff: 26.5. 2021.

BMU (2020): Klimaschutz in Zahlen. Fakten, Trends und Impulse deutscher Klimapolitik. Ausgabe 2020: https://www.bmu.de/publikation/klimaschutz-in-zahlen-2020/. Zugriff: 26.5.2021.

Boes, Andreas/Kämpf, Tobias/Langes, Barbara/ Lühr, Thomas (2015): Landnahme im Informationsraum. Neukonstituierung gesellschaftlicher Arbeit in der »digitalen Gesellschaft«, in: WSI Mitteilungen 2/2015, S. 77–85.

Boltanski, Luc (2010): Soziologie und Sozialkritik. Frankfurter Adorno-Vorlesungen 2008. Berlin.

Boltanski, Luc/Chiapello, Ève (2003): Der neue Geist des Kapitalismus. Konstanz.

Boltanski, Luc/Thévenot, Laurent (1991 [2007]): Über die Rechtfertigung. Eine Soziologie der kritischen Urteilskraft. Hamburg (Neuauflage der dt. Ausgabe von 2007).

Bonin, Holger/Gregory, Terry/Zierahn, Ulrich (2015): Research Report. Übertragung der Studie von Frey/Osborne (2013) auf Deutschland. ZEW Kurzexpertise, No. 57. Mannheim, https://www.econstor.eu/handle/10419/123310. Zugriff: 3.5.2021.

Bontrup, Heinz J. (2005): Arbeit, Kapital und Staat. Plädoyer für eine demokratische Wirtschaft. Köln.

Boris, Dieter (2017): Imperiale Lebensweise? Ein Kommentar (zum Buch von Uli Brand und Markus Wissen), in: Sozialismus 7/8 2017, S. 63–65.

Bose, Sophie/Dörre, Klaus/Köster, Jakob/Lütten, John (2020): Nach der Kohle II. Konflikte um Energie und regionale Entwicklung in der Lausitz. Rosa-Luxemburg-Stiftung (Hg.). Berlin.

Bose, Sophie/Dörre, Klaus/Köster, Jakob/Lütten, John/Dörre, Nelson/Szauer, Armin (2019): Braunkohleausstieg im Lausitzer Revier. Sichtweisen von Beschäftigten, in: Rosa-Luxemburg-Stiftung (Hg.): Nach der Kohle. Alternativen für einen Strukturwandel in der Lausitz, S. 89–112.

Bourdieu, Pierre (2014): Über den Staat. Vorlesungen am Collège de France 1989–1992. Berlin.

Bourdieu, Pierre (2000): Die zwei Gesichter der Arbeit. Interdependenzen von Zeit- und Wirtschaftsstrukturen am Beispiel einer Ethnologie der algerischen Übergangsgesellschaft. Konstanz.

Bourdieu, Pierre (1998): Das ökonomische Feld, in: ders.: Der einzige und sein Eigenheim. Schriften zu Politik und Kultur. Hamburg, S. 162–204.

Bourdieu, Pierre (1993): Über einige Eigenschaften von Feldern, in: ders. (Hg.): Soziologische Fragen. Frankfurt a. M., S. 107–114.

Bourdieu, Pierre (1988): Die feinen Unterschiede. Kritik der gesellschaftlichen Urteilskraft. Frankfurt a. M.

Braga, Ruy (2017): A rebeldia do precaridado. Sao Paulo; Ganter, Julia (2020): Brasilien im Katastrophenmodus. Lateinamerika Nachrichten, 552/2020, https://lateinamerika-nachrichten.de/artikel/brasilien-im-katastrophenmodus/. Zugriff: 26.5.2021.

Brand, Ulrich/Wissen, Markus (2017): Imperiale Lebensweise. Zur Ausbeutung von Mensch und Natur im Globalen Kapitalismus. München.

Brandt, Peter/Braun, Reiner/Müller, Michael (Hg.) (2019): Frieden! Jetzt! Überall! Ein Aufruf. Frankfurt a. M.

Braudel, Fernand (1986 [1979]): Sozialgeschichte des 15.–18. Jahrhunderts. Aufbruch zur Weltwirtschaft. München.

Braudel, Fernand (1985): Sozialgeschichte des 15.–18. Jahrhunderts. Der Alltag. München.

Brennan, Jason (2017): Gegen Demokratie. Warum wir die Politik nicht den Unvernünftigen überlassen dürfen. Berlin.

Brettner, Johannes/Hausmann, Judith/Lenhardt, Uwe/Kuhn, Joseph/Reusch, Jürgen (2021): Demokratie in der Arbeitswelt. Eine vergessene Dimension der Arbeitspolitik? Daten, Schwerpunkte, Trends, in: Schmitz,

Christoph/Urban, Hans-Jürgen (Hg.): Demokratie in der Arbeit. Eine vergessene Dimension der Arbeitspolitik? Köln, S. 293–377.

Brie, Michael/Thomasberger, Claus (2018): Karl Polanyi's Vision of a Socialist Transformation. Montréal.

Brynjolfsson, Erik/McAfee, Andrew (2014): The Second Machine Age. Kulmbach.

Buchstein, Hubertus (2019): Zwischen Neosozialismus und Retrosozialismus?, in: Dörre, Klaus/Schickert, Christine (Hg.): Neosozialismus. Solidarität, Demokratie und Ökologie vs. Kapitalismus. München, S. 33–42.

Buchstein, Hubertus/Seubert, Sandra (Hg.) (2016): John Stuart Mill: Über Sozialismus. In der Übersetzung von Sigmund Freud. Hamburg.

Buci-Glucksmann, Christine (1981): Gramsci und der Staat. Für eine materialistische Theorie der Philosophie. Köln.

Bundesamt für Statistik (2020): Der ökologische Fußabdruck der Schweiz, https://www.bfs.admin.ch/bfs/de/home/statistiken/nachhaltige-entwicklung/weitere-indikatoren-nachhaltige-entwicklung/oekologischer-fussabdruck.html. Zugriff: 3.5.2021.

Burawoy, Michael (2003): For a Sociological Marxism: The Complementary Convergence of Antonio Gramsci and Karl Polanyi, in: Politics and Society 31 (2), S. 193–261.

Cantzen, Rolf (2020): Die ökologische Sensibilität, Wachstumskritik und anarchistische Utopien, in: Görgen, Benjamin/Wendt, Björn (Hg.): Sozial-ökologische Utopien. Diesseits oder jenseits von Wachstum und Kapitalismus? München, S. 287–301.

Canzler, Weert/Knie, Andreas (2021): Auslaufmodell Privatauto – von der Notwendigkeit, mentale Pfadabhängigkeiten zu überwinden, in: Flore, Manfred/Kröcher, Uwe/Cycholl, Claudia (Hg.): Unterwegs zur neuen Mobilität. Perspektiven für Verkehr, Umwelt und Arbeit. München, S. 53–73.

Castel, Robert (2005): Die Stärkung des Sozialen. Leben im neuen Wohlfahrtsstaat. Hamburg.

CEPAL (Comisión Económica para América Latina y el Caribe): Evitar una crisis alimentaria frente al COVID-19: Acciones urgentes contra el hambre, https://www.cepal.org/sites/default/files/presentation/files/version_final_200616_ppt_covid19-fao-cepal.pdf. Zugriff: 26.5.2021.

Chakrabarty, Dipesh (2020): Der Planet als neue humanistische Kategorie, in: Adloff, Frank/Neckel, Sighard (Hg.) (2020): Gesellschaftstheorie im Anthropozän. Frankfurt a. M., S. 23–53.

Chancel, Lucas/Piketty, Thomas (2015): Carbon and inequality: From Kyoto to Paris. Trends in the global inequality of carbon emissions (1998–2013) & prospects for an equitable adaptation fund. Paris: Paris School of Economics, http://piketty.pse.ens.fr/files/ChancelPiketty2015. Zugriff: 19.5.2021.

Chaos Computer Club (2010): Forderungen für ein lebenswertes Netz, https://www.ccc.de/de/updates/2010/forderungen-lebenswertes-netz. Zugriff: 4.5.2021.

Clacso, Teoria & Cambio social (2020): La crisis mundial del covid-19 (I), https://www.clacso.org/boletin-1-la-crisis-mundial-por-el-covid-19-del-grupo-de-trabajo-teoria-social-y-realidad-latinoamericana/. Zugriff: 26.5.2021.

Clacso, Teoria & Cambio social (2020): La crisis mundial del covid-19 (II), https://www.clacso.org/boletin-2-la-crisis-mundialpor-el-covid-19-II-del-grupo-de-trabajo-teoria-social-y-realidad-latinoamericana/. Zugriff: 26.5.2021.

Climate Accountability Institute (2019): Press Release on Carbon Majors Update, 1965–2017, 9 October 2019.

Cockshott, Paul/Cottrell, Allin (1997): Value, Markets and Socialism, in: Science & Society, Vol. 61, No. 3. New York, S. 330–357.

Collier, Paul (2013): Exodus. Warum wir Einwanderung regeln müssen. München.

Crutzen, Paul J. (2019): Das Anthropozän. Schlüsseltexte des Nobelpreisträgers für das neue Erdzeitalter. München.

Cuevas Valenzuela, Hernán/Julián Véjar, Dasten/Rojas Hernández, Jorge (Hg.): América Latina. Expansión capitalista, conflictos sociales y ecológicos. Santiago.

Davis, Angela (2018): Vorwort, in: Khan-Cullors, Patrisse (2018): #BlackLiversMatter. Köln, S. 9–12.

Demirović, Alex (2007): Demokratie in der Wirtschaft. Positionen. Probleme. Perspektiven. Münster.

Deppe, Frank (2017): 1917/2017. Revolution & Gegenrevolution. Hamburg.

Deppe, Frank (2008): Politisches Denken im Kalten Krieg. Teil 2: Systemkonfrontation, Golden Age, antiimperialistische Befreiungsbewegungen. Hamburg.

Deppe, Frank (2003): Politisches Denken im 20. Jahrhundert, Bd. 2: Politisches Denken zwischen den Weltkriegen. Hamburg.

Destatis (2021): Bruttoinlandsprodukt im Jahr 2020 um 5,0 % gesunken. Pressemitteilung Nr. 020 vom 14. Januar 2021.

Destatis (2020): Bruttoinlandsprodukt: Ausführliche Ergebnisse zur Wirtschaftsleistung im 2. Quartal 2020, https://www.destatis.de/DE/Presse/Pressemitteilungen/2020/07/PD20_287_811.html. Zugriff: 26.5.2021.

Deutscher Wetterdienst (2021): Klimatologischer Rückblick auf 2020: Eines der wärmsten Jahre in Deutschland und Ende des bisher wärmsten Jahrzehnts. Stand 7.1.2021, https://www.dwd.de/DE/klimaumwelt/aktuelle_meldungen/201230/Deutschland_Klimarueckblick_2020.html;jsessionid=BCE11567EFF9B7A8D9. Zugriff: 4.5.2021.

Deutschmann, Christoph (2019): Disembedded Markets. Economic Theology and Global Capitalism. London.

Devine, Pat (2002): Participatory Planning Through Negotiated Coordination, in: Science & Society, Vol. 66, No. 1. New York, S. 72–85.

Devine, Pat (1988): Democracy and Economic Planning. Cambridge.

DGB (2021): Mitgliederzahlen 2020, https://www.dgb.de/uber-uns/dgb-heute/mitgliederzahlen/2020-2029. Zugriff: 4.5.2021.

Dörre, Klaus (2021a): Die demobilisierte Klassengesellschaft. Frankfurt a. M./New York.

Dörre, Klaus (2021b): Gewerkschaften in der Großen Transformation – konservierende oder transformierende Interessenpolitik?, in: Flore, Manfred/Kröcher, Uwe/Czycholl, Claudia (Hg.): Unterwegs zur neuen Mobilität. Perspektiven für Verkehr, Umwelt und Arbeit. München, S. 225–246.

Dörre, Klaus (2021c): Land in Sicht! Nachhaltiger Infrastruktursozialismus als Ausweg aus der Zangenkrise, in: Kurswechsel 4/2021, hrsg. von Oliver Prausmüller, S. 83–94.

Dörre, Klaus (2020a): In der Warteschlange. Arbeiter*innen und die radikale Rechte. Münster.

Dörre, Klaus (2020b): Machtressourcen und Transformationskonflikte: Eine Schlussbetrachtung, in: Dörre, Klaus/Holzschuh, Madeleine/Köster, Jakob/Sittel, Johanna (Hg.): Abschied von Kohle und Auto? Sozial-ökologische Transformationskonflikte um Energie und Mobilität. Frankfurt a. M., S. 285–306.

Dörre, Klaus (2020c): Gesellschaft in der Zangenkrise. Vom Klassen- zum sozial-ökologischen Transformationskonflikt, in: Dörre, Klaus/Holzschuh, Madeleine/Köster, Jakob/Sittel, Johanna (Hg.): Abschied von Kohle und Auto? Sozial-ökologische Transformationskonflikte um Energie und Mobilität. Frankfurt a. M., S. 23–69.

Dörre, Klaus (2019a): Risiko Kapitalismus. Landnahme, Zangenkrise, Nachhaltigkeitsrevolution, in: Dörre, Klaus/Rosa, Hartmut/Becker, Karina/Bose, Sophie/Seyd, Benjamin (Hg.): Große Transformation? Zur Zukunft moderner Gesellschaften. Sonderband des Berliner Journals für Soziologie. Wiesbaden, S. 3–34.

Dörre, Klaus (2019b): Demokratie statt Kapitalismus oder: Enteignet Zuckerberg!, in: Ketterer, Hanna/Becker, Karina (Hg.): Was stimmt nicht mit der Demokratie? Eine Debatte mit Klaus Dörre, Nancy Fraser, Stephan Lessenich und Hartmut Rosa. Berlin, S. 21–51.

Dörre, Klaus (2019c): Imperiale Lebensweise – eine hoffentlich konstruktive Kritik, in: Book, Carina/Huke, Nicolai/Klauke, Sebastian/Tietje, Olaf (Hg.): Alltägliche Grenzziehungen. Das Konzept der »imperialen Lebensweise«, Externalisierung und exklusive Solidarität. Münster, S. 242–264.

Dörre, Klaus (2018a): Neo-Sozialismus oder: Acht Thesen zu einer überfälligen Diskussion, in: Blätter für deutsche und internationale Politik 6/2018, S. 105–115.

Dörre, Klaus (2018b): Rosa Luxemburg. Die Akkumulation des Kapitals (1913), in: Brocker, Manfred (Hg.): Geschichte des politischen Denkens. Das 20. Jahrhundert. Frankfurt a. M., S. 80–95.

Dörre, Klaus (2017): Nach dem schnellen Wachstum: Große Transformation und öffentliche Soziologie, in: Aulenbacher, Brigitte/Burawoy, Michael/Dörre, Klaus/Sittel, Johanna (Hg.) (2017): Öffentliche Soziologie. Wissenschaft im Dialog mit der Gesellschaft. Frankfurt a. M./New York.

Dörre, Klaus (2015a): Social Capitalism and Crisis: From the Internal to the External Landnahme, in: Dörre, Klaus/Lessenich, Stephan/Rosa, Hartmut (Hg.): Sociology – Capitalism – Critique. London/New York, S. 247–277.

Dörre, Klaus (2015b): Beyond Shareholder Value? The Impact of Capital Market-Oriented Business Management on Labor Relations in Germany, in: Weller, Christian E. (Hg.) (2015): Inequality, Uncertainty, and Opportunity. The Varied and Growing Role of Finance Relations. Champaign: Labor and Employment Relations Association (LERA), Cornell University Press, S. 85–117.

Dörre, Klaus/Brinkmann, Ulrich (2005): Finanzmarkt-Kapitalismus: Triebkraft eines flexiblen Produktionsmodells?, in: Windolf, Paul (Hg.): Finanzmarkt-Kapitalismus. Analysen zum Wandel von Produktionsregimen. Köln, S. 85–116.

Dörre, Klaus/Haubner, Tine (2018): Landnahme through Tests: A Useful

Concept for the Sociology of Work, in: Dörre, Klaus/Mayer-Ahuja, Nicole/Sauer, Dieter/Wittke, Volker (Hg.) (2018): Capitalism and Labor. Towards Critical Perspectives. Erschienen in der Reihe International Labour Studies – Internationale Arbeitsstudien, Bd. 16. Frankfurt a. M./ New York, S. 71–112.

Dörre, Klaus/Lessenich, Stephan/Rosa, Hartmut (2015): Sociology – Capitalism – Critique. London/New York.

Dörre, Klaus/Rackwitz, Hans (2016): Finanzmarkt-Kapitalismus. Entstehung, Dynamik, Krisenpotentiale, in: Politikum, 2/2016, S. 4–16.

Dörre, Klaus/Schickert, Christine (Hg.) (2019): Neosozialismus. Solidarität, Demokratie und Ökologie vs. Kapitalismus. München.

Drohsel, Franziska (2020): Exempel Deutsche Wohnen: Der Kampf um die materiale Demokratie, in: Blätter für deutsche und internationale Politik 11/20, S. 37–40.

Eagleton, Terry (2011), Warum Marx recht hat. Berlin.

Ebermann, Thomas/Trampert, Rainer (1984): Die Zukunft der Grünen. Ein realistisches Konzept für eine radikale Partei. Hamburg.

Ellis, Erle C. (2020): Anthropozän. Das Zeitalter des Menschen – eine Einführung. München.

Engels, Friedrich (1963 [1895]): Einleitung zu Marx' Klassenkämpfe in Frankreich, in: MEW 22, Berlin, S. 509–527.

Engels, Friedrich (1974 [1893]): Interview Friedrich Engels' mit dem Korrespondenten der Zeitung Le Figaro am 8. Mai 1893, in: MEW 22, Berlin, S. 538–543.

Engels, Friedrich (1974 [1891]): Einleitung zu: Der Bürgerkrieg in Frankreich von Karl Marx, in: MEW 22, Berlin, S. 188–199.

Engels, Friedrich (1974 [1890]): Abschiedsbrief an die Leser des Sozialdemokrat, in: MEW 22, Berlin, S. 76–79.

Engels, Friedrich (1973 [1872]): Zur Wohnungsfrage, in: MEW 18, Berlin, S. 209–287.

Engels, Friedrich (1972 [1892]): Vorwort zur deutschen Ausgabe von 1892 Die Lage der arbeitenden Klasse in England, in: MEW 2, Berlin, S. 637–650.

Engels, Friedrich (1972 [1845]): Die Lage der arbeitenden Klasse in England. Nach eigener Anschauung und authentischen Quellen, in: MEW 2, Berlin, S. 225–506.

Engels, Friedrich (1971 [1878]): Herr Eugen Dührings Umwälzung der Wissenschaft [»Anti-Dühring«], in: MEW 20, Berlin, S. 1–303.

Engels, Friedrich (1971 [1886/1925]): Dialektik der Natur, in: MEW 20, Berlin, S. 305–455.

Engels, Friedrich (1962 [1880]): Die Entwicklung des Sozialismus von der Utopie zur Wissenschaft, in: MEW 19, Berlin, S. 177–228.

Eribon, Didier (2016): Rückkehr nach Reims. Berlin.

Eurofounds (2020): Industrial relations: Developments 2015–2019. Challenges and prospects in the EU series. Publication office of the European Union. Luxemburg.

Europäische Investitionsbank (2017): Investitionsbericht 2017/18. Von der Erholung zu nachhaltigem Wachstum, https://www.eib.org/attachments/efs/economic_investment_report_2017_key_findings_de.pdf. Zugriff: 4.5.2021.

Falkner, Thomas/Kahrs, Horst (2019): Der AfD-Wahlerfolg in Brandenburg bei der Landtagswahl am 1. September 2019. RLS, Berlin, https://www.rosalux.de/fileadmin/rls_uploads/pdfs/sonst_publikationen/Falkner-Kahrs-2019_AfD-Wahlerfolg-in-Brandenburg.pdf. Zugriff: 31.5.2021.

Fatheur, Thomas/Fuhr, Lili/Unmüßig, Barbara (2015): Kritik der grünen Ökonomie. München.

Federici, Silvia (2015): Caliban und die Hexe. Frauen, der Körper und die ursprüngliche Akkumulation. Budapest.

Fischer, Gabriele/Gundert, Stefanie/Kawalec, Sandara/Sowa, Frank/Stegmaier, Jens/Tesching, Karin/Theuer (2015): Situation atypisch Beschäftigter und Arbeitszeitwünsche von Teilzeitbeschäftigten. Quantitative und qualitative Erhebung sowie begleitende Forschung. IAB-Forschungsprojekt im Auftrag des Bundesministeriums für Arbeit und Soziales. Endbericht 2015, http://doku.iab.de/grauepap/2015/Forschungsprojekt_Atypik_V2_35.pdf. Zugriff: 26.5.2021.

Fisahn, Andreas (2016): Die Saat des Kadmos. Staat, Demokratie und Kapitalismus. Münster.

Fischer Weltalmanach (2019). Frankfurt a. M., S. 18 f.; DWD (2021).

Fisher, Mark (2020): Kapitalistischer Realismus ohne Alternative? Hamburg.

Flaxman, Seth et al. (2020): Estimating the effects of nonpharmaceutical interventions on COVID-19 in Europe, in: Nature, Vol. 584, S. 257–261, https://doi.org/10.1038/s41586-020-2405-7. Zugriff: 26.5.2021.

Foster, John B./Clark, Brett/York, Richard (2011): Der ökologische Bruch. Der Krieg des Kapitals gegen den Planeten. Hamburg.

Foster, John B. (2000): Marx's Ecology. Materialism and Nature. New York.

Foundational Economy Collective (2019): Die Ökonomie des Alltagslebens. Für eine neue Infrastrukturpolitik. Berlin.

Frankenberger, Günter (2017): Im Ausnahmezustand, in: Kritische Justiz 50, H. 1, S. 3–18.

Fraser, Nancy (2019): Die Krise der Demokratie: Über die politischen Widersprüche des Finanzmarktkapitalismus jenseits des Politizismus, in: Ketterer, Hanna/Becker, Karina (Hg.): Was stimmt nicht mit der Demokratie? Eine Debatte mit Klaus Dörre, Nancy Fraser, Stephan Lessenich und Hartmut Rosa. Berlin, S. 77–99.

Fraser, Nancy (2017): Für eine neue Linke oder: Das Ende des progressiven Neoliberalismus,in: Blätter für deutsche und internationale Politik, 62 (2)/2017,https://www.blaetter.de/ausgabe/2017/februar/fuer-eine-neue-linkeoder-das-ende-des-progressiven-neoliberalismus. Zugriff:4.5.2021.

Fratzscher, Marcel (2016): Verteilungskampf. Warum Deutschland immer ungleicher wird. München.

Freeland, Chrystia (2013): Die Superreichen. Aufstieg und Herrschaft einer neuen globalen Geldelite. Frankfurt a. M.

Frey, Carl B./Osborne, Michael A. (2013): The Future of Employment. Oxford. September 17, 2013, https://www.oxfordmartin.ox.ac.uk/downloads/academic/The_Future_of_Employment.pdf. Zugriff: 3.5.2021.

Fromm, Erich (2018 [1976]): Haben oder Sein. Die seelischen Grundlagen einer neuen Gesellschaft. München.

Fuchs, Christian (2018): Industry 4.0. The Digital German Ideology, in: tripleC 1(1), S. 280–289.

Fücks, Ralph (2013): Intelligent wachsen. Die grüne Revolution. München.

Fücks, Ralf/Köhler, Thomas (2019): Vorwort, in: dies. (Hg.): Soziale Marktwirtschaft ökologisch erneuern. Berlin, S. 7–12.

Funk, Rainer (2007): Das Leben selbst ist eine Kunst. Einführung in das Leben und Werk von Erich Fromm. Freiburg.

Galbraith, James K. (2020): Mehr New Deal wagen. Joe Biden und die Gefahr des alten Denkens, in: Blätter für deutsche und internationale Politik 11/2020, S. 71–78.

Galbraith, James K. (2016): Wachstum neu denken. Was die Wirtschaft aus der Krise lernen muss. Zürich.

Gallagher, Kevin P./Kozul-Wright, Richard (2019): A New Multilateralism for Shared Prosperity. Geneva Principles for a Global Green New Deal. Geneva.

Gates, Bill (2021): Wie wir die Klimakatastrophe verhindern. München.

Gehring, Hans (1914): Die Begründung des Prinzips der Sozialreform. Eine literarhistorische Untersuchung über Manchestertum und Kathedersozialismus. Jena.

Gertel, Jörg/Ouaissa, Rachid (Hg.) (2014): Jugendbewegungen. Städtischer Widerstand und Umbrüche in der arabischen Welt. Bielefeld.

Gesamtmetall (Hg.) (2020): Wiederhochfahren und Wiederherstellung. Vorschläge für die 2. und 3. Phase der Corona-Krise. Berlin.

Gesellschaft für innovative Beschäftigungsförderung (2018): G.I.B.-Info 2/18, S. 76–105.

Glättli, Balthasar/Niklaus, Pierre Alain (2014): Die unheimlichen Ökologen. Sind zu viele Menschen das Problem? Zürich.

Global Policy Forum (Hg.) (2020): Agenda 2030: Wo steht die Welt? 5 Jahre SDGs – eine Zwischenbilanz, Bonn 2020, https://www.globalpolicy.org/home/265-policy-papers-archives/53260-agenda-2030-wo-steht-die-welt.html. Zugriff: 4.5.2021.

Glotz, Peter (1999): Die beschleunigte Gesellschaft. Kulturkämpfe im digitalen Kapitalismus. München.

Goeudevert, Daniel (2020): Wie Wirtschaft und Politik den Wandel verschlafen. Köln.

Goffman, Alice (2015): On the run. Die Kriminalisierung der Armen in Amerika. München.

Gonçalves, Guilherme L. (2018): On Capital-Imperialism. An Interview with Virginia Fontes, in: Global Dialogue, Vol. 8.1, April 2018, S. 6–9.

Gordon, Robert J. (2016): The Rise and Fall of American Growth. The U.S. Standard of Living Since the Civil War. Princeton.

Gorz, André (2004): Wissen, Wert und Kapital. Zur Kritik der Wissensökonomie. Zürich.

Gramsci, Antonio (1991 ff.): Gefängnishefte, Bd. 1–10. Hamburg.

Grober, Ulrich (2013): Die Entdeckung der Nachhaltigkeit. Kulturgeschichte eines Begriffs. München.

Groos, Jan (2020): Unsere neue sozialistische Ökonomie, in: Jacobin, Nr. 2, Herbst 2020. Die Zukunft, S. 34–39.

Grün, Josef/Wiener, Detlev (1984): Global denken, vor Ort handeln. Weltmodelle von Global 2000 bis Herman Kahn. Freiburg.

Guérin, Daniel (1971): Anarchismus. Begriff und Praxis. Frankfurt a. M.

Hall, Stuart (1989): Das »Politische« und das »Ökonomische« in der Marxschen Klassentheorie, in: ders.: Ausgewählte Schriften. Ideologie, Kultur, Medien, Neue Rechte, Rassismus. Hamburg, S. 11–55.

Hank, Rainer (2019): Wer schützt die Marktwirtschaft, in: Frankfurter Allgemeine Sonntagszeitung vom 5. Mai 2019.
Harvey, David (2014): Das Rätsel des Kapitals entschlüsseln. Den Kapitalismus und seine Krisen überwinden. Hamburg.
Harvey, David (2011): Marx' Kapital lesen. Hamburg.
Haug, Frigga (2010): Köchin, in: Historisch-kritisches Wörterbuch des Marxismus, Bd. 7/II, S. 1078–1096.
Haug, Wolfgang Fritz (2015): Marxismus, in: Historisch-Kritisches Wörterbuch des Marxismus, Bd. 8/II. Berlin, S. 1843–1877.
Haunss, Sebastian/Sommer, Moritz (Hg.) (2020): Fridays for Future – die Jugend gegen den Klimawandel. Konturen der weltweiten Protestbewegung. Bielefeld.
Helfrich, Silke (2014): Commons. Für eine Neue Politik jenseits von Markt und Staat. Bielefeld.
Herrmann, Ulrike (2019): Schrumpfen in Schönheit, in: TAZ vom 12.10.2019, https://taz.de/Abschied-vom-Wachstum/!5629125/. Zugriff: 26.5.2021.
Hessel, Stéphane (2011): Engagiert euch! Im Gespräch mit Gilles Vanderpooten. 2. Aufl. Berlin.
Heyer, Jakob (2020): Grundprobleme einer postkapitalistischen Produktionsweise. Masterarbeit. Jena (unveröffentlichtes Manuskript).
Hilferding, Rudolf (1974 [1909]): Das Finanzkapital. Basis Studienausgaben. Eingeleitet von Eduard März. 3. unveränd. Ausgabe, 2 Bände, Bd. 2. Köln.
Hinke, Robert (2020): Tarif-, Lohn- und Leistungspolitik in Ostdeutschland (1945–2004). Eine Untersuchung des Konflikts um Lohn und Leistung in der SBZ, der DDR und den Neuen Bundesländern – am Beispiel der Metall- und Elektroindustrie. Jena (Dissertation, MS).
Hirsch, Joachim/Roth, Roland (1986): Das neue Gesicht des Kapitalismus. Vom Fordismus zum Post-Fordismus. Hamburg.
Hirschl, Dierk (2020): Das Gift der Ungleichheit. Wie wir die Gesellschaft vor einem sozial und ökologisch zerstörerischen Kapitalismus retten können. Bonn.
Hobsbawm, Eric (1994): Zeitalter der Extreme. Frankfurt a. M.
Höcke, Björn (2017): Die letzte evolutionäre Chance. Dresdener Rede vom 17. Januar 2017. Nachgedruckt in: Compact Edition (Hg.) (2020): Höcke. Interviews, Reden, Tabubrüche, S. 52–71.
Holdt, Karl von (2012): Bodies of Defiance, in: Burawoy, Michael/Holdt, Karl von (Hg.): Conversations with Bourdieu. The Johannesburg Moment, Johannesburg, S. 67–73.

Honneth, Axel (2015): Idee des Sozialismus. Berlin.
Horkheimer, Max/Adorno, Theodor W. (1969 [1944]): Dialektik der Aufklärung. Philosophische Fragmente. Frankfurt a. M.
Huffschmid, Jörg (2002): Politische Ökonomie der Finanzmärkte. Hamburg.
Hund, Wulf D. (2014): Negative Vergesellschaftung. Dimensionen der Rassismusanalyse. Münster.
IAB/BiBB/GWS (2021): Aktualisierte BMAS-Prognose »Digitalisierte Arbeitswelt«. Berlin.
IBA Thüringen (2019): StadtLand. Magazin zur Zwischenpräsentation der IBA Thüringen. Ausgabe 5/2019.
IBA Thüringen (2017): Arch+. Der neue Rurbanismus. Weimar.
IEA (International Energy Agency) (2020): Global energy review 2020. Paris 2020, https://www.iea.org/reports/global-energy-review-2020. Zugriff: 4.5.2021.
Ifo Institut, Konjunkturumfragen. Juni 2020, https://www.ifo.de/node/56 337. Zugriff: 5.4.2021.
ILO (International Labour Organisation): ILO Monitor, 2nd edition: Covid-19 and the world of work. Updated estimates and analysis, https:// www.ilo.org/wcmsp5/groups/public/---dgreports/---dcomm/documents/briefingnote/wcms_740877.pdf. Zugriff: 26.5.2021.
IMF (2021): World Economic Outlook Managing Divergent Recoveries. April 2021, https://www.imf.org/en/Publications/WEO/Issues/2021/03/23/world-economic-outlook-april-2021. Zugriff: 12.4.2021.
IMF (2020): World economic outlook update, June 2020. A Crisis like no other, an uncertain recovery. Washington 2020, https://www.imf.org/en/Publications/WEO/Issues/2020/06/24/WEOUpdateJune2020. Zugriff: 26.5.2021.
Ingrao, Pietro/Rossanda, Rossana (1996): Verabredungen zum Jahrhundertende. Eine Debatte über die Entwicklung des Kapitalismus und die Aufgaben der Linken. Hamburg.
International Monetary Fund (IMF) (2017): World Economic Outlook. Gaining Momentum. Washington.
IPCC (2018): Special Report. Global Warming of 1,5 ° C. Bonn; Rogelj, Joeri/Forster, Piers/Kriegler, Elmar/Smith, Chris/Séférian, Roland (2019): Estimating and tracking the remaining carbon budget for stringent climate targets, in: Nature 571, S. 335–342; UNEP (2019): Emissions Gap Report 2019. Nairobi.
IPCC (2022): Climate Change 2022. Impacts, Adaption and Vulnerability.

https://report.ipcc.ch/ar6wg2/pdf/IPCC_AR6_WGII_SummaryForPolicymakers.pdf. Zugriff: 06.03.2022

Itoh, Makoto (2021): Value and Crisis. New York.

Ivanova, Diana/Wood, Richard (2020): The unequal distribution of household carbonfootprints in Europe and its link to sustainability, in: Global Sustainability 3, e18, S. 1–12, https://doi.org/10.1017/sus.2020.12. Zugriff: 3.5.2021.

Jackson, Tim (2011): Wohlstand ohne Wachstum. München.

Jackson, Tim (2009): Prosperity without Growth. Economics for a Finite Planet. London.

Jessop, Bob (2019): Kapitalismus, Staat, Transformation: Neosozialismus oder demokratischer Ökosozialismus?, in: Dörre, Klaus/Schickert, Christine (Hg.): Neosozialismus. Solidarität, Demokratie und Ökologie vs. Kapitalismus. München, S. 97–110.

Jessop, Bob (2012): Ist Demokratie noch die »denkbar beste politische Hülle des Kapitalismus«? Bemerkungen zur Postdemokratie-These, in: Nordman, Jürgen/Hirte, Katrin/Ötsch, Walter O. (Hg.): Demokratie! Welche Demokratie? Postdemokratie kritisch hinterfragt. Marburg, S. 35–60.

Jessop, Bob/Sum, Ngai-Ling (2013): Towards Cultural Political Economy: Putting Culture in its Place in Political Economy. Cheltenham.

Joseph, Jamal (2020): Es ist dieselbe Maschinerie. Interview in der Süddeutschen Zeitung vom 4. Juni 2020, https://www.sueddeutsche.de/kultur/proteste-usa-blackout-tuesday-1.4925557?reduced=true. Zugriff: 4.5.2021.

Kadritzke, Ulf (2017): Mythos »Mitte«. Oder: Die Entsorgung der Klassenfrage. Berlin.

Kaelble, Hartmut (2017): Mehr Reichtum, mehr Armut: soziale Ungleichheit in Europa vom 20. Jahrhundert bis zur Gegenwart. Frankfurt a. M./New York.

Kaiser, Julia (2020): #Wir fahren zusammen. Die Allianz von Fridays for Future und ver.di im Bereich Nahverkehr als Exempel ökologischer Klassenpolitik, in: Dörre, Klaus/Holzschuh, Madeleine/Köster, Jakob/Sittel, Johanna (Hg.) (2020): Abschied von Kohle und Auto? Sozial-ökologische Transformationskonflikte um Energie und Mobilität. Frankfurt a. M., S. 267–283.

Kemper, Andreas/Weinbach, Heike (2020 [2007]): Klassismus. Eine Einführung. Münster.

Kern, Bruno (2019): Das Märchen vom grünen Wachstum. Plädoyer für eine solidarische und nachhaltige Gesellschaft. Zürich.

Kern, Horst/Schumann, Michael (1984): Das Ende der Arbeitsteilung? München.

Ketterer, Hanna/Becker, Karina (Hg.) (2019): Was stimmt nicht mit der Demokratie? Eine Debatte mit Klaus Dörre, Nancy Fraser, Stephan Lessenich und Hartmut Rosa. Berlin.

Kielmannsegg, Peter Graf (2018): Wie der Bundestag im Fall der Ehe für alle versagt hat, in: Frankfurter Allgemeine Zeitung vom 1. Februar 2018, https://www.faz.net/aktuell/politik/staat-und-recht/gastbeitrag-von-peter-graf-kielmanseggoeffnung-der-ehe-war-parlamentarisches-versagen-15426474.html. Zugriff: 4.5.2021.

Klein, Naomi (2019): Warum nur ein Green New Deal unseren Planeten retten kann. Hamburg.

Knie, Andreas (2020): Gemeinsam in den Abgrund. Das Auto, die Politik und wir. Text für das Forschungskolloquium. Berlin (MS, unveröffentlicht).

Kocka, Jürgen (2013): Geschichte des Kapitalismus. München.

Köster, Jakob/Bose, Sophie/Dörre, Klaus/Lütten, John (2020): Nach der Braunkohle. Konflikte um Energie und regionale Entwicklung in der Lausitz, in: Dörre, Klaus/Holzschuh, Madeleine/Köster, Jakob/Sittel, Johanna (Hg.): Abschied von Kohle und Auto? Sozial-ökologische Transformationskonflikte um Energie und Mobilität. Frankfurt a. M., S. 71–127.

Krätke, Michael (2020): Friedrich Engels oder: Wie ein Cotton-Lord den Marxismus erfand. Berlin.

Krätke, Michael (2008): Eine andere Demokratie für eine andere Wirtschaft. Wirtschaftsdemokratie und Kontrolle der Finanzmärkte, in: Widerspruch 55, S. 5–16.

Krenn, Manfred (2019): Kuba – eine prekarisierte Postwachstumsgesellschaft ohne Zukunft?, in: Dörre, Klaus/Rosa, Hartmut/Becker, Karina/Bose, Sophie/Seyd, Benjamin (Hg.): Große Transformation? Zur Zukunft moderner Gesellschaften. Sonderband des Berliner Journals für Soziologie. Wiesbaden, S. 349–363.

Krüger, Stephan (2012): Keynes & Marx. Kritik der Politischen Ökonomie und Kapitalismusanalyse, Bd. 4. Hamburg.

Laibman, David (2002): Democratic Coordination: Towards a Working Socialism For the New Century, in: Science & Society, Vol. 66, No. 1. New York, S. 116–129.

Lange, Oscar (1937): On the Economic Theory of Socialism: Part Two, in: The Review of Economic Studies, Vol. 4, No. 2. Oxford, S. 123–142.

Lange, Oscar (1936): On the Economic Theory of Socialism: Part One, in: The Review of Economic Studies, Vol. 4, No. 1. Oxford, S. 53–71.

Lehndorf, Steffen (2020): New Deal heißt Mut zum Konflikt. Was wir von Roosevelts Reformpolitik der 1930er Jahre heute lernen können. Hamburg.

Lehndorff, Steffen (2019): Erste Schritte auf einem langen Weg: Kurze Vollzeit als Element eines neuen Normalarbeitsverhältnisses, in: Ludwig, Carmen/Simon, Hendrik/Wagner, Alexander (Hg.): Entgrenzte Arbeit, (un)begrenzte Solidarität. Münster, S. 32–46.

Leibinger, Jürgen (2021): Nachdenken über Eigentum, in: Das Blättchen (In der Tradition der Weltbühne), Nr. 11 vom 24. Mai 2021.

Leite, Macia de Paula/Biavaschi, Magda/Salas, Carlos/Lima, Jacob (2020): O trabalho em crise: flexibilidade e precariedades. Resenha EBC Agência Brasil.

Leiulfsrud, Håkon/Bison, Ivano/Jensberg, Heidi (2005): Social class in Europe. European Social Survey 2002/3. Trondheim.

Lenin, Wladimir Iljitsch (1977 [1916]): Der Imperialismus als höchstes Stadium des Kapitalismus. Gemeinverständlicher Abriß, in: Gesammelte Werke (LW), Bd. 22. Berlin, S. 189–309.

Leopoldina, Nationale Akademie der Wissenschaften (2020): Coronavirus-Pandemie– Die Krise nachhaltig überwinden, https://www.leopoldina.org/uploads/tx_leopublication/2020_04_13_Coronavirus-Pandemie-Die_Krise_nachhaltig_überwinden_final.pdf. Zugriff: 3.5.2021.

Leopoldina, Nationale Akademie der Wissenschaften (2019): Klimaziele 2030. Wege zu einer nachhaltigen Reduktion der CO2-Emmissionen, https://www.leopoldina.org/uploads/tx_leopublication/2019_Stellungnahme_Klimaziele_2030_Final.pdf. Zugriff: 3.5.2021.

Lesch, Harald/Kamphausen, Klaus (2016): Die Menschheit schafft sich ab. Die Erde im Griff des Anthropozän. München.

Lessenich, Stephan (2020): Soziologie – Corona – Kritik, in: Berliner Journal für Sozioologie 30, S. 215–230, hier: S. 217, https://doi.org/10.1007/s11609-020-00417-3. Zugriff: 3.5.2021.

Lessenich, Stephan (2019): Mitgegangen, mitgefangen. Das große Dilemma der Großen Transformation, in: Dörre, Klaus/Rosa, Hartmut/Becker, Karina/Bose, Sophie/Seyd, Benjamin (Hg.): Große Transformation? Zur Zukunft moderner Gesellschaften. Sonderband des Berliner Journals für Soziologie. Wiesbaden, S. 57–73.

Lessenich, Stephan (2018): Der Klassenkampf der Mitte, in: Süddeutsche Zeitung vom 2. Januar 2018.

Lessenich, Stephan (2017): Grenzen der Ausbeutung. Wie der globale Norden über die Verhältnisse des Südens lebt, in: ISW-Report 109, S. 56–64.

Lessenich, Stephan (2016): Neben uns die Sintflut. Die Externalisierungsgesellschaft und ihr Preis. Berlin.

Lieber, Christoph (2021): Von der Landnahme zur ›Zangenkrise‹, in: Sozialismus.de, H. 3/2021, S. 53–57.

Liebig, Steffen (2021): Arbeitszeitverkürzung als Konvergenzpunkt? Sozialökologische Arbeitskonzepte, Wachstumskritik und gewerkschaftliche Tarifpolitik. Frankfurt a. M./New York.

Lipictz, Alain (1993): Towards a New Economic Order. Postfordism, Ecology and Democracy. Cambridge.

Lorenz, Astrid/Träger, Hendrik (2020): Die Landtagswahlen 2019 in der Lausitz. Ausdruck eines neuen Zentrum-Peripherie-Konflikts?, in: Aus Politik und Zeitgeschichte, 6–7/2020, S. 23–31.

Louise, Nickie (2020): These 6 corporations control 90% of the media outlets in America. The illusion of choice and objectivity, in: TechStartups, 18. September 2020, https://techstartups.com/2020/09/18/6-corporations-control-90-media-americaillusion-choice-objectivity-2020/. Zugriff: 25.5.2021.

Löwy, Michael (2013): Westlicher Imperialismus gegen Urkommunismus, in: Schmidt, Ingo (Hg.): Rosa Luxemburgs »Akkumulation des Kapitals«. Die Aktualität von ökonomischer Theorie, Imperialismuserklärung und Klassenanalyse. Hamburg, S. 53–62.

Luft, Stefan (2016): Die Flüchtlingskrise. Ursachen, Konflikte, Folgen. München.

Lukács, Georg (1997 [1923]): Geschichte und Klassenbewusstsein. Reprint der Erstausgabe von 1923. London.

Lukács, Georg (1954): Die Zerstörung der Vernunft. Berlin.

Lutz, Burkart (1984): Der kurze Traum immerwährender Prosperität. Eine Neuinterpretation der industriell-kapitalistischen Entwicklung im Europa des 20. Jahrhunderts. Frankfurt a. M./New York.

Luxemburg, Rosa (1979 [1925]): Zur russischen Revolution, in: Gesammelte Werke, Bd. 4. Berlin, S. 332–365.

Luxemburg, Rosa (1975a [1913]): Die Akkumulation des Kapitals. Ein Beitrag zur ökonomischen Erklärung des Imperialismus, in: Gesammelte Werke, Bd. 5. Berlin, S. 5–411.

Luxemburg, Rosa (1975b [1925]): Einführung in die Nationalökonomie, in: Gesammelte Werke, Bd. 5. Berlin, S. 524–778.

Luxemburg, Rosa (1974 [1899]): Sozialreform oder Revolution, in: Gesammelte Werke, Bd. 1/1. Berlin, S. 367–466.

Maase, Kaspar (Hg.) (2008): Die Schönheiten des Populären. Ästhetische Erfahrung der Gegenwart. Frankfurt a. M./New York.

Magri, Lucio (2014): Der Schneider von Ulm. Berlin.

Mallet, Serge (1964): La nouvelle classe ouvrière. Paris.

Malm, Andreas (2020): Klima|x. Berlin.

Mann, Michael (2014): Das Ende ist vielleicht nah – aber für wen?, in: Wallerstein, Immanuel/Collins, Randall/Mann, Michael/Derlugian, Georgi/Calhoun, Craig (Hg.): Stirbt der Kapitalismus? Fünf Szenarien für das 21. Jahrhundert. Frankfurt a. M., S. 89–122.

Mardones, Orlando (2020): »Mensch, du lebst noch?« Ein chilenischer Arbeiter erzählt von der Zeit Allendes und Pinochets. Bodenburg.

Martens, Helmut (2010): Neue Wirtschaftsdemokratie. Anknüpfungspunkte im Zeichen von Ökonomie, Ökologie und Politik. Hamburg.

Martin, Alice/Qick, Annie (2020): Unions Renewed. Building Power in an Age of Finance. Cambridge.

Marx, Karl (1974 [1857–1859]): Grundrisse der Kritik der politischen Ökonomie.

Marx, Karl (1969 [1845]): Thesen über Feuerbach, in: MEW 3, Berlin, S. 3–7.

Marx, Karl/Engels, Friedrich (1977 [1848]): Manifest der Kommunistischen Partei, in: MEW 4, Berlin, S. 459–493.

Marx, Karl/Engels, Friedrich (1972 [1845]): Die heilige Familie oder Kritik der kritischen Kritik gegen Bruno Bauer und Konsorten, in: MEW 2, Berlin, S. 3–223.

Marx, Karl/Engels, Friedrich (1969 [1845/46]): Die deutsche Ideologie. Kritik der neuesten deutschen Philosophie in ihren Repräsentanten Feuerbach, B. Bauer und Stirner, und des deutschen Sozialismus in seinen verschiedenen Propheten, in: MEW 3, Berlin, S. 5–530.

Mason, Paul (2019): Klare, lichte Zukunft. Eine radikale Verteidigung des Humanismus. Berlin.

Mazzucato, Mariana (2021): Don't defund the BBC, in: Social Europe, veröffentlicht am 4.3.2021, https://www.socialeurope.eu/dont-defund-the-bbc. Zugriff: 5.4.2021.

Mazzucato, Mariana (2018): Wie kommt der Wert in die Welt? Von Schöpfern und Abschöpfern. Frankfurt a. M./New York.

Mazzucato, Mariana (2013): Das Kapital des Staates. Eine andere Geschichte von Innovation und Wachstum. München.

McCarthy, Thomas (2015): Rassismus, Imperialismus und die Idee menschlicher Entwicklung. Berlin.

Meier, Frederike (2021): Ist das noch Wetter oder schon der Klimawandel?, in: Frankfurter Rundschau vom 20./21. März 2021.

Mika, Bascha (2020): Gespräch mit Astrophysiker Harald Lesch und Pfarrer Thomas Schwarz. Corona in der Gesellschaft: »Für die meisten Menschen beginnt die Pandemie erst jetzt«, in: Frankfurter Rundschau vom 9. Dezember 2020.

Milanovic, Branko (2017): Haben und Nichthaben. Eine kurze Geschichte der Ungleichheit. Stuttgart.

Minsky, Hyman P. (2011): Instabilität und Kapitalismus. Zürich.

Misik, Robert (2019): Die falschen Freunde der einfachen Leute. Berlin.

Monath, Hans/Woratschka, Rainer/Ismar, Georg (2019): FDP-Vorschlag zu Grundgesetz-Änderung »Der blanke Hohn gegenüber den Bürgern«. FDP-Chef Christian Lindner will den Enteignungs-Artikel 15 aus dem Grundgesetz streichen, in: Tagesspiegel vom 25. April 2019.

Moore, Jason (2019): Kapitalismus im Lebensnetz. Ökologie und die Akkumulation des Kapitals. Berlin.

Moore, Jason W. (2015): Capitalism in the Web of Life. London/New York.

Mooser, Josef (1984): Arbeiterleben in Deutschland 1900–1970. Frankfurt.

Morozov, Evgeny (2020): Digitaler Sozialismus. Wie wir die Sozialdemokratie ins 21. Jahrhundert holen, in: Blätter für deutsche und internationale Politik 1/2020, S. 100–106.

Morozov, Evgeny (2018): Silicon Valley oder die Zukunft des digitalen Kapitalismus, in: Blätter für deutsche und internationale Politik 1–18, hier: S. 93–104.

Morozov, Evgeny (2013): Smarte neue Welt. Digitale Technik und die Freiheit des Menschen. München.

Morus, Thomas (1980 [1516]): Utopia. Stuttgart.

Müller, Hans-Peter (2021): Krise und Kritik. Klassiker der soziologischen Zeitdiagnose. Berlin.

Müller, Michael (2019a): »Ich möchte dazu beitragen, dass es keine Scheinlösungen gibt.« Ein Gespräch mit Paul J. Crutzen, in: Crutzen, Paul J.: Das Anthropozän. Schlüsseltexte des Nobelpreisträgers für das neue Erdzeitalter. München, S. 213–220.

Müller, Michael (2019b): Paul J. Crutzen – ein Jahrhundertmensch, in: Crutzen, Paul J.: Das Anthropozän. Schlüsseltexte des Nobelpreisträgers für das neue Erdzeitalter. München, S. 11–60.

Naphtali, Fritz (1928): Wirtschaftsdemokratie. Ihr Wesen, Weg und Ziel. Berlin.

Nassehi, Armin (2019): Muster. Theorie der digitalen Gesellschaft. München.

Nassehi, Armin (2015): Die letzte Stunde der Wahrheit. Warum rechts und links keine Alternativen mehr sind und Gesellschaft ganz anders beschrieben werden muss. Hamburg.

Negt, Oskar (2020): »Es entsteht auch eine neue Freiheit«, in: Frankfurter Rundschau vom 27. Mai 2020.

Negt, Oskar (1986): Lebendige Arbeit, enteignete Zeit. Frankfurt a. M./NY.

Negt, Oskar/Kluge, Alexander (1993): Geschichte und Eigensinn. 1. Entstehung der industriellen Disziplin aus Trennung und Enteignung. Frankfurt a. M.

Neupert-Doppler, Alexander (2018): Vorwort: Kritik, Utopie und Kairós, in: ders. (Hg.): Konkrete Utopien. Unsere Alternativen zum Nationalismus, S. 7–22.

Novy, Andreas (2011): Unequal diversity – on the political economy of social cohesion in Vienna, in: European and Regional Studies, Jg. 18, H. 3, S. 239–253.

Oesch, Daniel (2007): Zur Analyse der Klassenstruktur von Dienstleistungsgesellschaften: soziale Schichtung in Deutschland und der Schweiz, in: Widerspruch 52/2007, S. 59–74.

Offe, Claus (Hg.) (1984): Arbeitsgesellschaft. Strukturprobleme und Zukunftsperspektiven. Frankfurt a. M./New York.

Osterhammel, Jürgen (2013): Die Verwandlung der Welt. Eine Geschichte des 19. Jahrhunderts. München.

Oxfam (2020): Confronting Carbon Inequality in the European Union. Why the European Green Deal must tackle inequality while cutting emissions. Authors: Tim Gore, Mira Alestig, https://www.oxfam.org/en/research/confronting-carbon-inequality-european-union, S. 1, 3. Zugriff: 15.12.2020.

Patel, Raj/Moore, Jason (2018): Entwertung. Eine Geschichte der Welt in sieben billigen Dingen, Berlin.

Piketty, Thomas (2020): Kapital und Ideologie. München.

Piketty, Thomas (2014): Das Ende des Kapitalismus im 21. Jahrhundert?, in: Blätter für deutsche und internationale Politik 12/2014, S. 41–52.

Piore, Michael/Sabel, Charles F. (1985): Das Ende der Massenproduktion. Studie über die Requalifizierung der Arbeit und die Rückkehr der Ökonomie in die Gesellschaft. Berlin.

Pistor, Katharina (2020): Der Code des Kapitals. Wie das Recht Reichtum und Ungleichheit schafft. Berlin.

Poulantzas, Nicos (1978 [2002]): Der Staat, die Macht und der Sozialismus. Hamburg.

Prätorius, Gerhard (2020): Die Mobilitätswende im Lichte der Corona-Krise. Verkehr und Technik, 6/2020, S. 191–194.

Priewe, Jan (2016): Stagnation, Nullwachstum, immerwährendes Wachstum – wohin driftet der entwickelte Kapitalismus?, in: Hagemann, Harald/Kromphardt, Jürgen (Hg.): Keynes, Schumpeter und die Zukunft der entwickelten kapitalistische Volkswirtschaften. Marburg, S. 69–108.

Prognos, Öko-Institut, Wuppertal-Institut (2021): Klimaneutrales Deutschland 2045. Wie Deutschland seine Klimaziele schon vor 2050 erreichen kann. Zusammenfassung im Auftrag von Stiftung Klimaneutralität, Agora Energiewende und Agora Verkehrswende: https://static.agora-energiewende.de/fileadmin/Projekte/2021/2021_04_KNDE45/A-EW_209_KNDE2045_Zusammenfassung_DE_WEB.pdf. Zugriff: 14.07.2021.

Prognos, Öko-Institut, Wuppertal-Institut (2020): Klimaneutrales Deutschland. Studie im Auftrag von Agora Energiewende, Agora Verkehrswende und Stiftung Klimaneutralität, https://static.agora-energiewende.de/fileadmin/Projekte/2020/2020_10_KNDE/A-EW_195_KNDE_WEB.pdf. Zugriff: 14.7.2021.

Raith, Dirk (2016): BIP. Kritik und Alternativen. Hg. vom Impulszentrum Zukunftsfähiges Wirtschaften. Graz, https://imzuwi.org/dokumente/rip_bip/dossier_bip_kritik_alternativen.pdf. Zugriff: 4.5.2021.

Randers, Jorgen/Maxton, Graeme (2016): Ein Prozent ist genug. Mit wenig Wachstum soziale Ungleichheit, Arbeitslosigkeit und Klimawandel bekämpfen. München.

Reckwitz, Andreas (2021): Die neue Politik des Negativen, in: Der Spiegel vom 6. März 2021.

Rehmann, Jan (2013): Max Weber: Modernisierung als passive Revolution. 2. Auflage. Hamburg.

Reinhard, Wolfgang (2016): Die Unterwerfung der Welt. Globalgeschichte der Europäischen Expansion 1415–2015. München.

Rennwald, Line (2015): Partis Socialistes et Classe Ouvrière: Ruptures et continuités du lien électoral en Suisse, en Autriche, en Allemagne, en Grande-Bretagne et en France (1970–2008). Neuchâtel.

Riexinger, Bernd (2020): System Change. Plädoyer für einen linken Green New Deal. Hamburg.

Rifkin, Jeremy (2019): Der Globale Green New Deal. Frankfurt a. M./New York.

Ringger, Beat/Wermuth, Cedric (2020): Die Service Publik Revolution. Zürich.

Roose, Jochen (2020): Wirtschaft ist Heimat. Regionaler Strukturwandel in Biografien und Erwartungen der Bevölkerung. Berlin, in: KAS, 6.8.2020, https://www.kas.de/de/einzeltitel/-/content/wirtschaft-ist-heimat. Zugriff: 19.5.2021.

Rosa, Hartmut (2020): Pfadabhängigkeit, Bifurkationspunkte und die Rolle der Soziologie. Ein soziologischer Deutungsversuch der Corona-Krise. Berliner Journal für Soziologie 30, S. 191–213, https://doi.org/10.1007/s11609-020-00418-2. Zugriff: 3.5.2021.

Rosa, Hartmut (2020b): »Wir können die Welt verändern«, in: Die Zeit vom 29. April 2020.

Rosa, Harmut (2020c): »Wir können das Hamsterrad anhalten«, https://www.uni-jena.de/200403_Rosa_Interview. Zugriff: 4.5.2021.

Rosa, Hartmut (2019): Demokratie und Gemeinwohl. Versuch einer resonanztheoretischen Neubestimmung, in: Ketterer, Hanna/Becker, Karina (Hg.): Was stimmt nicht mit der Demokratie? Eine Debatte mit Klaus Dörre, Nancy Fraser, Stephan Lessenich und Hartmut Rosa. Berlin, S. 160–188.

Rosa, Hartmut (2016): Resonanz. Eine Soziologie der Weltbeziehungen. Berlin.

Sachs, Wolfgang (2020): Die Ära der Entwicklung. Das Ende eines Mythos, in: Blätter für deutsche und internationale Politik 8/2020.

Saito, Kohei (2016): Natur gegen Kapital. Marx' Ökologie in seiner unvollendeten Kritik des Kapitalismus. Frankfurt a. M.

Salleh, Ariel (1997): Ecofeminism as Politics: Nature, Marx, and the Postmodern. London.

Sanders, Bernie (2017): Unsere Revolution. München.

Sarkar, Saral (2009): Die Krisen des Kapitalismus. Eine andere Studie der politischen Ökonomie. Mainz.

Schäfer, Claus (2011): Wir brauchen die »Bedingungslose Grundzeit«, in: WSI Mitteilungen 2/2011, S. 91–94.

Schäfer, Paul (2021): Progressive Außenpolitik. Abrüstung. Nachhaltige Entwicklung. Menschenrechte, in: Sozialismus.de, Supplement zu Heft 5/2021.

Schäuble, Wolfgang (2021): Grenzerfahrungen. Wie wir an Krisen wachsen. München.

Schäuble, Wolfgang (2020): Aus eigener Stärke, in: Frankfurter Allgemeine Zeitung vom 6. Juli 2020, https://www.faz.net/aktuell/politik/inland/gastbeitrag-wolfgang-schaeuble-aus-eigener-staerke-16846887.html. Zugriff: 3.5.2021.

Schellnhuber, Hans-Joachim (2015): Selbstverbrennung. Die fatale Dreiecksbeziehung zwischen Klima, Mensch und Kohlenstoff. München.

Schmalz, Stefan/Hinz, Sarah/Singe, Ingo/Hasenohr, Anne (2021): Abgehängt im Aufschwung: Demografie, Arbeit und rechter Protest in Ostdeutschland. Frankfurt a. M./New York.

Schmalz, Stefan/Liebig, Steffen (2014). Ein neuer Protestzyklus? Zum Wandel des sozialen Konflikts in Westeuropa, in: Dörre, Klaus/Jürgens, Kerstin/Matuschek, Ingo (Hg.): Arbeiten in Europa: Marktfundamentalismus als Zerreißprobe, S. 229–245. Frankfurt a. M./New York, S. 229–245.

Schmalz, Stefan/Sommer, Brandon (Hg.) (2019): Confronting Crisis and Precariousness. Organized Labour and Social Unrest in the European Union. London.

Schmelzer, Matthias/Vetter, Andrea (2019): Degrowth/Postwachstum zur Einführung. Hamburg.

Schmidt, Alfred (2016 [1962]): Der Begriff der Natur in der Lehre von Marx. Überarbeitete und ergänzte Neuausgabe, 5. Auflage. Hamburg.

Schmitt, Carl (1922): Politische Theologie. Vier Kapitel von der Lehre zur Souveränität. Berlin.

Schröder, Lothar/Urban, Hans-Jürgen (Hg.) (2018): Gute Arbeit. Ausgabe 2018: Ökologie der Arbeit – Impulse für einen nachhaltigen Umbau. Frankfurt a. M.

Schroeder, Vera (2021): »Wut ist gut, um aktiv zu werden«. Der Geophysiker Michael E. Mann über neue Bremstaktiken der Gegner im Kampf ums Klima, in: Süddeutsche Zeitung vom 21. April 2021, S. 15.

Schulz-Nieswandt, Frank (2020): Gemeinwirtschaft und Gemeinwohl. Eine Diskurseröffnung. Baden-Baden.

Schumann, Michael (2013): Das Jahrhundert der Industriearbeit. Soziologische Erkenntnisse und Ausblicke. Weinheim/Basel.

Šik, Ota (1979): Humane Wirtschaftsdemokratie. Ein dritter Weg. Hamburg.

Silver, Beverly J. (2005): Forces of Labor. Arbeiterbewegungen und Globalisierung seit 1870. Berlin.

Sloterdijk, Peter (2006): Zorn und Zeit. Politisch-psychologischer Versuch. Frankfurt a. M.

Sommer, Bernd (2020): Nachhaltigkeit als Utopie? Zur Bedeutung von Zukunftsbildern für eine sozial-ökologische Transformation, in: Görgen, Benjamin/Wendt, Björn (Hg.): Sozial-ökologische Utopien. Diesseits oder jenseits von Wachstum und Kapitalismus? München, S. 65–79.

Srnicek, Nick/Williams, Alex (2016): Die Zukunft erfinden. Berlin.

Staab, Philipp (2019): Digitaler Kapitalismus. Markt und Herrschaft in der Ökonomie der Unknappheit. Berlin.

Stache, Stefan (2021): Selbstbestimmung und Solidarität im Mobilen Arbeiten. Gespräch mit Björn Böhning, Klaus Dörre und Sarah Nies, in: spw 1/2021, S. 79–87.

Statista (2021): Anzahl der Mitglieder in den Gewerkschaften des Deutschen Gewerkschaftsbunds (DGB) im Zehnjahresvergleich der Jahre 2009 und 2019, https://de.statista.com/statistik/daten/studie/5837/umfrage/mitgliederzahlen-der-gewerkschaften/. Zugriff: 4.5.2021.

Steg, Joris (2020): Normale Anomalie. Die Coronakrise als Zäsur und Chance, in: Blätter für deutsche und internationale Politik, 65 (6), S. 71–79.

Steil, Armin (1993): Krisensemantik. Wissenssoziologische Untersuchungen zu einem Topos moderner Zeiterfahrung. Opladen.

Steinburg, Eva von (2021): Impfstart in Brasilien, Gericht untersucht Krise in Manaus, in: amerika21.

Stiglitz, Joseph/Sen, Amartya/Fitoussi, Jean-Paul (2009): Report by the Commission on the Measurement of Economic Performance and Social Progress.

Strange, Susan (1994 [1988]): States and Markets. Zweite Ausgabe. London.

Streeck, Wolfgang (2013): Gekaufte Zeit. Die vertagte Krise des demokratischen Kapitalismus. Frankfurter Adorno-Vorlesungen. Berlin.

Svampa, Maristella (2020): Die Grenzen der Rohstoffausbeutung. Umweltkonflikte und ökoterritoriale Wende in Lateinamerika. Bielefeld.

Ther, Philipp (2014): Die neue Ordnung auf dem alten Kontinent. Eine Geschichte des neoliberalen Europas. Frankfurt a. M.

Theweleit, Klaus (2019 [1977/78]): Männerphantasien. Berlin.

Thompson, Edward P. (1987): Die Entstehung der englischen Arbeiterklasse. Zwei Bände. Frankfurt a.M.

Tjaden, Karl Hermann (1984): Gesellschaftliche Produktivkraft und ökonomische Gesellschaftsformation, in: Dialektik 9. Beiträge zu Philosophie und Wissenschaften. Köln, S. 60–72.

Tooze, Adam (2018): Crashed. Wie zehn Jahre Finanzkrise die Welt verändert haben. München.

Troost, Axel (2021): Ansätze und Kontroversen alternativer Wachstumspolitik, in: Sozialismus.de, H. 3/2021, S. 64–66.

Turban, Manfred (1980): Marx'sche Reproduktionsschemata und Wirtschaftstheorie. Die Diskussion ihres analytischen Gehalts in verschiedenen wirtschaftswissenschaftlichen Forschungstraditionen. Berlin.

Umweltbundesamt (2021): Erneuerbare Energien in Zahlen. Umweltbundesamt: https://www.umweltbundesamt.de/themen/klima-energie/erneuerbare-energien/erneuerbareenergien-in-zahlen. Zugriff: 26.5.2021.

United Nations (2020): Ziele für nachhaltige Entwicklung. Bericht 2020, https://www.un.org/Depts/german/pdf/SDG%20Bericht%20aktuell.pdf. Zugriff: 4.5.2021.

United Nations (2015): Transforming our world: The 2030 Agenda for Sustainable Development, https://sdgs.un.org/2030agenda. Zugriff: 19.5.2021.

United Nations (1987): Our Common Future. Report of the World Commission on Environment and Development. Transmitted to the General Assembly as an Annex to document A/42/427.

Urban, Hans-Jürgen (2009): Die Mosaik-Linke. Vom Aufbruch der Gewerkschaften zur Erneuerung der Bewegung, in: Blätter für deutsche und internationale Politik, H. 5/2009, S. 71–78.

van der Linden, Marcel (2017): Workers of the World. Eine Globalgeschichte der Arbeit, Frankfurt a. M./New York.

Victor, Peter A. (2008): Managing without growth: Slower by design, not disaster. London.

Vitali, Stefania/Glattfelder, James B./Battiston, Stefano (2011): The network of global corporate Control, in: PloS one Nr. 6, S. 1–36.

Vogl, Joseph (2021): Kapital und Ressentiment. Eine kurze Theorie der Gegenwart. München.

Volmer, Ludger (2013): Kriegsgeschrei und die Tücken der deutschen Außenpolitik. Berlin.

Wacquant, Loïc (2009): Die Wiederkehr des Verdrängten – Unruhen, »Rasse« und soziale Spaltung in drei fortgeschrittenen Gesellschaften, in: Castel, Robert/Dörre, Klaus (Hg.): Prekarität, Abstieg, Ausgrenzung. Die soziale Frage am Beginn des 21. Jahrhunderts. Frankfurt a. M./New York, S. 85–112.

Wagenknecht, Sahra (2021): Die Selbstgerechten. Frankfurt a. M./New York.

Wallerstein, Immanuel (2014): Die strukturelle Krise oder Warum der Kapitalismus sich nicht mehr rentieren könnte, in: Wallerstein, Immanuel/Collins, Randall/Mann, Michael/Derlugian, Georgi/Calhoun,

Craig (Hg.): Stirbt der Kapitalismus? Fünf Szenarien für das 21. Jahrhundert. Frankfurt a. M., S. 17–48.

Wambach, Achim/Müller, Hans Christian (2018): Digitaler Wohlstand für alle? Frankfurt a. M./New York.

Warszawski, Lila/Kriegler, Elmar/Lenton, Timothy M./Gaffney, Owen/Jacob, Daniela/Klingenfeld, Daniel/Koide, Ryu/Costa, María Máñez/Messner, Dirk/Nakicenovic, Nebojsa/Schellnhuber, Hans Joachim/Schlosser, Peter/Takeuchi, Kazuhiko/van der Leeuw, Sander/Whiteman, Gail/Rockström, Johan (2021): All options, not silver bullets, needed to limit global warming to 1,5°C: a scenario appraisal. Environmental Research Letters. DOI:10.1088/1748-9326/abfeec, Zugriff: 28.5. 2021.

Waterson, Jim (2020): James Murdoch criticises father's news outlets for climate crisis denial, in: The Guardian vom 14.1.2020, https://www.theguardian.com/media/2020/jan/14/james-murdoch-criticises-fathers-news-outlets-for-climate-crisis-denial. Zugriff: 25.5.2021.

Weber, Max (1905): Die protestantische Ethik und der »Geist« des Kapitalismus, in: Archiv für Sozialwissenschaft und Sozialpolitik 21, S. 1–110.

Weizsäcker, Ernst Ulrich von (2020): Eine spannende Reise zur Nachhaltigkeit. Naturkapitalismus und die neue Aufklärung, in: Görgen, Benjamin/Wendt, Björn (Hg.): Sozial-ökologische Utopien. Diesseits oder jenseits von Wachstum und Kapitalismus? München, S. 81–95.

Welzer, Harald (2018): Das Zeitalter des Geldes, in: Süddeutsche Zeitung vom 5. Juni 2018.

Wemheuer, Felix (Hg.) (2021): Marktsozialismus. Eine kontroverse Debatte. Wien.

Wesche, Tilo (2014): Demokratie und ihr Eigentum. Von der Marktfreiheit zur Wirtschaftsdemokratie, in: Deutsche Zeitschrift für Philosophie 62 (3), S. 443–486.

Wesche, Tilo/Rosa, Hartmut (2018): Die demokratische Differenz zwischen besitzindividualistischen und kommunitären Eigentumsgesellschaften, in: Berliner Journal für Soziologie 28, 1–2, S. 237–261.

Wichmann, Moritz (2021): SUV-Fakenews, in: Neues Deutschland vom 21. Mai 2021.

Wilde, Oscar (2004): Die Seele des Menschen unter dem Sozialismus, in: ders., Essays. Band 3 der Neuen Zürcher Ausgabe. Frankfurt a. M.

Will, Joachim (2021): Der Fensterspalt für das 1,5-Grad-Limit, in: Frankfurter Rundschau vom 18. Mai 2021, S. 27.

Williams, Michelle (2019): Die schwierige Ehe der Demokratie mit dem Kapitalismus, in: Ketterer, Hanna/Becker, Karina (Hg.): Was stimmt nicht mit der Demokratie? Eine Debatte mit Klaus Dörre, Nancy Fraser, Stephan Lessenich und Hartmut Rosa. Berlin, S. 52–65.

Williams, Michelle/Satgar, Vishwas (Hg.) (2013): Marxisms in the 21st Century. Crisis, Critique & Struggle, Johannesburg, S. III.

Windolf, Paul (Hg.) (2005): Finanzmarkt-Kapitalismus. Analysen zum Wandel von Produktionsregimen. Wiesbaden.

Windolf, Paul (2005): Was ist Finanzmarkt-Kapitalismus?, in: ders. (Hg.): Finanzmarkt-Kapitalismus. Analysen zum Wandel von Produktionsregimen. Wiesbaden, S. 20–57.

Winker, Gabriele (2015): Care Revolution. Schritte in eine solidarische Gesellschaft, Bielefeld.

Wolf, Winfried (2021): Tempowahn. Vom Fetisch der Geschwindigkeit. Wien.

Wolfe, Nathan (2020): Virus. Die Wiederkehr der Seuchen. Hamburg.

Wood, Ellen Meisksins (2015): Der Ursprung des Kapitalismus. Eine Spurensuche, Ausgewählte Werke, Bd. 1. Hamburg, S. 124–130.

Wood, Ellen Meiksins (2010): Demokratie contra Kapitalismus. Beiträge zur Erneuerung des historischen Materialismus. Köln.

Wright, Erik Olin (2019): Mit realen Utopien den Kapitalismus überwinden, in: Dörre, Klaus/Schickert, Christine (Hg.): Neosozialismus. Solidarität, Demokratie und Ökologie vs. Kapitalismus. München, S. 113–127.

Wright, Erik Olin (2012): Transformation des Kapitalismus, in: Dörre, Klaus/Sauer, Dieter/Wittke, Volker (Hg.): Kapitalismustheorie und Arbeit. Neue Ansätze soziologischer Kritik. Frankfurt a. M./New York, S. 462–487.

Wright, Erik Olin (2010): Envisioning real utopias. London/New York.

Wright, Erik Olin (2009): Understanding Class. Towards an Integrated Analytical Approach, in: New Left Review 60, Nov/Dec 2009, S. 101–116.

Zelik, Raul (2020): Wir Untoten des Kapitals. Über politische Monster und einen grünen Sozialismus. Berlin.

Zoll, Patrick (2021): Die WHO kritisiert China – aber nur ganz, ganz zögerlich, in: Neue Zürcher Zeitung vom 31. März. 2021, https://www.nzz.ch/international/die-who-veroeffentlicht-ihren-bericht-ueber-die-mission-nach-china-ld.1609367. Zugriff: 4.5.2021.

Zuboff, Shoshana (2019): Das Zeitalter des Überwachungskapitalismus. Frankfurt a. M./New York.

Zweite Auflage Berlin 2022
© 2021 MSB Matthes & Seitz Berlin
Verlagsgesellschaft mbH
Göhrener Straße 7, 10437 Berlin
info@matthes-seitz-berlin.de

Alle Rechte vorbehalten.

Umschlaggestaltung: Dirk Lebahn, Berlin
Satz: Monika Grucza-Nápoles, Berlin
Druck und Bindung: GGP Media GmbH, Pößneck
ISBN 978-3-7518-0328-1
www.matthes-seitz-berlin.de